古代国家仏教と在地社会

—日本霊異記と東大寺諷誦文稿の研究—

藤本　誠著

吉川弘文館

目次

序章　日本古代仏教史像の再検討

はじめに——本書の視点

本書は、奈良時代後期から平安時代初期における、日本古代の在地社会に受容された仏教（以下、在地の仏教）の特質について歴史学の立場から考察したものである。

これまでの日本古代仏教史研究は、長年にわたり狭義の国家レベルの仏教の研究が中心であった。無論、古代国家が仏教を如何に受容したかというテーマは、国家論や王権論とも結びつく重要な問題であり今後も追究されなければならないが、その一方で仏教が在地社会に如何に受容されたかという問題については十分な位置づけを与えられてこなかった。古代の仏教は中国・朝鮮半島から国家を中心に受容された高度な先進文化でありかつ政治的要素を強くもつものであったが、それ故に古代の在地社会の諸階層の人々にとっても大きな衝撃を与えるものであったはずである。

本書では、在地社会で仏教を受容する側に視点を置き、在地の仏教の具体相、とりわけ在地の仏教の受容主体と在地の法会の機能、在地の仏教の構造と世界観などを考察することにより、広い意味での国家レベルの仏教や東アジア世界の仏教の広がり、そして古代在地社会における多様で重層的な仏教受容のあり方を明らかにしたい。このような古代仏教の基礎的研究は、日本の仏教がその受容期から単なる文化や信仰の問題としてではなく、仏教の有するさまざまな機能故に、国家はもとより社会の諸階層のさまざまなレベルの権力と密接に関わっていたこと、その権力作用は単線的・一元的なものではなく、歴史的状況に規定され複雑に重層した形で各階層に影響力を及ぼし、社会の人々の生活や心性とも深く結びついていたことを明らかにするものと考えられる(1)。

戦前から戦後の一九八〇年代前半までの研究史では、在地の仏教はおおむね国家仏教に対して従属的あるいは対立・対置された位置づけであった。しかし、一九八〇年代後半以降、吉田一彦の国家仏教論を批判する一連の研究(2)が出たことに加え、膨大に蓄積された考古学の発掘成果(3)とそれを受けた日本古代史研究の成果(4)により、古代仏教を国家仏教で代表させるのではなく各階層の仏教も含め相対化して捉える視点も見られるようになった。さらに各地域の知識経や金石文に加え、墨書土器・刻書土器などの出土文字資料なども含めた史料論的研究も蓄積され(5)、在地の仏教を再検討するための基礎的な史資料が整いつつある。そのうち本書で特に重視するものが、以下の二史料である。一つは『日本国現報善悪霊異記』(『日本霊異記』ともいう。以下、『霊異記』)の研究であり、日本古代史(6)のみならず日本文学を中心とする他分野(7)でも精緻な研究が蓄積されてきている。もう一つが『東大寺諷誦文稿』(以下、『諷誦文稿』)であり、日本古代仏教史では、一九九〇年代に鈴木景二によって在地の仏教を考察する素材としての存在が再評価されたことを契機として(8)、史料論的考察が深化している(9)。

本書では、上記の問題意識に基づき、近年の研究動向を継承しつつ『霊異記』と『諷誦文稿』の二史料を基礎史料として在地の仏教の具体相を復元し、古代仏教全体の中に位置づけることを試みたい。

本章では、まず戦前から戦後にかけての代表的な古代仏教史研究の著作や論文で、日本古代の在地の仏教が国家仏教との対比の上でどのように位置づけられていたか、また在地の仏教の特質がどのように捉えられていたのかという視点から研究史を整理し、本書の構成と目的を示しておく。

第一節　国家仏教中心史観の流れ
——一九七〇年代の研究動向——

本節では、一九七〇年代までの代表的な古代仏教史研究を概観していきたい。

戦前には、まず黒板勝美『国史の研究　各説の部』（文会堂書店、一九一八年）がある。本書によって「国家仏教」の術語が初めて使用されたこと、この術語が「聖武天皇の仏教興隆行為と正倉院宝物の評価を結合させるために必要とされ、創出され」(10)たものであったことは、近年の佐藤文子の研究により明らかにされている。本書で黒板は、在地社会の仏教について、第三章に「仏教の伝播」の項、第五章に「奈良仏教の腐敗」・「山岳仏教」の項を設けてはいるが具体的な叙述はほとんどない。黒板は、古代仏教について、「奈良時代に於ける仏教は都市仏教」であり、平安時代になって「山岳仏教に変わった」と捉え、この変化によって、僧侶が都市の腐敗から遠ざかって戒律を守り修練するための便宜がよくなり、その一方で僧侶は「地方を開化に利導することとなった」と指摘した(11)。すなわち黒板は、在地の仏教を平安時代に入ってからの地方文化の「開化」の問題として位置づけていたのである。

つぎに戦前の代表的な仏教史研究として、辻善之助『日本仏教史　上世篇』（岩波書店、一九四四年）がある。章立てを見ると、「序説」の後に、「第一章　飛鳥時代」・「第二章　大化改新並律令制定時代」・「第三章　奈良時代」・「第四章　平安時代初期」・「第五章　平安時代中期」・「第六章　平安時代後期」と配されており、その内容は、例えば第三章の奈良時代は、全体的に国家的な仏教政策の叙述で占められている。そこには在地の仏教の記述はなく、「寺院僧侶の腐敗堕落」（第五節）の信仰の堕落の甚だしい事例として、『霊異記』中一三の優婆塞が吉祥天女と感応して交わった話があげられている。[12]また序章の「地方文化の発達」の項目で、「奈良時代より平安時代の初期に亙って、地方の著しい発達が、寺僧侶に依って促された」[13]とし、それに対応する項目として、第四章に、「奈良時代より平安初期に至る地方文化の発達と仏教」（第八節）を設けている。そこでは、播磨国の古代寺院跡一五例と既多寺の『大智度論』、および文部省において指定された史跡一九例、さらに「平安時代初期に於いて、仏教が地方文化の発達に資した事蹟」[14]として日光中禅寺・日光滝尾権現・上野国山上多宝石塔・最澄の六所宝塔・徳一・円仁・霊山・立石寺などの事例が列挙されている。その他には蝦夷征討と仏教の関係を、「仏教は東北地方の開拓にも多く利用せられた」[15]と記している。以上、辻の著書での古代の在地の仏教の記述は、地方文化の発達の問題として位置づけられ、その内容は古代寺院跡の発掘成果とわずかな北関東・東北の事例の列挙をもって叙述され、具体的な考察はほとんどなかったといえる。また行基の活動は、第三章の東大寺の造営の中にもわずかにあるが、第五章の平安時代中期の「僧侶の社会事業」（第五節）に中心的記述がある。第五章の各節には、「本地垂迹」（第三節）・「国民生活と仏教の融合」（第四節）・「浄土教の発達」（第六節）・「時代の信仰」（第七節）・「俗信仰」（第九節）と、在地と関わるテーマが見え、辻が在地への仏教の浸透を平安時代中期以降と見ていたことが窺えよう。

戦前のもう一つの代表的な研究は、家永三郎『上代仏教思想史研究』（畝傍書房、一九四二年）である。第一部「聖徳太子の研究」、第二部「寧楽仏教の研究」、第三部「平安仏教の研究」の三部構成である。奈良時代の研究である第二部は八本の論文を収めるが、在地の仏教の論文はみられない。すなわち、家永の上代仏教の理解には、在地社会の仏教を位置づける余地は存在しなかったといえる。

以上の戦前の代表的な研究は、内容的にも国家的な仏教制度や政策の叙述が主流を占め、わずかな在地の仏教に関わる記述が地方文化の開化や発達の問題として位置づけられていることから、そもそも在地の仏教は独自の考察対象として認識されていない状況にあったことが窺えよう。

戦後に入り、仏教思想史の立場から在地の仏教について執筆されたものとしては、二葉憲香『古代仏教思想史研究』(永田文昌堂、一九六二年)がある。二葉は、律令仏教に対する批判的抵抗運動として行基の仏教を、聖徳太子の仏教を源流とする反律令仏教と位置づけ、『瑜伽師地論』にある瑜伽戒を思想的背景とする行基の大乗的実践活動をもって、民衆を基盤とする仏教の成立を論じた[16]。また同『日本古代仏教史の研究』(永田文昌堂、一九八四年)は、一九八〇年代の出版ではあるが、前著に引き続き二葉の一九五〇年代から七〇年代までの論文を所収し、「序章」で各論文の古代仏教史での位置づけがまとめられている。基本的立場は前著と同様であり、行基の仏教は「自利的立場を克服して実践的に民衆の福利を実現する利他的立場と実践」であると指摘し、真の大乗仏教的立場をとる存在と位置づけられている[17]。ここにおいて、国家仏教・律令仏教と対立・対置される民衆仏教の存在が、仏教史研究の立場から新たに見出されたといえよう。二葉が示した国家と対立する真の大乗仏教的立場と位置づけられた行基の見解は、井上光貞にも継承され、その後の研究に大きな影響を与えることとなった。

そして戦後の代表的な研究として、井上光貞『日本古代の国家と仏教』(岩波書店、一九七一年)があげられる。本書では、前篇「律令国家と仏教」にて聖徳太子の時代から平安時代前期までの律令的国家仏教の特質が記され、中篇「王朝国家と仏教」では平安時代中後期と院政期、後篇「鎌倉仏教と国家」では鎌倉時代の仏教の特質が記されるという三部構成となっており、平安時代前期までの項目のうち、在地社会の仏教の具体的記述は、「行基の宗教運動」(第三章第一節)で行基の大乗主義的な宗教的実践と位置づけていることを除き見られない。『霊異記』の位置づけは、中篇に「説話集からみた平安朝の民間仏教」(第二章)があり、第一節「景戒と日本霊異記」で詳細に論じられていることが注目される。すでに井上の古代から鎌倉時代へ至る仏教史の大筋の見解は、国家仏教→貴族仏教→民衆仏教という図式で理解されていたことが平雅行によって指摘されているが、[18]『霊異記』が、井上著書では奈良後期から平安初期の前篇の内容であるにも拘わらず、意図的に平安時代中期以降の流れに位置づけていることも、戦前の辻の研究を継承しながら井上の仏教史観に基づいたためと考えられる。井上の研究は、その後の古代仏教史研究に大きな影響を及ぼし、国家仏教と在地の仏教を対立的に捉える方向性は、近年に至るまで継承されているといえよう。

もう一つの戦後の代表的な研究として田村圓澄『日本仏教史　奈良・平安時代』（法蔵館、一九八三年）がある。本書は、田村が一九五〇年代から一九八一年までの論文をまとめたものであり、一九七〇年代までの流れに位置づけられる。本書の構成は、第一章に「奈良仏教と古代国家」、第二章に「行基と民衆仏教」をおき、関連する諸論考を所収しており、基本的に二葉や井上と同様に、民衆仏教＝行基による救済の仏教という図式が構成からも明確に示されている。

したがって、戦後の最初期における在地の仏教の研究は、国家仏教・律令仏教と対立・対置する民衆仏教、とりわけ行基の思想・行動の研究として位置づけられたといえよう。

無論、この時期でも行基研究以外の個別研究の成果がなかったわけではない。井上光貞は、西琳寺を中心とする王仁の後裔氏族の六氏による地縁を媒介とした共通文化や仏教信仰の形成を指摘し、[19]五来重はいわゆる家原邑知識経について、[20]中井真孝は七世紀後半段階より中河内地域を中心とする知識結による仏教の存在を指摘した。[21]また薗田香融は慈姓知識経の分析から、弥勒信仰と法相宗と結びついた形での宗派的な知識集団の成立を明らかにしている。[22]地方の仏教に着目した研究では、菅原征子が会津地域について『新編会津風土記』と現存仏像や金石文を手がかりとした基礎的研究をし、[23]加えて古代東国の観音信仰について現存観音像と『霊異記』・『今昔物語集』の観音説話を考察した。[24]民俗宗教史の立場からは、高取正男により、固有信仰と関わる地方豪族の祖霊信仰や民間持経者の活動とそれに伴う神仏習合の展開などの研究がなされた(25)。

以上の在地の仏教の研究成果を踏まえて、一九六七年には、家永三郎監修『日本仏教史　古代篇』（法蔵館、一九六七年）が出された。そこでは、高取正男が第三章「奈良仏教」を執筆しており、第一節「奈良仏教の開幕」で「奈良仏教の二つの潮流」の項目をおき、「官寺仏教の確立と展開、そして仏教の民間普及の問題は、奈良時代の仏教のもつ二つの側面(26)」と記されていることが注目される。その後は、第二節から第六節まで国家の仏教の諸政策やそれに伴う文化的側面の節がつづくが、最後の第七節には「民間仏教の進展」を置き、「中央における仏教興隆は必然的にその地方への波及を惹起し、奈良時代に入ると各地で急速に寺院が建立されるようになった(27)」としている。本書で、官寺仏教・民間仏教との術語を用いて官寺仏教から民間仏教への普及という流れを示し、両者を対立的に捉えずに二つの潮流とした点は、現在でもなお有効な視点を含んでいる。ただし、官寺仏教から民間仏教への普及の具体相が十分に考察されず、民間への普及の要因を、律令制の矛盾による班田農民の分解が深刻化する中での在地秩序の変動や民間遊行僧の活動といった抽象的な社会的背景によって説明しており(28)、なお検討の余地が残されたといえる。『霊異記』については、「霊異記の世界」の項目を設け、「奈良時代の後半には官僧・私度僧の区別なく、多数の僧侶たちの山林練行と民間遊行がなされるようになった。彼らは行く先々で神仏習合の信仰を生みだしつつ仏教の民間普及をなしたが、こうした活動の一つの終結点を示すもの(29)」、「奈良時代、とくにその後半以降の地方民間の仏教信仰の実態を示す豊富な資料(30)」との指摘に止まっている。

またほぼ同時期の重要な成果として、中井真孝『日本古代の仏教と民衆』（評論社、一九七三年）がある。本書は、「はしがき」で、中井は「国家仏教にさえぎられて光の当たらない民衆仏教の存在形態が究明されなければ、真の仏教史とはいえない。……奈良時代の民衆仏教は決して行基の独壇場ではない。……無名の伝道者にこそスポットを当て、あるいは行基の影像を縦横に引き伸ばさねばならない」[31]と述べ、いち早く在地の仏教史研究の重要性を指摘したことに研究史的意義がある。ただし、「奈良時代、ことに養老年間に勃興された民衆仏教は国家仏教にたいする内省としてあらわれた異端の運動であった。民衆仏教は国家仏教の胎内から出生したのである」[32]とも述べ、二葉・井上と同様に民衆仏教を国家仏教から生まれた対立する存在として捉える視点がみえ、中井は二項対立の枠組みの中で民衆仏教を理解していたといえる。また中井は、「はしがき」にて、「奈良時代の民衆仏教の基本資料として私はまず景戒の撰になる『日本霊異記』をあげ、つぎに経典の奥書と造像銘をあげたい」[33]と述べ、第五章の「因果と霊異」で『霊異記』を主たる考察対象とし、救済論の一つとしての因果論の考察を行ったことが特筆される。

上記の古代仏教史研究の流れの一方で、古代史研究の立場からも在地社会の仏教の研究がなされた。その代表的なものとして直木孝次郎「日本霊異記にみえる「堂」について」(『続日本紀研究』第七巻第一二号、一九六〇年)がある。直木は『霊異記』の「堂」に注目し、「堂」を土豪または村人の協力で建立した農民的寺院と指摘し、現在まで仏教施設研究の起点として継承されている。同時代の研究としては、佐々木虔一「八世紀の村落における仏教」(『民衆史研究』第九号、一九七一年)があり、「堂」と村落との関係に言及したが、その当時においては村落と仏教の関係については十分に継承されなかったといえる。その一方で、行基研究は国家論と関わり古代史研究でも早くから行われ、井上薫『行基』(吉川弘文館、一九五九年)などの先駆的研究が多数あるほか[34]、石母田正が「国家と行基と人民」(『日本古代国家論　第一部』岩波書店、一九七三年)で、養老期から天平期の行基の民衆布教および行基集団の組織化の問題が、「国家と人民との関係」や「国家と宗教との関係」について、天武期とは異なる国家と仏教の新しい結合の仕方を生み出したことなどを指摘した[35]。古代史研究の行基論では、国家の政策との関係や社会事業の活動など、その後の基礎となる研究が多数出されたが[36]、国家仏教と行基の民衆仏教を対立的に捉える位置づけは仏教史研究と同様であったといえる。

以上、古代仏教史研究の流れは、戦前は国家の仏教の研究以外は位置づく余地がなく、戦後は在地の仏教の研究も一定の成果をあげてきたが、大きな枠組みでは、二葉憲香などの仏教史研究者によって見出され、井上光貞によって継承・発展された国家仏教・律令仏教と、それに対立・対置された行基に代表される大乗主義的な民衆仏教・民間仏教という構図が大きな影響力をもち、そのような古代仏教史研究の大きな流れの中に多くの在地の仏教の研究も包摂されて位置づけられていたといえよう。

第二節　国家仏教論批判の登場

――一九八〇年代後半からの新潮流――

一九八〇年代の代表的な研究として、速水侑『日本仏教史　古代』（吉川弘文館、一九八六年）がある。本書では、大化改新以降は「律令的国家仏教の展開」（第三章）とあり、第一節「仏法興隆と仏法統制」、第二節「官寺と官僧」、第三節「民間菩薩僧の活動」の三節構成となっている。第三章に「律令的国家仏教」という井上著書前篇の第二章・第四章の術語を用いていることからわかるように、第一節・第二節の内容は基本的に井上説を継承したものであった。第三節には行基の活動とその後の神仏習合をもたらした宗教者を民間菩薩僧とする内容であり、一九七〇年代までの流れを受け継いだ内容となっている。

また、一九八〇年代前半の古代仏教史研究で注目される研究が、吉田靖雄『日本古代の菩薩と民衆』（吉川弘文館、一九八八年）である。本書は、一九七〇年代後半から一九八〇年代前半に出された論文を所収したものであるが、「菩薩僧と化主僧の実体」[37]では、在地社会で広範に活動する菩薩僧や化主僧の存在を指摘し、その他、行基や景戒の思想基盤について三階教の影響を指摘するなど、在地の仏教の基礎的な研究がなされた。ただし、在地の仏教の捉え方は、八世紀の特徴を律令的・教団主義的・学解主義的仏教と非律令的・民衆教化的・実践主義的仏教の二面性と位置づけるなど[38]、一九七〇年代までの枠組みを基本的に継承していることも留意されねばならない。

このような一九七〇年代以前から八〇年代前半までの古代仏教史研究の全体的な枠組みの通説的理解へ根本的な疑問を投げかけたのが、吉田一彦の『日本古代社会と仏教』（吉川弘文館、一九九五年）に所収の一九八〇年代後半から一九九〇年代前半に出された一連の研究であった。吉田は「僧尼令の運用と効力」[39]（一九八六年）にて、八世紀から九世紀初めの弘仁年間まで僧尼令が条文通りには適用されていなかったことを指摘し、「古代の私度僧について」[40]（一九八七年）では、古代社会で私度僧尼は容認され在地社会で自由に活動していたとする見解を示し、さらに「国家仏教論批判」[41]（一九九五年）では、古代仏教全体を国家仏教と捉える通説に対しての疑義を呈し、国家仏教という術語の使用を一度停止し、国家レベルの仏教を「国家の仏教」と表現し、「この語を、宮廷の仏教、地方豪族の仏教、民衆の仏教、などと並列的に、同質の語として用いる」べきであると主張したのである[42]。吉田説は、従来までの国家仏教研究を中心とした古代仏教史研究の通説に対する問題点を鋭く指摘したものであり、在地の仏教の研究史上も画期的な意義をもつ研究であった。また、「古代の私度僧について」（一九九〇年）や「寺と古代人」[43]（一九九〇年）では、『霊異記』を古代仏教史の史料として積極的に用いたことも特筆に値する。吉田は、その後自説を展開させ、古代仏教全体の見直しを提起した『古代仏教をよみなおす』（吉川弘文館、二〇〇五年）、および『霊異記』のさまざまな仏教の様相を析出した独自の民衆仏教論を『民衆の古代史』（風媒社、二〇〇六年）の形でまとめている。

その後、一九九〇年代になると吉田は、「多度神宮寺と神仏習合―中国の神仏習合思想の受容をめぐって―」（梅村喬編『伊勢湾と古代の東海』〈古代王権と交流4〉名著出版、一九九六年）で、先行研究によって明らかにされてきた神身離脱思想と護法善神思想という二つの神仏習合言説が中国の『高僧伝』などの中国史料に典拠をもつものであることを指摘し、一九八〇年代まで通説的であった民間菩薩僧が神身離脱思想を流布したとする説や二つの神仏習合言説がそれぞれ地方と中央から起こったとする説などは成立し難いことを示した。吉田の研究により、中国史料に通じた官大寺僧が、在地の神仏習合言説の形成に積極的に関与していた事実が明らかとなった研究史的意義は大きいといえよう(44)。吉田の一連の研究は、一九八〇年代前半までの古代仏教史の研究史的動向に積極的な提言を行い、古代仏教を国家仏教中心ではなく、在地の諸階層を含む多様な仏教のあり方を相対化する視点を示した点や、神仏習合の問題について、中国史料からの影響や官大寺僧を主体とする中央と地方の交流との関係で捉えた意味で重要な成果といえる。

吉田説の提起により、従来までの、律令による統制面を過度に重視し民衆仏教と対立的に捉える国家仏教論では、古代仏教の実態が捉えきれないことが明確になり、改めて国家仏教とは何かという問題が鮮明になったといえる。したがって、一九八〇年代半ばまでの古代仏教史の流れを転換させた吉田説の研究史的意義は極めて大きいものであったといえよう。

以上の古代仏教史研究の大きな動向の一方で、一九八〇年代には、社会史的視点の研究の盛行や考古学の発掘成果の蓄積に伴う古代仏教の多様な側面の研究が進展した。在地の仏教の諸研究は相互に関わっているが、ここでは便宜的に以下の四点に分類し研究史を整理したい。具体的には、①祖霊追善を中心とする仏教信仰の研究、②知識結による各地域の信仰集団の研究、③考古学の発掘成果による地方寺院や村落内寺院の実態的研究、④『諷誦文稿』・『霊異記』などの文献史料から在地の仏教を考察した研究の四つの動向である。

第一に、祖霊追善を中心とする仏教信仰の研究は、従来、中国の七世父母追善思想の主要な要素である祖先崇拝の観念を、わが国固有の祖霊信仰を中核にした祖先崇拝として受容したものと指摘されてきたが[45]、近年では上野三碑から古代日本の祖先信仰の考察が深められている。増尾伸一郎は金井沢碑や山上碑などから朝鮮半島からの影響を踏まえた祖先崇拝と仏教信仰の重層性を論じ[46]、勝浦令子は金井沢碑の精緻な読解により、全体として血縁関係で結ばれた家族による祖先供養の誓願に、他の知識グループが参加した知識構造を明らかにし[47]、三舟隆之は金井沢碑の考察から、祖先信仰とは「祖先を祀ることによって祖先がその氏族の繁栄と安全を保証するという信仰[48]」と定義し、「祖先信仰のもとで同族意識を集約させ、伝統的な血縁的集団の結合を強化する目的があった[49]」ことを指摘した。

上野三碑以外では、加藤謙吉が井上光貞説を発展させ、河内国のフミヒト系氏族を詳細に分析し、野中郷・古市郷という限られた生活空間の中で、百済系のフミヒトが密接に連携しあいながら、彼ら独自の文化的伝統を保持しながら形成された「野中古市人」の中の一グループとして西琳寺の檀越六氏が存在し、六氏は王仁を共通の祖先とする擬制的な同族関係で結ばれており、唯一同族でない板持（茂）史も王仁伝承を共有することによって西琳寺と結びついていたことを明らかにした[50]。これは渡来系氏族の同族結合であるが、単なる「祖霊追善」の仏教とは異なり、擬制的同族関係をも組み込んだ仏教であることに特徴があり、そのような同族結合の媒介として仏教的祖先伝承が存在していたことが注目される。そのような仏教的祖先伝承の具体的事例として筆者も、『霊異記』上五の大部屋栖野古の顕彰譚を分析し、紀伊国名草郡の宇治大伴連氏の仏教受容には、先祖による王権への功績の強調によって、王権や中央豪族と結びつく手段としての側面や子孫の在地社会での地位や権威の強化という側面を指摘した[51]。

第二に、知識結による各地域の信仰集団の研究動向を述べていきたい。知識結とは、個々人が応分の財を持ち寄り、写経や造仏などの仏教的作善により、知識の参加者に均しく仏の功徳が行きわたるという構造をもつ信仰形態であるが、中井真孝は、在地豪族は動揺しつつある伝統的権威のかわりに知識結によって民衆をつなぎ留めようとし、在地有力者は旧来の共同体規制と対抗するために、神祇信仰とは異なる仏教の知識結を利用していたとしている。[52]

近年の動向では、文献史学と考古学の双方から知識結が分析され、とりわけ行基集団の構造的研究が進んでいる。[53]また行基集団以外の畿内周辺地域の知識集団の存在形態が明らかとなってきたことも特徴である。勝浦令子は、中河内地域の智識寺を中心とする信仰集団や「家原邑知識経」の知識などの信仰集団が畿内には複数存在し、行基集団と布教や勧進において競合関係にあった可能性を推測している。[54]また、天平六年（七三四）の播磨国賀茂郡既多寺で書写された『大智度論』の奥書からは、賀茂郡内に展開していた既多寺知識経の知識集団の構造[55]や地縁による地域社会の編成原理が指摘されている。[56]さらに天平十三・十四年の年紀の紀伊国那賀郡御毛寺（御気院）で書写された『大般若経』の奥書からは、畿内の中央下級官人層の出身母体となる紀伊国の氏族が地縁的に結びついて成立したと考えられる御毛寺知識経の知識集団の構造と特質が分析されている。[57]その他に光覚知識経については、勝浦令子によって知識集団が畿内を中心に民間仏教グループを巻き込み、数千人規模で形成されたことが明らかにされている。[58]これらの知識集団には祖先崇拝的な信仰も含んでいたことも指摘されており、[59]第一で述べた祖先崇拝と知識仏教は実際には重層していたと考えられる。

なお、知識仏教研究の動向と関わって、最近では、出土文字資料を主たる素材として知識集団の編成原理に迫ろうとする研究もある。古尾谷知浩は、文字瓦や写経跋語にある〈里名＋人名〉の表記から、律令行政単位の郡・里（郷）などの枠組みを利用して知識集団が組織されたとする見解を出し、[60]竹内亮は箆書瓦の解釈から七世紀段階から河内六寺はその寺名にサト（例えば、鳥坂寺の場合は、鳥坂五十戸）名が冠されていたと推測し、それらは「サトを単位として編成された知識によって造営された」[61]寺院（竹内は「五十戸知識寺院」とする）であったとする。その他に竹内は、野中寺蔵「金銅弥勒菩薩半跏像銘文」と栢寺廃寺の文字瓦から、七世紀後半の地方寺院の爆発的な造寺は知識によるものとする説も出している。[62]このような行政単位に基づく知識編成を重視する見解や七世紀代の知識活動は、実証レベルでなお検証を要するものと思われる。

第三に、考古学の発掘成果のインパクトを受けた地方寺院や村落内寺院の研究がある。考古学による地方寺院の発掘成果は、戦前の辻の著書にもあったが、その件数が飛躍的に増加したのは一九七〇～八〇年代であり、全国各地で地方寺院の発掘調査がなされ、現在では六〇〇～七〇〇にのぼる地方寺院の存在が確認されている。そのような裏付けをもとに文献史学でも発掘調査報告を基礎とした研究が進んだ。有富由紀子は、地方寺院の発掘事例が白鳳期に急増することを指摘し、[63]三舟隆之は七世紀後半の爆発的な地方寺院の増加には、地方豪族の「王権」への「仕奉」という指向性が背景に存在したことを指摘している。[64]また、地方豪族層よりさらに下位の支配者層の仏教は、八世紀後半から九世紀の東日本の集落遺跡が多数発掘された成果によって、八世紀後半以降、研究史上「村落内寺院」・「村落寺院」・「仏堂施設」などと呼称されている仏堂遺構[65]の存在から、村落にまで仏教信仰が受容されていた事実が明らかになった。このような動向を受けて一九八〇年代後半以降の文献史学では、古代村落史の立場から宮瀧交二が『霊異記』の「堂」の一連の研究を発表したことなど、[66]特に一九九〇年代から二〇〇〇年代にかけて『霊異記』を用いた在地の仏教の研究が活発化した。[67]

第四に、一九九〇年代からの重要な成果として、官大寺僧の都鄙間交通の視点から在地の仏教を論じた諸研究がある。その代表が、鈴木景二の「都鄙間交通と在地秩序―奈良・平安初期の仏教を素材として―」（『日本史研究』第三七九号、一九九四年）である。鈴木は『諷誦文稿』と『霊異記』の考察から、八・九世紀の官大寺僧は在地に赴き寺堂の追善供養の法会の導師を務めることにより、在地秩序の形成と維持に大きな役割を果たしていたことを明らかにした。また、官大寺僧が在地の僧侶と師弟関係を結びネットワークを形成していたという指摘も在地の仏教の構造を分析する上での重要な視角であると思われる。さらに、鈴木は『霊異記』の各説話について、在地の寺堂の法会で語られた説話を官大寺僧が筆録して平城京に持ち帰り、景戒によって集められたものであると推論したことにより、『霊異記』の史料論的位置づけがこれまで以上に明確になるとともに、『諷誦文稿』も新たに在地の仏教を考察する上での重要史料として位置づけた。その後、鈴木の視点を継承した研究には、川尻秋生の「日本古代における在地の仏教の特質」（大金宣亮氏追悼論文集刊行会編『古代東国の考古学』慶友社、二〇〇五年）がある。川尻は、地方寺院の資財帳などの検討から、地方豪族、特に郡司層出身である官大寺僧が中央の仏教儀礼を在地社会の「寺」にもたらしていたこと、また官大寺僧の出身母体は郡司層であり、在地の仏教が郡司主導であったことを指摘した。以上の研究から、在地の仏教に果たした官大寺僧の役割が明確になり、中央からの影響を踏まえた在地の仏教史研究の重要性もまた明らかになったといえる。

最後に一九八〇年代後半以降における在地の仏教の研究史上の位置づけを述べよう。一九七〇年代以前までの古代仏教像は、律令制を重視し、民衆仏教と対立的に捉える国家仏教を中心としたものであったが、吉田一彦の国家仏教論批判(68)を契機として再検討されることにより、現段階では少なくとも国家仏教と対立的で大乗主義的な民衆仏教といった捉え方は修正され、国家仏教と各階層の仏教の関係が改めて問い直されるようになったといえる。また、そのような動向と軌を一にして、一九八〇年代後半以降の古代史・考古学の研究は、社会史的な分析視角や多様な史資料を活用した在地の仏教の研究が活発化・精緻化し、その構造や特質が明らかにされたことにより、各階層の仏教は相互に交流しながらも、直接・間接に及ぼされる国家レベルの仏教の影響力が改めて課題となってきた段階にあろう。

一九八〇年代後半以降の古代仏教史を牽引してきた吉田の国家仏教論批判と同時に提起された古代仏教多様論は、近年の成果により修正を余儀なくされている部分も見られるように思われる。そこで次節にて、問題点を示すとともに、本書の立場を示しておきたい。

第三節　古代仏教多様論をめぐって
――国家仏教論批判の問題点――

吉田一彦の国家仏教論批判は、一九八〇年代前半まで主流であった国家仏教を中心として古代仏教を理解する見解を批判し、古代社会全体の仏教のあり方を相対化した点に重要な意味があった。しかしながら、吉田が国家仏教に代わる術語として「国家の仏教」という術語を提起し、国家の仏教を他の階層と「並列的に同質の語として用いる」と提言したことは、すでに北條勝貴により、「吉田説の多様論には、それぞれの仏教のあり方を実体化し、お互いがいかに関係し構築し合っていたかを対象化しえない憾みがある。多様論の史料的根拠をなす『霊異記』に先の（『日本書紀』の――引用者注）思考ルーチンが適用され」ず、（『霊異記』が――筆者注）「偏った肯定的態度で読まれている点も問題である」[69]との批判がある。すなわち、吉田説は「国家の仏教」の概念規定が不明確なうえ、これまで重視されてきた国家レベルの仏教の各階層への影響力を軽視し、各階層の仏教と「国家の仏教」の相互関係を十分考慮せずに各階層の仏教を実体化したため、結果として吉田説は、古代仏教多様論と評価される古代仏教像を提示することとなったのである。現段階では、吉田説を受け、改めて①国家仏教という術語の是非をめぐる問題、②国家仏教の本質をめぐる問題が議論されてきた状況にあるといえよう。北條の吉田説批判は、吉田の古代仏教論全体に対する批判ではなく個別的なものにとどまっており、改めて①・②の論点を整理しておきたい。

①は、最近佐藤文子により、古代仏教史の立場から国家仏教の術語の使用の経緯および概念の変遷を的確に整理さ

れた研究が出た。佐藤によれば、国家仏教の術語は、戦前の研究状況に規定され、文化財などの保存・顕彰に関わる国家事業の中核にいた黒板勝美によって聖武天皇時代の仏教興隆を評価するために創られた新語であるとする。その後、戦後に宮崎圓遵や二葉憲香によって、浄土真宗の宗祖親鸞を反権力的立場として位置づけるための歴史的な運動の系譜上のものとして行基・最澄・景戒を「反律令仏教」とし、それに付随する概念として僧尼令による仏教統制の側面を強調した「律令仏教」と合わせて、その二側面を井上光貞が「律令的国家仏教」としてまとめたものであり、古代史の実態研究から組み上げられたものではないとしたのである。(70) 佐藤の研究により、国家仏教の術語自体に問題があることは明らかとなったが、佐藤自身も「近年の研究の傾向として、〈国家仏教〉という語が用いられる歴史叙述じたいが減り、本質的議論を避けたまま理念は温存されるという情況がつづいている。このような手法をとっていては古代史研究がダイナミックな展開を遂げていくことはできないと考える(71)」と述べているように、単に術語の問題というよりも国家仏教の本質をめぐる議論こそが重要であるといえよう。今後は、国家仏教の術語を他の術語で代替するという議論ではなく、②の国家仏教の本質をめぐる議論のためにも多様な視角から国家仏教の術語の概念を問い直していくことが求められるのではなかろうか。

②は、①以上に本質的な問題であり、本書の立場から改めて吉田説の論点を整理してみたい。従来までの国家仏教論について吉田は、Ⅰ律令的国家仏教論、Ⅱ仏教受容国家中心論、Ⅲ統治の正統性論に分類し、Ⅰ・Ⅱは反対であるとし、Ⅲは重要であるが今後議論していくべき問題であるとしている。そこで、Ⅰ・Ⅱの論点の整理および問題点を示したい。

Ⅰは、吉田により「律令による仏教支配」を説く論で、具体的には僧尼令と官度制・僧綱制が主要な論点であり、法や制度によって「僧尼統制」・「仏教統制」・「仏法統制」がなされたとまとめた上で、吉田は、(イ)国家が統制しようとしたのは「僧尼」であり「仏教統制」・「仏法統制」ではなかったこと、(ロ)実際には僧尼令は実施されておらず、僧尼令の規定に抵触するにも拘わらず何ら取り締まられていない僧尼の例が多数存在したこと、(ハ)官度制と私度僧の容認が併存し、かかる事実は法規範よりも宗教規範の優先を示すこと、(ニ)僧綱制は官度僧尼集団という団体の長であり、各階層の仏教にほとんど関与することがなかったことなどの論拠から、Ⅰ説は成立しないとされた。

Ⅱの「仏教受容国家中心論」は、(一)飛鳥仏教は、「国家が国家として仏教興隆を実践したわけではなく、政治権力に参加した氏族や王族たちの私的な仏教受容」であり国家仏教と呼ぶべきではないこと、(二)七世紀中・後期の白鳳仏教は、地方寺院の急激な増加は認められるが、それらは公的ないし半公半私的性格を有していたとする見解には確たる根拠はなく、「地方豪族たち自身の意志によるものであって、国家がこれを好意的に見ることはあったとしても、国家の政策・指導による造寺とはみなせない」ことから、Ⅱ説には反対であるとする。

Ⅲの「統治の正統性論」は、「「国家の仏教」内部の問題として議論が進められるべき」とし、「より一層重要なのは、支配の正統性をめぐる問題であ」り、「国家の仏教」と「地方豪族の仏教」についての問題を考察する必要があるとしている。

以上が吉田説の論点であるが、Ⅰは近年出された曾根正人の見解が一定の批判となる。曾根は、国家仏教の概念規定として、「史料に頻出する仏教政策・仏教祭祀・寺院や仏教界の維持管理といった事象に、共通の主語は国家（天皇の宮廷と重なる部分もある公的統治機構としての国家）である。国家が寺や僧尼を管理運営し、仏教的内規律（戒律）に優先する国家法令（律令）によってその活動を規制して、護国という国家目的に集中的に奉仕せしめる体制――より厳密に言えば、為政者がそうした理想の姿の実現に向けて政策を推進した体制――は確かに存在した。従ってこの体制やそれに付随する事象を「国家仏教」という概念で括るのは不当ではあるまい。そしてそれが奈良仏教の中核要素であったことも確かである。「国家仏教」は奈良仏教のこうした一要素、中核をなす一要素を説明する概念として用いるべきであろう[72]」とし、また「奈良仏教を主導したのは国家仏教であった。中国からの如法仏教導入も、ほとんどは国家仏教主導で進行した。ただ奈良仏教イコール国家仏教だったわけではない。奈良仏教は、他にさまざまな次元において、さまざまな姿で展開していったのである」とも述べている。曾根は国家仏教を他の階層の仏教と同列には扱わず、為政者が理想の姿の実現に向けて政策を推進した体制やそれに付随する事象をも国家仏教と概念規定したのである。

吉田自身が述べているように古代国家は近代的な意味での「法治国家」ではないのであり、僧尼令・官度制・僧綱制といった律令の統制的側面の実効性のみに限定した議論を行うことには問題があろう。また、理想の姿を法令化した大宝令の僧尼令が条文通りの運用でなかったとしても、僧尼令は僧尼統制の基準として少なくとも九世紀段階まで機能していたことは、統制的側面でも国家仏教は僧尼統制を放棄したわけではなかったことを示していると思われる。加えて吉田は、「仏教統制」・「仏法統制」など宗教活動が取り締まられた事例は行基の一例のみとされるが、僧尼令の条文通りではなくとも古代国家は僧尼統制をしていたという事実や、本書第二部附論で扱う『続日本後紀』天長十年（八三三）十二月条のように、一村落レベルにまで天皇権力の発動による仏教施設破却の事例もあることからすれば、一概に国家が仏法統制をしなかったとまでは断言できないと考える。また、Ⅰの律令制的国家仏教論でも、仏教の統制のみならず国家による仏教の保護育成の側面も井上光貞が論じていたはずであり[73]、吉田が統制的側面のみに限定して論じたことは偏った視角であったといわざるを得ないように思う。

つぎにⅡについては、本書での主たる考察対象ではない飛鳥仏教の評価はひとまず措くが、吉田は、白鳳期の地方寺院の爆発的増加を全て「地方豪族たち自身の意志による」と推断していることは問題であろう。すなわち、評・郡衙址に近接する寺院址に明確に公的機能を示すものがないからといって、七世紀後半に地方豪族層がほぼ一律に受容した仏教の性格に、国家仏教の影響がなかったと断定することは困難ではなかろうか。

上記のⅡの論点と関わり注目されるのは、Ⅲとも関わる近年の古市晃の指摘である。古市は、六世紀末の推古朝から七世紀後半の天智朝に至る倭王権の「統合論理」（支配層および人民諸階層に対する支配を正統化する論理）[74]として仏教が機能したこと、具体的には「臣下諸集団の祖霊供養と、君主に対する報恩行為とを同義に把握し得る論理構造」[75]をもつ中国・朝鮮半島からの影響を受けた四月・七月斎会の定期的儀礼の挙行を通して、支配者集団の君臣統合がなされたと指摘した。さらに古市は、六世紀末から七世紀前半の北部九州・中国地方・東北地方の拠点的官衙の仏堂と考えられる施設の存在や列島諸地域で広汎に法会などの活動を行う上での最小限の仏器である銅鋺などの出土から、天武・持統朝以前の段階で広汎な地域で仏教が受容され、七世紀後半段階の地方寺院の公的機能の淵源になったものと推測している[76]。

また、七世紀の国家の受容した仏教の性格は、六世紀末から七世紀初めの遣隋使の派遣が、百済から得られた当該期の隋の崇仏状況を理解した上で、文帝を仏教的に称賛する上表文を作成し、対中国交渉を円滑に行うための仏教的朝貢であったとの河上麻由子による指摘も重要である[77]。対外的な側面における仏教の重視は、古市の指摘した国内支配のための仏教の「統合論理」の導入と軌を一にしたものと考えられるからである。

加えて注目されるのは、近年、考古学の立場から提起された菱田哲郎の見解である。菱田は、まず軒丸瓦の地方寺院への普及について分析した結果、中央から地方に仏教が普及する契機として、七世紀半ばの大化元年（六四五）八月の寺院造営振興策と天武朝・持統朝の諸国金光明経配布などの国家的仏教政策を背景とした経典の配布に注目し[78]、神祇政策との関係からは木製人形・斎串に代表される律令祭祀の出現が七世紀半ばで、七世紀後半に地方に展開していったことを指摘した[79]。上記から菱田は、七世紀代の仏教と律令祭祀の普及の画期は、同時期の須恵器・土師器や布製品の新しい規格の急速な普及と製鉄技術の波及と同現象として理解できるとし、当該期の評制の施行に伴う官衙の整備なども含めて、国家の統合や領域支配などの「国家の意図」を見出すべき事象と結論づけた[80]。

菱田説は、宗教政策の側面のみならず生産・流通をも視野に入れた説得力のある見解でありおおむね認められるとすれば、七世紀後半の白鳳期の地方寺院の増加には国家の仏教政策の影響を考えざるを得ず、在地の仏教は、地方豪族層の祖先崇拝的な仏教と、国家に供奉する手段としての仏教受容が重層したものとみるべきであろう。従来の国家仏教の研究でも、国家仏教の成立の画期を七世紀後半の天武朝から持統朝においているが[81]、七世紀後半に地方寺院を造営した在地の仏教は、まず国家による主導的な仏教政策があり、それを受けた地方豪族や在地有力者が主体性を発揮したことにより受容されたと考えるべきであろう。

以上から、吉田説の国家仏教論批判のうち、「律令的国家仏教論」批判および「仏教受容国家中心論」批判は、近年までの諸成果からすれば再検討の余地があると思われる。古代国家は、六世紀末から七世紀初め以降、対外交渉のために摂取した漢訳仏典の知識や仏教儀礼などを、政治的側面のみならず、仏像製作・寺院造営などの技術的側面なども含む総合的な知識体系として受容した。国家は、朝鮮半島との外交ルートや遣隋使・遣新羅使や遣唐使を通じて半ば独占的な形で受容し、少なくとも七世紀後半には、国内に対する宗教的支配イデオロギーとしての国家的仏教政策の実施により直接・間接に在地社会に影響を及ぼしていたと考えられる[82]。その後、八世紀以降に国家の受容した仏教の知識体系は、国司・郡司層、官大寺僧・下級官人層などの都鄙間交通を通じて、郡衙・地方寺院・国衙・国分寺などの地域的拠点を中心に在地に受容され、おおむね中央から地方へと一元的なルートによって在地の支配者層を中心にして受容されたとみられる。そのように考えられるとすれば、在地の諸階層はさまざまな形態で仏教を受容していたとしても、そこには国家レベルの仏教の要素が重層していたと推測され、その具体相を探ることが古代国家仏教の本質をめぐる議論を深化させることになろう。以上より、吉田の提言する国家仏教の相対化という視点自体はなお有効であるが、それは古代仏教の各階層による多様化として捉えられるべきではなく、国家が東アジアでの対外交渉の手段や国内統治のための「統合論理」などの政治的な手段として仏教を積極的に受容した点を合わせて考えるべきである。ただし、国家が主導的に受容した仏教の各階層の仏教への影響は、史料的制約もあり、十分に検討されているとは言い難い。本書では、国家仏教が在地の論理に規定され、さまざまに変容して受容された在地の仏教の具体相、特に最下層と考えられる一村落レベルの仏教の具体相の分析を手がかりとして、古代仏教を総体として捉え直していきたい。

最後に、戦後の国家仏教論と関わって、国家仏教と併用されている民衆仏教・民間仏教の術語も検討したい。これらの術語は、古代仏教史研究では戦前は使用されていなかったが、戦後国家仏教と対立する行基を代表とする大乗主義的仏教の存在を見出す中で極めて意識的に使用された術語と考えられる。そもそも「民衆」自体が、戦後の歴史学研究で政治権力と対抗する歴史変革の担い手としての位置づけを与えられてきた術語であることが近年の研究から明らかにされており、(83)古代仏教史研究でも戦後の時代的な潮流の中で意図的に選択されたと考えられる。近年では、地方豪族層の下位の階層を示す術語として用いられているが、(84)「民衆」が受容した仏教、「民間」で受容された仏教とは如何なるものであるかが不明確であり、この傾向は現段階でも戦後の七〇年代までの仏教史研究の桎梏から完全に抜け出していないことを示すものであろう。最近、上川通夫によって、古代仏教における仏教受容主体としての民衆仏教・民間仏教の不在が指摘されているが、(85)これは吉田説が批判した国家仏教論批判の間隙を縫って出された問題提起であり、古代仏教史研究では、上川の主張する中世仏教における民衆仏教の成立という見解と古代仏教の性格の議論とを安易に直結させてはならないと筆者は考える。なぜならば、上川説は吉田が否定した反体制的で自立的な大乗主義的仏教の主体を民衆仏教とする戦後の二葉説・井上説を継承した議論であり、歴史学的立場からすれば、上記の教学的理解に基づく仏教受容主体の問題とは別に、古代の在地社会には仏教受容主体が存在していたという史的事実を重視すべきだからである。ただし、このような学説が提起される背景には、戦後の古代仏教史研究で「民衆」・「民間」という曖昧な術語で受容主体を措定してきたこと自体にあると思われる。したがって、古代の民衆仏教・民間仏教という術語は再検討の余地がある。本書では、民衆仏教・民間仏教に代わる術語として在地の仏教という術語を使用し、受容主体については改めて史料から具体的に分析していきたい。

さて本書での在地の仏教とは、第一段階として、七世紀後半の国家の仏教政策の影響により、郡領層・郡内有力者層の「寺」を中心として受容された仏教であり、祖先信仰や知識仏教と重層しながら在地支配の手段としての目的を有していたと推測される。第二段階として八世紀後半段階に、一村落レベルの支配者層である村落首長層が富裕化したことにより一村落レベルの仏教の担い手として成長し、彼らにより村落支配の手段として受容されたと考えられる。そのような古代村落の仏教は、伝統的な支配原理に基づく儀礼と融合していたほか、村落で求められた多様な諸機能を包含したものであったと推察される。以上のような在地の仏教の内容のうち、第二段階の具体相を史料から復元することこそが本書の目的である。

第四節　日本古代仏教史像の再構築

本書の目的は、直接的には一九八〇年代後半からの新たな古代仏教史研究の流れを継承し、その中で改めて重要性が明らかにされてきた『霊異記』と『諷誦文稿』の史料論的考察を基礎として、在地の仏教の具体像を復元することにより、日本古代仏教史像の再構築を目指すものである。以下に各部各章の目的と概要を記しておこう。

第一部「日本古代仏教史料論」では、日本古代の在地の仏教を考察するための基礎史料である『霊異記』と『諷誦文稿』に加え、御毛寺知識経の史料論的考察を行い、中国史料からの影響関係を踏まえた上で、日本古代の在地の仏教を具体的に考察する史料の基本的性格について検討を加える。

第一章「『日本霊異記』と中国仏教説話―化牛説話を素材として―」

『霊異記』の史料的特質を明らかにするために『霊異記』と中国仏教説話の比較考察を行い、『霊異記』の化牛説話が中国の畜類償債譚の説話構造に大きな影響を受けて成立したことを明らかにし、さらに化牛説話の分析から奈良末～平安初期の在地の「寺」や「家」の経営実態についても考察を加える。

第二章「『東大寺諷誦文稿』の史的位置」

『諷誦文稿』の史料論的考察を行い、『諷誦文稿』が先行研究による〝さまざまな法会で用いられた断片的な文例を記した手控え〟ではなく、在地社会の法会で用いた首尾の揃った式次第であり、当初の法会次第に書き入れを加え、つぎの法会に向けての整備過程にある史料であることを指摘する。また次第構成は、平安初期の新羅・唐・日本の法会次第との共通部分が多くあり、とりわけ唐代に成立し七三〇年の遣唐使により請来された『集諸経礼懺儀』所収の礼懺儀礼類からの影響について考察を加える。

第三章「御毛寺知識経と在地社会」

先行研究で『霊異記』下一七の「弥気山室堂」と同一の仏教施設とされてきた御毛寺知識経の「御毛寺」・「御気院」の考察を行い、「御毛寺」・「御気院」が「弥気山室堂」とは異なる仏教施設であったことを論じる。

第二部「日本古代在地仏教論」では、奈良後期～平安初期の在地社会の仏教の構造について、『霊異記』・『諷誦文稿』の「堂」と「寺」の相違に着目し、各造営主体の社会的階層、古代村落の「堂」の法会の内容や僧侶の位置づけなどを手がかりに在地の仏教の階層的構造とその特質を論じていく。

第一章「『日本霊異記』の仏教施設と在地の仏教」

直木孝次郎の先駆的研究以来、多くの議論がある『霊異記』の「堂」と「寺」の区分について、『霊異記』全体の表記形態の分析、そして直木説で最上位の「堂」の下一七の「弥気山室堂」と最下位の「寺」の下二八の「貴志寺」の類話の比較検討などから、両者が明確に区別できることを論証する。

第二章「『日本霊異記』の仏教施設の造営主体―「堂」を中心として―」

『霊異記』の「寺」と「堂」の造営主体を考察し、「寺」の造営主体は、具体的に職名のある郡領氏族と複数の村落に影響力を有する郡内の有力者クラスの二階層が存在し、「堂」の造営主体は一村落内の有力者であったことを指摘する。

第三章「『東大寺諷誦文稿』の「堂」と在地の仏教―「慰誘言」を中心として―」

『諷誦文稿』の「慰誘言」の分析から、古代村落の「堂」の法会で語られていた内容は、檀越の一村落レベルの有力者が村落支配の正統性を喧伝するものであり、村落支配の手段としての仏教が存在したことを指摘する。

第四章「在地社会の法会の特質―僧侶を中心として―」

『諷誦文稿』の「卑下言」を考察し、古代村落の「堂」の法会の場は、官大寺僧のみならず、在地の「寺」の僧と考えられる「衆僧」・「高名の有徳」や、在地で教化活動をしていた「能化の聖等」などの、さまざまな在地で活動する僧侶が参集する場であり、そこに示される在地の重層的な宗教構造の意味を明らかにする。

附論「古代村落の「堂」と仏教統制―山城国愛宕郡賀茂郷の「岡本堂」をめぐって―」

『続日本後紀』天長十年（八三三）十二月癸未朔条の「岡本堂」について考察を加え、岡本堂がこれまで指摘されてきたような賀茂神宮寺ではなく、古代村落の「堂」であったことを考察し、本条の内容から古代国家による「仏法統制」の具体相を示す。

終章「総括―古代国家仏教と在地社会―」

本書の総括として、古代の在地社会の仏教の特質は、国家仏教を担っていた官大寺僧が在地の一村落レベルの支配者層に至るまで古代仏教全体に関与していたこと、また郡領層・郡内有力者層や村落首長層などの在地の支配者層が、国家仏教を積極的に在地支配の手段として受容していたことにあり、その実態は在地では変容した形態であっても、各階層の仏教の多様性としてではなく、総体としては古代国家仏教として把握されるべきであることを論じた。

最後に各章の旧稿・初出年次を示し、本論へうつりたい。

序章（新稿）

第一部　日本古代仏教史料論

第一章「『日本霊異記』の史料的特質と可能性―化牛説話を中心として―」（『歴史評論』第六六八号、二〇〇五年）

第二章「『東大寺諷誦文稿』の史料的特質をめぐる諸問題―書き入れを中心として―」（『水門』第二二号、二〇一〇年。第一章～第三章）および「『東大寺諷誦文稿』の成立過程―前半部を中心として―」（『水門』第二三号、二〇一一年。第一章～第三章）を合わせて一章とした。

第三章「御毛寺知識経についての基礎的考察―「御毛寺」「御気院」を中心として―」（『寺院史研究』第一四号、二〇一三年）

第二部　日本古代在地仏教論

第一章　「『日本霊異記』における仏教施設と在地仏教」（『史学』第七二巻第一号、二〇〇三年）

第二章　「『日本霊異記』の仏教施設の造営主体―「堂」を中心として―」（新稿）

第三章　「日本古代の「堂」と仏教―『東大寺諷誦文稿』における「慰誘言」を中心として―」（山口敦史編『聖典と注釈―仏典注釈から見る古代―』〈古代文学会叢書Ⅳ〉武蔵野書院、二〇一一年）および「日本古代の「堂」と村落の仏教」（『日本歴史』第七七七号、二〇一三年。第一章・第二章）を合わせて一章とした。

第四章　「『東大寺諷誦文稿』の史料的特質をめぐる諸問題―書き入れを中心として―」（『水門』第二二号、二〇一〇年。第四章・第五章）

附論　「日本古代の「堂」と村落の仏教」（『日本歴史』第七七七号、二〇一三年。第三章）

終章（新稿）

註

（1）本研究は、古代史研究における古代地域社会研究（田中禎昭「古代地域社会研究の方法的課題」〈『日本古代の年齢集団と地域社会』吉川弘文館、二〇一五年〉に的確な研究史整理がある）や、古代心性史・環境史（三宅和朗「古代の人々の心性と環境―問題の所在―」〈『古代の人々の心性と環境』吉川弘文館、二〇一六年〉にこれまでの研究が整理されている）などの分野とも密接に関わる可能性をもつものである。

（2）吉田一彦『日本古代社会と仏教』（吉川弘文館、一九九五年）、同『古代仏教をよみなおす』（吉川弘文館、二〇〇六年）。

（3）（財）千葉県文化財センター編『研究紀要第一九集』（一九九八年）。上高津貝塚ふるさと歴史の広場編『仏のすまう空間―古代霞ヶ浦の仏教信仰―』（一九九八年）。しもつけ風土記の丘資料館編『仏堂のある風景』（一九九九年）。（財）千葉県文化財センター編『平成十一年度出土遺物展（二五周年記念展）　今、古代史がおもしろい―出土文字からさぐる房総の古代―』（一九九九年）。摂河泉古代寺院研究会編『行基の考古学』（塙書房、二〇〇二年）。木村衡『古代民衆寺院史への視点』（岩田書院、二〇〇四年）。笹生衛『神仏と村景観の考古学』（弘文堂、二〇〇五年）。奈良文化財研究所編『地方官衙と寺院―郡衙周辺寺院を中心として―』（二〇〇五年）、同編『在地社会と仏教』（二〇〇六年）。国士舘大学考古学会編『古代の信仰と社会』（六一書房、二〇〇六年）。横浜市歴史博物館編『古代のムラの神・仏』（二〇〇八年）。上高津貝塚ふるさと歴史の広場編『神の寺・山の寺・里の寺―古代仏教信仰の広がり―』（二〇一〇年）。近藤康司『行基と知識集団の考古学』（清文堂出版、二〇一四年）など多数。

（4）　有富由紀子「日本古代の初期地方寺院の研究―白鳳時代を中心として―」（『史論』第四二号、一九八九年）。宮瀧交二「日本古代の村落と開発」（『歴史学研究』第六三八号、一九九二年）、同「日本古代の民衆と「村堂」」（野田嶺志編『村のなかの古代史』岩田書院、二〇〇〇年）。三舟隆之『日本古代地方寺院の成立』（吉川弘文館、二〇〇三年）、同『日本古代の王権と寺院』（名著刊行会、二〇一三年）。竹内亮『日本古代の寺院と社会』（塙書房、二〇一六年）など多数。

（5）　勝浦令子「光覚知識経の研究」（『日本古代の僧尼と社会』吉川弘文館、二〇〇〇年。初出は、一九八五年）。平野邦雄監修・あたらしい古代史の会編『東国石文の古代史』（吉川弘文館、一九九九年）。平川南『墨書土器の研究』（吉川弘文館、二〇〇〇年）、同『古代地方木簡の研究』（吉川弘文館、二〇〇三年）。東野治之『日本古代金石文の研究』（岩波書店、二〇〇四年）。上代文献を読む会編『上代写経識語注釈』（勉誠出版、二〇一六年）など多数。

（6）　日本古代史では、八重樫直比古『古代の仏教と天皇』（翰林書房、一九九四年）。小峯和明・篠川賢編『日本霊異記を読む』吉川弘文館、二〇〇四年）。吉田一彦『民衆の古代史』（風媒社、二〇〇六年）。三舟隆之『『日本霊異記』説話の地域史的研究』（法藏館、二〇一六年）など多数。他に『歴史評論』第六六八号（二〇〇五年）では、「特集／『日本霊異記』に古代社会をよむ」が組まれている。また最近、日本古代史の立場からの『日本霊異記』の校注本である、本郷真紹監修・山本崇編『考証　日本霊異記　上』（法藏館、二〇一五年）が刊行されている。

（7）　近年の研究としては、中村史『日本霊異記と唱導』（三弥井書店、一九九五年）。河野貴美子『日本霊異記と中国の伝承』（勉誠出版、一九九六年）。多田伊織『日本霊異記と仏教東漸』（法藏館、二〇〇一年）。山口敦史『日本霊異記と東アジアの仏教』（笠間書院、二〇一三年）。伊藤由希子『仏と天皇と「日本国」―『日本霊異記』を読む―』（ぺりかん社、二〇一三年）。小林真由美『日本霊異記の仏教思想』（青簡舎、二〇一四年）など多数。また『日本霊異記』の専論書ではないが、師茂樹『論理と歴史―東アジア仏教論理学の形成と展開―』（ナカニシヤ出版、二〇一五年）も重要な成果である。

（8）鈴木景二「都鄙間交通と在地秩序―奈良・平安初期の仏教を素材として―」（『日本史研究』第三七九号、一九九四年）。

（9）小林真由美「東大寺諷誦文稿注釈（一）」（『成城国文学論集』第三六号、二〇一四年）、同「東大寺諷誦文稿注釈（二）」（『成城国文学論集』第三七号、二〇一五年）、同「東大寺諷誦文稿注釈（三）」（『成城国文学論集』第三八号、二〇一六年）。拙稿「日本古代の在地社会の法会―『東大寺諷誦文稿』「卑下言」を中心として―」（『仏教史学研究』第五八巻第一号、二〇一五年）など。

（10）近年、「国家仏教」論の史学史をまとめた佐藤文子によって、「国家仏教」という術語が用いられたのは、黒板勝美の『国史の研究　各説の部』（文会堂書店、一九三二年、一八二頁）からであり、「聖武天皇の仏教興隆行為と正倉院宝物の評価を結合させるために〈国家仏教〉という概念が必要とされ、創出され」た術語であることが指摘されている（同「史学史としての〈国家仏教〉論」第十八回（二期第十回）日本宗教史懇話会サマーセミナーレジュメ、四頁）。佐藤の研究は、古代仏教史の実態研究から国家仏教論の相対化の必要性に迫られてなされたものである。佐藤による古代仏教の実態研究としては、以下の論考を参照されたい。佐藤文子「古代の得度に関する基本概念の再検討―官度・私度・自度を中心に―」（『日本仏教綜合研究』第八号、二〇一〇年）、同「臨時得度の政治思想」（『仏教史研究』第五〇号、二〇一二年）。なお、黒板の『国史の研究』（文会堂書店、一九一一年、第四版、三三四頁）では「奈良朝は国家的仏教政治が遺憾なく発揮された時代」とされ、「国家的仏教政治」という術語は用いられている。

（11）前掲註(10)黒板著書、一五九頁。

（12）辻善之助『日本仏教史　上世編』（岩波書店、一九四四年）二二七頁。

（13）前掲註(12)辻著書、三二一頁。

（14）前掲註(12)辻著書、三六二頁。

（15）前掲註(12)辻著書、三六七頁。

（16）二葉憲香『古代仏教思想史研究』（永田文昌堂、一九六二年）。ただし、律令仏教・反律令仏教の術語を用い始めたのは、宮崎圓遵であったことが、佐藤文子によって指摘されている（前掲註(10)佐藤レジュメ、六～八頁）。

（17）二葉憲香「序説」（『日本古代仏教史の研究』永田文昌堂、一九八四年）一六頁。

(18) 平雅行「中世仏教と社会・国家」(『日本史研究』第二九五号、一九八七年)。
(19) 井上光貞「王仁の後裔氏族と其の仏教」(『日本古代思想史の研究』岩波書店、一九八二年)。
(20) 五来重「紀州花園村大般若経の書写と流伝」(『大谷史学』第五号、一九五六年)。
(21) 中井真孝『日本古代の仏教と民衆』(評論社、一九七三年)。
(22) 薗田香融「古代仏教における宗派性の起源」(『平安仏教の研究』法蔵館、一九八一年。初出は、一九七一年)。
(23) 菅原征子「会津における古代仏教―その性格と布教者―」(『日本古代の民間宗教』吉川弘文館、二〇〇〇年。初出は、一九六七年)。
(24) 菅原征子「古代東国における観音像の造立」(前掲註(23)菅原著書所収。初出は、一九六八年)。
(25) 高取正男「日本におけるメシア運動」(初出は、一九五五年)、同「古代民衆の宗教―八世紀における神仏習合の端緒―」(初出は、一九五九年)、同「霊異記の歴史意識」(初出は、一九六一年)、同「奈良平安初期における官寺の教団と民間仏教」(初出は、一九六七年)、いずれも『民間信仰史の研究』(法蔵館、一九八二年)に所収。
(26) 家永三郎監修『日本仏教史　古代篇』(法蔵館、一九六七年)一〇九頁。
(27) 前掲註(26)家永三郎監修『日本仏教史　古代篇』一六一頁。
(28) 前掲註(26)家永三郎監修『日本仏教史　古代篇』一六四頁。
(29) 前掲註(26)家永三郎監修『日本仏教史　古代篇』一七二頁。
(30) 前掲註(26)家永三郎監修『日本仏教史　古代篇』一七二～一七三頁。
(31) 前掲註(21)中井著書、一頁。
(32) 前掲註(21)中井著書、三頁。
(33) 前掲註(21)中井著書、二頁。
(34) 平岡定海・中井真孝編『行基・鑑真』〈日本名僧論集第一巻〉吉川弘文館、一九八三年)所収の諸論考参照。
(35) 石母田正「行基と国家と人民」(『日本古代国家論　第一部』岩波書店、一九七三年)九〇頁。
(36) 近年の成果としては、井上薫編『行基事典』(国書刊行会、一九九七年)がある。
(37) 吉田靖雄「菩薩僧と化主僧の実体」(『日本古代の菩薩と民衆』吉川弘文館、一九八八年。初出は、一九七三年)。

(38) 吉田靖雄「まえがき」（前掲註(37)吉田靖雄著書）二頁。
(39) 前掲註(2)吉田一彦著書所収。
(40) 前掲註(2)吉田一彦著書所収。
(41) 前掲註(2)吉田一彦著書所収。
(42) 前掲註(2)吉田一彦著書、五頁。
(43) 前掲註(2)吉田一彦著書所収。
(44) その後の研究では、吉田一彦「日本における神仏習合思想の受容と展開―神仏習合外来説（序説）―」（『仏教史学研究』第四七巻第二号、二〇〇五年）、同「垂迹思想の受容と展開―本地垂迹説の成立過程―」（速水侑編『日本社会における仏と神』吉川弘文館、二〇〇六年）がある。
(45) 前掲註(26)家永三郎監修『日本仏教史　古代篇』六三頁。竹田聴洲「七世父母攷」（『仏教史学』第一巻第三号、一九五〇年）。高取正男「固有信仰の展開と仏教受容」（前掲註(25)高取著書。初出は、一九五四年）。
(46) 増尾伸一郎「七世父母と天地誓願」（前掲註(5)『東国石文の古代史』）。
(47) 勝浦令子「金井沢碑を読む」（前掲註(5)勝浦著書所収。初出は、一九九九年）。
(48) 三舟隆之「地方寺院造営の背景」（前掲註(4)三舟著書、二〇〇三年）三五三頁。
(49) 前掲註(48)三舟論文、三一七頁。
(50) 加藤謙吉「「野中古市人」の実像」（『大和政権とフミヒト制』吉川弘文館、二〇〇二年）。
(51) 拙稿「『日本霊異記』上巻第五の史的再検討―宇治大伴連氏の「本記」作成と大伴宿禰氏―」（『史学』第七四巻第二号、二〇〇六年）。
(52) 中井真孝「共同体と仏教」（『日本古代仏教制度史の研究』法蔵館、一九九一年）。
(53) 勝浦令子「行基の活動と畿内の民間仏教」（前掲註(5)勝浦著書。初出は、一九八六年）。北條勝貴「第一次行基集団の生成と構造上の特質（上・下）」（『日本古代・中世史研究と資料』第一三号・第一四号、一九九四年）。井上薫編『行基事典』（前掲註(36)）。清水みき「行基集団と山崎院の造作―人名文字瓦の検討より―」（続日本紀研究会編『続日本紀の時代』塙書房、一九九四年）、同「知識と文字瓦」（平川南・沖森卓也・栄原永遠男・山中章編『文字と古代日本四　神仏と文字』吉

川弘文館、二〇〇五年）。若井敏明「行基と知識結」（速水侑編『民衆の導者　行基』〈日本の名僧２〉吉川弘文館、二〇〇四年）。堺市教育委員会編『史跡土塔―文字瓦聚成―』（二〇〇四年）、同『史跡土塔―遺構編―』（二〇〇七年）。近藤康司『行基と知識集団の考古学』（前掲註(3)近藤著書）。溝口優樹「大野寺土塔の知識と古代地域社会」（『日本古代の地域と社会統合』吉川弘文館、二〇一五年。初出は、二〇一三年）。角田洋子『行基論』（専修大学出版局、二〇一六年）。

(54)　勝浦令子「行基の活動と畿内の民間仏教」（前掲註(5)勝浦著書）。

(55)　佐藤信「石山寺所蔵の奈良朝写経」（『古代の遺跡と文字資料』名著刊行会、一九九九年）。栄原永遠男「郡的世界の内実」（『人文研究　大阪市立大学文学部紀要』第五一巻第二分冊、一九九九年）。今津勝紀「既多寺大智度論と針間国造」（栄原永遠男・西山良平・吉川真司編『律令国家史論集』塙書房、二〇一〇年）。

(56)　今津勝紀「日本古代の村落と地域社会」（『日本古代の税制と社会』塙書房、二〇一二年。初出は、二〇〇三年）。

(57)　薗田香融「和歌山県小川旧庄五区共同保管大般若経について」（『古代史の研究』創刊号、一九七八年）、同「律令制下の文化」（『和歌山県史　原始・古代』第五章第四節、和歌山県、一九九四年）、同「小川八幡神社所蔵大般若経について」（『南紀寺社史料』〈関西大学東西学術研究所　資料集刊25〉関西大学出版部、二〇〇八年）。拙稿「御毛寺知識経についての基礎的考察―「御毛寺」「御気院」を中心として―」（『寺院史研究』第一四号、二〇一三年、本書第一部第三章）。

(58)　前掲註(5)勝浦論文。

(59)　前掲註(5)勝浦論文。前掲註(53)清水論文。

(60)　古尾谷知浩「文字瓦と知識」（『文献史料・物質資料と古代史研究』塙書房、二〇一〇年。初出は、二〇〇七年）。

(61)　竹内亮「五十戸と知識寺院―鳥坂寺跡出土箆書瓦の釈読から―」（前掲註(4)竹内著書。初出は、二〇〇九年）一二〇頁。

(62)　竹内亮「古代の造寺と社会」（前掲註(4)竹内著書。初出は、二〇一二年）。

(63)　前掲註(4)有富論文。

(64)　三舟隆之「「国家仏教」論の問題点」（前掲註(4)三舟著書、二〇一三年）。

(65)　「村落内寺院」は、一九八五年に須田勉が使用した術語であるが（「平安初期における村落内寺院の存在形態」〈滝口宏編『古代探叢Ⅱ』早稲田大学出版会、一九八五年〉）、近年須田は、「村落寺院」の術語を使用している（「古代村落寺院とその信仰」〈前掲註(3)『古代の信仰と社会』〉）。「仏堂施設」は、一九九九年に池田敏宏によって提唱された術語であるが（「仏堂施設における瓦塔出土状況について（素描）―土浦市・根鹿北遺跡出土瓦塔をめぐって―」（『土浦市立博物館紀要』第九号、一九九九年〉）、考古学および古代史の研究史では、通常、「村落内寺院」・「村落寺院」が用いられている。しかし、集落遺跡内の仏教施設の存在形態を鑑みれば、「院」と称される実態は存在せず（「院」の語義は、前掲註(57)拙稿を参照）、「寺院」の概念を用いることには問題がある。本章では「村落内寺院」・「村落寺院」・「仏堂施設」の学説史的意義をも踏まえ並列的に示した。

(66) 宮瀧交二「古代村落の「堂」―『日本霊異記』に見る「堂」の再検討―」（『塔影』〈本郷高等学校紀要〉第二二号、一九八九年）、同「古代村落の飲食器」（『立教日本史論集』第四号、一九八九年）。前掲註(4)宮瀧論文。

(67) 三舟隆之「『日本霊異記』における「堂」と「寺」」（『続日本紀研究』第三四一号、二〇〇二年）。拙稿「『日本霊異記』における仏教施設と在地仏教」（『史学』第七二巻第一号、二〇〇三年。本書第二部第一章）など。

(68) 吉田一彦「国家仏教論批判」（前掲註(2)吉田著書）。

(69) 北條勝貴「〈書評〉吉田一彦著『古代仏教をよみなおす』」（『日本歴史』第七一二号、二〇〇七年）一〇六頁。

(70) 前掲註(10)佐藤レジュメ、一一頁。

(71) 前掲註(10)佐藤レジュメ、一頁。

(72) 曾根正人「奈良仏教の展開」（末木文美士ほか編『新アジア仏教史11 日本Ⅰ 日本仏教の礎』佼成出版社、二〇一〇年）九三～九四頁。ただし、「護国という国家目的に集中的に奉仕せしめる体制」といった表現の可否に関わる国家仏教の内実については、なお検討が必要であろう。

(73) 前掲註(19)井上著書。

(74) 古市晃「本書の課題と構成」（『日本古代王権の支配論理』塙書房、二〇〇九年）三頁。

(75) 古市晃「四月・七月斎会の史的意義」（前掲註(74)古市著書）六八頁。

(76) 古市晃「七世紀日本列島諸地域における仏教受容の諸相」（前掲註(74)古市著書）一二五～一二六頁。

(77) 河上麻由子「遣隋使と仏教」（『古代アジア世界の対外交渉と仏教』山川出版社、二〇一一年。初出は、二〇〇八年）。

(78) 菱田哲郎「律令制下の宗教政策」（『古代日本　国家形成の考古学』京都大学学術出版会、二〇〇七年）二一六～二二五頁。

(79) 前掲註(78)菱田論文、二二八～二三四頁。

(80) 前掲註(78)菱田論文、二四八頁。
(81) 前掲註(19)井上著書。鬼頭清明「古代国家と仏教思想」(『講座日本歴史二　古代二』東京大学出版会、一九八四年)。本郷真紹『律令国家仏教の研究』(法蔵館、二〇〇五年)。曾根正人『聖徳太子と飛鳥仏教』(吉川弘文館、二〇〇七年)など。
(82) 「宗教的イデオロギー装置」の理解については、ルイ・アルチュセール(西川長夫訳)の「イデオロギーと国家のイデオロギー装置(上)(下)―探究のためのノート―」(『思想』第五七七号・第五七八号、一九七二年)の現代国家の分析から生まれた理論に依拠し、それを古代国家論に援用した西宮秀紀の見解がある。すなわち西宮は、「国家理論を前進させるためには、ただ単に国家権力と国家装置の区別を考えるだけではなく、同時に、明らかに国家の(抑圧)装置の傍に存在するが、しかし国家装置とは異なったまた別の現実を考慮に入れることがぜひとも必要である。われわれはこの現実をその概念にしたがって、国家のイデオロギー装置と呼ぶことにする」(同上、五七七号、一二五頁)とされたルイ・アルチュセールの理論に基づき、「国家側の神祇祭祀を宗教的イデオロギー装置の一つとして捉えることが可能」であるとしている(同「律令制神祇祭祀の構造とその歴史的特質」〈『律令国家と神祇祭祀制度の研究』塙書房、二〇〇四年〉五頁)。
(83) キャロル・グラック著・梅﨑透訳「歴史の中の民衆―日本歴史学における最近の潮流―」(『歴史で考える』岩波書店、二〇〇七年)。
(84) 例えば、前掲註(2)吉田著書『古代仏教をよみなおす』では、古代社会の仏教を「国家の仏教」・「宮廷の仏教」・「地方豪族の仏教」・「民衆の仏教」と四区分した叙述がなされている。
(85) 上川通夫「中世山林寺院の成立」(『日本中世仏教と東アジア世界』塙書房、二〇一二年)二三三頁。

第一部　日本古代仏教史料論

第一章　『日本霊異記』と中国仏教説話
――化牛説話を素材として――

はじめに

『霊異記』の史料性についての研究は、日本文学や日本古代史ではそれぞれ一定の成果をあげてきたが、現段階において必ずしも双方向的な方法論の交流はなされていないのが現状であると思われる。日本文学の分野では、古くから『冥報記』・『金剛般若経集験記』などとの比較研究がなされてきたが、[1]近年では、さまざまな中国文献から『霊異記』への影響が指摘されている。[2]編者景戒や『霊異記』の原史料に関わった官大寺僧や官僧が、さまざまな内典・外典に通じていたことも明らかにされており、[3]日本文学研究によって行われてきた漢籍や仏典などとの比較研究によってその影響関係を探っていくことは、『霊異記』の史料的特質を考える上でも必須の課題であろう。本章で注目したいのは、『諸経要集』や『法苑珠林』などの仏教類書である。これらからの各霊異記説話末尾の経典引用部分への影響は古くから指摘されているが、[4]『霊異記』説話本文自体への影響関係は本格的に論じられているとは言い難い現状がある。説話末尾の経典などの引用部分（以下、説示）[5]と説話本文（以下、素体）は一応区別して論じられるものの、説示と素体が全く独立して存在しているとは考え難く、素体にも説示で引用した仏教類書の影響があった可能性は高いと考えられる。

本章では、中国仏教説話の畜類償債譚と『霊異記』の化牛説話とを比較考察し、中国仏教説話の影響を踏まえた上で、化牛説話の話型を創出した奈良時代から平安時代前期の在地の仏教の歴史的背景について考察を行いたい。

第一節　古代中国の畜類償債譚の展開

1　仏典説話の畜類償債譚

澤田瑞穂は、「ある人が借金をして、それを返済しきらないうちに死亡する。冥罰を蒙り、今生で債主の家の牛・驢馬その他の家畜として転生、一定期間の労役に服し、それを労賃に換算して残額相当を償った後に家畜は死んで解脱する――。この型の説話を筆者はかりに畜類償債譚と名づける」(6)と述べ、いち早く説話の話型に注目した。本節では畜類償債譚のストーリーの中で、特にA畜生の因縁を語る（語られる）人物、B畜生の死亡時の表現の二点に注目して比較考察を進めていきたい。

まず、澤田が仏典に古くからあるものとされた『出曜経』と『経律異相』所引『譬喩経』（以下、『譬喩経』）の二話を取り上げてみたい。

〔史料一〕『出曜経』巻三

昔罽賓国兄弟二人。一人出家、得二阿羅漢道一。一人在レ家。修二治居業一。（中略）数数諫誨不レ従二兄教一。弟後遇レ患、忽便無レ常、生受二牛形一。為レ人所レ駆、駄レ塩入レ城。時兄羅漢、従二城中一出。即向二彼牛一而説レ偈曰、「（中略）」。

時牛聞已、悲哽不レ楽。牛主語二道人一曰、「汝何道説使二我牛不レ楽」。A道人報曰、「此牛本是我弟」。牛主聞已。語二道人一曰、「君弟昔日。与レ我親親。A羅漢説曰、「我弟昔日負二君一銭塩価一」。是時牛主即語レ牛曰、「吾今放レ汝不二復役使一」。時牛自投二深澗一。至心念仏。B即便命終。得レ生二天上一。

本話の概要は、出家して羅漢となった兄と在俗の弟がいて、兄は何度も布施持戒を勧めたが弟は従わなかったため、弟は死後に牛に転生した。兄は牛である弟が駆使されている様子を見て、牛の主にこの牛は私の弟で、生前あなたに負債を負ったために今駆使されているのだと告げた。牛主が牛を許すと、牛は自ら深い谷に身を投げて一心に念仏をし、死後、天上界に生まれることができた、という話である。本話は『諸経要集』巻九択交部第六債負縁（以下、『諸経要集』債負縁）、『法苑珠林』巻第五七債負篇（以下、『法苑珠林』債負篇）にも所収され、『霊異記』の化牛説話にも大きな影響を与えたと考えられる。

〔史料二〕『経律異相』巻四七雑獣畜生部上所引『譬喩経』

昔大迦羅越。出レ銭為レ業、有二二人一。挙二銭一万一。至レ時還之。後日二人、復相謂言、「我曹史各挙二十万一、後不レ還之」。A有レ牛繫在二籬裏一語二二人一言、「我先世時、坐負二主人一千銭一。不レ還レ債、三反作レ牛。猶故不レ了。況君欲レ取二十万一。罪無二畢時一」。二人驚怪。会天已暁、主人出。二人説二牛之語一。主人即便放二著群中一。不二復取用一、呪願、「此牛自今已後。莫三復受二此畜生身一。若有二余銭一一以二布施一」。B牛後命過。得レ生二人中一。

本話の概要は、昔、大迦羅越にいた二人の者が「十万銭を各々借り、返さないで着服しよう」と話していたところ、近くの垣に繋いであった牛が、「私は先世に主人に一千銭の借金をして負債を返さなかった結果、三度転生しても負債を返済し終わらない。十万銭を取ろうとしているお前たちに罪の終る時はない」と語った。二人は牛主に牛の言葉を伝えると、牛主は呪願の上、牛を解放し、牛は死後人間界に生まれた、という話である。

右は最も古いとされる畜類償債譚であるが、傍線部Aからは「羅漢」などの仏教的聖者が畜生と会話をし、畜生の前世が明らかにされる話型（史料一）と、牛自らが近くにいた人に話しかける話型（史料二）の二種類がある。傍線部Bでは畜生が最終的に罪を許され死に至ると、「得生㆓天上㆒」・「得生㆓人中㆒」といずれも畜類から高い地位へ転生する、という話型が看取される。また畜生の死の直前に、『出曜経』では、牛主に負債を許された後に牛が念仏を唱えていること、『譬喩経』では、牛主が牛を解放する際に、呪願して残りの負債があったら布施するといっていることなど、いずれも負債の返済以外の功徳が加わって牛が他の世界へ転生していることがわかる。これらの諸特徴は、畜類償債譚を含む仏典説話が前世の負債の罪報を説く一方で、最終的には畜生道に堕ちた者が仏教的聖者に出会うこと、あるいは仏教的作善によって救われる話（救済譚）として作られたことを示している。以上、仏典説話の古い型の畜類償債譚を見たが、つぎに、『霊異記』に強い影響を与えたと考えられる『諸経要集』・『法苑珠林』の畜類償債譚を見ていきたい。

2 『諸経要集』・『法苑珠林』の畜類償債譚

『諸経要集』は七世紀後半に唐の道世によって著述されたもので、諸々の経律論から要文を抜き出して分類した仏教類書である。[7] また本書は、景戒の自伝的な説話の『霊異記』下三八に沙弥鏡日から景戒が授かったと記されている書物（「諸教要集」）でもある。先行研究でも『霊異記』説話の経典引用部分に『諸経要集』からの引用と考えられる部分が一〇ヵ所余り指摘され、[8]『霊異記』説話に大きな影響を与えたことが明らかにされているが、化牛説話の本文・説示への影響も以下の五点が指摘できる。

第一に、『諸経要集』債負縁からは、『出曜経』（史料一）の一部が中三〇の説示に引用されているばかりでなく、

『成実論』の一部が中三二の説示に引用されており、いずれも『霊異記』の化牛説話と深く関わる内容である（後述）。

第二に、『諸経要集』債負縁から『霊異記』への引用で『出曜経』・『成実論』の二経論を引用しているのは債負縁以外には見られず、化牛説話の作成者は『諸経要集』債負縁を特に注目していたと考えられる。

第三に、『出曜経』の『霊異記』中三〇への引用部分は、因果応報を明確に示すための字句の挿入・改変がなされており（後述）、説話作成者が『出曜経』の説話内容や表現を熟知していたことが確認できる。説話の表現レベルまでの理解は、化牛説話作成のためには必須の条件となろう。

第四に、『出曜経』の話型は、(イ)仏者によって因縁が明らかにされる、(ロ)債務者が牛に転生する、(ハ)牛主の言葉によって牛の負債が免除される、(ニ)牛の死亡時に「即便命終」という表現形態をとる、というものであるが、この話型は『霊異記』の化牛説話の類話である上一〇・中一五と酷似している（後述）。類話の存在は、同一のプロットがさまざまな場所で手を加えて用いられていた蓋然性が高いとすれば、[9]『出曜経』が『霊異記』の類話に影響を与えていることは、『出曜経』に依拠した話型が広範に用いられていた可能性をも示唆するものである。すなわち、『諸経要集』所引『出曜経』は、『霊異記』の化牛説話作成で、最も影響力のある仏典説話であったと推測されよう。

第五に、『成実論』からの引用は、「若人負レ債不レ償、堕二牛羊麞鹿驢馬等中一、償二其宿債一者」という最低限の内容しか含まないため、素体への直接的な影響はないが、化牛説話の中三二の説示で引用されていることは、化牛説話に説得力を与える文言と解されていたことを示している。また本話は、説話自体が説示の例証話として用いられた可能性も指摘されており、[10]説示と素体の強い影響関係が窺える。

以上の諸点から、『諸経要集』債負縁引用の二経論、とりわけ『出曜経』が、『霊異記』の化牛説話に大きな影響を及ぼしていたことが指摘できる。なお、『法苑珠林』の債負篇にも『諸経要集』と同じ二経論は所収されているが、先行研究によれば、『霊異記』の『諸経要集』の引用傾向から、『諸経要集』から引用された蓋然性が極めて高いことが指摘されている。(11)

つぎに、『法苑珠林』は『諸経要集』と同じく道世の作で、麟徳元年(六六四)に撰述し、唐の総章元年(六六八)に改訂増補し終わったとされている。(12)『霊異記』への影響を示す論拠としては、第一に、『諸経要集』と著者が同じだけでなく『法苑珠林』の債負篇は『諸経要集』債負縁の内容と感応縁を除きほぼ対応していること、第二に、『霊異記』説話の経典出典研究でも『諸経要集』と並び『法苑珠林』からの引用が多いことが指摘されていること、(13)第三に、従来、『霊異記』の化牛説話は、『冥報記』の畜類償債譚を中心に比較されてきたが、『冥報記』の畜類償債譚は、『法苑珠林』債負篇の感応縁にも所収されていることの三点があげられる。以上から、『冥報記』のみ切り離して比較するのでは十分でなく、『諸経要集』・『法苑珠林』所収の畜類償債譚と『霊異記』の化牛説話を比較する必然性が認められるのである。

『法苑珠林』の債負篇感応縁は一一話中六話が畜類償債譚であり、全て隋代以降の話で占められている。『法苑珠林』感応縁所収の畜類償債譚を見ると(表1)、前述の仏典説話の畜類償債譚とは類似部分と変容部分がある。結論を先に述べると、第一に、仏典説話の畜類償債譚では牛が「天上」などに転生し最終的には畜生道から脱することによって救済されていたが、『法苑珠林』感応縁では畜生が最終的に救済される話(救済譚)は三話あるものの、直接の転生世界(善処)を示すのは耿伏生の話のみであり、その他には予言者の下へ連れて行かれる(王五戒)、寺に入れられる(李校尉)、といった現世での救済に変化している。第二に、救済譚の三話はいずれも親子や親族間の貸借関係の話である。第三に、救済譚以外の残りの三話はいずれも債権者が畜生になった債務者を最後まで許さず、畜生が救済されずに死亡する話(悪報譚)であることが指摘できる。以下、救済譚と悪報譚の事例を一例ずつ見ておこう。

表1　『法苑珠林』巻第五十七債負篇第六十五感応縁にみえる畜類償債譚

	題目(出典)・[話型]	概要	畜生が語りかける人	畜生のその後
1	隋揚州人 卞士瑜（冥報記）・[悪報譚]	卞士瑜の父は欲の深い人だった。ある時、人を雇って家を建てたが、建築費を支払わなかった。作った人が代金を請求したが、かえって士瑜の父は鞭でその人を打ったので、皆恨んで「もし負債を返済しないまま死んだら、牛に生まれ変わって償うべきだ」といっていた。その後、士瑜の父が死ぬと、家を作った人の牛が黄色い子牛を生んだ。子牛は生前の士瑜の父の姿を示すかのような文様があった。牛主が、「どうして私に代金を支払わなかったのだ」というと、子牛は両膝を曲げて頭を地に打ちつけた。士瑜は銭一〇万で負債を返済しようとしたが、牛主は許さなかった	語らない（体の文様で誰の転生であるか示す）	牛主に許されず、駆使された後、死亡？
2	隋洛州人 王五戒（冥報記）・[救済譚]	隋の大業年間（六〇五～六一七）に洛陽の王という人物が、五戒を守り未来のことを予現したので、村人は心から信頼していた。ある日、一人の男が驢馬を連れてきて語り出した。「寒食の日に酒食を備え墓を祀るために伊水の辺に驢馬で向かったところ、驢馬が渡らないので頭を鞭で打った。その頃、その男の妹は家で待っていたが、突然一〇年前に亡くなった母が血を流してやってきて、『生前に兄の米五升をお前に送ったために罪を得て、驢馬となっている。今日、伊水を渡るのを怖がったら鞭で打たれてしまった。何故このような仕打ちを受けるのか』と語った。妹は兄である私にその話を語り、その事実を知って兄妹で号泣した。母である驢馬も涙を流していた。その後、驢馬は草を食べなくなり私たちではどうすることもできなくなったため、食糧を用意して王五戒のところに来たのだ」と王に告げた。王五戒の所で驢馬は再び飲食をするようになった	妹（娘）	転生せず、王五戒に引き取られる
		隋の大業十一年（六一五）に、耿伏生の母の張氏は父を避けて絹二匹を女に与えたところ、数年後に死亡したときに母猪に転生して伏生の家に生まれた。二匹の子を産んだが伏生が食べてしまった。その後、母猪は子を産まなかったところ、伏生は畜生を屠殺する者を呼んで売ろうとした。まだ猪が売られる前に一人の客僧が来た。僧の連れていた一人の童子が猪の檻に入って遊んでいたと		

3	隋冀州人 耿伏生(冥報拾遺)・ 救済譚	ころ、猪は「私は伏生の母で絹を盗んだために猪に転生したが、二匹の子どもも食べられ負債を返済したのに、今屠殺者に売られようとしている。これは何の報いか」と語った。童子は師の僧侶に伝えたが猪が話すわけがないと聞いてもらえなかった。しかし屠殺者がやってくると、猪は檻から逃げ出し僧の前に来たため、僧は話を理解し三〇〇文で買い取った。その後、伏生に猪の話を客僧が伝えると猪の話の通りであった。伏生の姉にも伝え猪のために供養をした。数日後、猪はたちまち死に姉の夢に出てきて、「負債の返済がすみ、善処に転生した」と伝えてきた	一童子	善処に転生
4	唐汾州人 路伯達(冥報拾遺)・ [悪報譚]	路伯達は、永徽年中（六五〇～六五六）に銭一〇〇〇文を借り、後に契約に違えて支払いを拒み避けた。貸主は契約を楯に請求をした。ついに伯達は、貸主とともに仏前で、「もし私があなたに返済しなかったならば、死後にあなたの家の牛となって返済します」と誓った。その後、一年を経ずして死亡した。二年後、貸主の家の牛が一匹の赤い子牛を産んだ。額に白毛が生え「路伯達」の三字があった。その子や姪はこれを恥じて、銭五〇〇〇文で買うといったが貸主は売らなかった。そこで子や姪は啓福寺僧の真如に布施し、一五層の仏塔を造るのを助けた。見る者は発心して悪を止め、競って銭物を布施した	語らない	貸主は負債の返済を拒否する（駆使の後、死亡？）
5	唐雍州人 程華（冥報拾遺）・ [悪報譚]	唐の永徽五年（六五四）、霊泉郷の里長に程華というものがいた。秋に炭を収めるとき一人の炭丁から銭を受け取った。炭丁は文字が読めなかったため受取書を取らなかった。程華はその後に再びその炭丁に炭（銭か?）を求めたが、炭丁は従わなかった。程華は、「私がもしあなたの銭を受け取っていたとすれば、どうして受取書を持っていないのだ」といった。炭丁は、「私は文字が読めない。お前は私に『受取書を出す必要がない』といった。だから私はその言葉を信じて受取書をもらわなかったのだ。どうして私から銭を取ろうとするのだ」といった。程華は因果を信じていなかったので、ついに炭丁に、「私がお前の銭を受け取っていたとしたら、死後に牛になって償おう」と誓った。炭丁は悩んだが、結局銭を借りて程華に与えた。その後、程華はすぐに死んでしまった。炭丁の牛が孕んで子牛を産んだ。体は真っ黒で、額の上に白い字で並んで「程華」と明らかに記されていた。程華の子は倍の銭で買い取ろうとしたが	語らない	炭丁は子による負債の返済を拒否する（駆使され続ける）

		炭丁に売ってもらえなかった。牛は今も生きている		
6	唐潞州人 李校尉（冥報拾遺）・ [救済譚]	潞州の李という人が校尉になり懐州に上番で来ていたときに、市で猪を買って食べようとしたところ、猪が校尉に、「お前は私の娘の子で、私はお前の祖母にあたる。お前の家は貧しく私はお前たちを哀れんで、長男に黙ったままお前の母に五斗を与えた。その因果により私は今猪となり、盗んだ負債を償っているのだ。お前はどうして私を救わないのだ」と語った。校尉はこれを聞き、屠殺者から猪を購入した。校尉は猪に、「どこに居れば良いですか」といった。祖母の猪は、「私は今すでに世を隔て悪形を受けている。もし番が終わっても私を家に帰す必要はない。お前の家門を辱めたくないので。猪や羊が長く生きているという寺にいれてくれ」といった。猪はすぐに寺に走り向かったので、校尉が寺僧にこの霊験を説いたところ、皆、懺悔の心と哀れみを起こし場所を作って置いた。寺僧や道俗が競って飲食を布施したところ、後年、猪の言葉がわかるようになった。校尉の母もこのことを聴き、猪を見に来た。母子はお互いを見て、ひと時泣いて涙を流した。猪は麟徳元年（六六四）、なお安らかに暮らしている	孫の校尉	寺に入り、道俗から多くの布施を受ける

〔史料三〕『法苑珠林』巻第五七債負篇第六五感応縁所引『冥報拾遺』耿伏生

隋冀州臨黄県東、有㆓耿伏生㆒者。其家薄有㆓資産㆒。隋大業十一年。伏生母張氏避㆑父。将㆓絹両匹㆒乞㆑女。数歳之後、母遂終亡。変作㆓母猪㆒、在㆓其家㆒生、復産㆓二豘㆒。伏生並已食尽。遂便不㆑産。伏生即召㆓屠児㆒出売。未㆑取之間、有㆓一客僧㆒。従㆑生乞㆑食。即於㆓生家㆒少停。A将㆓一童子㆒入㆓猪圏中㆒、遊戯。猪語之言、「我是伏生母。為於㆓往日㆒避㆓生父眼㆒。取㆓絹両匹㆒乞㆑女。我坐㆓此罪㆒。変作㆓母猪㆒、生得㆓両児㆒、被㆓生食尽㆒。還㆑債既畢。更無㆑所㆑負。欲㆑召㆓屠児㆒売㆑我。請㆓為報㆑之」。童子具陳㆓向師㆒。師時怒曰、「汝甚顚狂。猪那解作㆓此語㆒」。遂即寝眠。（中略）少頃、屠児即来取㆑猪。猪踰㆑圏走出。而向㆓僧前牀下㆒。屠児逐至㆓僧房㆒。僧曰、「猪投㆑我来。今為㆓贖取㆒」。遂出㆓

銭三百文一贖レ猪。後乃竊語二伏生一曰、「家中曽失レ絹不」。生報レ僧云、「父存之日。曽失二両匹一」。又問、「姉妹幾人」。生又報云、「唯有二一姉一。姉与二県北公乗家一」。僧即具陳二童子所一レ説。伏生聞之。悲泣不レ能二自已一。更別加レ心供二養猪母一。B凡経二数日一。猪忽自死。託二其女夢一云。還レ債既畢。得二生善処一。兼勧二其女一。更修二功徳一。

本話の傍線部Aでは、猪が童子に自らの因縁を語りかけている。これは『譬喩経』（史料二）にあった話型である。傍線部Bは猪がたちまち死亡し転生を遂げるという内容であり、前の仏典説話と同じである。また畜生の負債が返済されても許されず、最終的には家族による仏教的な供養によって畜生が転生していることも仏典説話と同じ構造であるが、家族による供養であることに特徴がある。

〔史料四〕『法苑珠林』巻第五七債負篇第六五感応縁所引『冥報記』卞士瑜

隋楊州卞士瑜者、其父在レ隋、以二平陳功一、授二儀同一。慳吝、嘗雇レ人築レ宅、不レ還二其価一。作人求レ銭。卞父鞭レ之。皆怒曰、「若実負我、死当レ与二汝作一レ牛。」須臾之間、卞父死。其年作レ牛孕産二一黄犢一。①腰有二黒文一、横絡、周匝如二人腰帯一。右跨有二白文一、斜貫大小一。正如二象笏形一。牛主呼之曰、「卞公何二為負一レ我」。犢即屈二前膝一、以レ頭著レ地。②瑜以二銭十万一贖レ之。B牛主不レ許。死乃収葬。瑜為レ臨自説之爾。

本話は波線部①のように、現世での負債によって転生した牛の体に、「黒文」や「白文」が記されることによって因縁が明らかにされている。『法苑珠林』感応縁の中で悪報譚の二話（路伯達・程華）を見ると（表1）、本話と同様に転生した牛に「額上生二白毛一。為二路伯達三字一」（路伯達）、「偏体皆黒。唯額上有二一双白一。程華字分明」（程華）などと体に名前が記されている。つまり悪報譚では、牛が親族や家族に直接因縁を語ったり、夢に現れ救済を求めるといった内容はなく、生前の名前や債務者本人であることを示す模様が体に記されることによって因縁が示され、傍線部Bのように牛主に駆使され死ぬまで働きつづけるのである。また波線部②では家族が負債以上の銭で返済しようとしているが、路伯達の話には「其子姪等恥レ之。将二銭五千文一求贖」とあり、この行為が家族・親族の恥の意識から出たものであることが判明する。『法苑珠林』の畜類償債譚において、前代の流れを汲む救済譚と新たに成立した悪報譚の話型が明確に区別できることは重要である。なぜならば、説話の作成時に説話作成者がどちらの話型を選ぶかによって、どのような意識で説話を作成しようとしたかを窺知できるからである。

以上、中国古代の畜類償債譚の展開を見てきた。仏典説話段階では救済譚の話型のみであったが、唐代の仏教説話集では、さまざまなヴァリエーションが生まれ、さらに悪報譚の話型が成立したことが指摘できる。また(イ)救済譚の場合、(Ⅰ)仏教的聖者によって畜生の前世の因縁が明らかにされる、(Ⅱ)畜生が自ら前世の因縁を語り伝える、の二パターンによって因縁が示され、畜生は死後に高い次元へ転生するか、現世による救いを受ける。(ロ)悪報譚の場合、転生した畜生は自分の意思を伝えることができず、体に模様や名前の記載により因縁が明らかにされ、死ぬまで駆使される、という特徴が指摘できる。

第二節　『日本霊異記』の史料性と化牛説話の位置

本節では、『霊異記』の化牛説話の考察の前提となる、化牛説話の特徴および化牛説話成立の背景について、これまでの先行研究を踏まえながら考察を加えたい。

まず、『霊異記』の化牛説話の中国の畜類償債譚と異なる大きな特徴は、全ての説話で、物（特に寺物）を盗用した者が「牛」に転生する内容である点である。『霊異記』の化牛説話以外で畜生に転生する説話は、上三〇で狸・狗に転生し、中三八で蛇に転生する事例があることからも、決して牛のみに限られるわけではない。つまり、化牛説話で転生する動物が牛であることは、化牛説話の成立背景と密接に関わっているものと推察されよう。

そこで「寺」に関わる化牛説話に該当する上二〇・中九・中三二・下二六の四話の転生する動物をみていきたい。「寺」の化牛説話は、全て「寺物」を用いて返さなかったことによる負債返済のため、寺物盗用者が「寺」の牛に転生した話である。上巻序文に、「或貪二寺物一。生レ犢償レ債」とあることからも、寺物を盗んで牛に転生するプロットは『霊異記』の典型的な話型といえる。しかし、景戒が序文に記す唐の仏教説話集『冥報記』や『霊異記』に影響を与えたと考えられるその他の仏教類書・唐代説話集の畜類償債譚では、転生する動物は牛に限らず、転生理由も「寺物」の盗用に限らない(14)。例えば、『冥報記』で転生した動物は、羊が二例、驢馬が一例、牛が一例の三種であり、『法苑珠林』では、猪が一例、牛が二例の二種である。以上からすれば、『霊異記』の化牛説話は、『霊異記』独自の話型として成立した可能性が高く(15)、その要因として「寺物」と牛が密接に関わっていたことが想定されよう。そこで以下、死後に転生する動物が牛でなければならなかった事情について考えてみたい。

第一に、仏教の教義的な影響はどうであろうか。まず中三二の説示をみると、「所以成実論云、「若人負レ債不レ償、堕二牛羊麞鹿驢馬等中一、償二其宿債一者」」とあり、転生する動物が必ずしも牛でなければならなかった事情は見られない。中三〇の説示には、「所以出曜経云、「負二他一銭塩債一故、堕レ牛負レ塩所レ駆、以償二主力一」者(16)」と「牛」が見えるが、後述のように牛に堕ちた原因は塩を盗んだからではなく、牛が「塩を負う」動物であったことによる。下二六の説示には、「如二経説一「償物不レ償、作二馬牛一償云々」」とあり、牛だけでなく馬への転生の可能性を示唆している。以上からすれば、仏教の教義的影響は考え難い。

第二に、『霊異記』で牛以外の動物に生まれ変わる可能性を確認したい。注目されるのは、下二六の説示には、「唯雖レ負レ物、而徴二非分一、返作二馬牛一、更役償レ人」とあることである。下二六では「三木寺」に「馬牛」が施入されているので、下二六で、寺物を盗用した人が馬に転生する可能性は十分にあったといえる。また化牛説話の話型ではないが、馬への転生と関わるものとして上二一がある。上二一は瓜を売る人が、常に馬に重い荷物を載せ馬が動けなくなったら殺すという行為をつづけていた結果、あるとき両目が抜け落ちて釜で煮られてしまったという話である。説示には「雖見二畜生一、而我過去父母。六道四生我所レ生家、故不レ可レ无二慈悲一也」とある。つまり、この説示の解釈によれば、馬は前世の父母であったことになり、『霊異記』には場合によって馬への転生の可能性もあったことがわかる。そのように考えられるとすれば、『霊異記』で「寺物」を盗用した場合に、牛に転生するプロットが成立した事情が改めて問題となろう。

そこで化牛説話を支える論理について、中三〇の説示の分析を通して確認していきたい。当該箇所は、先行研究によって『諸経要集』引用「出曜経」を出典とすることが指摘されている[17]が、『霊異記』には、「負二他一銭塩債一故、堕レ牛負レ塩所レ駆、以償二主力一」とあるのに対し、『諸経要集』では、「負二君一銭塩債一故、堕二牛中一以償二君力一」とあり字句が若干異なっている[18]。とりわけ、『霊異記』の「負レ塩所レ駆」の文言が『諸経要集』には見られない点が注意される。『諸経要集』の当該箇所の前文を見ると、ある人が病気により死んだ後、「生在二牛中一為レ人所レ駆。駄レ塩入レ城」と、牛に転生し塩を背負っていたことがわかる。おそらく『諸経要集』の当該部分を参照していた中三二の作成者は、「塩を盗むと、塩を背負う牛に転生する」という因果の論理を明確に示すために、字句を加筆したものと想定される。『諸経要集』は下三八に見え、景戒が参照していたことが確実とされる書物であり、下三〇の説示部分は景戒が作成した蓋然性が極めて高いと思われる。景戒は、『霊異記』序文で「或貪二寺物一、生レ犢償レ債」と因果の論理を示す例をあげた直後に、「善悪之報如二影随レ形、苦楽之響、如二谷応レ音」と善悪報の因果は貫徹されるものと述べているが、その論理は転生する畜生の種類にまで貫徹していたのである。上二〇で寺の薪を盗んだ僧が、薪を背負う牛に転生していることや、「堂」の化牛説話の中一五で母親が転生した牛が「女牛」・「牝牛」であることなども同様の事情であろう。以上からすれば、『霊異記』の化牛説話を支える論理は因果応報であり、転生する動物が牛であったのは、「寺物」と牛が密接な関係にあったことを物語っていると考えなければならない。

そこで、『霊異記』の化牛説話の成立事情について考えてみると、全ての説話は「牛」に転生し「寺」における労働によって負債を償っている内容である。このようなプロットが説得的であるためには、当該期の「寺」の経営で中核的労働力として牛が駆使されていたと考えざるを得ない。中三二では「寺」が「寺薬分之酒」を出挙し、出挙の未返済者が「牛」に転生し、その「牛」は「寺産業」に「駆使」されていた。つまり、寺田の農業経営で牛耕が行われていたのであり、当該説話の成立背景には、「寺」が実施する稲や酒の出挙の未返済者に死後に牛に転生することを知らしめ、檀越の寺経営の円滑化を図ることにあったと想定される。(19)

従来までの寺院経済史の研究では、在地の「寺」の経営は史料的制約により十分な考察がなされていなかった。しかし、近年の考古学の発掘成果によって、在地の「寺」でもさまざまな経済活動が行われていたことが指摘されている。(20)加えて文献史学でも、『額田寺伽藍並条里図』の研究が進められ、寺院経営と密接に関わる額田寺周辺の景観が復元されつつある。(21)それらの成果によれば、額田寺の南大門前の寺田は、①佐保川の洪水の脅威から守るために古くから作られた「古堤」と自然堤防(新堤)によって守られた後背湿地であること、②唯一の用排水用の溝の描写があること、③「竈門田」・「槻本田」など寺院地の「竈屋」、南大門前の大槻と強い関連性を示す小字的地名が存在し、これは「寺田」という記載がなくても済むほど強い結びつきをもっていたことを示すと考えられることから、「額田寺の直営田的ないし門田的な性格の田」(22)であったこと、さらに、「寺田」と記載されている場所も額田寺の寺院地周辺に集中していることなどの諸点が指摘されている。『霊異記』の化牛説話が、上記の在地寺院周辺の寺田の存在形態と牛耕の行われている景観を背景に成立したと推定されることからすれば、額田寺のような寺院周辺景観は、ある程度、一般化することが可能であると思われる。

ところで、他の化牛説話の事例をみると、下二六では「寺」の檀越一族である郡司の妻が「三宝物」の横領により半牛半人に転生し、中九では「寺」の檀越が「寺物」を横領していたことがわかる。この「寺物」は、「三宝物」の他、多種多様な寺の財物を含む総称であったと考えられる。[23]古代寺院の資財帳には寺の財物として稲が記されていることが指摘されており、[24]檀越等は、「寺産業」に関わる「寺」の稲を中核とする多くの財物を横領していたが故に牛に転生するプロットが作成されたと推定されよう。このような「寺」の檀越の専横は、『続日本紀』・『日本後紀』・『類聚三代格』などに多く見られることからすれば（後述）、『霊異記』の化牛説話から窺える諸様相は、奈良後期から平安初期の在地社会の姿を反映していたと考えることができるのではなかろうか。以上の前提を踏まえた上で、次節にて『霊異記』の化牛説話を具体的な考察をしていきたい。

第三節　『日本霊異記』の化牛説話と在地の仏教

1　『日本霊異記』の化牛説話の救済譚と「堂」の仏教

本項では、「堂」の化牛説話の特徴について考察する。説話作成者が、中国の畜類償債譚の救済譚の構造を利用しながら、どのような改変を加えたかという点に注目したい。上一〇と中一五を掲出しよう。

〔史料五〕『霊異記』上一〇

偸二用子物一作レ牛役之示二異表一縁第十

大和国添上郡山村中里、昔有レ云二椋家長公一。当二十二月一。依二方広経一欲レ懺二先罪一。告二使人一云、「応レ請二一禅師一」。其使人問曰、「何等師」。答曰、「不レ択二其寺一。随レ遇而請」。其使随レ願請二得A路行一僧一帰レ家。家主什レ心供養。其夜礼経已訖。僧将レ息時。檀主設以レ被覆之。僧即心念、「明日得レ物不レ如二取レ被而出一」。時有レ声而言、「莫レ盗二其被一」。僧大驚疑、顧窺二家中一覓レ人。唯有二一牛一。立二家倉下一。僧進二牛辺一語言、「吾者此家長之父也。而吾先世為レ欲レ与レ人。不レ告レ子取二稲十束一。所以今受二牛身一而償二先債一。汝是出家。何輙盗レ被乎。欲二其事虚実一。為レ我設二人坐一。我当上居。応レ知二其父一」。於レ是僧即大愧。還止二宿処一。朝事行既訖之曰、「令二他人遠却一。」然後召二集親族一。具陳二先事一。檀越即起二悲心一而、就二牛辺一敷レ藁白言、「実吾父者就二此座一」。牛屈レ膝而臥二座上一。諸親出レ声大啼泣言、「実吾父矣」。便起礼拝而、曰レ牛言、「先時所レ用今咸奉レ免」。B牛聞之流レ涙大息。即日申時命終。然後以二覆被及財物一。而施二其師一。更為二其父一広修二功徳一。因果之理。豈不レ信哉。

〔史料六〕『霊異記』中一五

奉レ写二法華経一因二供養一顕下母作二女牛一之因上縁　第一五

高橋連東人者、伊賀国山田郡噉代里人也。大富饒レ財。奉二為母一写二法華経一。以盟之曰、「請下於二我願一有縁之師上」。欲レ所二済度一」。厳二法会一訖、将レ供二明日一、而誡レ使曰、「値二第一一以為二我縁師一。有二修法状一、不レ過必請」。其使随レ願出レ門、試往二至於同郡御谷之里一、見有二A乞者一。鉢嚢懸レ肘、酔レ酒臥レ路。姓名未レ詳。有二伎戯人一、剃レ髪懸レ縄以為二袈裟一。雖レ為レ然猶曾不二覚知一。使見起礼、勧請帰レ家。願主見之、信心敬礼、一日一夜、家内隠居、頓作二法服一、以レ之奉レ施。爰乞者問之、「所以者何」。答曰、「請令レ講二法花経一」。乞者、「我无レ所レ学。唯誦二持般若陀羅尼一、乞レ食活レ命」。願主猶請。乞者思議、不レ如二窃逃一。兼心知レ逃。副レ人令レ守。彼夜請師、夢見、赤牸来至、告言、「我此家長公母也。是家牛中、有二赤牝牛一。其児吾也。我昔、先世偸二用子物一。所以今受二牛身一、以償二其債一。明日為レ我将レ説二大乗一之師故、貴而慇告知。欲レ知二虚実一、説法堂裏、為レ我敷レ座。我当上居」。請師自レ夢驚醒、心内大怪。明朝登二講座一言、「我无レ所レ覚。随二願主心一故、登二此座一。唯有二夢悟一」。具陳二夢状一。檀主聞起、敷レ座喚レ牝、牝伏レ座。於レ是檀主大哭言、「実我母。我曽不レ知。今我奉レ免」。B牛聞大息。法事訖後、其牛即死。法会之衆、悉皆号哭、響二于堂庭一。往古已後、莫レ過二斯奇一。更為二其母一、重修二功徳一。諒知、願主顧二母恩一、至深之信、乞者誦二神呪一。積レ功之験也。

上一〇と中一五の概要は、以下の通りである。檀越が父母の供養の法会を開催するにあたり「路行一僧」・「乞者」を導師として屈請した。するとその日の夜、檀越の家の牛が屈請された僧に向かって語りだし、「自分は檀越の父母であるが「子物」を盗んだために牛に転生している」という自らの因縁を述べた。僧は翌日の法会にその因縁を聴衆に語り、その話を聞いた檀越によってその場で父母の負債は許され、牛は死亡した（転生した）という話である。まず注目されるのは、傍線部Aで、牛から因縁を語られた人物が両話とも僧であることである。中国の畜類償債譚では、『出曜経』で羅漢・道人、『法苑珠林』で僧の弟子の童子や家族・親族であったが、仏者という意味では『出曜経』の影響が認められる。

ただし『霊異記』の僧は、「路行一僧」・「乞者」と、いずれも〈遊行の僧〉と見られ[25]、この点で中国史料とは明確に相違している。両話で〈遊行の僧〉は、檀越の父母が転生した牛から因縁を伝えられる最も重要な役割を果たす存在であることからすれば、両話の説話作成者は説話作成段階で、〈遊行の僧〉が牛の因縁を法会の場で明らかにするというストーリーを意図的に作り出そうとしたものとみられる。『霊異記』には〈遊行の僧〉が俗人によって迫害され、迫害した俗人が悪報を受けるというプロットが存在し[26]、従来の研究では〈遊行の僧〉を擁護する思想（隠身の聖思想）の反映であると考えられてきた。[27] しかし、筆者は前にこのプロットが、古代日本独自のものであるため在地社会の〈遊行の僧〉の広範な存在を反映して成立した可能性が高いことを指摘した。[28] 私見が認められるとすれば、法会の導師に〈遊行の僧〉が請じられること自体はある程度の実態を反映していることが推測され、その法会がいずれも「堂」であることを考慮するならば、「堂」の法会において〈遊行の僧〉が重視されていた可能性があろう。

「寺」の説話では、上一一の播磨国濃於寺に「京元興寺沙門慈応大徳。因二檀越請一夏安居。講二法花経一」、中一一に「紀伊国伊刀郡桑原之狭屋寺尼等発願。於二彼寺一備二法事一。請二奈良右京薬師寺僧題恵禅師一（中略）奉二仕十一面観音悔過一」、下一九に「肥前国佐賀郡大領正七位上佐賀君児公。設二安居会一。請二戒明法師一。令レ講二八十花厳一」と、法会に際して京の官大寺僧が請じられており、その他の説話でも法会の導師に〈遊行の僧〉を請じる話はない。上記からすれば、「寺」の法会には、とりわけ官大寺僧を請じることを重視したことが窺える。おそらく在地の「寺」の特別な法会に際して京の官大寺僧を請じることによって、より法会の格を高めようと考えたのではなかろうか。一方、上一〇と中一五の両話は、すでに鈴木景二によって、在地有力者の私的な法会の様相を示す説話であることが指摘されている[29]が、以前指摘したように「堂」には基本的に常住僧がいなかったため[30]、法会を催す時には導師を外から請じなければならなかった。鈴木は上一〇の「不レ択二其寺一」の記述から導師選択に際して特定の「寺」を選ぶ意識があったことを重視しているが、最終的に上一〇は〈遊行の僧〉を法会の導師とする話として作成されたことにも注意すべきであろう。すなわち「堂」の化牛説話では、意図的に〈遊行の僧〉が因縁を明らかにする者として設定されており、「堂」に関与する宗教者は「寺」とは異なる事情があったことが想定されるのである。なお『諷誦文稿』にみえる「堂」の法会にも〈遊行の僧〉をも含みうる「能化の聖等」が法会に参集していることも参考になろう。

以上から、上一〇・中一五で〈遊行の僧〉を導師とするストーリーとなった要因は、〈遊行の僧〉が檀越の父母の牛になった因縁を明らかにするという重要な役割を果たしていることからも、「堂」の信仰世界の一面を反映している可能性が推察されよう。(31)

つぎに、牛の死亡直前の感情表現をみると、上一〇と中一五では、「先時所レ用今咸奉レ免」（上一〇）、「我曽不レ知。今我奉レ免」（中一五）と牛が負債を許された後、「牛聞之流レ涙大息」（上一〇）、「牛聞大息」（中一五）の感情表現がある。『諸経要集』巻四入道部・引証縁所引『雑譬喩経』には、仏教を軽視した男が、死後に牛に堕したことを悔いて「涙出自責」との記述があり、唐の恵懐著『釈門自鏡録』巻下「周益州索寺慧旻盗二僧財一作レ牛事」（後述）には、僧が牛の因縁を明らかにすると、牛は「涙下如雨」とある。いずれも自分の犯した罪に対する懺悔の表現として「涙出」・「涙下」と記されていることが注意される。(32)しかし、この表現を檀越が牛の負債を許した言葉の直後に入れた意図は別に考える必要があろう。上一〇・中一五に最も強い影響を与えたと考えられる『諸経要集』所引『出曜経』の話には、牛が負債を許された直後にこのような表現はない。おそらく牛に堕したことを懺悔するだけでなく、負債を許されたことに対する檀越への感謝や、檀越に救済されたことへの安堵を示すために、あえてこの部分に挿入されたのであろう。

その意図は牛の死亡時刻表現と合わせて考える必要がある。上一〇で牛は「申時」に死亡し、中一五では「法会訖後」に死んだとある。畜類償債譚でも負債を許されただけでは転生することができず、牛が念仏を唱えたり（史料一）、家族によるさらなる供養（史料二）によって高い世界へ転生していた。化牛説話の救済譚では、檀越の主催する法会自体が牛に転生した父母への仏教的作善となったと推測され、上一〇・中一五の説示に、「更為二其父一広修二功徳一」、「更為二其母一重修二功徳一」とあることもこれを裏付けている。また上一〇の「申時」は、法会の終了時刻と考えるだけでなく、より意識的な表現と解することもできる。なぜなら『霊異記』下三〇の老僧観規の顕彰譚で、観規は仏の涅槃した二月十五日の「申時」に没したとあるが、新日本古典文学大系本『日本霊異記』の注によれば、「申時」は日没と極楽浄土の結びつきを意識した時刻であると指摘されていることが考慮されるからである。(33) 上一〇で「申時」と記した意識として、下三〇と同様の認識があった可能性があろう。したがって、牛の感情表現に加えて死没の時からも、法会を開催した檀越を讃える意識、檀越の父母を檀越により救済された存在と見なす意識が看取されるのではないだろうか。

最後に、傍線部Bの牛の死に関わる表現に注目したい。牛が負債の返済を免除された後、上一〇では「即日申時命終」、中一五では「法事訖後、其牛即死」とある。畜類償債譚では「即便命終。得㆑生㆓天上㆒」（史料一）などと、死亡に伴って他の世界への転生が記されるのが常である。もちろん、唐代の説話集には寺などに連れて行かれる例もあるが、そのような史料も含めて、上記の「即」などの死亡時の表現がある場合、必ず没後の転生世界が示されている。しかし、『霊異記』の化牛説話では、「即」などの死亡時の表現をとりながら、死後の転生世界を示す表現が皆無である。ここには何らかの意図を読み取ることができよう。転生世界を示すのは、牛の救済を裏付ける意味をもつとすれば、『霊異記』の化牛説話には牛の救済を記せない事情があったのではないだろうか。その事情として考えられるのは、上一〇の最後の説示に「因果之理。豈不㆑信哉」と記されていることや、前述の『諸経要集』所引『出曜経』の因果応報を重視した引用態度から、因果応報の論理を明確に示すことにあったと考えられよう。すなわち、説話作成者とりわけ景戒は、物を盗んで畜生道に堕した牛について、最終的により高い世界へ転生したことを記すことにより因果応報を説く意図が薄れてしまうと考え、原説話にはもともと存在したこれらの表現を省いた可能性を考慮したい。

以上、化牛説話の救済譚の典型的な二話の分析から、①〈遊行の僧〉が因縁を明らかにする存在であることは、「堂」の信仰世界の反映と推測されること、②牛の死亡時の感情表現や時刻表現は、中国説話の影響があるものの、檀越を讃え、その父母を最終的には檀越により救済された存在とする意識を示しており、在地社会で求められた説話作成者側の意図が反映した記述と見られること、③牛の死亡後の転生世界が省かれた要因として、因果応報譚として貫徹させようとした官大寺僧や景戒の意図が窺えることの三点を指摘した。

ここで、「堂」の化牛説話で救済譚の話型が選択された事情について付言しておきたい。基本的に化牛説話には債権者（檀越）と債務者がいるが、救済譚では、第一に②で示したように債務者の転生した牛は、救済されるべき存在であった、第二に③のような作為をしなければならなかった理由も原説話に牛に転生した檀越の父母への救済的側面が強かったためであると推察される、第三に救済譚という話型には、債権者が債務者を救済することによって債権者の慈悲を示すことができる利点があったという三点の事情が考えられ、これは前述の檀越を讃える意識と軌を一にしている。以上の諸点から、上一〇と中一五はこれまで親子の厳しい債務・債権関係を示す話と位置づけられたこともあった[34]が、救済譚が選択されたことは、本話の債権者と債務者は本質的な意味で対立関係にはなかったといえるのではなかろうか。

2　『日本霊異記』における化牛説話の悪報譚と「寺」の仏教

中国の畜類償債譚は、唐代成立の『法苑珠林』債負篇・感応縁では悪報譚が見られるようになった。悪報譚は、債務者が負債によって畜生に転生した後、身体に本人であることを示すための模様や名前の記載によって因縁が明らかにされ、最後まで債務者が救済されない話型である。それでは悪報譚の話型をとる『霊異記』中九を見てみよう。

〔史料七〕『霊異記』中九

己作レ寺用二其寺物一作レ牛役縁　第九

大伴赤麻呂者、武蔵国多磨郡大領也。以天平勝宝元年己丑冬十二月十九日死、以二年庚寅夏五月七日、①生黒斑犢。自負碑文矣。探之斑文謂、「赤麻呂者、擅於己所造寺。而随恣心。借用寺物。未報納之死亡焉。為償此物故。受牛身」者也。②於茲諸眷属及同僚、発慚愧心。而慓无極。③謂、作罪可恐。豈応无報矣。此事可報季葉楷模。故以同年六月一日、伝乎諸人矣。冀无慚愧者、覧乎斯録。改心行善。寧飢苦所迫雖飲銅湯、而不食寺物。古人諺曰、「現在甘露未来鉄丸」者、其斯謂之歟。誠知、非无因果。不怖慎歟。所以大集経云、「盗僧物者、罪過五逆」云々」。

本話は、大伴赤麻呂が寺物を借りて返済しなかったため牛に転生し、背に記された「斑文」によってその因縁が明らかになった、という話である。畜類償債譚の悪報譚と同様の特徴としては、(イ)傍線部①のように牛の体に「赤麻呂」という名前が記されていること、(ロ)傍線部②に同族が「慚愧」したとあること、の二点が指摘できる。すなわち、『法苑珠林』債負篇・感応縁の救済譚と悪報譚の違いは、『霊異記』に明確な影響を与えていたと考えられる。

以上から中九は、悪報譚の話型を意図的に選択して作成されたことが推測されるが、そこには何らかの事情が想定されよう。ここで注目すべきは、牛になった赤麻呂は「大領」とあり、明確に郡領氏族の話であることである。化牛説話の中では、同じく郡領氏族の話の下二六のみに檀越と「寺」の対立が描かれている。つまり、このような対立の構図は、「寺」の組織が整備され、「寺」の経営が檀越の「家」の経営と分化していることが前提となる。すでに筆者は、『霊異記』の「堂」が基本的に無住であり、自立した経営体として成立し得ず、在地有力者等の「家」の経営に包摂されていたことを指摘したが[35]、そのような状況では檀越と寺側の対立は起こりえない。したがって、中九や下二六の郡領層の話に檀越と寺側の対立が見られるのは、郡領層の建立した「寺」で、寺の組織が整備され、寺側が檀越と対立し得る基盤を有していたという奈良末から平安初期の在地寺院の一側面を反映したものと考えられるのである。

そのような在地の「寺」で、檀越の専横を弾劾する悪報譚が作成された背景は、つぎの記事が参考となる。『続日本紀』霊亀二年（七一六）五月庚寅（十五日）条には、「又聞。諸国寺家。堂塔雖レ成。僧尼莫レ住。礼仏無レ聞。檀越子孫。摠二摂田畝一。専養二妻子一。不レ供二衆僧一。因作二諍訟一。諠二擾国郡一」、『日本後紀』大同元年（八〇六）八月丁亥（二十七日）条には、「勅。如レ聞。七道諸寺檀越等、或佃二寺田一。不レ納二租米一。或費二灯分稲一。不レ事二燃灯一。或貸二用銭物一。経年不レ還。或奴婢・牛馬。役二用私家一。如レ此之流。触レ類繁多」とあるように、いずれも「寺」に対する檀越の専横ぶりが窺える。したがって、中九で悪報譚という話型が選択されたのは、奈良～平安初期の郡領氏族の「寺」で檀越と寺側との間に深刻な経営をめぐる問題が実在していたことの反映と見なせよう。

以上、郡領氏族の「寺」の化牛説話が、債権者と債務者の対立関係を背景に悪報譚として成立したことを指摘したが、それ以外の「寺」ではどうであろうか。以下に掲出する中三二の化牛説話は、郡領氏族を檀越とする「寺」ではないが、複数の村落と関わる「寺」の薬王寺を舞台とする説話である。

〔史料八〕『霊異記』中三二

　貣二用寺息利酒一不レ償死作レ牛役之償レ債縁　第三十二

聖武天皇世、紀伊国名草郡三上村人、為二薬王寺一、率二引知識一。息二晋薬分一。薬王寺今謂二勢多寺一也。其薬料物、寄二乎岡田村主姑女之家一。作レ酒息レ利。時有二斑犢一。入二薬王寺一、常伏二塔基一。寺人擯出、又猶還来而伏不レ避。怪之問レ他曰、「誰家犢」。一人而无下言二我犢一者上。寺家捉レ之、著レ縄繋餧。送レ年長大、於二寺産業一所二駆使一。歳経二之五年一、A時寺之檀越岡田村主石人、夢見、其犢牛、追二於石人一。以レ角棠仆、以レ足蹸之。石人愕叫。於レ是犢牛問言、「汝知レ我也」。答、「不レ覚也」。彼牛放退、屈レ膝而伏、流レ涙白言、「我者有二桜村一物部麿也。字号二塩舂一也。是人存時、不レ中レ矢、猪念二我当射一、舂レ塩往荷見之无レ猪。但矢立二於地一。里人見咲、号曰二塩舂一。故以為レ字也。吾先レ是。寺薬分之酒貸二用二斗一。未レ償以死。所以今受二牛身一。而償二酒債一故、役使耳。応レ役之年。限二於八年一。所レ役二五年一。未レ役二三年一。寺人无レ慈。打二於我背一。而迫駆使。斯甚苦痛。自レ非二檀越一。无二愍レ之人一。故申二愁状一」。石人問曰、「何以故知矣」。牡答之曰、「問二桜大娘一。而知二虚実一。」大娘者作レ酒家主、即石人之妹也。独大怪之、往二乎妹家一。具陳二上事一。答、「実如レ言。僨二用酒二斗一、未レ償而死」。於レ茲知寺僧浄達並檀越等、悟二於因縁一。垂二哀愍心一。為修二誦経一。B遂二八年一已。不レ知レ所レ去。亦更不レ見。当知、負レ債不レ償。非レ无二彼報一。豈敢忘矣。所以成実論云、「若人負レ債不レ償。堕二牛羊麞鹿驢馬等中一、償二其宿債一」者。其斯謂之矣。

本話は、物部麿という村人が、薬王寺の出挙の酒を借りたまま返済せずに死亡したため、牛に転生し寺で駆使されていた。しかし牛は、「寺人」の酷使に耐えかね、夢で檀越の岡田村主石人に救済を求めたため、石人らは誦経を行った。牛は八年後に負債を返済し終えると姿を消したという話である。傍線部Aにより、牛が因縁を語る相手は檀越の岡田村主石人であり、「堂」の化牛説話のような〈遊行の僧〉ではない。おそらく本話では、石人が直接因縁を知らなければならない説話作成上の必然性があったものと推察される。石人が夢で因縁を知った件には、「時寺之檀越岡田村主石人、夢見、其犢牛、追二於石人一。以レ角棠仆、以レ足蹈之。石人愕叫」とある。つまりこの記述からは、石人が単に因縁を知らされる存在ではなく、物部麿によって責められる理由があったことを示している[36]。麿は寺人の誹謗を石人に訴えていることから、石人は「寺」の経営の責任があり、麿のような村人は石人を媒介として薬王寺と関係をもっていたことがわかる。そのため石人は、「寺」の債務関係や「寺人」への誹謗も把握し、おそらく麿のような救済を求める村人がいた場合に経を誦み供養する責務があったのであろう。すなわち、麿が夢で石人に直接因縁を語らなければならなかった事情として、石人に因縁を伝えるだけでなく、「寺」の経営の責任者の立場からの救済を求めたためと推察される。

もう一つの事情は、薬王寺には「堂」と異なり、「知寺僧浄達」という常住僧がいたことが注意される。「知寺」の役職の存在からいって寺院組織がある程度整備されていたことが窺え、他の僧侶の常住も推察される。そのような「寺」で、法会の導師に〈遊行の僧〉を請じることは考え難いといえよう。

つぎに、傍線部Bの牛の結末を示す表現は、「遂二八年一已」と負債を完済するまで解放されなかったことがわかり、牛のその後も「不レ知レ所レ去。亦更不レ見」と不明確であり、内容的には悪報譚に近い。この要因は、負債の返済を重視したことが予測されよう。本話の舞台の薬王寺は、麿が「寺人无レ慈。打二於我背一。而迫駆使」とあることから、「寺人」の存在と「寺」独自に牛耕を行える寺田を持ち、檀越の家の経営から自立した経営基盤を有していたことがわかるが、「寺人」の横暴を檀越に訴えているという筋書きは、檀越の「寺」の経営への影響力が前提となっている。また実際に寺の出挙とその管理は、檀越の妹の「桜大娘」が行っていた。つまり、寺の経営の一部は檀越の一族によって担われていたのであり、「寺」の経営と檀越の「家」の経営が完全には分化していない状態にあったと推測される。おそらくこの要因は、薬王寺が「堂」と比較すれば経営規模や伽藍形態などの明確な格差や相違はあったものの、「寺」として経営的に自立するためにはなお経営基盤が不安定であったことによるのであろう。『霊異記』の村落名を冠する「寺」には、下二八の貴志寺と下三〇の能応寺があるが、貴志寺は複数の「檀越等」により運営されていたものの経済基盤が不安定であったため、塔の建立を計画し「塔木」まで準備しながらもついに建立できなかった「寺」であり、下三〇は常住僧である観規が、一度亡くなった後に甦り武蔵村主多利麿に未完成であった能応寺の仏像製作を依頼するというストーリーであり、能応寺の運営が他の有力者の協力を必要としていたことを示唆している。以上の村落名を冠する「寺」の説話内容は、経営的に不安定な要素が残されていたことを示している。薬王寺のように、複数の村落と関わる「寺」の経営も、出挙の返済はとりわけ重要な問題であり、〝負債は必ず返済しなければならない〟ことを法会の場で喧伝する必要があったと考えられる。(37) 本話は、石人が麿から「自レ非二檀越一。无レ愍之人」といわれた人物であることや、石人は麻呂に対して誦経をしていることなど、檀越が債務者に慈悲をかけていることは留意されるが、それでもなお麿は救済されず、負債返済の側面が強調されている点において、郡領氏族の「寺」のような債務者を糾弾する悪報譚的側面が強いことが指摘できる。

すなわち、中三二の薬王寺をめぐる説話内容は、複数村落に関わる「寺」であっても経営形態や脆弱な経営基盤、さらには出挙の貸借関係から生じた村落の人々との関係性に規定されて作成されたことが推測されよう。

最後に、「寺」の化牛説話の中ではやや例外的な話型の上二〇を見ていきたい。

〔史料九〕『霊異記』上二〇

僧用二涌レ湯之薪一而与レ他作レ牛役之示二奇表一縁第廿

釈恵勝者延興寺之沙門也。法師平生時、涌レ湯分薪詘二一束一、与レ他而死。其寺有二一牸一而生二犢子一。長大之後、駕レ車載レ薪。无レ憩所レ駈、控レ車入レ寺。時A不レ知僧在二寺門一曰、「恵勝法師者涅槃経雖二能読一、而不レ能レ引レ車」。B牛聞流レ涙長息、忽而死。将レ牛之人嗔二其僧一言、「汝呪レ牛殺」捉レ之申レ宮。宮将レ問レ状、請レ僧見之、面姿奇貴、身体姝妙而悸。宴嘿居二於浄屋一、召二請絵師一言、「如二彼法師之容一、不レ誤絵之持来」。等奉レ詔、持二進之於宮一。宮見之、皆観音菩薩像也。彼師忽然不レ観焉。諒委、観音所レ示、更不レ応レ疑。寧所レ迫レ飢雖レ食二沙土一。謹不三用食二常住僧物一。所以大方等経云、「四重五逆我亦能救。盗二僧物一者我所レ不レ救」者、其斯謂之矣。

上二〇は、恵勝という僧が寺の薪を盗んだために、寺の牛に転生し駆使されていたところ「不レ知僧」が現れた。僧が因縁を牛に語ると、牛は涙を流したため息をついて死んでしまった。僧は牛を牽いていた人に訴えられるが、実はこの僧は観音の化身であった、という話である。ただし、本話は化牛説話の中で唯一寺内の僧の窃盗を題材にしたものであり、他の化牛説話とは内容が異なっている。これについては唐代の仏教説話集である『釈門自鏡録』(38)のつぎの話が留意される。

〔史料一〇〕『釈門自鏡録』巻下・慳損僧物録十所引『徴験伝』周益州索寺慧旻盗二僧財一作レ牛事

慧旻姓顧氏、少出家不レ修二行業一。善二於興販一。嘗当二衆倉厨一、私自食用。知二僧財帛一。方便割盗。後遇レ疾而終。遂託二牛腹中一。（中略）於二一時一駕レ車載レ竹将レ欲レ上レ坂、極レ力牽挽困而未レ登。遂両膝屈レ地、肘鼻流レ血。A時綿州双男師者不測人也。来在二益州一、因行見之。嗟歎曰、「此人也」。乃以レ手撮二牛角一。問二訊牛一曰、「何似旻公償レ債辛苦」。B於レ是涙下如レ雨。衆僧見之、無レ不二悲慼一。遂報二旻弟子一共贖之。B牛不レ食数日於レ是而終。

概要は、慧旻という僧が衆僧の厨の役職であった時に、食物や僧の財貨を盗んでいた。その後、慧旻は病になって死に、牛の腹中に生まれた。ある時、牛が竹を載せた車を牽いて苦しんでいたところ、綿州の僧侶で予期できない人がやって来た。僧侶は牛を見て、「どうして旻公が負債を償い辛苦しているのだ」といった。牛は雨のように涙を流した。その後、旻の弟子たちが共に負債を返済した。牛は数日物を食べずにいて死んでしまった、という話である。

本話は傍線部Aで僧侶によって因縁が明らかにされていること、傍線部Bで涙を流していることなど、『霊異記』上二〇の説話構造と酷似している。上二〇は、唐代に中国で作成された寺物窃盗を戒める説話の影響を受けて作成されたことが指摘できよう。本話でも救済は明確に記されず、「常住僧物」・「僧物」の窃盗が特に重罪であることがことさらに強調されており、寺側により常住僧の既得権益を守る立場で作成されたことがわかり、悪報譚的側面が強いといえる。

以上、『霊異記』の化牛説話は、救済譚や悪報譚という基本的な話型について、『諸経要集』や『法苑珠林』の類書類所収説話の大きな影響を受けていたが、一部に『釈門自鏡録』のような唐代の仏教説話集所収説話の影響も受けていたことを指摘した。加えて、『霊異記』に救済譚の話型が「堂」の化牛説話に、悪報譚の話型が「寺」の化牛説話に用いられていた事実から、各説話が在地の「堂」と「寺」のおかれたさまざまな状況や仏教のあり方の相違に規定されて作成されていたことが推測されよう。

おわりに

本章の結論をまとめると以下のようになる。

①『霊異記』の中国仏教説話の影響は説話の説示だけではなく、素体にも及ぶものであった。従来まで中国説話の影響は、序文の『冥報記』や『金剛般若経集験記』などの影響が指摘されてきたが、化牛説話の分析からすれば、『諸経要集』・『法苑珠林』などの仏教類書や『釈門自鏡録』など唐代の仏教説話集に収録の畜類償債譚という〝説話群〟からの影響を受けていたことを指摘した。

②中国の畜類償債譚は、仏典説話の段階から存在し、当初は転生した畜生が救済される話（救済譚）のみが見られたが、その後、唐代の説話集に展開する中でさまざまなヴァリエーションが成立し、さらに転生した畜生が救済されずに死亡する話（悪報譚）などの話型が出現したことを指摘した。

③『霊異記』の化牛説話が、中国の畜類償債譚と異なり、転生する畜生が必ず牛であった背景は、在地の「寺」周辺での寺田経営や、郡領氏族から一村落レベルの有力者に及ぶ在地の諸階層の「家」周辺での家産経営で、牛耕や荷物の運搬などを行う牛が中核的な労働力であったという奈良末〜平安初期の経営の実態が存在したためであることを推定した。

④『霊異記』の「堂」の化牛説話では、基本的に債務者が最終的に救済される救済譚が選択され、「寺」の化牛説話では債務者が死亡する悪報譚の話型や債務者が救済されない悪報譚的側面の強い話型が選択されていたことを指摘したが、かかる事実は在地の「堂」と「寺」のおかれた状況に規定された仏教のあり方の相違によって化牛説話の話型が選択されていたことの反映とみられる。

⑤『霊異記』の化牛説話の悪報譚で、「寺物」を盗用した檀越が「寺」の牛に転生するプロットとなった背景には、郡領氏族の「家」の経営と「寺」の経営が分化していたことを前提として、檀越と寺側の間に対立関係が生じていたことが推測される。

註

（1）渥美かをる「『日本霊異記』説話の発想と趣向―主として『冥報記』との関係において―」（『説林』第一八号、一九六九年）など。

（2）代表的な研究として、河野貴美子『日本霊異記と中国の伝承』（勉誠出版、一九九六年）。山口敦史『日本霊異記と東アジアの仏教』（笠間書院、二〇一三年）など。

（3）寺川眞知夫「景戒と外教」（『日本国現報善悪霊異記の研究』和泉書院、一九九六年）など。

（4）禿氏祐祥「日本霊異記に引用せる経巻について」（『東洋印刷史研究』〈日本書誌学大系一七〉青裳堂書店、一九八一年。初出は、一九三七年）。原口裕「日本霊異記出典語句管見」（『訓点語と訓点資料』第三四輯、一九六六年）。菊池武「『日本霊異記』仏典考」（岩橋小弥太博士頌寿記念会編『日本史籍論集』上巻、吉川弘文館、一九六八年）。

（5）中村史は、『霊異記』の各説話を「「標題」＝話の題目、「素体」＝話そのもの、「説示」＝話の説明（素体の後に付された評論的、教訓的言辞）に区分」するという方法が、説話を分析し、その機能を把握する方法として有効であることを指摘している（「序」〈『日本霊異記と唱導』三弥井書店、一九九五年〉一二頁）。

（6）澤田瑞穂「畜類償債譚」（『仏教文学研究』第六集、一九六八年。のち『仏教と中国文学』国書刊行会、一九七六年）二二九頁。

（7）『大蔵経全解説大事典』（雄山閣出版、一九九八年）の「諸経要集」の項目（鎌田茂雄執筆）による。

（8）前掲註（4）の諸論文参照。

（9）鈴木景二「都鄙間交通と在地秩序—奈良・平安初期の仏教を素材として—」（『日本史研究』第三七九号、一九九四年）。

（10）前掲註（5）中村著書、一六五頁。

（11）前掲註（4）原口論文、六一頁。

（12）川口義照「『法苑珠林』における逸存経」（『中国仏教における経録研究』法蔵館、二〇〇〇年）一五四頁。

（13）前掲註（4）禿氏論文。

（14）前掲註（1）渥美論文など。

（15）勝浦令子は、「親子の間での盗みによる家畜転生は『冥報記』に類例が多いが、寺物の窃盗・負債の未済の罪による家畜転生は類例がなく、『霊異記』説話の特徴となっている」（同「『霊異記』にみえる盗み・遺失物をめぐる諸問題」〈平野邦雄・東京女子大学古代史研究会編『日本霊異記の原像』角川書店、一九九一年〉一九九頁）と指摘している。その他、梅村恵子「日本霊異記の悪報譚—日本古代社会における律の実効性をめぐって—」（『東洋文化』第六〇号、一九八〇年）など。

（16）前掲註（4）禿氏論文では、「堕牛」の部分を「堕中」としているが誤りであろう。

（17）前掲註（4）禿氏論文。菊池論文。

（18）前掲註（4）禿氏論文、三一頁。

（19）河音能平「律令国家の変質と文化の転換」（岸俊男編『日本の古代15　古代国家と日本』中央公論社、一九八八年）。

（20）須田勉「古代寺院の経済活動—関東のいくつかの寺を中心として—」（『国士舘史学』第四号、一九九六年）。

（21）「［共同研究］古代荘園絵図と在地社会についての史的研究」（『国立歴史民俗博物館研究報告』第八八集、二〇〇一年）。
なお『霊異記』上三の道場法師説話も、飛鳥寺周辺における寺田の存在を前提とした説話であることが推測されている（和田萃「飛鳥川の堰—弥勒石と道場法師—」〈『日本史研究』第一三〇号、一九七三年〉）。

（22）黒田日出男「古代荘園絵図読解の試み」（前掲註（21）報告集）六二頁。

（23）本書第二部第一章。

(24)　川尻秋生「資財帳からみた伽藍と大衆院・政所」（『古代』第一一〇号、二〇〇一年）。
(25)　本章では「路行一僧」や「乞者」を表すために、〈遊行の僧〉という表現を用いる。これは、例えば今泉淑夫編『日本仏教史辞典』（吉川弘文館、一九九九年、大橋俊雄執筆）の「遊行」の項に「一般的には一遍智真、およびその流れを汲む時衆聖の諸国教化を指している」という記述から窺えるような、いわゆる中世の〈遊行聖〉と区別するためである。なお「遊行」の本来の語義は、①歩きまわること、②修行僧が衆生教化と自己修養のために諸地方を旅すること、僧が諸国を遍歴修行すること、とされており（中村元『仏教語大辞典』東京書籍、一九八一年）、本章の用法とも矛盾しない。
(26)　拙稿「『日本霊異記』における悪報譚の特質―仏法迫害説話を中心として―」（『水門』第二四号、二〇一二年）。
(27)　吉田靖雄「『日本霊異記』の行基と文殊菩薩」（『日本古代の菩薩と民衆』吉川弘文館、一九八八年）など。
(28)　前掲註(26)拙稿。
(29)　前掲註(9)鈴木論文。
(30)　拙稿「『日本霊異記』における仏教施設と在地仏教」（『史学』第七二巻第一号、二〇〇三年）。本書第二部第一章。
(31)　ただし、〈遊行の僧〉の法会への屈請については、『霊異記』下四に「自度例」が国司の掾の主催する法会に参集していることや、中一の元興寺の大法会で「一沙弥」が参集していることなど、「堂」に限定されたことではなく、古代の法会の場自体が多様な宗教者を受け入れる場となっていたことも背景の一つとして考えられる。本章では、『霊異記』の堂の説話の作成者が、法会に導師として屈請された〈遊行の僧〉を説話の中心的な役割を果たす存在と設定している点を重視したい。
(32)　北條勝貴は、懺悔と哭泣が密接な関係にあることを指摘している（同「説話の可能態―《堕牛譚》のナラティブ―」〈『歴史評論』第六六八号、二〇〇五年〉四一～四二頁）。
(33)　出雲路修校注『日本霊異記』（〈新日本古典文学大系三〇〉岩波書店、一九九六年）一七五頁脚注三に「日没と極楽浄土の結びつきは、善導の観経疏・定善義にみえる」とある。
(34)　前掲註(19)河音論文。
(35)　前掲註(31)拙稿。
(36)　太田愛之「古代村落の再編―『日本霊異記』の説話にみえる村落の構造モデル―」（『日本史研究』第三七二号、一九九三年）。本話の詳細は、太田論文を参照。

(37)　川尻秋生は、資財帳の分析から、多度神宮寺においても出挙の負債が存在したことを指摘している（同「日本古代における在地仏教の特質」〈大金宣亮氏追悼論文集刊行会編『古代東国の考古学』慶友社、二〇〇五年〉）。これは多度神宮寺ほどの地方寺院においても寺の出挙の運用が不安定であったことを示すものであろう。

(38)　作成年代は不明であるが、上下二巻・十科からなる仏教説話集で、多く南北朝から唐代にかけての、因果応報の事跡などが集められているという（前掲註(7)『大蔵経全解説大事典』）の「釈門自鏡録」（鎌田茂雄執筆）の項目による。

第二章　『東大寺諷誦文稿』の史的位置

はじめに

『諷誦文稿』とは、鵜飼徹定師・佐藤達次郎氏の旧蔵本で、『紙本墨書華厳文義要決　巻第一　一巻　紙背ニ東大寺諷誦文草本アリ』と題して、昭和十三年（一九三八）に国宝に指定されたが、昭和二十年に焼失し、昭和二十四年に国宝指定は解除されている。現在は戦前に刊行されたコロタイプ版があり、早くは中田祝夫の『東大寺諷誦文稿の国語学的研究』（風間書房、一九六九年）および同『東大寺諷誦文稿』（〈勉誠社文庫一二〉勉誠出版、一九七六年）に影印が掲載され、さらに近年古典索引叢書第八巻として築島裕編『東大寺諷誦文稿揔索引』（汲古書院、二〇〇一年）が刊行されている。本史料は、平安初期の漢字片仮名交り文の史料として古くから国語学を中心に扱われてきた。中田祝夫の先駆的な研究によると、九世紀前半には成立し、内容については以下の五点を指摘している(1)。

①表白、教化の類を収めている。

②諷誦することと関係なき、口述、経釈の類なども収めている。

③草稿の他に講述の覚書の類を収めている。

④幾段に分かれるかと問うこと自体に問題があり、ある部分には、名句、必要句というべきものを類聚しようと試

みた跡がある。

⑤筆者は仏教教義の面から見れば、法相宗に最も近いが、三論宗、華厳宗などの方面にも知識をもっていた。

また近年、小林真由美[2]により成立年代が九世紀前半の天長年間（八二四〜八三四）であること、鈴木景二[3]により南都の官大寺僧の用いた説法の手控えであり、官大寺僧の都鄙間交通をも示す史料であることなどが指摘されているほか、小峯和明や荒見泰史により敦煌の願文類からの影響も指摘されている。[4]しかし、これまでの研究は中田の研究成果に全面的に依拠し、④の「幾段に分かれるかと問うこと自体に問題があり」、断片的な覚書を集めた史料とする見解が通説として継承されてきた。しかしながら、そのように位置づけられた結果、中国史料からの影響関係についても断片的な語句の出典研究に止まり、[5]『諷誦文稿』全体の構造は研究されることがなかったため、在地社会の法会の具体相についてはほとんど論じられることがなかった。

『諷誦文稿』の成立過程や史料的特質を明らかにするためには、『諷誦文稿』の首尾の問題も含めた紙背文書との関係や中国史料との影響関係などの基礎的考察を多角的に行う必要があろう。そこで本章では、まず紙背の『華厳文義要決』との関係を確認した上で（第一節）、『諷誦文稿』に大きな影響を与えたと考えられる『集諸経礼懺儀』について概観し（第二節）、つぎに『諷誦文稿』の多数の書き入れと墨消しについて考察を加え（第三節・第四節・第五節）、最後に『諷誦文稿』前半部の次第の「六種」（二七行）から「自他懺悔混雑言」の前半部（六七〜七九行）までの部分について、古代の中国・朝鮮半島および日本の諸史料と比較考察することにより（第六節・第七節）、『諷誦文稿』の法会次第の構造と史料的特質を明らかにしたい。

第一節　紙背の『華厳文義要決』との関係

本節では、紙背との関係から『諷誦文稿』の冒頭部の問題について考えていきたい。

紙背の『華厳文義要決』（以下、『要決』）は、冒頭に「皇龍寺表員集」とあることから新羅皇龍寺の僧・表員によって作成されたもので、内容的には、『八十華厳』を典拠に諸師の著述を用いて『華厳経』の教義を解説するものとされている。(6)本書は、天平勝宝三年（七五一）に東大寺の華厳宗僧らが記した布施法定文案に付された注文である「章疏目録」に一巻としてみえ、その後、円超著『華厳宗章疏幷因明録』（延喜十四年〈九一四〉）に五巻、凝然著『華厳宗経論章疏目録』（鎌倉後期成立）に四巻とあることから、奈良時代の「章疏目録」段階では全巻がまだ伝来していなかったと推測されている。(7)『諷誦文稿』紙背には、一巻の全文が書写されており、本文を記した後の問答部分の三〇行は、字数や一行の長さが本文と異なっている。末尾には「厳華経文義要決第一　皇龍寺表員集」とあるため、途中で分断されたものではなく、『要決』はあくまで一巻のまとまりとして残存していることがわかる。訓法からすれば八世紀の新羅の影響が推測されており、(8)「章疏目録」にある一巻は、現在『諷誦文稿』を紙背にもつ『要決』であった可能性もある。

さて、影印により現存の紙の継ぎ目を数えると、『要決』が一九紙を費やしているのに対し『諷誦文稿』は一八紙で終わっており、最後の一紙を残した形で書き終えている。かかる事実は、『諷誦文稿』の終結部分に欠損はなく手控えとしては完結したものであったことを示すものである。また冒頭部も、「六種」の内容が唐代の礼懺儀礼の次第文言と類似し、それらを参照して『諷誦文稿』の冒頭部が成立したと推定されることからすれば（第六節）、『諷誦文稿』の冒頭部にも欠損はなかったと推測される。『諷誦文稿』の内容は、明らかに実際の使用を前提として作成されており、手控えとして用意するものが複数となっては使い勝手が悪く、仮に手控えの前段階の資料であったとしても、余白を残して別資料を用意するとは考え難い。したがって、『諷誦文稿』は法会次第の一部分のみを記したものではなく、首尾が含まれるひとまとまりの史料として理解すべきであろう。

なお、従来から問題とされてきた、紙背の『要決』と『諷誦文稿』の関係性について若干付言しておきたい。これについては、近年までの国語学の研究成果が参考となる。最近、小林芳規は、『要決』のヲコト点が、古代日本では他に類例がなく、韓国で近年発見された十世紀の刊行とみられる『六十巻本大方広仏華厳経』巻二十や、十一世紀後半の『大方広仏華厳経』に角筆で記入された点吐（ヲコト点）に近く、古代日本で独自に使用されていたものと偶然一致するとは考え難いことから、『要決』は九世紀初頭以前に使用されていた新羅の訓法の影響を受け、日本の僧侶が書写したものであることを推測した。(9) 一方、『諷誦文稿』のヲコト点について中田祝夫は、中田の分類による第一群点から第八群点のいずれにも属さないが、平安初期に元興寺や興福寺で用いられていた第二群点のうち喜多院点に近いことを指摘した。築島裕は、『諷誦文稿』のヲコト点が成実論天長五年訓点に近いことを指摘しており、(10) 以上からすれば平安初期に南都の僧侶によって付されたと考えられる。ヲコト点は実際に訓むための実用的なものであることから、経典の相違により訓法を変えるとは考え難い。したがって、『諷誦文稿』と『要決』のヲコト点の相違から、少なくとも表面と裏面が、同一人物により活用された蓋然性は低い。またヲコト点と点吐に類似点がないことからすれば、『要決』が請来された後、もしくは『要決』の執筆者が一巻を書写した後に、『諷誦文稿』の執筆者が何らかの事情によりそれを入手し、その裏に『諷誦文稿』を記したものと考えられよう。

第二節　『集諸経礼懺儀』の影響

本節では、唐・智昇撰『集諸経礼懺儀』上（以下、『礼懺儀』）から『諷誦文稿』への影響について、古代日本への請来時期なども含めて検討したい。『礼懺儀』は、すでに佐藤道子により、冒頭の二型式が古代・中世日本の悔過法要に最も近いものであることが指摘されている。(11)

一般的に礼懺儀とは、懺法・懺文などと同義で、「諸経の説によって罪過を懺悔する儀礼及び儀則(12)」であり、『高僧伝』によれば、北魏の太延五年（四三九）に玄高が太子晃のために金光明懺儀を作り、南宋では僧苞が三七普賢斎懺を行じたことが懺法の初見とされるが、具体的には、『方等陀羅尼経』・『金光明経』・『請観世音経』などの諸経の説によって、諸仏菩薩を礼拝し罪過を懺悔する儀礼のことである。懺法の成立背景について、西本照真はそれぞれの地域や村落において法会が営まれ、仏教的行事や造仏などの仏教的な活動が行われ、善行に応じて利益の獲得・享受が保証される一方で、仏教的にマイナスの評価が与えられる行為に関しては、それを清算するシステムとして懺悔法が開発され普及していったとしている。(13)また隋代には、天台止観の裏付けによって法華・方等・金光明・観世音の諸懺法となり一種の修行行規にまで高められ、(14)唐代に入ると、善導・法照など浄土教者などにより懺法がまとめられる一方で、仏名経典の翻訳・偽作がなされ、弥陀信仰の礼拝儀則として懺悔の行法が行われたという。『礼懺儀』は、上巻に仏名経典などの懺法、下巻には善導の『往生礼讃偈』が集録され、隋・唐代初期に行われたさまざまな諸派の礼懺儀礼が集められており、その成立は、懺法の盛行を物語るものであるといわれる。

『礼懺儀』から『諷誦文稿』への影響を考える上で注意しなければならないのは、『礼懺儀』は、あくまで従来までの懺法などをまとめたものであり、ほぼ同じ内容が『礼懺儀』の成立以前に懺法をまとめた書物にも見られることである。例えば、隋・灌頂纂『国清百録』巻一所収の隋・智顗の「敬礼法」・「請観世音懺法」・「金光明懺法」には、『礼懺儀』所収の仏名悔過とかなり類似する文言がみられ、それらの懺法から『諷誦文稿』への影響も考慮される。ただし、『礼懺儀』は正倉院文書に書名があることから平安初期までの日本への請来が確実であり（後述）、前述のように『礼懺儀』は古代・中世の日本の悔過法要に影響を及ぼしたことが明らかにされていることからも、『諷誦文稿』への影響が有力視される史料である。

『礼懺儀』は、古代日本には、天平十九年（七四七）六月七日の写経所解に「集諸経礼懺儀二巻（小乗）」とあり[15]、そのほかに天平勝宝四年（七五二）正月二十六日の可請本経目録、天平勝宝五年五月七日類収とされる未写経律論集目録の「賢聖集」と見出しのある部分に確認できる。智昇は七三〇年成立の『開元釈教録』の著作があるが、本書は七三四年の遣唐使とともに帰国した玄昉によって日本にもたらされ、五月一日経など天平期の一切経書写事業の基準目録となったことが知られる[16]。つぎの遣唐使の帰国は七五三～七五四年であり、正倉院文書の『礼懺儀』は、『開元釈教録』と同じ七三四年の請来と推定される。

さて、『礼懺儀』上の冒頭には、名称不明の某経（A）・十方仏名経（B）・二十五仏出仏名経（C）という『諷誦文稿』と比較可能な法会の次第の内容をもつ三種の経典がある。三経典の冒頭部をみると、AとBの法会次第では、供養文と見られる「一切恭敬。敬礼常住三宝」との文言があり、つづけて如来唄と呪願の次第がつづくが、三番目に記されるCには冒頭部の諸儀礼がなく、懺悔以降の次第には重なるものが多くある。これについては、佐藤道子により、「諸経から懺悔の作法の重要部分を集めて一連の次第としているが、その際、個々の次第の初・結の部分などを、略したり除いたりしている場合があるように思われる。おそらく、自明と考えられる部分についての処置であろう[17]」と指摘されているように、自明と考えられる部分は省略したものと推測される。

また、Aは典拠となる経典名が記されていないが、仏名経を出典とするB・Cと類似部分が多いことから仏名経と思想的に近い経典を典拠としたと考えられ、『礼懺儀』上の冒頭に置かれていることからすれば、おそらく最も一般的な仏名懺悔の式次第であった可能性が推察される。

『礼懺儀』の上記三種の次第内容の特徴は、懺悔経典や礼懺経典に多くある五悔が含まれることである。五悔とは、懺悔・随喜・勧請・回向・発願のことで、滅罪のため序次に従って修する五種の行であり、早くは仏陀跋陀羅訳（三六八～四二一）の『観仏三昧海経』、羅什訳（三四四～四一三）の『十住毘婆沙論』に整ったものとしてみえ、五世紀末の蕭子良の「浄住子浄行法門」にも五悔に相当するものが述べられているという。[18]『礼懺儀』は、七三〇年頃の諸経典の礼懺儀礼を集録したものであるが、[19]集録された諸経典は、それ以前の懺悔儀礼を継承する形で成立しており、『礼懺儀』は隋唐代の懺悔儀礼から『諷誦文稿』への影響を見るためにふさわしい史料であると考えられよう。

第三節　書き入れからみえる史料性

本節では、『諷誦文稿』の実用性を明らかにするために、多数の書き入れに注目したい。『諷誦文稿』が法会で実際に読み上げられたものであったことは、「慰誘言」（二六二～二八四行）の最終行にある、「時に随ひ貴賤道俗男女に随ひて辞を用ふべし。言の増減取捨は宜しきに随へ。以上は大略のみ」（二八四行）との注記から推定できる。この注記は後筆ではなく当初からの注記である。つまり、注記は「慰誘言」の内容が、一つのまとまりの「大略」であり、法会の導師が、その時々に「貴賤道俗男女」に応じて「辞」を用い、「言」の「増減取捨」を行うものであったことを

表2　『東大寺諷誦文稿』の書き入れ

	行数	変更前	変更後	分類	備考
1	四	鏡の中像の如し	鏡の中〈の〉像の如し	①	字句の挿入
2	五～六	迦棲（陵）の説も器ならずしては瓦礫に同じなり	迦棲（陵）の〈法〉説も器ならずしては瓦礫に同じなり	①	字句の挿入
3	八	朝々膝を抱へて念へとも	朝々膝を抱へて念へとも〈貧□も有るへし〉	①	字句の挿入
4	九	福田に入りて　頬を嘆けとも	福田に入りて〈財物を加ふべし。夕々〉頬を〈〔柯〕□へて嗟けと□（も）〉嘆けとも	①	字句の挿入
5	一〇	魚を□（羨カ）まむよりは、退きて網を造かむには如かず	魚を□（羨カ）まむよりは、退きて網を造かむには如かず〈と云ふが如し〉	①	字句の挿入
6	一一	无くは、掌を合わせよ	无くは〈一銭无き人は〉〈无き者は〉、掌を合わせよ	①	字句の挿入
7	一四	猟師は通夜に覓みて少しき□物□（飡カ）金を得るすら	猟師は通夜に覓みて少しき〈聊かなる〉□物□（飡カ）金を得るすら	①	字句の挿入
8	一六	法華会の五千の輩の坐を退りし時には、仏、止めたまはざりき	法華会の五千の輩の〈法の〉坐を退りし時には、仏、止めたまはざりき	①	字句の挿入
9	二〇	老いたる人の幼くをは	老いたる人の幼くをは〈見ず〉	①	字句の挿入
10	二〇	老いたる人の幼くをは〈見ず〉	老いたる人の幼く〈作れる〉をは〈見ず〉	①	字句の挿入
11	二一	松の下には	〈青〉松の下には	①	字句の挿入
12	二一	哀しひ有りて楽しひ无し	哀しひ〈のみ〉有りて楽しひ无し	①	字句の挿入
13	二三	春の薗には	春の薗には〈資糧□（半）ならず〉	①	字句の挿入
14	二六	片時も相ひ見談らひつこと無し	片時も相ひ見談らひつ〈可き〉こと無し	①	字句の挿入
15	二九	何にしてか如法の供養を備へ儲けて	何にしてか如法の〈大御〉供養を備へ儲けて	①	字句の挿入

16	三五	某の浄土、某の仏と作り	某の浄土〈に往生し〉、某の仏と作り	①	字句の挿入
17	三五	无暇（仮）の楽しひを七宝に受けて	无暇（仮）の楽しひを七宝〈の殿〉に受けて	①	字句の挿入
18	三五	花の台の上に昇り	〈終に〉花の台の上に昇り	①	字句の挿入
19	三六	設けたてまつる所の香花、燃灯、種々は、如来の境界に約きて受け収めたまふ所	設けたてまつる所の香花、燃灯、種々〈の大御供養〉は、如来の境界に約きて受け収めたまふ所	①	字句の挿入
20	四五	摩訶摩耶経に云く、仏を礼したてまつりし時に思念すらく	摩訶摩耶経に云く、〈摩耶夫人〉、仏を礼したてまつりし時に思念すらく	①	字句の挿入
21	五三	紫の雲、黄なる雲の蘡茀とある下には、必ず福徳の〈玉〉男、女有り	紫の雲、黄なる雲の蘡茀とある下には、必ず福徳の〈玉〉男、女有り	①	字句の挿入
22	五三	紫の雲、黄なる雲の蘡茀とある下には、必ず福徳の〈玉〉男、女有り	紫の雲、黄なる雲の蘡茀とある下には、必ず福徳の〈玉〉男、〈玉〉女有り	①	字句の挿入
23	五三	紫の雲、黄なる雲の蘡茀とある下には、必ず福徳の〈玉〉男、〈玉〉女有り	紫の雲、黄なる雲の蘡茀とある下には、必ず福徳の〈玉〉男、〈智慧の〉〈玉〉女有り	①	字句の挿入
24	五六	虚空の月は十の水の中には十箇の月の影として	虚空の月は十の水の中には十箇の月の影として〈現し〉	①	字句の挿入
25	五六〜五七	諸仏の身は	諸仏〈如来の法界〉の身は	①	字句の挿入
26	六三	十恒河沙の世界は遙かに遠しと	十恒河沙の世界は遙かに遠しと〈雖も〉	①	字句の挿入
27	六六	年月を経ても相ひ見話らはず	年月を経ても相ひ見話らふ〈べから〉ず	①	字句の挿入
28	六六	某等の為に	某等の為に〈悲形〉	①	字句の挿入
29	七八	此の某会は、初めに世の人の塵労に穢さるるか所以に、法を行し難かりしか為にして初の事なり	此の某会は、初めに世の人の塵労に穢さるる〈に由るか〉所以に、法を行し難かりしか為にして初の事なり	①	字句の挿入
30	八〇	薬師如来を心の内に敬したてまつる	薬師如来を心の内に〈謹んで〉敬したてまつる	①	字句の挿入

31	八一	薬師如来を供養したてまつり、講の法会に志す者は、云	薬師如来を供養したてまつり、〈八〉講の法会に〈奉仕せむと〉志す者は、云	①	字句の挿入
32	八二	世雄の尊徳は、魏々として測り難し	世雄の尊徳は、魏々として〈量〉測り難し	①	字句の挿入
33	八八	曹娥は水に入りて父の尸を探り	曹娥は〈肝を砕き〉水に入りて父の尸を探り	①	字句の挿入
34	八八	会稽は血に哭き父の骸を覓めたり	会稽は血に哭き〈墓を旋りて〉父の骸を覓めたり	①	字句の挿入
35	九七	危き命を係け	危き〈露の〉命を係け	①	字句の挿入
36	一一〇	命終時には	命終〈に臨む〉時には	①	字句の挿入
37	一一二〜一一三	謹みて福智の相好を図したてまつる	謹みて福智〈又百福〉の相好を図したてまつる	①	字句の挿入
38	一一六〜一一七	忽に億生の罪を免れ府（俯）して剋し念へは	忽に億生の〈重〉罪を免れ府（俯）して剋し念へは	①	字句の挿入
39	一一九	今日、善来の聖を供養したてまつる	今日、善来の聖〈衆〉を供養したてまつる	①	字句の挿入
40	一三〇	馬車に乗りて父君か慈山に遊はむ	馬車に乗りて父君か慈山に遊はむ〈と欲ひしものを〉	①	字句の挿入
41	一三八〜一三九	浦に息ひ泊るの想	浦に息ひ泊るの想〈丁蘭、須悽、余の孝子〉	①	字句の挿入
42	一四二	飛驒の国の人に対ひては飛驒の詞をもちて	飛驒の国の人に対ひては飛驒の〈国の〉詞をもちて	①	字句の挿入
43	一四六	初時教の時に五百の青き鳥来りて経を聞く	初時教の時に五百の青き〈斑ある〉鳥〈飛ひ〉来りて経を聞く	①	字句の挿入
44	一四七	仏、畜生道の難を説きたまふ	仏、畜生道の難〈多きこと〉を説きたまふ	①	字句の挿入
45	一四八	毗波尸仏の時に	毗波尸仏の〈御〉時に	①	字句の挿入
46	一四八〜一四九	国王、大会を儲けしに	国王、〈无遮の〉大会を儲けしに	①	字句の挿入
47	一四九	寺に参れとも、物をのみ見て仏を礼し奉らず	〈汝等〉寺に参れとも、物をのみ見て仏を礼し奉らず	①	字句の挿入
48	一五三	詞无碍解を得て過去に経し所の	詞无碍解を得て過去に経し所の〈串習〉	①	字句の挿入

49	一五四	上は天の辞、中は人の辞、下は蚑虫の辞に	上は天の辞、中は人の辞、下は蚑虫の辞に〈至るまで〉	①	字句の挿入
50	一五五〜一五六	无辺身は三界の頂に昇りて	无辺身〈の菩薩〉は三界の頂に昇りて	①	字句の挿入
51	一五八	大仙人に相す云	大仙人に相せ〈令む〉云	①	字句の挿入
52	一六二	故に云く、初発従り云	故に云く、〈称名〉初発従り云	①	字句の挿入
53	一七七	某の仏、世に出現したまはずは	某の仏、世〈間〉に出現したまはずは	①	字句の挿入
54	一七七	何に依てか某の経を奉らまし	何に依てか某の経を〈聞き〉奉らまし	①	字句の挿入
55	一八五	然るものを反りて入りたまふ	然るものを反りて〈三界の囹に〉入りたまふ	①	字句の挿入
56	一八五	観世菩薩は過去に仏	観世菩薩は過去に仏〈と成る〉	①	字句の挿入
57	一八八〜一八九	一切衆生、囚れるか故に菩薩も地獄に在す	一切衆生、〈地獄に〉囚れるか故に菩薩も地獄に在す	①	字句の挿入
58	一九三	我等か業の故に	我等か業の〈感する所の〉故に	①	字句の挿入
59	一九八	故に此の世界を剣の山、刀の林	故に此の世界を剣の山、刀の林〈と見る〉	①	字句の挿入
60	二〇二	物に約きては疾く就するもの、遅く就するもの	物に約きては疾く就するもの、遅く就するもの〈有り〉	①	字句の挿入
61	二〇三	何そ仏の教を知るべき	〈其の下根は〉何そ仏の教を知るべき	①	字句の挿入
62	二〇五	聖徳王に云く	聖徳王〈の頌〉に云く	①	字句の挿入
63	二〇五〜二〇六	一の目の羅は、鳥に能はず	一の目の羅は、鳥〈を得る〉に能はず	①	字句の挿入
64	二〇九	法の事を行しと〈云々〉	法の事を行し〈仕ふ〉と〈云々〉	①	字句の挿入
65	二一一〜二一二	朝夕に哭き音をのみ聞か令め奉り	朝夕に哭き〈叫ふ〉音をのみ聞か令め奉り	①	字句の挿入
66	二一九	慈しひを含みて相ひ咲ひたまひし紅の児をも	慈しひを含みて相ひ咲ひたまひし紅の〈美〉児をも	①	字句の挿入
67	二二二	彩しく坐すべき団欒の紅の児	彩しく坐すべき団欒の紅の〈ミ〉児	①	字句の挿入

68	二二九	幡を懸け堂を厳りたてまつらずは、何にか恩を送る便と為む	幡を懸け堂を厳りたてまつらずは、何に〈由りて〉か恩を送る便と為む	①	字句の挿入
69	二三一	出世の善き益	出世〈間〉の善き益	①	字句の挿入
70	二三三	地獄道に堕するか故に	地獄道〈の中〉に堕するか故に	①	字句の挿入
71	二三八～二三九	那落迦にして我を扶けよと号ひ叫へとも、印仏を押し奉るべき一枚の紙も无し	那落迦にして我を扶けよと号ひ叫へとも、印仏を押し奉るべき一枚の紙も〈相ひ済はむ人も〉无し	①	字句の挿入
72	二三九	餓鬼道にして我を助けよと哭き吟へとも、衆僧に奉るべき一枚の銭も无し	餓鬼道にして我を助けよと哭き吟へとも、衆僧に奉るべき一枚の銭も〈相ひ扶くる人も〉无し	①	字句の挿入
73	二四一	今日、一渧の功徳、是の如き浮游する霊等を救済し	今日、一渧の功徳〈を以て〉、是の如き浮游する霊等を救済し	①	字句の挿入
74	二四三	衆生无辺　煩悩无辺	衆生无辺〈誓願　度〉煩悩无辺〈誓願〉	①	字句の挿入
75	二四七	雪山に身を投げし者は法を求めむ	〈又云く、〉雪山に身を投げし者は法を求めむ	①	字句の挿入
76	二四七	〈又云く、〉雪山に身を投げし者は法を求めむ	〈又云く、〉雪山に身を投げし者は〈半偈の〉法を求めむ〈か為にし〉	①	字句の挿入
77	二四八	福徳菩薩は竜宮の経に遇ひ	〈又云く、〉福徳〈の〉菩薩は竜宮の経に遇ひ	①	字句の挿入
78	二五一	大乗経を奉らず。大乗を聴聞し	大乗経を〈謗り〉奉らず。大乗〈経〉を聴聞し	①	字句の挿入
79	二七〇	但し、鳳皇其の当りに翔らず	但し〈奇侅しふらくは〉、鳳皇〈鳥〉其の当りに翔らず	①	字句の挿入
80	二七二	人の為には天より降りませるが如く	〈遠き〉人の為には天より降りませるが如く	①	字句の挿入
81	二七四	公を済ひて私を陋くす	公を済ひて〈弘くして〉私を陋くす	①	字句の挿入
82	二七七	人は名利の為に財を傾くれども	〈有る〉人は名利の為に財を傾くれども	①	字句の挿入
83	二七九	樹影も何怜く	〈夏の〉樹影も何怜く	①	字句の挿入

84	二八〇	若し山の辺ならば、山に附きて、云	若し山〈林、河〉の辺ならば、山〈林、河〉に附きて、云	①	字句の挿入
85	二八二	恩忘れ難きことを顧みる	恩〈の〉忘れ難きことを顧みる	①	字句の挿入
86	二八五	来牒の旨に依りて、法莚に預りて	来牒の旨に依りて、法莚に〈参り〉預りて	①	字句の挿入
87	二八八～二八九	何を尾翼と為てか翔りて場に臨まむ	何を尾翼と為てか翔りて〈引摂の〉場に臨まむ	①	字句の挿入
88	二九一～二九二	男の衆は俗の家と雖も	男の衆は俗の家〈に居り〉と雖も	①	字句の挿入
89	二九四	女の衆の行は仏の法を荘り厳ひ	女の衆の〈美〉行は仏の法を荘り厳ひ	①	字句の挿入
90	二九六	高名の有徳は、智の日、行の月といます	高名の有徳は、〈能化の聖等は〉智の日、行の月といます	①	字句の挿入
91	三〇〇	流沙にして法を求め	流沙〈を度りて〉法を求め	①	字句の挿入
92	三〇八	客塵の煩悩の中に坐す仏の種を	客塵の煩悩の中に〈隠れて〉坐す仏の種を	①	字句の挿入
93	三一二	我等は何の生	我等は何の生〈をか得む〉	①	字句の挿入
94	三一三	豈に脱るること得むや	〈我か曹〉、豈に脱るること得むや	①	字句の挿入
95	三一五～三一六	老病死を以て此の身を飾れはなり	老病死を以て此の身を〈作ひ〉飾れはなり	①	字句の挿入
96	三一八	鉄丸、口に向ふ、肝砕け腸絶えぬ	鉄丸、口に向ふ〈ときには〉、肝砕け腸絶えぬ	①	字句の挿入
97	三二三	南无大	南无大〈十六大願云〉	①	字句の挿入
98	三二九	海浜の尸と作る	海浜の〈白き〉尸と作る	①	字句の挿入
99	三四一	其の報いは、梵王と作り、帝と作らむ云	其の報いは、梵王と作り、〈天〉帝と作らむ云	①	字句の挿入
100	三四二	三帰を受け	三帰〈の戒〉を受け	①	字句の挿入
101	三四四	一には散り動きて談らひ咲ひ、且聞く、是れ下品の聞法なり	一には散り動きて談らひ咲ふ〈を以て〉、且聞く、是れ下品の聞法なり	①	字句の挿入
102	三四五	中品は天に生れ、上品は仏と成る	中品〈の聞法〉は天に生れ、上品〈の聞法〉は仏と成る〈以上云々〉	①	字句の挿入

103	三四六	一の功徳を造らは、地獄に入らずして人間に生れむ	一の功徳を造らは、〈第二の生には〉、地獄に入らずして人間に生れむ	①	字句の挿入
104	三四六～三四七	昔修したまひし功徳の報を忘れ、仏法を誹らは験无し	昔修したまひし功徳の報を忘れ、〈反りて〉仏法を誹らは験无し	①	字句の挿入
105	三四九	何そ人の貧富等を云はむ	何そ人の貧富等を云はむ〈方広の疏を案するに〉	①	字句の挿入
106	三五四	金剛頂、一切を平等に礼す云	金剛頂〈経に云く〉、一切を平等に礼す云	①	字句の挿入
107	三五四	常不軽は礼す	常不軽は礼〈せず〉	①	字句の挿入
108	三六七	諸仏は不信の人に翔りたまはず	諸仏〈菩薩〉は不信の人に翔りたまはず	①	字句の挿入
109	三七三	天眼は千国万里を通し見徹すこと	天眼は千国万里を通し見ること	①	字句の挿入
110	三七四～三七五	故に夫の言をはせずして	故に〈凡〉夫の言をは〈信〉せずして	①	字句の挿入
111	三七五	聖の言をは信せむ	聖〈人〉の言をは信せむ	①	字句の挿入
112	三七五～三七六	凡夫の百の言従りは、聖の言には如かず	凡夫の百の言従りは、聖〈人の一〉言には如かず	①	字句の挿入
113	三八九	菩提樹は中天笠（竺）摩竭陀国の迦毗羅城に在り三千大千世界の中にして、	菩提樹は中天笠（竺）摩竭陀国の迦毗羅城に在り三千大千世界の〈正しく〉中にして、	①	字句の挿入
114	三八九	菩提樹にして成道したまひし	〈何か故にそ三世の仏は〉菩提樹にして成道したまひし	①	字句の挿入
115	三八九	〈何か故にそ三世の仏は〉菩提樹にして成道したまひし	〈何か故にそ三世の仏は〉菩提樹〈の下〉にして成道したまひし	①	字句の挿入
116	三九〇	是に於て成道す	〈三世の仏は〉是に於て成道す	①	字句の挿入
117	三九四～三九五	是の如く利益したまふか故に	是の如き〈衆生を〉利益したまふか故に	①	字句の挿入

118	三九五	此に由りて蒙る	此に由りて〈三宝の守、天地の守を〉蒙る〈他は之に准す〉	①	字句の挿入
119	二一〜二二	前の〔生〕には与え未（ず）	前の〔生〕には与え不（ず）	②	字句の変更
120	五一	乞食して城を出て、城の門を開く時には、琴竹鼓の音鳴り、盲、聾、一切の攣、躄、百痍一時に休息す	乞食して城を出て、城の門を開く時には、琴竹鼓の音鳴り、盲、聾、一切の攣、躄、百疾一時に休息す	②	字句の変更
121	八四	雪山の大士は	雪山の童子は	②	字句の変更
122	八六	然らは恩を知り	然らは恩を荘ひ	②	字句の変更
123	八七	恩を棄て	恩を忘れ	②	字句の変更
124	一一九	爰に仏子	爰に仏子	②	字句の変更
125	一一九	今日、善来の賢聖後賢を供養したてまつる	今日、善来の前聖後賢を供養したてまつる	②	字句の変更
126	一一九	今日、善来の前聖後賢を供養したてまつる	今日、善来の聖衆を供養したてまつる	②	字句の変更
127	一二一〜一二二	所修の善業は、物々に美麗にして、薬師の影向したまふに足れり	所修の善業は、物々に美麗にして、菩薩の影向したまふに足れり	②	字句の変更
128	一三一	我か父君は何れの国を指してか往にたまひけむ	我か父君は何れの方を指してか往にたまひけむ	②	字句の変更
129	二〇四	〈此を能持したまはむ云々孔子は良き玉、云〉	〈此を能持したまはむ云々孔子は美き玉、云〉	②	字句の変更
130	二四〇	西の□の人は水の中に魂を没めたり	西の国の人は水の中に魂を没めたり	②	字句の変更
131	二五五	有漏の八識を転して十地の究竟にして、无漏の四鏡と成る	有漏の八識を転して十地の究竟にして、无漏の四智と成る	②	字句の変更
132	二六一	今天朝を見るに	今聖朝を見るに	②	字句の変更
133	二六九	善を見ては殷に学ばむと念ひ	善を見ては殷に行はむと念ひ	②	字句の変更
134	二八三	先つ念ひて後に相ひ語る	先つ念ひて後に相ひ話す	②	字句の変更
135	三一六	尊くありし人の、忽に賤しく成りては	尊くありし家の、忽に賤しく成りては	②	字句の変更

136	三二二	地、東方に在り	今、東方に在り	②	字句の変更
137	四	漢の明帝の時代に夢として現る	漢の代に夢として現る	③	字句の削除
138	二六	片時も相ひ見談らひつ〈可き〉こと無し	相ひ見談らひつ〈可き〉こと無し	③	字句の削除
139	六六	年月を経ても相ひ見話らふ〈べから〉ず	年月を経ても見話らふ〈べから〉ず	③	字句の削除
140	八二	世雄の尊徳は、魏々として〈量〉測り難し	世雄の尊徳は、魏々として測り難し	③	字句の削除
141	八六〜八七	菩薩の雅かなる迹行なり	菩薩の雅かなる迹なり	③	字句の削除
142	九三	若し一たひ恭ひ一たひ礼したてまつるときには	若し恭ひ礼したてまつるときには	③	字句の削除
143	一〇三	脂粉に身を塗り荘れとも	脂粉に塗り荘れとも	③	字句の削除
144	一〇五	春の野には彩なる花、死尸の辺に開くと雖も	春の野には彩なる花、死尸の辺に開けとも	③	字句の削除
145	一一六〜一一七	忽に億生の〈重〉罪を免れ府（俯）して【剋し】念へは	忽に億生の〈重〉罪を免れ府（俯）して念へは	③	字句の削除
146	一一七	俄に万億劫の善因を生し	俄に万劫の善因を生し	③	字句の削除
147	一九三	我等か造れる下劣の業の故に	我等か業の故に	③	字句の削除
148	一九八	故に此の世界を剣の山、刀の林【灰の河、猛き火村】	故に此の世界を剣の山、刀の林	③	字句の削除
149	二一七	屯輪摩か琴も【麗しと雖も】父公か慈しひの麗しきに益きめや	屯輪摩か琴も父公か慈しひの麗しきに益きめや	③	字句の削除
150	二一八	輪王の裘も【雖も】母氏か悲しひの厚きに益きめや	輪王の裘も母氏か悲しひの厚きに益きめや	③	字句の削除
151	二三八	乳房の恩〈一も〉報いたてまつらず	乳房の恩報いたてまつらず	③	字句の削除
152	二三八	三千六百日の内に長きを守りたまひし恩、〈都て〉究めたてまつらず	三千六百日の内に長きを守りたまひし恩、究めたてまつらず	③	字句の削除

153	二五六	一偏の悵（帳）は道の間に己そ覆ひ隠せ	一偏は道の間に己そ覆ひ隠せ	③	字句の削除
154	三七三	天眼は千国万里の〈国の物を〉を通し見徹すこと〈前に在るか如く〉、	天眼は千国万里の〈国の物を〉通し見ること〈前に在るか如く〉、	③	字句の削除
155	一一	堪へざらむ人は、十六无尽蔵に一銭を入れよ	堪へざらむ人は、十六无尽蔵〈八万尓□物〉に一銭を入れよ	④	注釈的字句
156	一五	矧や大に欣ひし大きなる祚を蒙れる人は	矧や大に欣ひし〈欲ひし〉大きなる祚を蒙れる人は	④	注釈的字句
157	三三	旦主の過去の両親	旦主の過去の両親〈先考と先妣と〉	④	注釈的字句
158	三七	衆生界を慈悲したまふか故に、哀を垂れて納受したまへ	衆生界を慈悲したまふか故に、哀〈愍〉を垂れて納受したまへ	④	注釈的字句
159	三八	麻納仙人の道を修せし時には、七茎の蓮花を燃灯仏に奉りき	麻納仙人の道を修せし時には、七〈五〉茎の蓮花を燃灯仏に奉りき	④	注釈的字句
160	五三	鸞鳥の翔る処には、必ず聖王有り	鸞鳥〈鳳〉の翔る処には、必ず聖王有り	④	注釈的字句
161	七六	沢は江海よりも深し	沢〈仁〉は江海よりも深し	④	注釈的字句
162	一六〇	目代の鬼	目代〈御監〉の鬼	④	注釈的字句
163	一六五	腰を曲めたる像云	腰を曲めたる像〈尺〉云	④	注釈的字句
164	一七四	三千世界に独り一たひ出現したまひたる某仏は、三界を束ね収めて我か有つものと為たまふ	三千世界に独り一たひ出現したまひたる某〈尺〉仏は、三界を束ね収めて我か有つものと為たまふ	④	注釈的字句
165	一七六	国城、七珍の財を捨てても	国城、七珍〈妻子〉の財を捨てても	④	注釈的字句
166	一八五	何か故にそ某仏は久しく三界の火宅を出てたまふ	何か故にそ某〈尺〉仏は久しく三界の火宅を出てたまふ	④	注釈的字句
167	二六五	親に仕へ奉る時には	親に仕へ〈孝し〉奉る時には	④	注釈的字句
168	二六九	邑村の醴き泉なり	邑村の醴〈甘〉き泉なり	④	注釈的字句

169	二七〇	但し〈奇侅しふらくは〉、鳳皇其の当りに翔らず	但し〈奇侅しふらくは〉、鳳皇〈鳥〉其の当りに翔らず	④	注釈的字句
170	二七七	大旦主の所には	大旦主の所〈殿〉には	④	注釈的字句
171	二七八	今、此の堂は、名を某と云ふ	今、此の堂は、〈里の名、某甲郷、此れ〉名を某と云ふ	④	注釈的字句
172	二七八	此の堂は大旦主の先祖建立したまふ	此の堂は大旦主の先祖〈本願〉建立したまふ	④	注釈的字句
173	三〇三	雪山童子の半偈の頌を誦す	雪山童子の半偈の頌〈本縁に云〉を誦す	④	注釈的字句
174	三三八	須弥山の頂に立ちて糸を垂れ下す云	〈注〉須弥山の頂に立ちて糸を垂れ下す云	④	注釈的字句
175	三五七	其の无明の状は、何しく長无し昏ひ迷へる物そ、此れを夜に喩ふ夜は昧くして見ゆる所无し	其の无明の状は、何しく長无し昏ひ迷へる物そ、此れを夜〈无明の暗夜、云〉に喩ふ夜は昧くして見ゆる所无し	④	注釈的字句
176	一二	供具无くは、三業の礼を翹けよ身を以て礼せよ、口を以て讃せよ意を以て念せよ	供具无くは、三業の礼を翹けよ身を以て礼せよ、口を以て讃せよ意を以て念せよ【〈供具を為ること□（無）くは、仏法僧を礼拝せよ〉】	⑤	文章の挿入
177	三二	父母か生れたまひし所の土には、雨と雨ふり花と散らして云、翻して瓔珞の衣と化して	父母か生れたまひし所の土には、雨と雨ふり花と散らして云〈雨ふらしめむ、天の衣、天の供養を云〉、翻して瓔珞の衣と化して	⑤	文章の挿入
178	四八	孟闐王の像、須達九重	孟闐王の像、〈毗首は天下を従へて仏を礼したてまつる〉須達九重	⑤	文章の挿入
179	五〇	仏の行きたまふ時には、足、地を離るること四寸なり	仏の行きたまふ時には、足、地を離るること四寸なり〈然れとも千輻輪の相は地上に現る〉	⑤	文章の挿入
180	五六		〈百の水の中には百箇の月の影として現す〉	⑤	文章の挿入
181	九九	朝には岑の上に徘みて雲霞の飛び交うを見て	朝には岑の上に徘みて雲霞の飛び交うを見て〈父公を憶ひ〉	⑤	文章の挿入

182	一〇〇	夕には谷の底に居て、禽獣の鳴き遊ふを聞きて、	夕には谷の底に居て、禽獣の鳴き遊ふを聞きて、〈母氏を思ひ出てたてまつる〉	⑤	文章の挿入
183	一四四	大唐の人に対ひては、大唐の詞をもちて説きたまふ他は之に准ふ。蓮華には、千の茎の本あり	大唐の人に対ひては、大唐の詞をもちて説きたまふ他は之に准ふ。〈草木に対ひては、草木の辞をもちて説きたまふといへり金色の〉蓮華には、千の茎の本あり	⑤	文章の挿入
184	一四五	唯、仏のみ聞き知りたまひて、倶に談ひたまひ、花の申す所に答へたまふ	唯、仏のみ聞き知りたまひて、倶に談ひたまひ、花の申す所に答へたまふ〈鳥獣に対ひては鳥獣の辞をもち説きたまふといへり〉	⑤	文章の挿入
185	一五八		〈閻浮を観するに誰か家にか生れむ。浄飯、心は清浄にして仁慈なり。摩耶は三世の仏母なり。劫初従り輪王を相ひ嗣き、絶えて三世の人王の代と作る〉	⑤	文章の挿入
186	一五九	四王云。六年云	四王云。〈飯王七日迷ひ悶えたまふ云〉六年云	⑤	文章の挿入
187	一六一	次に軍を興す云。縛は所れて動かずに、刀杖折れ砕く云	次に軍を興す云。〈地に僻れ腕（蜿）転し〉縛は所れて動かずに、刀杖折れ砕く云	⑤	文章の挿入
188	一六二	輪王の位を捨てて出家入道す。清浄の出家六たり云	輪王の位を捨てて出家入道す。〈天従り来る云。高きに誕生す、云〉清浄の出家六たり云	⑤	文章の挿入
189	一六四	文殊の使云。橋を作る云	文殊の使云。〈于闐王、云。目連下り告く、云〉〈梵帝〉橋を作る云	⑤	文章の挿入
190	一六四	四天王天、物を貢る。像立ちて礼す云	四天王天、物を貢る。〈劫初従り有らず〉像立ちて礼す云	⑤	文章の挿入
191	一六七	一たひ野に火焼けしに、雉、翼を潤しき	一たひ野に火焼けしに、雉、翼を潤しき、〈此の野に我生れて人と成るに恩有り。我か子有り。我か眷有り〉	⑤	文章の挿入
192	一七三	称名云。恩徳広し云	称名云。〈无上云〉恩徳広し云	⑤	文章の挿入

193	一七四	四生を撫て育て吾か子と為たまふ	四生を撫て育て吾か子と為たまふ。〈无為の楽城を棄てて、有為の壊郷に住したまふ〉	⑤	文章の挿入
194	一八五	維摩詰は病の相を現す	維摩詰は〈久しく八苦を離る。然るものを〉病の相を現す	⑤	文章の挿入
195	二〇四	聖教に云く、諸悪莫作、諸善奉行云	聖教に云く、諸悪莫作、諸善奉行云〈此を能持したまはむ云々。孔子は良き玉、云〉	⑤	文章の挿入
196	二〇六		〈己か欲りせず所を云々〉	⑤	文章の挿入
197	二七七		〈時代邪見にして法を誹る然れども旦主、仏法を讃めたてまつる。〈有る〉人は名利の為に財を傾くれども、旦主は功徳の為に珎を竭す。仏法を謗るは俗の中より興る然れども旦主は四衆の過を隠す〉	⑤	文章の挿入
198	二九七	耶なる徒は正に帰し、沈める輩は浮ふこと獲たり	耶なる徒は正に帰し、沈める輩は浮ふこと獲たり〈是の如き奇しき聖、往々にして在す〉	⑤	文章の挿入
199	二九九	然れとも野干云	〈何そ敢へて法の座に臨まむ〉然れとも野干云	⑤	文章の挿入
200	三〇一	一たひ申せは千両を給ふ云	〈子を申す音を聞かむと欲ひて〉、一たひ申せは千両を給ふ云	⑤	文章の挿入
201	三〇三		〈此れ即ち无常の呪願なり。心安らかならぬ時に自ら誦すれは、親属善友に至るまで臨終の所に即ち丁（可カ）ならく耳云。以上〉	⑤	文章の挿入
202	三二〇〜三二一	千箱の蓄も、現在の生活の為に己そあれ	千箱の蓄も、現在の生活の為に己そあれ〈三途に持ち往く為にはあらず〉	⑤	文章の挿入
203	三二一	南无平等大会云。法華哥	南无平等大会云。〈生々世々に頂戴し〈哭きカ〉受持せむ〉法華哥	⑤	文章の挿入
204	三二四	南无千手千云	〈沙波（娑婆）世界施无、云〉南无千手千云	⑤	文章の挿入

205	三三一	故に平等の諷誦を垂れむ	故に平等の諷誦を垂れむ〈一切諷誦云。法華名云。心経云。阿弥云。地蔵云〉	⑤	文章の挿入
206	三三八	〈注〉須弥山の頂に立ちて糸を垂れ下す云。浄光の申さく、師子か申さく	〈注〉須弥山の頂に立ちて糸を垂れ下す云〈句尋ねむ〉。浄光の申さく、師子か申さく	⑤	文章の挿入
207	三四六	縦使ひ有る人の	縦使ひ有る人の〈罪を造りて地獄に入るべきに〉	⑤	文章の挿入
208	三四七	此に由りて己か福徳を損ひ、弟（第）三の生には地獄に入る	〈善悪の報は无しと謗らは〉此に由りて己か福徳を損ひ、弟（第）三の生には地獄に入る	⑤	文章の挿入
209	三四九	若し耶縁来り合ふとも、悪しくあらぬことを造るは、都て応はず。恒に此れ天の守の為たまふ所なり云	若し耶縁来り合ふとも、悪しくあらぬことを造るは、都て応はず。恒に此れ天の守の為たまふ所なり云〈願力の致す所なり〉	⑤	文章の挿入
210	三五一	一切の仏は皆同体なり。一の毗盧舎那如来の遍法界身の於に、名を改め形を替ふ。釈云。薬云。阿云。此の理を知る人は、釈迦に対ひ奉りて薬師、阿弥陀を念して礼拝すべし	一切の仏は皆同体なり。一の毗盧舎那如来の遍法界身の於に、名を改め形を替ふ。釈云。薬云。阿云。〈山河、大地と名つけ、草木と名つけ、国土と名つけ、郡里と名つけ、人と名つけ、畜生と名つくるも、皆□（同）体なり〉此の理を知る人は、釈迦に対ひ奉りて薬師、阿弥陀を念して礼拝すべし	⑤	文章の挿入
211	三五四	他観といふは、一切の人、皆仏なりと観す	他観といふは、一切の人、皆仏なりと観す〈金剛頂〈経に云く〉、一切を平等に礼す云。常不軽は礼〈せず〉。凡夫は仏姓（性）の成らずを礼す。〉	⑤	文章の挿入
212	三五四	維摩詰は二不（不二）	維摩詰は二不（不二）〈已に成り奉れとも仏と成らず〉	⑤	文章の挿入
213	三六〇	酔へる人は知る所无し為ましき行を為、言ふましき言を語る	酔へる人は知る所无し為ましき行を為、言ふましき言を語る【〈卅六の過失有り〉】故に酔に喩ふ。〈无明も是の如し〉	⑤	文章の挿入

214	三六八	不信の人は花開きて実成らぬ樹の如し。木无き山の如し。水无き川の如し。外は玉にして内は石なり	不信の人は花開きて実成らぬ樹の如し。木无き山の如し。水无き川の如し。〈表は錦にして裏は布なり〉外は玉にして内は石なり	⑤	文章の挿入
215	三七三	天眼は千国万里の〈国の物を〉を通し見ること	天眼は千国万里の〈国の物を〉通し見ること〈前に在るか如く〉、	⑤	文章の挿入
216	三九五	此に由りて〈三宝の守、天地の守を〉蒙る	此に由りて〈三宝の守、天地の守を〉蒙る〈他は之に准す〉	⑤	文章の挿入
217	一八五～一八六	地蔵菩薩は地獄に在すは何そ耶	地蔵菩薩は〈久しく地獄を離る然るものを反りて〉地獄に在すは何そ耶	⑤	文章の挿入
218	二〇〇～二〇一	故に此の世界を、百千の種の珍に以りて成せ所れたる七宝の浄土と見る云	故に此の世界を、百千の種の珍に以りて成せ所れたる七宝の浄土と見る云。【〈此の国にして地獄を見し者は、紀の国に、寺に文有り。佃の人の子、走りて其の寺の田の稲の茎をもて刀と作る云。又、冥報記、霊異記云〉】	⑤	文章の挿入
219	三三七	仏の恩賀沐	仏の恩賀沐〈合わず〉	⑤	文章の挿入
220	三七三～三七四	天耳は万の国の内の物を通し聞くこと	天耳は万の国の内の物を通し聞くこと〈辺に在るか如し〉	⑤	文章の挿入
221	三七七～三七八	初地の菩薩も、亦信を修したまふ彼の信には、四の不壊信あり。故に此の四の不壊心を持し習ふべし云	初地の菩薩も、亦信を修したまふ彼の信には、四の不壊信あり。〈仏法僧の戒、三宝を信するに由りて、四悪道を免る信の戒に由りて貧賤の因を離る、云〉故に此の四の不壊心を持し習ふべし云	⑤	文章の挿入
222	三八八～三九二	＼人は三宝の恩を蒙れとも、其の志を知らず	〈嬰童の苦に入りて成降転滅す云々〉【中略】＼人は三宝の恩を蒙れとも、其の志を知らず	⑤	文章の挿入
223	一三七	〈礼拝して廬に入りて坐す其の夜、父の墓の側に芝草五茎あり。母の墓の辺に五茎あり。又、退きて五茎の連理の樹あり〉		⑥	文章の削除

224	三四四	一には下品の信を以て聞く。耳に入らず、心に入らず	一には下品の信を以て聞く	⑥	文章の削除
225	三四四〜三四五	二には中品の信を以て聞く。耳に聞けとも、心に入らず	二には中品の信を以て聞く	⑥	文章の削除
226	三四五	三には上品の信を以て聞く。耳に入り心に入る	三には上品の信を以て聞く	⑥	文章の削除
227	二三〇〜二三一	仰ぎて某の仏に乞ひたてまつらく、春の細き雨の降る時に、万の草木の生長するか如く。平等の一味の法の細き雨を下して、无辺の災患を除滅したまへ。世間の勝れたる禎、出世〈間〉の善き益、法力によりて成就せむ		⑥	文章の削除
228	二七		〈六種〉	⑦	見出しの挿入
229	五三		〈勧請言〉	⑦	見出しの挿入
230	六五		〈勧請発句〉	⑦	見出しの挿入
231	六七		〈自他懺悔混雑言〉	⑦	見出しの挿入
232	二一〇		〈誓通用〉	⑦	見出しの挿入
233	二一一		〈誓詞通用〉	⑦	見出しの挿入
234	二八五		〈卑下言〉	⑦	見出しの挿入
235	三〇四		〈誓通用〉	⑦	見出しの挿入
236	三三二		〈注〉	⑦	見出しの挿入
237	一五〇	鳥、仏の説を聞きて乍いは悲しひ乍いは喜ふと云云	鳥、仏の説を聞きて乍いは悲しひ乍いは喜ふと云云〈以上〉	⑧	区切りを示す表現の挿入
238	二八二	昔の代に修したまひ習ひたまひたる行なり	昔の代に修したまひ習ひたまひたる行なり〈以上云々〉	⑧	区切りを示す表現の挿入

239	三三六		〈以上〉	⑧	区切りを示す表現の挿入
240	三三八	〈注〉須弥山の頂に立ちて糸を垂れ下す云。〈句尋ねむ〉、浄光の申さく、師子か申さく	〈注〉須弥山の頂に立ちて糸を垂れ下す云。〈句尋ねむ〉、浄光の申さく、師子か申さく〈以上〉	⑧	区切りを示す表現の挿入
241	三四五	中品〈の聞法〉は天に生れ、上品〈の聞法〉は仏と成る	中品〈の聞法〉は天に生れ、上品〈の聞法〉は仏と成る〈以上云々〉	⑧	区切りを示す表現の挿入
242	三六二	法を聞き物を知るに由りて无明を断つ。法を聞かずより以前は、夜の如し	法を聞き物を知るに由りて无明を断つ。〈云々。以上〉、法を聞かずより以前は、夜の如し	⑧	区切りを示す表現の挿入

註1 書き入れであるかの判断は、築島裕編『東大寺諷誦文稿摠索引』（汲古書院、二〇〇一年）所収のコロタイプの影印本を筆者が確認して行った。
2 本表の行数についても右書による。ただし、磨り消し部分など、影印本で確認できない部分については、築島氏の翻刻を参照した。
3 〈 〉は、小字・傍書による書き入れの箇所、傍線部は削除された部分を示す。波線部は、変更箇所を示す。【 】は挿入符のある部分を示す（中に文字のある場合は、挿入符により省略されたことを示す）。〔 〕は築島氏が推測して判読を試みた部分を示す。（ ）は、補読を示す。＼は合点を示す。
4 □は築島氏により文字の存在は確認できるが、判読できないものを示す。

明確に認識していたことを示すものといえる。

また『諷誦文稿』全体に多数みられる漢字の横に付された片仮名書きやヲコト点の存在も、法会での読み上げに際し、読み間違えの可能性や、異なる訓読により文意が変わってしまう可能性を防ぐために付されたものといえ、実際に法会で読み上げられることを前提とした書き入れとみられる。このような『諷誦文稿』の片仮名書き・ヲコト点は、すでに中田祝夫による詳細な研究があるので、本節では片仮名書き・ヲコト点以外の多数の書き入れを中心に考察していきたい。

『諷誦文稿』の片仮名書き以外の書き入れをまとめた内容を八種類に分類すると（表2）、①字句の挿入（四八・七％）、

②字句の変更（七・四％）、③字句の削除（七・四％）、④注釈的字句（八・六％）、⑤文章の挿入（一九・四％）、⑥文章の削除（二・〇％）、⑦見出しの挿入（三・七％）、⑧区切りを示す表現の挿入（二・四％）と整理できる。多数を占めるのは、①・⑤で合わせて六八％であるのに対し、③・⑥は合わせても九・四％にすぎず、その他の④・⑦・⑧は字句の挿入の中の小分類なので、全体の傾向は字句や文章の削除・修正よりも加筆の割合が高いことが指摘できる。

まず①を見ると、内容をより具体的に示すためのものが多いが、文と文を繋げる字句や目的語・述語を補うための挿入もあり、一見して、その字句を補わないと文章としての正確さを欠いてしまうものもある。例えば、「此に由りて〈三宝の守、天地の守を〉蒙る」(118)（括弧内の番号は表2による。書き入れた内容は〈　〉、削除部分は傍線で示す。【　】は挿入符の存在を示す。以下、同じ）などの文章は、〈　〉内の字句を補わなければ具体的な意味内容はわからない。また、「今日、一渧の功徳〈を以て〉、是の如き浮游する霊等を救済し」(73)など、文を繋げる役割を果たす字句の挿入も文章を読みやすくするための配慮であろう。さらにそれ以外の字句でも、「一切衆生、〈地獄に〉囚れるか故に菩薩も地獄に在す」(57)のように、内容の理解のために欠かせないものが多い。

また字句の挿入には、「摩訶摩耶経に云く、〈摩耶夫人〉、仏を礼したてまつりし時に思念すらく」(20・図1)、「〈三世の仏は〉是に於て成道す」(116)など、経典引用などに際し主語を補っている場合がある。主語の挿入は、基本的に内容の主体を明示するためのもので、文章の理解を容易にするためのものである。しかし中には、「〈能化の聖等は〉智の日、行の月といます」(90・第二部第四章図18を参照)など、根本的に主体が変わってしまう書き入れもある。元々の主体を変更したことには、実際の法会開催の場の状況に基づく実態の反映が予測されよう。[20]

つぎに注目されるのは、「某の浄土〈に往生し〉、某の仏と作り」(16)、「流沙〈を度りて〉法を求め」(91)、「我等は何の生〈をか得む〉」(93)など、文章の中で述語の機能を果たし、挿入部分がなければ意味をなさない文章が多数あることである。これは『諷誦文稿』執筆時に述語を書き洩らし、その後早い段階で書き入れられたことを示している。以上、字句の挿入は、基本的に法会開催に際しての準備段階においてなされていたことが推定されよう。

②の字句の変更は、明らかな書き間違えの訂正の場合と、ふさわしい表現へ修正した場合の二種類がある。後者は例えば、変更前「然らは恩を知り」を、変更後「然らは恩を荘ひ」(122)に変えるというものである。法会開催前後

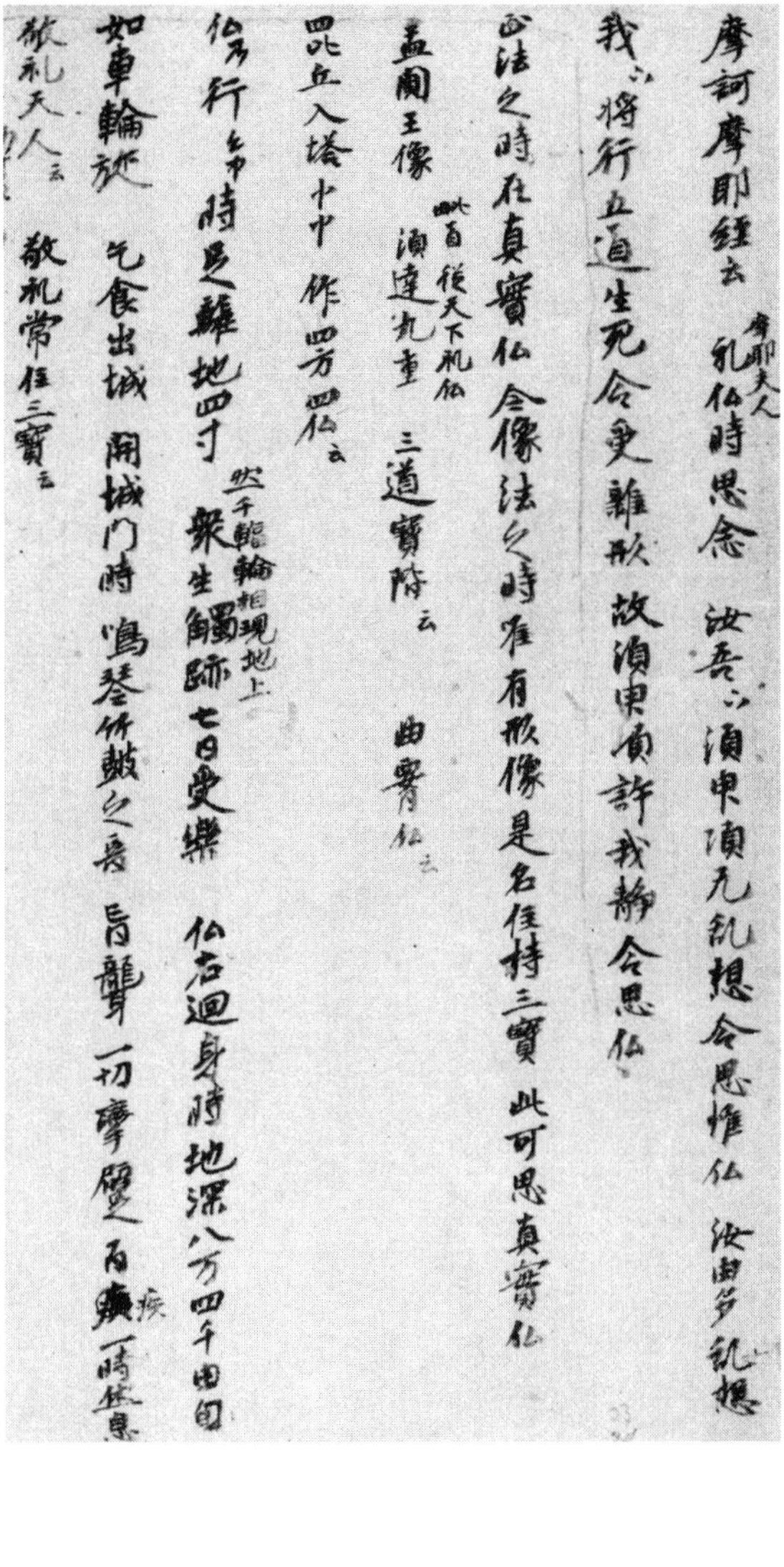

図1　四五〜五二行

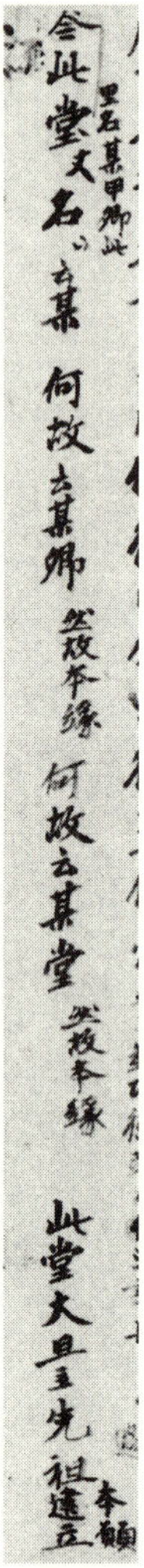

図2　二七八行

になされた字句の変更は、語られる言辞に細心の注意が払われたことを示している。ただし中には、「地」を「今」に変更している例（136・第二部第四章図19を参照）など、単なる表現のみならず、法会の場の状況と密接に関わる変更もある。(21)

③の字句の削除とは、例えば、変更前「漢の明帝の時代に夢として現る」を、変更後「漢の代に夢として現る」（137）としたり、変更前「若し一たひ恭ひ一たひ礼したてまつるときには」を、変更後「若し恭ひ礼したてまつるときには」（142）とするなど、意味的にはさほど変わらなくても最初に記した部分の削除により、法会の場の聴衆のわかりやすさ、あるいは導師の読みやすさを重視した書き入れである。③は全体に占める割合も低いので、削除部分は、執筆者が法会で語るに際し特に不要と判断した部分と考えられる。

④の注釈的字句は、「旦主の過去の両親〈先考と先妣と〉」（157）などと具体的内容を注釈したもの、「邑村の醴〈甘〉き泉なり」（168）など意味の取りにくいと思われる字に解説を加えたものであるが、中には、「麻納仙人の道を修せし時には、七〈五〉茎の蓮花を燃灯仏に奉りき」（159）など、仏典説話を背景にもつことを示すために必要な書き入れもある。すなわち、この蓮華を燃灯仏に奉る話は、『過去現在因果経』・『太子須大拏経』・『仏説太子瑞応本起経』などにあり、仙人（経典により異同がある）が、七茎の蓮華を持った人の通り過ぎるのをみて、仏に供養するため五茎の蓮華を五〇〇銭にて購入したというストーリーを踏まえている。書き入れは、一見正しく訂正したようにみえ

るが、「七」の字は削除されているわけではなく、ストーリーを含意した注記と判断される。つまり、導師となる官大寺僧は、これらの経典内容を熟知した上で書き入れをしていたのである。そのような注釈的字句の中で注目されるのは、「今、此の堂は、〈里の名、某甲郷、此れ〉名を某と云ふ」(171・図2)など堂名に村落名が冠されることを踏まえた注記や、「此の堂は大旦主の先祖〈本願〉建立したまふ」(172・図2)など、先祖による堂建立譚が「本願」に含まれていることを踏まえた記載である。かかる記述は、実際の法会の場で語られていた内容を踏まえて記されたのであろう。(22)

⑤の文章の挿入は、「維摩詰は〈久しく八苦を離る。然るものを〉病の相を現す」(194)と文章の一部の内容を補うものと、「〈閻浮を観するに誰か家にか生れむ。浄飯、心は清浄にして仁慈なり。摩耶は三世の仏母なり。劫初従り輪王を相ひ嗣き、絶えて三世の人王の代と作る〉」(185)のように、一連の文章を丸ごと補うものがある。挿入内容の傾向としては、挿入によって一つのストーリーが具体化されることが多い。

また二〇〇行には、「故に此の世界を、百千の種の珍に以りて成せ所れたる七宝の浄土と見る云。【　】〈此の国にして地獄を見し者は、紀の国に、寺に文有り。佃の人の子、走りて其の寺の田の稲の茎をもて刀と作る云。又、冥報記、霊異記云〉」(218・図3)とあり、明らかに後筆で経説の例証話として挿入されている。これは、法会の聴衆に説

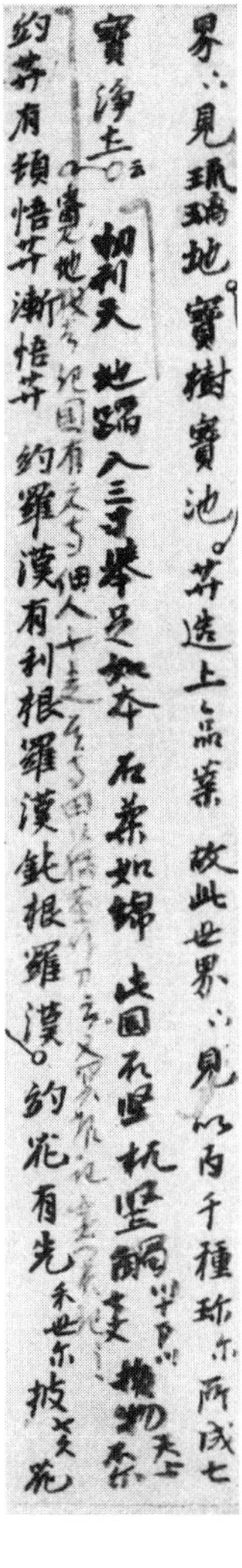

図3　一九九～二〇一行

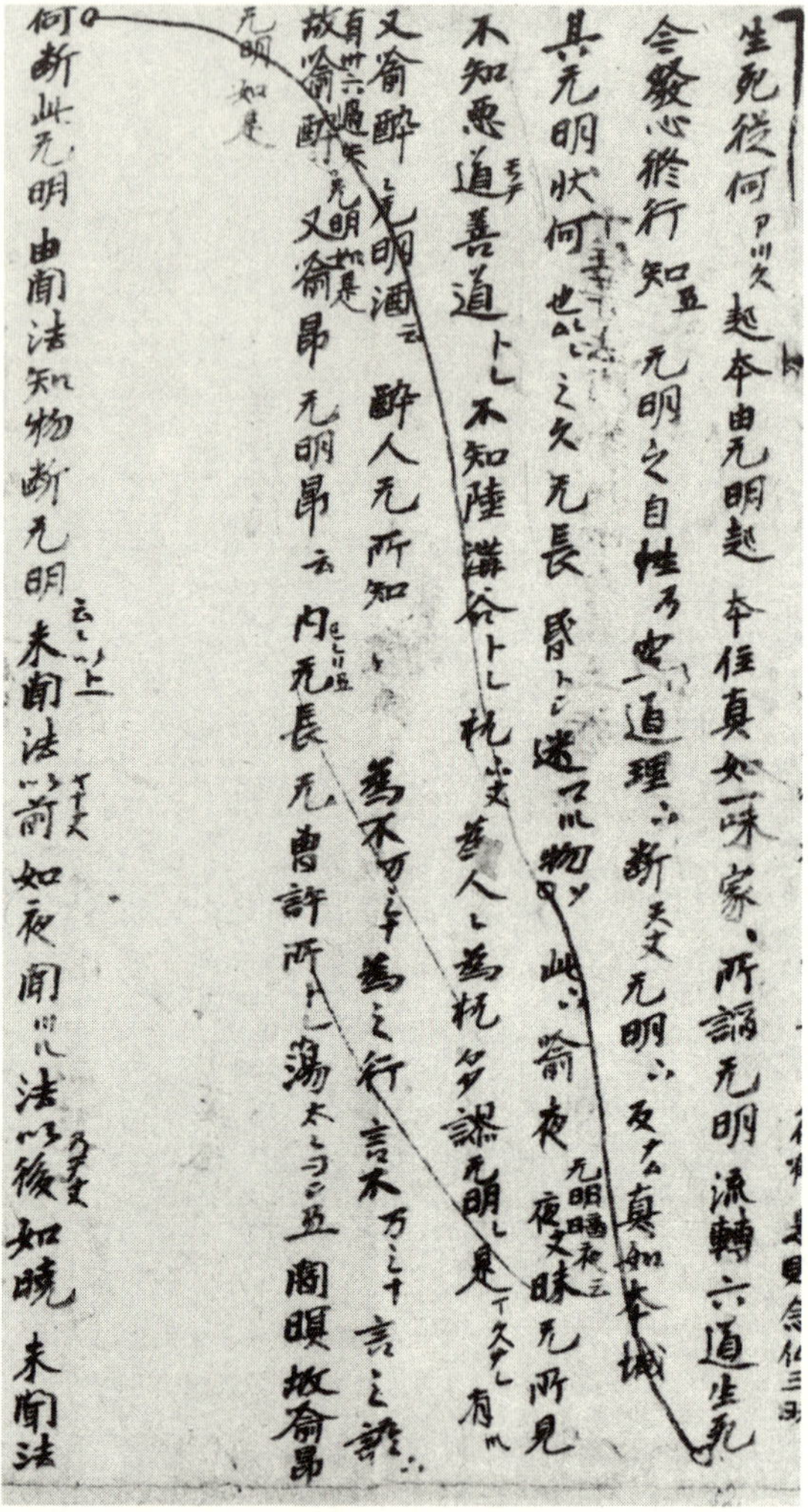

図4　三五五〜三六二行

法内容を理解させるために例証話が語られたことを示す貴重な書き入れといえよう。

⑥の文章の削除のうち、223は儒教的な服喪についての内容が削除されたものであり、224～226は一連の文章の中で223と同時に削除されたようである（表2）。いずれも特に不要な箇所のみ削除されたものと考えられる。

⑦の見出しの挿入とは、執筆当初の見出しとは別に、後で記された見出しであり、『諷誦文稿』の執筆当初は、法会の式次第として整備されていなかった部分が、後で法会次第として整理するために書き入れがなされたものと判断される（第五節参照）。

⑧の区切りを示す表現の挿入は、執筆当初より後に書き入れたものと考えられる。例えば、「法を聞き物を知るに由りて无明を断つ。〈云々。以上〉、法を聞かずより以前は、夜の如し」（242・図4）のように、文章自体はその後も続くにも拘わらず、「以上」によって分断されている。全て追筆と思われる筆致であり、執筆当初以降の時々の法会に際して、内容を省略・整備した記載とみられよう。

以上①～⑥は、法会の準備段階に推敲を重ね、法会で読み上げる表現について周到な配慮がなされていたことを示すものであり、⑦・⑧は『諷誦文稿』の最初の執筆時以降に記されたものと考えられる。また書き入れの一部は、執筆以前の数多くの法会への参加経験に基づくものと判断される（後述）。したがって、上記の諸点から、『諷誦文稿』は平安初期の在地社会で催された仏教法会で実際に用いられたものであり、法会の具体相を一定程度反映した史料であることが確認されよう。

第四節　墨消しの意味

『諷誦文稿』には、斜線二、三本〜五、六本を引くことにより、見せけちされている部分が九ヵ所ある。見せけちは、完全な抹消ではなく、基本的に〝今回の法会では読まれないこと〟を意味すると考えられる。具体的には、①薬師如来を本尊とする法華八講の記述（八〇〜一二三行）、②①と一連の一三三〜一三九行、③一五一〜一五六行、④「釈迦本縁」の後半部（一六六〜一六七行）、⑤「慈悲徳」の後半部（一七四〜一七九行）、⑥「慰誘言」の前半部（二六五〜二七五行）、⑦「卑下言」の大部分（二八五〜三二一行）、⑧三四六〜三四九行、⑨三五七〜三七八行の九ヵ所である。①は本章第七節にて考察し、⑥は第二部第三章、⑦は第二部第四章にてそれぞれ考察を加えているので、本節では、残りの七例の墨消しの意味を検討していきたい。

まず②は、①の法華八講と一連の文章であり檀越の父母の供養と関わる内容である。一二三〜一三二行までは磨り消しによる完全な抹消であり、その内容は、「□□□旦主、母を慕ひて廬を造り（庵）を設く」から始まり、旦主が父母の死後の様子を描いたもので、いかに喪に服し父母の死を悼み懇ろに葬ったかといったことが記されており、総じて儒教的な服喪の内容である。一方、見せけちされた後の部分は、仏教的な供養の内容である。途中、「〈礼拝して廬に入りて坐す。其の夜、父の墓の側に芝草五茎あり。母の墓の辺に五茎あり。又、退きて五茎の連理の樹あり〉」と、儒教的な服喪の文章の挿入があるが、最終的には磨り消されている。すなわち、元々、この一連の文章は、儒教的な服喪と仏教的な供養の両方があったが、その後、儒教的な服喪の内容は不要とされて磨り消されたとみられる。そして、最終的に法華八講の内容全体（①）が墨消しになった時に、仏教的供養の記述も合わせて墨消しがなされたのであろう。③は、一四〇行の「各々世界に於て、正法を講説する者は、詞无碍解なり」との文言から始まる一連の文章であり、いわゆる四無礙解の内容である。[23] 説法する者（仏）が、どのような場所でもどんな方言でも理解できると記され、つづけて仏が鳥獣や草木に対しても説法をしたとある。墨消しは、「仏、昔、六道の生死に流輪（伝）して」から始まり、仏が詞无碍解である理由をさらに詳細に記した部分である。つまり詳細部分が、ある法会では不要と判断され、直前の「以上」の書き入れと同時に墨消しがなされたと考えられる。

④の「釈迦本縁」の後半部は、冒頭から釈迦の生誕から始まる本生譚であり、墨消しがあるのは最後の二行である。そこでは、その前の内容と異なり、「釈仏薩埵王子七たひ産る」から始まり、七度転生した時の内容である。おそらく法会によっては不要とされて墨消しされたのであろう。

⑤の「慈悲徳」の後半部は、最初に仏は道に臥した乞食にさえ、慈悲をかけるのだという内容があり、その後は「某仏」は世の中の全ての人々を御子とし慈悲をかけるとの内容である。最後に「貴き哉や某の仏、誰人そも某の大御恩を蒙らざらむ」とあり、仏を讃える文章として完結している。

しかし、「慈悲徳」の後半部から空白を挟んだ後を見ると、「寺に至りて思惟する方は、是は此れ善き人の住む処なり。（中略）人、身力の強く壮なる時には、僧を誹り、瑕疵身に附く時には妻子も扶けず。僧は着きて昼も夜も避らずして病を看る。読経し乞ひ誓ひ身力を砕きて心魂を竭し、寝ずして守り扶く。雨風にも辱へられず。杖を策き、山藁沓を着き〈云々〉【己か親族にあらぬものを、己か妻子にあらずとも、故に僧な悽り】妻子も何にしてか地獄より救はむ。眷属も何にしてか浄土に引かむ。僧己そ乞度地獄も救ひ、天にも生れしめ、浄土にも生れしむれ」（一八〇～一八四行）とある。

つまり、僧侶の慈悲の内容であり、空白後の内容も「慈悲徳」の内容であったと推測される。おそらく「慈悲徳」

は、執筆当初、仏の慈悲を讃える次第として作成されたが、その後僧侶の慈悲も述べる次第として整備され、仏を讃えるのみで完結する「慈悲徳」の後半部が不要とされた場合に墨消しされたと考えられる。

⑧は三三九行から、人や天人への転生についての部分が始まり、さまざまな仏教的作善が記された後、三種類の聞法について記されている。つづけて、地獄に転生した場合の内容があるが墨消しされている。最後は、「方広の疏を案するに」と記されたまま終えており、ここで執筆が中断され墨消しがなされたと考えられる。前述の聞法を記した箇所の後に「以上。云々」との書き入れがあるので、おそらくこの書き入れと同時に墨消しがなされたのであろう。

⑨は、「生死は何従りか起る。本、无明に由りて起る。本、真如一味の家に住す。无明に諂かるれは六道の生死に流伝す」（三五五行・前掲図4）から始まる、生死と関わる無明の内容であり、聞法によって無明（心を覆って真実を知ることを妨げる煩悩(24)）を脱しなければならないというものである。墨消しの後文には、「何にしてか仏と成らむ」（三七九行）と始まり、まず菩提心を発し四弘誓願を発し、一切の悪を断ち一切の善を修し衆生を済度すべきこと、一切の戒を守るべきことなどが記されている。つまり、どのようにして仏に成れるのかという問いの前段に、無明の悪を述べた部分と考えられる。無明についての箇所で墨消しされなかった部分は、「生死は何従りか起る。本、无明に由りて起る。本、真如一味の家に住す。无明に諂かるれは六道の生死に流伝す」とあり、その後、挿入符によって三六二行に飛び、「何にしてか此の无明を断たむ。法を聞き物を知るに由りて无明を断つ」とあり、最後に「云々。以上」として終わっている。すなわち、詳細な内容が、簡略化されていることがわかる。おそらく、無明の内容は、それほど詳細に語る必要はないと判断された法会で、「云々。以上」の書き入れと同時に墨消しによる見せけちがなされたものと考えられよう。

以上、『諷誦文稿』の墨消しは、その時々の法会の覚書の作成段階で、不要な部分を視覚的に明示するため、あるいはその下書き段階で詳細に記した部分の簡略化のために、意識的に書かれた見せけちであり、実際の法会に即して語るべきことを整理した痕跡とみるべきであろう。おそらく各法会に際しては、『諷誦文稿』の墨消しを参照しながら浄書したものを持参したものと推察される。かかる事実は、『諷誦文稿』の内容は十分な推敲を経た上で、その後の複数回の法会に向けての文例が作成・利用されたことを示すものといえよう。

第五節　見出しと法会次第

1　『諷誦文稿』の見出し

本節では、『諷誦文稿』の中で内容のまとまりを示し、他の内容と区切る役割をもつ見出しの書き入れについて考察し、各見出しの意味を論じていく。まず中田による見出しの整理に筆者の知見を加え、後筆の書き入れがわかる形で提示しておこう（◆は執筆当初からの見出し、◇は後筆と推定される見出し）。

◆□言辞（一行）……磨り消しにより全文抹消。
◇六種（二七行）……六種（閼伽・塗香・華・梵香〈焼香〉・飲食・灯明）を奉って三宝を供養する次第。
◇勧請言（五三行）……仏菩薩を勧請するための次第。
◇勧請発句（六五行）……ある人の霊魂を請じるときの次第。
◇自他懺悔混雑言（六七行）……懺悔の行を修する功徳により父母を供養する次第。
◆釈迦本縁（一五七行）……釈迦の略伝を語り釈迦を讃える次第。

◆慈悲徳（二六八行）……仏の慈悲について語る次第。
◇誓通用（二一〇行）……削除（後述）。
◇誓詞通用（二一一行）……父母を供養する法会において造仏写経の意義を語る次第。
◆慰誘言（二六二行）……法会の施主である「堂」の「旦主」を讃えるための次第。
◇卑下言（二八五行）……法会の導師が仏に対して自らを卑下しつつ、聴衆や衆僧を讃える次第。
◇誓通用（三〇四行）……法会で使用した経典の功徳や法会の開催自体の功徳を讃える次第。
◇注（三三二行）……経釈（供養や法会の場で、経典の釈義を示して、聴衆に聞かしめ、僧の日頃の研鑽を証する）のための言葉。

まず、当初からの見出し（◆）は、最初から法会の次第とされていた部分と考えられる。磨り消された「□言辞」以外の「釈迦本縁」・「慈悲徳」・「慰誘言」の三つのまとまりは、法会の基本的要素であったことが推測される（後述）。後筆の見出し（◇）は、「六種」・「勧請言」・「懺悔」など、中田が平安中期以降の法会の教化にも散見される用語と指摘したものであり、執筆時の文例を法会の次第として整理しようとしたものと推測される。

ただし、「自他懺悔混雑言」（六七行）という見出しの存在は、後筆で見出しを記す際に、その内容が「自他懺悔」を含みながらも「混雑」と認識されたことを示している。しかし、そのような内容を含みながらも後筆で見出しを書き入れていること自体が、執筆当初の『諷誦文稿』を法会次第に整備しようとしたことを示すものと考えられる。後筆の見出しの意味を考える上で、「誓通用」という見出しが二一〇行（図5）と三〇四行（図6）の二ヵ所にあることは注目される。

二一〇行の「誓通用」は一行で終わり、丸囲いにより見出しごと削除されており、何らかの内容を構成する見出しとして成立していない。しかし削除された一行は、元々直後の「誓詞通用」と一連の文章であったと思われる。「誓詞通用」は、父母を賛美する内容の後に一行を挟み、「仏を造り経を写し奉らずは、何に依りてか徳に報ゆる由と為む。幡を懸け堂を厳りたてまつらずは、何に〈由りて〉か恩を送る便と為む」（二二九行）と、父母の追善供養する法会で造仏写経や仏堂の荘厳の意義を語った文例と推測される。

一方、最終的に「誓通用」の見出しがついた三〇四行以降の内容は、俗世の無常を説きながら、最後に、「千箱の蓄も、現在の生活の為に己そあれ〈三途に持ち往く為にはあらず〉。故に某の経の名を申す。南无平等大会云」（三二〇〜三二一行）と、法会の使用経典の功徳や法会の開催自体の功徳を讃えるものであり、「誓詞通用」とは内容が異なっている。二一〇行と三〇四行の「誓通用」の筆致は同筆であり、次行の二一一行の削除後に、三〇四行が記されたと推定される。

つまり、『諷誦文稿』に後筆を加える際に最初は二一〇行に「誓通用」と記したが、見出しの内容にふさわしくな

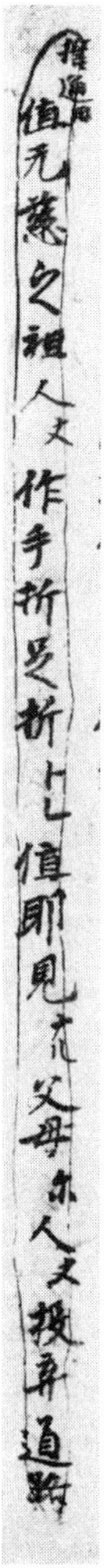

図5　二一〇行

図6　三〇四行

いと考え、見出しと冒頭の一行も含めて不要な部分を削除し、その後「誓詞通用」の見出しを書き加えたのであろう。また、後筆によって見出しの位置が大きく変更されている事実から、法会の儀礼内容はある程度一定だったとしても、その順序は必ずしも固定化されていなかったと考えられる。またこのような推敲の作業の痕跡から、『諷誦文稿』は、一回限りの法会で用いられたものではなく、少なくとも複数回使用された可能性が指摘できる。したがって、『諷誦文稿』は、元々ある程度のまとまりがあった手控えに、後から「見出し」を加え、法会次第としての整理を経て現状態になったものといえよう。

さて、中田説では『諷誦文稿』の内容を、「幾段に分かれるかと問うこと自体に問題があ」るとし、一連の法会次第の側面よりもさまざまな法会の断片的な覚書の側面が強調されていた。それは断片的な記載が、空白を挟みつつ記される全般的な形態からの判断と考えられる。しかしながら、一見断片的な記載がつづくようにみえながら、一定の法会次第の流れを踏まえていることは、以下に示す書き入れからも傍証できる（前掲図1）。

摩訶摩耶経に云く、〈摩耶夫人〉仏を礼したてまつりし時に思念すらく、汝、吾を須臾の頃も想を乱ること無く、仏を思惟せしめたまへ、汝、乱れたる想多きに由りて、我を五道の生死に将行きて雑形を受けしめたまひき。故に須臾の頃許に、我に静かに仏を思はしめたまへとおもふ。

【正法の時には真実の仏在す。今、像法の時には、唯、形像のみ有り。是を住持三宝と名づく。（中略）天人を敬礼したてまつる云、常住三宝を敬礼したてまつる〈云〉】

〈勧請言〉

鸞鳥〈鳳〉の翔る処には、必ず聖王有り、紫の雲、黄なる雲の蘡茀とある下には、必ず福徳の〈玉〉男、〈智慧の〉〈玉〉女有り。（後略）

後筆の「勧請言」と挿入符は、墨色からも同一時に書き込まれたと判断される。当該箇所は、「六種」の見出しをもつまとまりの後に、空白を挟み経典引用により礼仏について記された後、つづく仏や住持三宝・常住三宝などは挿入符によって省略され、つぎの「勧請言」に接続するように指示されている。かかる書き入れは、『諷誦文稿』は見出しと見出しの間にいくつかの内容が書き込まれていたとしても、全く別個の内容ではなく、法会の次第の一連の内容として整理しうるものであったことを示している。また三五五〜三六二行では、空白によって一見区切られているかにみえるまとまりが、挿入符の書き入れによって一連の内容として整理されている（前掲図4）。

以上より、『諷誦文稿』には当初からと後筆の見出しの二種があるが、見出しの存在は『諷誦文稿』が法会の次第として認識されていたことを示すものであり、磨り消しや挿入符によって次第やその内容に変動はあるが、『諷誦文稿』の記載は語られる順序を無視して作成されたものではなく、一定の流れにそって作成されたものに、あくまで法会の次第に沿って使用するために、書き入れられたものであることが指摘できよう。

2 『東大寺諷誦文稿』と『入唐求法巡礼行記』の法会次第

『諷誦文稿』とほぼ同時期の法会や講経儀礼の次第内容が記された史料として、円仁著『入唐求法巡礼行記』（以下、『行記』）がある。円仁は八三八年から八三九年にかけて、唐と新羅で実際に参加した法会の式次第を詳細に記しており、[25]その中には、「行香儀式、与本国一般」「先嘆仏。与本国呪願初歎仏之文不殊矣」などと、新羅の法会に「本国」（＝日本）と共通する要素の存在を示す記載がある。以下に『行記』から窺える法会内容を概観し、『諷誦文稿』とほぼ同時期の唐・新羅の法会次第が如何なるものであったかを確認したい。まず表3に示した法会の項目を示そう。

Ⅰ開成三年（八三八）十一月二十四日条

法会の次第	Ⅲ 新羅一日講儀式(839年11月22日)	法会の次第	Ⅳ 新羅誦経儀式(大唐喚作念経)(839年11月22日)
①入　堂	辰時，打鐘，長打槌了。講師都講，二人入堂。大衆先入列座。	①入　堂	打鐘定衆了。
①′称嘆仏名	講師読師，入堂之会，大衆同音称嘆仏名長引。其講師登北座。都講登南座了。讃仏便止。	②唱　礼	下座一僧起打槌。唱一切恭敬敬礼常住三宝。
②作　梵	時有下座一僧作梵。云。「何於此経等一行偈也」。作梵了。	③作　梵	次一僧作梵，如来妙色身等両行偈。音韻共唐一般。作梵之会，一人擎香盆，歴行衆座之前。歴行々便休。
③唱経題目	南座唱経題目。所謂唱経長引。音有屈曲。唱経之会，大衆三遍散花。毎散花時，各有所頌。唱経了。更短音唱題目。講師開経目。三門分別，述経大意。尺経題目竟。	④誦経題目	大衆同音誦摩訶般若題数十遍也。
		⑤陳申誦経来由	有一師，陳申誦経来由了。
④読申事興所由	有維那師，披読申事興所由。其状中，具載无常道理。亡者功能，亡逝日数。	⑥念(誦)経	大衆同音誦経。或時行経本。或時不行経本。念経了。
		⑦帰　依	導師独唱帰依仏帰依法帰依僧
		⑧称礼仏	次称仏菩薩号。導師唱云。「南無十二大願」。大衆云。「薬師瑠璃光仏」。導師云。「南無薬師」。也大衆同音云。「瑠璃光仏」。導師云。「南無大慈悲」。也大衆同音云。「観世音菩薩」。余皆如是。礼仏了。
		⑨結願廻向	導師独結願廻向。廻向稍長。
		⑩発　願	廻向之後，導師云。「発心」。大衆同音亦云。「発心」。次導師唱，発願已竟。
		⑪頂礼三宝	頂礼三宝。
		⑫擎施物(呪願)	次施主擎施物坐。導師与呪願。
		⑬散　去	便散去。

表3 『入唐求法巡礼行記』の法会次第（網掛けは，法会次第の基礎要素）

法会の次第	Ⅰ 天台大師忌日設斎（838年11月24日）	法会の次第	Ⅱ 赤山院講経儀式（839年11月22日）
①設　斎	堂頭設斎。衆僧六十有余。幻羣法師作斎歎文・食儀式。	①入　堂	辰時。打講経鐘，打驚衆鐘訖。良久之会，大衆上堂，方定衆鐘。講師上堂。
②入　堂	衆僧共入堂裏，次第列坐。有人行水。施主僧等，於堂前立。衆僧之中，有一僧打槌。	①′称嘆仏名	登高座間，大衆同音称嘆仏名。音曲一依新羅，不似唐音。講師登座訖。称仏名，便停。
③作　梵	更有一僧作梵。梵頌云。「云何於此経，究竟到彼岸，願仏開微密，広為衆生説。」音韻絶妙。作梵之間，有人分経。	②作　梵	時有下座一僧作梵。一拠唐風。即云。「何於此経等一行偈矣」。至願仏開微密句。大衆同音唱云。「戒香定香解脱香等頌」。梵唄訖。
④念(転)経	梵音之後，衆共念経，各二枚許。即打槌，転経畢。	③唱経題目	講師唱経題目，便開題，分別三門，釈題目訖。
⑤唱　礼	次有一僧，唱敬礼常住三宝。衆僧皆下床而立。	④読申会興之由	維那師出来於高座前。読申会興之由，及施主別名，所施物色申訖。
⑥作　梵	即先梵音師作梵。如来色無尽等一行文也。	⑤誓　願	便以其状転与講師。講師把麈尾，一一申挙施主名，独自誓願。誓願訖。
⑥′行　香	作梵之間，綱維令請益僧等入裏行香。尽衆僧数矣。行香儀式，与本国一般。其作斎晋人之法師，先衆起立，到仏左辺，向南而立。行香畢。	⑥論　議	論議者論端挙問。挙問之間，講師挙麈尾，聞問者語。挙問了。便傾麈尾，即還挙之，謝問便答。帖問帖答，与同本国。
⑦歎　仏	先歎仏。与本国呪願初歎仏之文不殊矣。	⑥′論　議	但難儀式稍別。側手三下後，申解白前，卒爾指申「難」。声如大嗔人，尽音呼諍。講師蒙難，但答不返難。論議了。
⑧読斎文	歎仏之後，即披檀越先請設斎状。次読斎歎之文。読斎文了。	⑦読　経	入文読経講訖。
⑨称仏名	唱念尺迦牟尼仏。大衆同音称仏名畢。	⑧讃　嘆	大衆同音長音讃嘆。讃嘆語中有廻向詞。
⑩唱　礼	次即唱礼。与本国導為天龍八部諸善神王等頌一般。乍立唱礼。倶登床坐也。	⑨唱　偈	講師下座。一僧唱処世界如虚空偈。音声頗似本国。
⑪設　斎	読斎文僧幷監寺，綱維及施主僧等十余人，出食堂至庫頭斎。自外僧・沙弥咸食堂斎。亦於庫頭，別為南岳・天台等和尚，備儲供養。衆僧斎時，有庫司僧二人，弁備諸事。唐国之風。毎設斎時，飯食之外，別留料銭。当斎将竟，隋銭多少，僧衆僧数，等分与僧。但作斎文人，別増銭数。若於衆僧，各与卅文。作斎文者，与四百文。並呼導儭銭。計与本国導布施一般。	⑩唱　礼	講師昇礼盤，一僧唱三礼了。講師大衆同音。
⑫帰　房	斎後，同於一屭漱口帰房，凡寺恒例，若有施主，擬明朝煮粥供僧，時節即暮時，交人巡報，明朝有粥。若有人設斎，時晩際，不告。但当日早朝，交人巡告，堂頭有飯。若有人到寺，請転経時，亦令人導，上堂念経。其揚府中，有卌余寺。若此寺設斎時，屈彼寺僧次来，令得斎儭。如斯輪転。随有斎事，編録寺名次第，屈余寺僧次。是乃定寺次第，取其僧次。一寺既爾。余寺亦然。互取寺次，互取僧次。又有化俗法師与本国導飛教化師同也。説世間無常苦空之理。化導男弟子・女弟子。呼導化俗法師也。講経論律記疏等，名為座主・和尚・大徳。若納衣収心，呼為禅師。亦為道者。持律偏多，名律大徳。講為律座主。余亦准爾也。	⑪出　堂	出堂帰房。
		⑫覆　講	更有覆講師一人。在高座南下座。便読講師昨所講文。至如含義句，講師牒文釈義了。覆講亦読。読尽昨所講文了。講師即読次文。毎日如斯。

「天台大師忌日設斎」の次第

①設斎、②入堂、③作梵、④念（転）経、⑤唱礼、⑥作梵（行香）、⑦歎仏、⑧読斎文、⑨称仏名、⑩唱礼、⑪設斎、⑫帰房

Ⅱ開成四年十一月二十二日条

「赤山院講経儀式」の次第

①入堂（称嘆仏名）、②作梵、③唱経題目、④読申会興之由（施主名・施物色を申す）、⑤誓願（挙施主名）、⑥論議、⑦読経、⑧讃嘆（讃嘆語中有廻向詞）、⑨唱偈、⑩唱礼、⑪出堂、⑫覆講

Ⅲ開成四年十一月二十二日条

「新羅一日講儀式」の次第

①入堂（称嘆仏名）、②作梵、③唱経題目（頌・散花）、④読申事興所由（無常道理・亡者功能・亡逝日数）

Ⅳ開成四年十一月二十二日条

「新羅誦経儀式」の次第

①入堂、②唱礼、③作梵、④誦経題目、⑤陳申誦経来由、⑥念（誦）経、⑦帰依、⑧称礼仏、⑨結願廻向、⑩発願、⑪頂礼三宝、⑫撃施物（呪願）、⑬散去

ここから、平安初期の唐・新羅の法会の基本要素を抽出できると考える。儀礼目的の相違による細かな次第の異同はさておき、(イ)入堂後に、まず作梵などの荘厳儀礼（後述）や、仏を讃えるための儀礼が行われ、(ロ)つぎに、誦経・講経儀式の場合は、前に経の題目を挟むという特徴があるが、いずれの事例でも法会開催の由来が語られている。(ハ)誦経・講経儀式の場合は、誦経や講経・論議を挟むという特徴があるが、いずれの事例でも、称礼仏・読経・讃歎・

頂礼三宝など仏を礼拝し讃える儀礼へと続いている。

その他に個別にしか確認できない以下の四つの儀礼、すなわち⑴最後に法会の功徳を一切衆生にいきわたらせる結願廻向（Ⅳ—⑨）、⑵廻向詞を含む讃嘆（Ⅱ—⑧）、⑶施主の願いを発す発願（Ⅳ—⑩）、⑷法会で施物を捧げる儀礼（Ⅱ—④、Ⅳ—⑫）があるが、これらは仏教儀礼の一般的な内容であり、全ての史料には記されていないとしても、実際には全ての法会で行われていたと考えられる。

以上、大枠であるが、『行記』の唐・新羅の法会次第は、作梵などの荘厳儀礼や唱礼・礼仏・嘆仏など仏への讃嘆・礼拝に加え、施主を讃えるために法会の開催由来が語られるなどの基本的な要素があり、さらに設斎・講経・論議など各法会の目的に応じた次第が加えられて成立していたことが推測される。そのように考えられるとすれば、『諷誦文稿』は基本的要素のうち荘厳儀礼（「六種」）、礼仏（「六種」の後の文章）、嘆仏（「釈迦本縁」・「慈悲徳」）、施主を称える次第（「慰誘言」）、法会の開催由来（「慰誘言」）などがあり、平安初期の法会の式次第を反映している可能性が高いことが指摘できよう。

第六節　冒頭部の「六種」と供養文

法会次第の前半部には、「□言辞」「六種」「勧請言」「勧請発句」「自他懺悔混雑言」という見出しがあるが、「□言辞」のみが執筆当初から記された見出しであり、残りの四つは、後から次第としての整備段階で付された見出しである。現在、影印版でみられる『諷誦文稿』は、首尾一貫した史料であると考えられるので（第一節）、法会次第の最初は「□言辞」ということになる。ただし、一行目から始まる「□言辞」の内容は完全に磨り消されており、最終的に法会次第に整備の際には不要とされたことが明らかである。したがって、法会次第として整備された段階では、「六種」が冒頭に位置することになろう。以下、「六種」の内容を考察していきたい。

「六種」は、すでに中田により、高野辰之『日本歌謡集成』に所収された、懐空の「教化之文章色々」[26]の中に「六種」があり、そこには、「功徳ハ六種ニ□（分）カレ　供養ハ十方ニ普シ　利生ハ百界ニ及ヒ　寂寿万歳ニ持チ奉ルヘキ者也ケリ」とあることから、『諷誦文稿』と内容的な共通性が指摘されている。また、十二世紀初期に成立の大江匡房『江家次第』の最勝講の中にも「次六種、次廻向、次呪願」[27]とあり、少なくとも十一世紀頃には法会次第に含まれていたことが確認できる。しかしながら、十一世紀の「六種」はいずれも法会次第の終結部にあり、『諷誦文稿』の冒頭に記される「六種」とは法会の位置づけが異なっている。つまり、『諷誦文稿』の「六種」の位置づけは、平安中期以降の法会次第とは必ずしも一致しないといえる。

同様の事実は『諷誦文稿』の薬師如来を本尊とする法華八講の文例（八〇〜一二二行）からも指摘できる。なぜならば『諷誦文稿』の法華八講には、九世紀半ばには確立していたと推測される五巻日を中心とする内容は一切ないからである。五巻日は法華経八巻本の提婆品を中心とした儀礼であり、その成立には円仁の関与が想定されているが[28]、曾根正人は、八世紀段階に古代日本には提婆品への特別の重視や信仰が流布していなかったと指摘している[29]。したがって、五巻日の記載のない『諷誦文稿』の法華八講は八世紀代の流れを継承するものであり、平安中期以降とは断絶面があったと推測される。各次第の順番や位置づけについては、例えば佐藤道子は、悔過儀礼には一定の形式が確立してもさまざまなパターンが存在することを詳細に論じ[30]、山田昭全は講式が十世紀に確立した後、大衆化する過程でさまざまにスタイルが変容・展開したことを示したように[31]、一般的に法会の次第とは、その時々の施主・聴衆・状況によって変容するものであり、内容や名称が類似していたとしても『諷誦文稿』と後世の史料の法会次第の位置づけまで同一に考える必要はないと考えられる。むしろ、法会次第の位置づけの相違は、『諷誦文稿』が平安初期の状況に規定されて作成されたことを如実に示すものではなかろうか。

つぎに『諷誦文稿』の「六種」の内容を考察していく。ただし、見出しの内容の範囲が明確にどこまでかは不明なので、空白部分で区切られた前までを示そう。『【〔　〕】』は、挿入文が三重になっている状態を示す。

六種

昔の世に善因を殖ヱし人は、福徳の丈雄、智慧ある丈女と作り、価无き珍の器に百味の供具を盛り盈てて、三世の三宝を供養す。我等は昔善因を殖ヱずありしかは、五濁の悪世に生れ、生老病死の怨に迫られ、依報正報の足らず声を聞く。何にしてか如法の〈大御〉供養を備へ儲けて、三世の三宝某仏〈云〉某経〈云〉某菩薩〈云〉に奉らむと欲へとも、

吾、此の花を奉り、十方に飛ばして仏土の荘厳と作さむ、今日、此の香烟を奉り、三千に浮べて、信の使と作さむ。『【（前略）

〔旦主の過去の両親〈先考と先妣と〉の、三途の八難に羇け縻され、今に経廻る者の為に、華を献る十種の功徳と香を奉る十箇の勝利とを蒙らしめむ。天上の宝聚り、自然に集る。〕旦主の先考と先妣と、今に患ふる処に歴旋る者との為に、忽に解脱せしむ。某の浄土〈に往生し〉、某の仏と作り、菩薩衆に資け携へられ、无暇（仮）の楽しひを七宝〈の殿〉に受けて、〈終に〉花の台の上に昇り、三身の仏と作らしめむ〈云〉】設けたてまつる所の香花、燃灯、種々〈の大御供養〉は、如来の境界に約きて受け収めたまふ所、都て无しといふとも、衆生界を慈悲したまふか故に、哀〈愍〉を垂れて納受したまへ』

麻納仙人の道を修せし時には、七〈五〉茎の蓮花を燃灯仏に奉りき、（後略）

「六種」の内容は、冒頭で昔の世の善男善女が供養をしたこととの対比の上で、我等は昔の世に善因を植えなかったことにより五濁の悪世に生まれ生老病死などの悪報をうけているため、「如法供養」により三宝を供養しなければならないことが説かれる。つづく傍線部に示した部分を原文で示そう。

吾奉此花　飛十方作　仏土之荘厳　今日　奉此香烟　浮三千作信使

当該部分は、散華の供養を行い、あらゆる方角に花を飛ばすことにより仏土を荘厳し、焼香により三千大千世界に香の烟を浮かべて、信の心を仏に伝えるという文意である。その後の挿入符による省略部分を要約すると、「旦主」の父母が、三悪道などで心身の自由を束縛されていたり、今三悪道を輪廻している者が、香花・燃灯などによって仏を供養した功徳によりその状態から解脱して某浄土に往生し某仏となることができるという内容が記されており、いずれも散華・焼香・燃灯などの仏への種々の供養の内容である。つづく麻納仙人の事例も、蓮華を燃灯仏に奉った話である。すなわち「六種」は、六種供養を捧げるに際して語られる内容であり、供養文としてふさわしいものであるといえよう。

以上を確認した上で、『礼懺儀』上所収の仏名経による礼懺儀礼の冒頭部を掲出する。

一切恭敬。敬礼常住三宝。是諸衆等人各□跪。厳持香花如法供養。願此香花雲。遍満十方界。供養一切仏。化仏幷菩薩。無数声聞衆。受此香花雲。以為光明台。広於無辺界。無辺無量仏土中受用作仏事。供養一切恭敬厳持香。如法行道。一切普誦。

傍線部は焼香と散花により「如法供養」を行い、それによって「十方界」を満たし、一切仏を供養することを願うものである。なお当該部分は、『礼懺儀』上所収の礼懺儀礼に限るものではなく、例えば、隋・灌頂纂『国清百録』巻一所収の隋・智顗の「敬礼法」・「請観世音懺法」・「金光明懺法」にもほとんど同じ文言がみられ、『礼懺儀』上の内容は、前代の懺法の影響のもとに成立したことが窺える。『諷誦文稿』の文言と正確に一致するわけではないが、その相違は、追善供養と仏名懺悔という法会の目的の違いに由来するものであり、法会冒頭に仏を供養するという意味では同じである。すなわち『礼懺儀』上の冒頭部は、佐藤の指摘のように法会の冒頭にあたって香や華を奉る時に読まれる供養文であり、『諷誦文稿』の「六種」とほぼ同様の内容をもつものといえよう。

それではこのような法会の冒頭に香や華を仏に奉り供養する儀礼は、当該期の唐・新羅の法会ではどうであろうか。前述のように『行記』の唐・新羅にて行われた法会次第の前半部に「作梵」という次第があり、そこでは、偈を唱えながら焼香儀礼が行われており、『諷誦文稿』と内容的に一致する。

福井文雅は『行記』の記述をもとに、「作梵」とは一僧がまず「云何於此経。究竟到彼岸」の句を唱え、つぎに「願仏開微密……」の句を唱えると同時に、他の大衆は「戒香定香解脱香。光明雲台遍世界。供養十方無量仏。見聞普勲証寂滅」の句を唱え、この偈に移ると施主によって香が配られ、焼香がなされたと推測されている。[32]

つまり『行記』の作梵は、法会の前半部に偈を唱えながら焼香するという点で、『礼懺儀』上などの供養文に類する儀礼と解釈できよう。加えて『行記』からは、設斎・講経・誦経・講式など、儀礼の形式はさまざまであっても、冒頭部の次第内容は一致していたことも合わせて指摘できよう。

古代日本の最も著名な事例は、『東大寺要録』巻第二供養章第三の開眼供養会の記述である。[33] まず、

法用　梵音二百人（中略）

錫杖二百人布施梵音同

唄十人　散花十人（後略）

とあり、さらに「供養舎那仏歌辞」として、

有一蓮花香水海。分十世界満無辺。
毎花顕身敷妙理。触処示説啓芳縁。
三明菩薩智恵眼。能滅衆生業障纏。
我皇称讃舎那徳。群臣儛踏法堂前。
未見珍花開綵色。非常宝樹覆香煙。
以茲修善施百姓。忠心転潔共承天。
宗社不傾連万代。重雖継日照千年。

とある。一般に右の記述をもって、いわゆる四箇法要の初見とされている。四箇法要とは、大法会の時に必ず行う儀式で、梵唄・散華・梵音・錫杖の四つを行うことであるが、(34)『続日本紀』天平勝宝四年（七五二）四月乙酉条には「其儀式並同二元日一」とあるのみでその具体的内容は不明である。上掲史料が大仏開眼供養会のものと認められるとすれば、法会冒頭部の供養儀礼の成立が八世紀半ばまで遡ることになる。

法会の冒頭部で散華・焼香などの供養儀礼の内容がわかる国家的法会の事例は、『儀式』巻第五のいわゆる御斎会の記述である。講読師や官人が大極殿に入場し、講読師が高座に就いた後、まず奏楽と散華がなされ、その後、以下の記述がある。(35)

初唄師発レ声之時、定座沙弥擎二焚香火爐一共起、行道一廻、僧綱以下擎二香爐一共行、但唄師不レ起、各復二殿廉座一、擎二香爐一者復二本座一、散花師讃二仏号一、訖図書寮生并官人進就如レ上、次堂童子進受二花筥一、跪列亦如レ上、以レ次伝授、返二置机上一、訖各復レ座、衆僧亦各座、講説已畢。（後略）

唄師が発声すると、沙弥・僧綱以下の僧侶が香爐を捧げて行道して座に復し、散花師が仏号を讃え、堂童子が花筥を受け、順番に伝授し散華をした後、講説を行ったことがわかる。つまり、御斎会からも法会の最初に散華・焚香が行われ、その後仏号を讃えていたことがわかる。

以上、『礼懺儀』上の礼懺儀礼や『行記』の中国・朝鮮半島の法会の事例、そして日本の御斎会などの事例から、さまざまな法会の導入部において、いずれも焼香・散華などにより仏を供養する次第が存在したことが指摘でき、『諷誦文稿』の冒頭の次第である「六種」も、法会の導入部に香や華を奉って仏を供養する、いわゆる供養文に相当する次第であったことが指摘できる。

したがって、『諷誦文稿』の「六種」は法会次第の冒頭部にふさわしく、『諷誦文稿』の冒頭部に欠損がなかったことも合わせて確認されよう。さて「六種」から二〜三行分の空白をあけて、以下の文章がある。

悲華経に云く、若し人の如来の所に於て、掌を合わせて一たび南无仏と称すること有らば、当来に必ず無上尊と成らむ。

方広経に云く、若し人の、三宝の所に於て、信を生せずは、世々の中に仏に値ひたてまつらずらむ、信を生して礼拝せは、常に无量仏を見む。

因果経に云く、昔の世に三宝の所にして恭敬の心有りし人は、此の世にして封禄高き氏族と作りて一切の人の為に尊び敬はれ、昔の世に三宝の所に於て、恭敬の心无かりし人は、此の世に貧窮下賤の人と作りて、一切の人に為りて悽蔑せらる。

摩訶摩耶経に云く、〈摩耶夫人〉、仏を礼したてまつりし時に思念すらく、汝、吾を須臾の頃も想を乱ること無く、仏を思惟せしめたまへ、汝、乱れたる想多きに由りて、我を五道の生死に将行きて雑形を受けしめたまひき。故に須臾の頃許に、我に静かに仏を思はしめたまへとおもふ。

【正法の時には真実の仏在す。今、像法の時には、唯、形像のみ有り。是を住持三宝と名づく。此れ真実の仏なりと思ふべし。盂闌王の像、〈毗首は天下を従へて仏を礼したてまつる〉。須達九重、三道宝階〈云〉曲腰仏〈云〉

（中略）

仏の行きたまふ時には、足、地を離るること四寸なり。〈然れとも千輻輪の相は地上に現る〉。衆生跡に触るれは、七日楽しひを受く。仏、右に身を廻したまふ時に、地、深さ八万四千由旬、車輪の如くに旋る。乞食して城を出て、城の門を開く時には、琴竹鼓の音鳴り、盲、聾、一切の攣、躄、百痍〈疾〉一時に休息す。天人を敬礼したてまつる云、常住三宝を敬礼したてまつる〈云〉】

最初、悲華経・方広経・因果経・摩訶摩耶経など複数の経典が引用されるが、いずれも礼仏の重要性を語る内容である。その後、挿入符による省略箇所には、現在の像法の時代は仏像や塔など形あるものが仏の教えを末の世まで伝えて行く存在であり、それを住持三宝と名づけるとあり、具体例として盂闌王の像などの事例が記されている。

つづいて、仏は地を歩く時に足が地面から四寸離れていることや、仏の跡に触れれば七日間楽しみを得ること、仏が乞食するために城を出て門を開くと音が鳴り、そのひと時は障害者や病人が休息できることなどが記され、最後に天人を敬礼することと、常に変わることなく存在する常住三宝を敬礼することが説かれている。いずれも、住持三宝や常住三宝としての仏の偉大さを述べたもので、礼仏に際して語ることを想定した内容であろう。

さて『礼懺儀』上所収のA・Bの文例をみると、共に供養文の冒頭に「一切恭敬。敬礼常住三宝」とあり、その後に如来唄があり、如来唄の後にも「敬礼常住三宝」とある。「如来妙色身」から始まる如来唄は、『勝鬘経』からとられた八句の偈で如来の勝れた色身を讃えるためのものであり、散華や焼香の供養と一体化した礼仏の作法であったと推測される。以上から、前節に見た焼香や散花と如来唄は、礼仏と同時に行われるものであったと考えられる。

ここで『諷誦文稿』をみると、最終的には挿入符により省略されているが、礼仏の内容の最後に「敬礼常住三宝」とある。『諷誦文稿』の場合は、六種の供養と礼仏の間に空白を入れて区別しているが、それは内容的に区別されるためであり、儀礼は一体化して行うものであったのであろう。

なお、『行記』の新羅誦経儀式（大唐喚作念経）をみると、作梵の前に、

下座一僧起打レ槌。唱二一切恭敬敬礼常住三宝一。

とあり、傍線部は『礼懺儀』と同じである。前述の『儀式』の御斎会には、散華や焼香の後に「散花師讃二仏号一」とあり、散花師が「仏号」を讃していたことがわかる。『行記』や『儀式』の記述は、礼仏と「作梵」などの焼香儀礼が一体化した次第であったことを推測させる。したがって、『諷誦文稿』の礼仏も前段の「六種」と一体化した次第であったと理解されよう。

すなわち「六種」のような仏を散華・焼香によって供養する次第や並行・連続して行われる礼仏は、おそらく平安初期の多くの法会で共通部分であったことが推定される。以上からすれば、『諷誦文稿』は、九世紀前半の古代日本はもとより東アジアの仏教の中に位置づけられるべき史料であったといえよう。

第七節　「自他懺悔混雑言」と礼懺儀礼

1　「自他懺悔混雑言」の構造

本節では、六七行目の「自他懺悔混雑言」の見出しから始まる部分を検討する。ただし、見出しの文言のうち「混雑言」とは、当初執筆した手控えに空白を挟んで複数の内容を記載していたため、後筆を加えてつぎの法会に向けて次第を整備する過程で何らかの事情により「自他懺悔」以外の内容を含まざるを得なかったために、このような文言が加えられたものと考えられる。本節では「混雑」の部分を含まない「自他懺悔」に該当する部分の内容を中心に考察を加えたい。なお「自他懺悔混雑言」（六七〜一五七行）全体の構造は、空白と内容から以下のような理解に立っている。

(イ)　六七行から七九行目までは本来「自他懺悔」というべき次第名で語られるべき悔過儀礼の内容。
(ロ)　(イ)の後の二、三行分の空白を挟み八〇〜一三九行目までの法華八講の内容。
(ハ)　一四〇行目から一五〇行目まで、仏や僧侶がどんな言葉でも理解できる詞無碍解であるとする内容。
(ニ)　一五一行目から一五六行目まで、(ハ)の内容を詳細に述べる部分。

この中で、(ロ)と(ニ)は墨消しの見せけちがなされているが、これらはおそらく後筆で「自他懺悔混雑言」の見出しがつけられた時の削除部分と推察される。見出しに「混雑」との表現があるのは、このような大幅な見せけちによる削除部分があることや、最終的に内容の異なる(ハ)に見出しを付さずに残す必要があったためと考えたい。そうだとすれば、『諷誦文稿』は法会次第の整備過程にあった史料である可能性が高いと推測されよう。

すでに中田祝夫により『諷誦文稿』は全文一筆との評価を与えられているが、ここでは改めて六七〜一五七行目までのまとまりについて、「自他懺悔混雑言」（図7）という見出しの意味を明確にするために、後筆の見出しが自筆か他筆かについて、見出しと本文の文字との字形比較によって明らかにしたい。まず見出しと同漢字を探すと、「自」・「他」（以上、図8）、「懺悔」（図9）が七九行目、「混」（図10）が一四〇行目、「雑」（図11）が一九三行目、「言」（図12）が一四一行目にあり、いずれも本文中に確認できる。

それぞれ比較すると、「自」の相違はわかりにくいものの「他」と「懺悔」は同字形と考えてよいと思われる。また特徴的な筆癖として、「混」は偏の三水の二・三画目がつづくように記されることや一一画目の伸ばし方が類似する。「言」は、崩れているが二六〇行目に小字で記された「言」（図13）と類似しており、図12の「言」のように、四

図7　六七行

図8　七九行

図9　七九行

図10　一四〇行

図11　一九三行

図12　一四一行

図13　二六〇行

画目を長くする筆癖が小字や崩し字で書く場合に残ったことによりこの字体になったものと推測される。「雑」は字形自体類似するが、旁の二画目を長くする特徴が一致する。以上の検討から、中田の指摘のように、後筆の書き入れと本文の文字はいずれも同筆であったと判断される(36)。

すなわち、『諷誦文稿』の作成者は、自らが執筆した原『諷誦文稿』を整備するために後筆で見出しを書き入れたとの推定が可能であろう。そのように考えられるとすれば、『諷誦文稿』の執筆者は、六七～一五七行のまとまりについて、まず(イ)・(ロ)・(ハ)・(ニ)の内容を、法華八講の法会次第としてそれぞれ空白をあけて執筆した後、後筆により見出しを書き入れる際に(ロ)を墨消しで削除し、さらに(ハ)の内容の簡略化のために合わせて(ニ)も墨消しで削除したという過程が復元される。つまり「混雑」とは、「自他懺悔」を示す(イ)のみでなく、整理しきれなかった(ハ)が残された状態を示した表現と理解したい。

ところで(ロ)の部分には、一〇八～一一二行目に願文ともいうべき以下の内容がある。

> 但し功徳の大なる助けのみ有り。現在、当来の勝れたる糧とは成るへしとして、此に由りて父母の現在の安隠(穏)大期の時を荘厳して引道(導)せられしめむ。自らも亦、自利利他の善事の於に悉く災難を除き、命終に臨む時には、浄瑠璃浄土に往生せむ。村里道俗も同じく護念せられて、福寿を増長せむ。広くは、生々の四恩、五趣の四生、普く此の願に資けられて、苦を離れ楽を得しめむとして、深く薬師如来の真の身、妙なる体を慕ひたまへり。

ここには、「旦主」の父母の追善供養や村里の人々の護念が祈願されており、法会の中核部分であったと見なしうる。そのように考えられるとすれば、原『諷誦文稿』の執筆目的は、「堂」の檀越の父母追善のための法華八講会に用いるためであったと推察されるのである。なお、法華八講の文例が見せけちにされたのは、この法会次第が完全に削除されるべき一回性の内容ではなく、再度参考にされるべき文例であったことが想定されるが、最終的に見出しが付されなかったのは、『諷誦文稿』を法会次第として整備する段階で、執筆者が法華八講とは異なる法会を想定したためであろう。すなわち、法会の中核部分は施主の個別事情により法会ごとの変動が大きかったため、別資料として用意された蓋然性が高いと推察される。おそらく法華八講部分以外の次第は、法華八講以外にも汎用可能な次第であったと推測されよう。

なお法華八講の成立は、『三宝絵詞』中一八の岩淵寺で行われた延暦十五年（七九六）が創始とされているが、佐藤道子は五巻日の薪行道を中心とする次第の成立には円仁が関与していたことを想定する一方で、八世紀代から『霊異記』中三に「七日説奉法花経有大会」とあるように、七巻本の法華経の巻数に即した法会が行われていたことを指摘している。(37) また栗林史子は、平安前期までの法華十講・法華八講・法華会と称される法会が、必ずしも五巻日を中心とする次第の成立後のように、朝夕二回、四日もしくは五日で行われるスタイルではなかったと指摘している。(38) 前述の曾根正人は、五巻日を中心とする法華八講が拠っている「提婆提多品」が教学的にも信仰的にも重視されるようになるのは平安期以降であることを明らかにしており、(39)『諷誦文稿』に五巻日の記述がないことは、『諷誦文稿』の法華八講が八世紀代の法華会の伝統を引き継ぐ五巻日成立以前のものであったためと考えられよう。すでに『諷誦文稿』が『礼懺儀』上所収の礼懺儀礼の次第に類似することを指摘したが、『諷誦文稿』の法華八講部分の直前に「自他懺悔混雑言」という悔過儀礼の次第があることは、『礼懺儀』上で「至心懺悔」という悔過儀礼の次第が前半部に置かれていることと類似する一方で、九世紀半ば以降の法華八講にはみられない特徴である。(40)

以上、「自他懺悔混雑言」全体の構造を述べたが、つぎに「自他懺悔」部分の内容を検討し、『諷誦文稿』の法華八講部分との関連をみていきたい。

2　「自他懺悔混雑言」の特質

まず、「自他懺悔混雑言」の(イ)の史料を掲出しよう（図14）。

〈自他の懺悔混雑の言〉

四つの蛇の迫め来りぬる時には、虚空寛しと雖も首を廻らすに方无し、二の鼠の迎へ来る時には、大地広しと雖も身を隠すに処无し。尊きも卑しきも、五龍の残れを脱れず、愚なるも智しきも、四山の怖りを離れず、春の花は秋の枝に附かず。幼き時の紅の顔は、老いたる体にみえず。

此の身は財を尽くして着厳れとも、都て一の益も无し。『頸を掣へ、胸を掣へて功徳をし修しては、自然に善き所には生れむ。【貧しき人は、生ける時には飢寒の耻を被り、命終の後には一尋に足らず葛を頸に繞ふ。此れや此の郷の穢、家の穢なりといひて、犬鳥有る藪を指して引き棄つ、虚りて額を叩きて乞ひ誓めとも、助くる人无し】追ひて反せとも、反す可からずは年月なり。百年千年もかと乞ひ祈めとも、誰か其の一をも得む』日月の往来する任に、形体も遷ひ改りぬ、昼夜の明け晦るる毎に、前の塗も徐く近つきぬ。

我等を撫て育てたまひし親の魂は、今何の所にか在す。聖にあらねは、在す所を知らず。【薄きを解き、甘きを推し、頭を摩てて纒(踵)に至りき、恩は丘山よりも重く、沢〈仁〉は江海よりも深し。身を屈め骨髄を砕くとも、何にしてか酬い奉らむ】父母の恩は、世間の財を以ては酬いたてまつるべからず。出世間の財を以て己そ酬い奉らめ、故に我等、懺悔の行を修して、出世間の財を送り奉らむ。我、无始の生死従り来た、作す所の五逆十悪等、乃し謗法闡提の罪に至るまて、自作教他して随喜せられ、心を至して慚愧し、皆懺悔す。願はくは罪を除滅し永

図14―1　六七～七四行

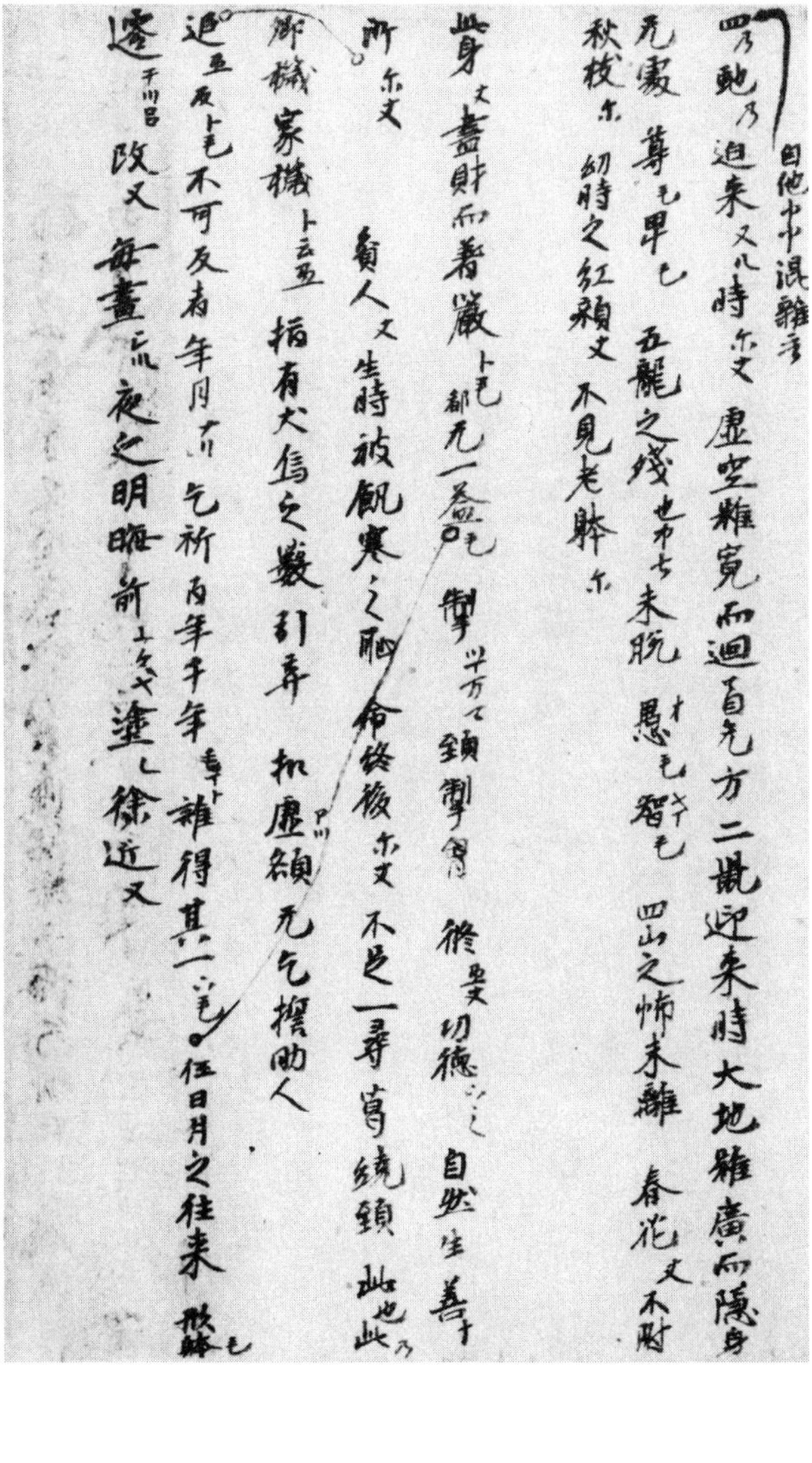

無有我等心観覩金及何所 不聖者不知所尾。解之子濟甘摩頭至隹恩重
丘山澤深江海 居身碎骨 随而何奉酬父母之恩世間財…不可酬上
賦六奉乃未奉酬 彼我等従五品中之行 奉送出世間之財 我従兄姉先兄所住五
為云 夫報恩高行 世雄之尊德之規 難測大乗之妙典荡々窄變
華一経衆 堪能供養 棒三業之頂 供養藥師如来 諷之法會
合旦主掃灑三尊福庭荘嚴四德寶殿一藥師如来 敬 心内水法
譔法闡提罪 自作教他見隨喜 呈心慚愧晋十中 懺罪除滅永不起
是此世前出世 難値難聴 无上尊乃教育 天上天下最勝最尊三寶
境界耶 是以雲山童子文
對八字命施羅刹一薩埵王子文為菩提

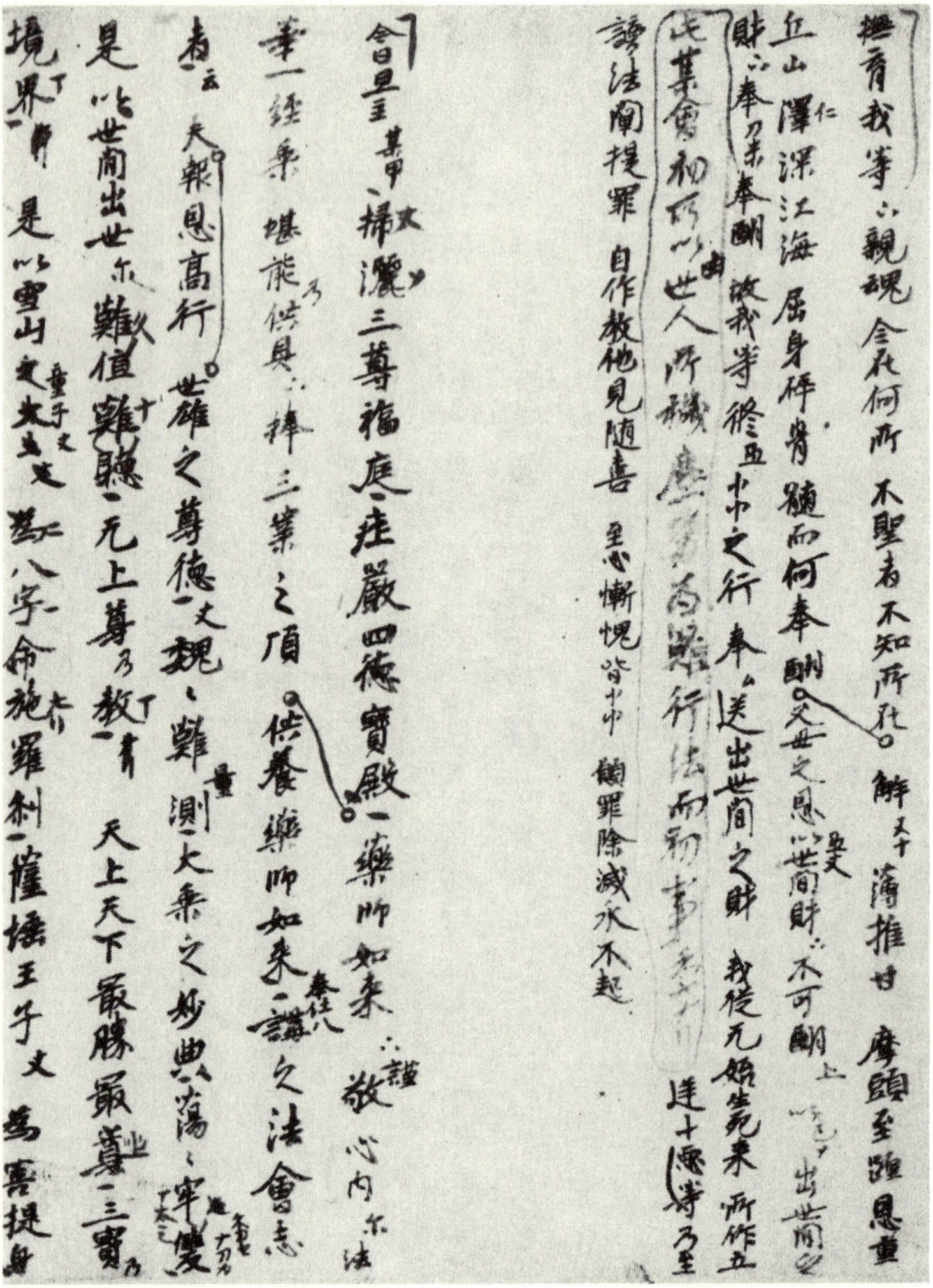

図14－2　七五〜八四行

く起さずあらしめたまへ。

「自他懺悔」の概要は、最初に現世の無常である様が、著名な比喩によって説かれ、その後親の魂の所在は聖のみ知ることが述べられ、最後に父母の恩に報いるために出世間の財を送るための懺悔を行うべきことが記されている。冒頭には「四蛇迫来」から始まる文例があるが、この「二鼠」・「四蛇」は無常の比喩として仏典にみえるものであり、その由来は、広い野原を人が歩いていると象（虎）が襲ってくる。あわてて古井戸に逃げ込むと、底からは蛇（鰐）が、待ち構えており、必死に草にとりつくと、白黒二匹の鼠が出てきて草の根をかじりはじめる。まさしく絶対絶命の境地で、これは人が死を前に生きている姿そのものだ、という因縁譚である。(41) この因縁譚を踏まえた史料が敦煌の願文類にある。(42)

毎驚二鼠、常衢《懼》四蛇。是知紅顔［易］念念之間、白髪変須臾之際。有心内発、壇会外施。（「願文」S343）

毎驚二鼠、恒其《懼》四蛇。是知弘傾《紅顔》易念念之間、白髪変須臾之傾《頃》。恵《慧》心内朗、財施外施。（「建仏堂門楼文」P2857）

敦煌文献からの影響は、すでに小峯が「二鼠」・「四蛇」の対句表現について指摘しているが、(43) それに加え『諷誦文稿』には敦煌文献の「紅顔」・「白髪」の対句もセットで使用されていることがわかり、中国文献からの強い影響が窺える。すなわち、『諷誦文稿』の「自他懺悔混雑言」の冒頭部(イ)は、八・九世紀代の敦煌などの中国の法会の史料を参照して作成されたことが推定される。ただし、『諷誦文稿』では世の無常を表す表現であるが、上記の二例ではいずれも布施を促す導入句として用いているという相違もある。

上記の敦煌文献は、必ずしも追福の文例ではないが、他の史料には「夫四山逼命、千古未免其禍、二鼠催年、百代同追其福……」（「願亡人」P2313）と、「二鼠」の文例が追福の法会で使用されており、仏教法会において汎用性のある比喩であったことが窺える。最初の執筆時に『諷誦文稿』は父母追善の法華八講の文例として作成されたと想定されるとすれば、「自他懺悔」冒頭部の文章も追善の法会にふさわしい文例として選ばれたものと理解されよう。
さらに最終行の七七〜七九行目を見ると、

a我従无始生死来　所作五逆十悪等乃至謗法闡提罪　自作教他見随喜　b至心慚愧皆懺悔　c願罪除滅永不起

とある。文意は、永遠の昔から繰り返してきた生死のときに作った、五種の最も重い罪（無間地獄に堕ちる）、身・口・意の三業による十種の罪悪、仏を誹り成仏する因をもたない者による罪に至るまで、悪事を自ら行い、他の人々にもやらせて喜びとしてきたことについて、どうかまことの心で罪を恥じ反省し、罪を告白し心を改めることによって、罪を除滅し永く罪を起こさないようにと発願されている。
このような懺悔表現は、前述の『礼懺儀』上所収の「二十五仏出仏名経」（C）の懺悔の次第に以下の文例がある。

至心懺悔
如是等一切世界諸仏世尊常住在世。是諸世尊慈念我。当憶念我。当証知我。若我前生a従無始生死已来。所作衆罪。若自作。若教他作。見作随喜。若塔若僧若取四方僧物。若自取。若教人取。見取随喜。或作五逆無間重罪。若自作。若教他作。見作随喜。十不善道自作教他見作随喜。所作罪障。或有覆蔵。或無覆蔵。応堕地獄餓鬼畜生。及諸悪趣辺地下賤及弥戻車。如是等処所有罪障。b今皆懺悔。

とある。これと同一の文章が『礼懺儀』上のAにもあり、上記は定型文であったといえる。『礼懺儀』上の傍線部分は『諷誦文稿』の傍線部分と類似しており、構造は類似したものと見なせよう。また、『諷誦文稿』七九行目の願文的な部分（c）が『礼懺儀』にはないが、これを考える上で参考になるのが、『広弘明集』巻第十七・仏徳篇第三の三所引の隋の王邵著『舎利感応記』である。隋の文帝の命により仁寿元年（六〇一）六月十三日に舎利を「銅函石函」に入れ、沙門が塔に安置するために舎利を各州に持参した様子が描かれている部分で、各州に赴いた沙門が皇帝の

「懺悔文」を宣読しており、その一節に下記の文章がみられる。

沙門又称。菩薩戒仏弟子皇帝某。普為一切衆生発露。a無始已来所作十種悪業。自作教他見作随喜。是罪因縁墮於地獄畜生餓鬼。若生人間短寿多病。卑賤貧窮邪見諂曲。煩悩妄想未能自寤。今蒙如来慈光照及。於彼衆罪。方始覚知。深心慚愧怖畏無已。b於三宝前発露懺悔。承仏慧日。c願悉消除。自従今身乃至成仏。願不更作此等諸罪。大衆既聞是言。甚悲甚喜甚愧甚懼。銘其心刻其骨。投財賄衣物及截髪以施者不可勝計。

これは皇帝の礼懺儀礼をする際に用いた史料とみられるが、「自作教他見作随喜」の後にさまざまな罪の因縁が記され、最後に三宝の前で「発露懺悔」し、「願悉消除。自従今身乃至成仏。願不更作此等諸罪」と発願する文言があり、『諷誦文稿』と同構造である。つまり、実際の懺悔文は、自らの立場に応じた罪悪が記された後で、それを消除するための願文が読み上げられるものであったのである。また『法苑珠林』巻第八十六・洗懺部所引の曇遷撰『十悪懺文』には、以下のようにある。

凡此所陳a十種悪業。自作教他。見作随喜。従無始已来定有斯罪。以罪因縁能令衆生墮於地獄畜生餓鬼。若生人間短命多病。常処卑賤。及以貧窮。共人有財不得自在。婦不良謹。二妻相諍。多被謗毀。為人誑惑。所有眷属弊悪破壊。不値好語常聞悪声。凡所陳説。恒有諍訟。仮説真言人不信受。吐発音辞又不弁正。貪財無厭所求不獲。常為他人伺其長短。不善知識共相悩害。恒生邪見之家。常懐諂曲之心。無始已来十不善業。皆従煩悩邪見而生。令依仏性正見力故。b発露懺悔。皆得除滅。譬如明珠投之濁水以珠威徳水即澄清。仏性威徳亦復如是。投諸衆生四重五逆煩悩濁水皆即澄清。弟子某甲及一切法界衆生。自従今身乃至成仏。c願更不造此等諸罪。帰命敬礼常住三宝。懺悔已訖。

悪行の表現は異なるが、無始生死以来の罪を懺悔によって消滅させることを願うという意味では『諷誦文稿』と共通する構造であろう。『礼懺儀』や他の懺悔文のように具体的な罪の記述はないが、全体的な構造は中国史料の影響に依拠して作成されたことがわかり、とりわけ願文的な部分は中国の懺悔文を参照したことが指摘できる。

ただし、そのような結論を踏まえた上で改めて問題となるのが、『諷誦文稿』には「所作五逆十悪等乃至謗法闡提罪」という上記の『礼懺儀』上などの礼懺文類にはみえない罪があることである。近年倉本尚徳は、『大通方広経』の懺悔思想について考察し、『大通方広経』が『涅槃経』では人物の救い難い状態を示す概念として捉える傾向の強い一闡提について、その影響を受けながらも一闡提を罪（行為）の概念として捉え、そのような重罪すらも三宝の礼拝称名による懺悔によって救済されることを明確に論じている経典であることを指摘している(44)。関連するのは、以下の箇所である。

復次世尊我等或従無量劫来造作五逆。或犯過去未来現在諸仏禁戒。作一闡提行。発麁悪言誹謗正法。造是重業。未曽改悔心無慚愧。或犯十悪五逆等罪。自知定犯如是重事。本心初無怖畏慚愧。默受供養未曽発露。於彼正法未有護惜建立之心。於其中間毀呰軽賤言多過悪。或復説言無仏法僧。或造如是十悪五逆無間重罪。是故今日無量怖畏無量慚愧。帰依三宝。諸仏慈悲方等父母菩薩知識。聴許我等発露懺悔。願除無量劫以来生死重罪。願又更莫造。

ここでは「闡提行」という罪の概念を示し、「誹謗正法」・「十悪五逆」の文言がセットで出ており、何より懺悔によって罪が除かれることを願っている（除かれる対象として「闡提行」以下の重罪が位置づけられている）。つまり、『諷誦文稿』の罪の内容は明らかに『大通方広経』の内容をも踏まえたものであり、構造は法会次第に組み込まれた懺悔文の影響を受けながら、思想的には『大通方広経』の影響を受けていたことが指摘できよう(45)。

それでは、中国史料の影響を受けている「自他懺悔」言の次第は、『諷誦文稿』全体の中でどのように位置づけられるであろうか。それを考える上で、下記の文章が注目される。

父母之恩以テハ　世間財ヲ　不可酬上　以己ソ出世間之財ヲ奉ラメ奉酬　故我等修テ懺悔之行
奉ム送出世間之財（七六〜七七行）

ここで「父母の恩」は、世俗の財では報いることができないため、懺悔の行を修することで、「出世間の財」を送ることができるとある。すなわち『諷誦文稿』の「自他懺悔」とは、法会の施主と参加者が「懺悔」することにより、亡くなった父母に仏の世界の財を送るための儀礼であることが明確に意味づけられており、「自他懺悔」は、追善法会で重要な意味をもつ次第であったと考えられるのである。このような父母への孝養のための懺悔を説いた経典には、早くは、劉宋・曇無蜜多訳『仏説観普賢菩薩行法経』に「是名刹利居士修第一懺悔。第二懺悔者。孝養父母恭敬師長」とあり、著名な『仏説盂蘭盆経』でも母の「罪障消除」をも目的とし、『父母恩重経』ではこの経典を聞くと「五逆重罪悉得消滅」とある。つまり経典によれば、追善供養会とは父母の罪の消除を行うことでもあったのであり、そのような意味でも懺悔儀礼が追善供養会に取り込まれた可能性があろう。

また、当該部分の性格を考える上で注目されるのが、以下の文章である。

此の某会は、初めに世の人の塵労に穢さるる〈に由〉所以に、法を行し難かりしか為にして初の事なり。

この部分は原文では囲いにより最終的には削除されているが、法会における懺悔の位置づけを考える上で、「世の人の塵労に穢さるる〈に由るか〉所以に、法を行し難かりしか為にして」とあることは興味深い。追善供養会に取りこまれた懺悔儀礼は、世俗の穢れを祓うために行うという解釈があったことを物語る記述であろう。

以上、「自他懺悔」が参照した中国史料は『礼懺儀』上など唐代に作成された礼讃儀礼の次第や、『法苑珠林』や『広弘明集』所収の六・七世紀の懺悔文のほか、敦煌文献のような実際に中国の法会の場で用いられた文例であったと考えられる。また思想的には『大通方広経』の影響も指摘でき、かかる事実は作成した官大寺僧の知識や参照文献の広がりを示すものであろう。そして「自他懺悔」の位置づけは、礼懺儀礼の表現・形式を使用しながらも、あくまで追善供養会に取りこまれた次第であり、しかも父母追善のための懺悔という極めて重要な意味をもつ次第であったのである。

おわりに

本章の内容をまとめると以下のようになる。

①これまでの先行研究にて、『諷誦文稿』の首尾は欠損しているか否か不明とされてきたが、紙背の『要決』との比較から、『諷誦文稿』の首尾に欠損はなかったと見るべきことを指摘した。また近年の国語学の成果に依拠し、『諷誦文稿』と『要決』のヲコト点（点吐）は明確に相違することから、両者を書写した人物は異なっていたことを推論した。

②七三四年の遣唐使によって将来されたと推定され、隋・唐代成立の懺悔文の影響を受けたと考えられる『礼懺儀』上に所収の仏名懺悔の次第が、『諷誦文稿』の前半部の次第（「六種」・礼仏・「自他懺悔」）の字句・内容・構造に影響を与えていた可能性を指摘した。

③『諷誦文稿』の書き入れを整理した結果、複数回の法会の準備段階に向けての加除訂正を行っており、内容からも実際に在地の法会で語ることを想定した書き入れであったことを指摘した。

④『諷誦文稿』の墨消しについて検討を行い、全九例の墨消しは、その時に不要な部分を視覚的に明示するための見せけちであり、少なくとも複数回の法会に際し、別に清書することも含めて、『諷誦文稿』を再利用するため

に工夫された痕跡であったと推測した。

⑤『諷誦文稿』の見出しには、当初からのものと後筆のものがあるが、後筆の見出しは法会次第として整理するためのものであること、見出しごとの内容が『行記』の唐・新羅の法会次第とおおむね共通することから、『諷誦文稿』は九世紀前半の在地社会の法会次第と見るべきことを指摘した。

⑥『諷誦文稿』の次第である「六種」と礼仏の記述は、唐の『礼懺儀』上、新羅の『行記』、日本の『儀式』の法会次第などと比較して、奈良時代後期から平安初期のさまざまな仏教法会の冒頭部で仏を供養するための焼香・散華・礼仏の次第であり、『諷誦文稿』の冒頭部に欠損はなかったという①の結論を内容面からも裏付けた。

⑦「自他懺悔」の次第の後にある法華八講の部分は、「自他懺悔混雑言」の見出しと同筆と推定されることから原『諷誦文稿』の次第の一つであり、『諷誦文稿』は執筆当初、父母追善の法華八講のために作成された手控えであったことを指摘した。

⑧「自他懺悔」の内容は六七〜七九行までであり、その内容は、『礼懺儀』等の礼懺儀礼の次第、『広弘明集』・『法苑珠林』所収の懺悔文のほか、敦煌文献なども含む中国史料の影響を受け、それらを必要に応じて組み替えて作成されたと推定される。

以上、平安初期に成立した『諷誦文稿』について、紙背の検討、中国史料との比較検討、書き入れや墨消しの検討、法会の式次第を示す見出しと次第の内容などの諸側面から考察を行った。従来の研究では、史料性について中田の研究成果に全面的に依拠し、古代の在地社会の仏教法会の史料とされながらも、断片的な覚書が集積したものと評価されてきたため、法会次第としての側面が看過され、法会次第の作成過程や法会の場との関わりについて十分に論じられてこなかった。とりわけ、中田が「幾段に分かれるかと問うこと自体に問題がある」[46]る史料と位置づけたことは、

『諷誦文稿』が断片的に用いられることを助長し、『諷誦文稿』を総合的に考察することを妨げていたように思う。しかし、本章の考察によって『諷誦文稿』は首尾一貫した形で残された史料であること、東アジアの仏教の該博な知識を有していた官大寺僧が中国のさまざまな礼懺儀礼・懺悔文など法会次第の史料を参照して作成した、九世紀前半の在地の法会次第の手控えの作成過程の史料であることが明確になったといえよう。

しかし、『諷誦文稿』は法会次第の完成形でないことも事実である。これはどのように考えるべきであろうか。ポイントとなるのは、多数の書き入れである。書き入れの存在は、在地で催された法会に際して数多くの手控えが作成されていたことを想起させる。なぜならば、『諷誦文稿』自体が直接的に用いられたのは数回だったとしても、そこに残された墨消しの見せけちは一度に行われたとは考え難く、墨消しをした上で、別の紙に浄書されて法会の場に持ちこまれたと考えられるからである。『諷誦文稿』自体に複数の手控えを再生産した痕跡が残されているとすれば、新たに再生産された手控えも同様に手が加えられ新しい手控えを生みだしたのであろう。具体的にたどることは困難であるが、『諷誦文稿』の内容自体もそれ以前の経験をもとに作成された手控えであることは、その内容からいって異論のないところである。つまり、『諷誦文稿』以前の法会で用いられた手控えが存在し、その手控えが『諷誦文稿』を始めとする複数の手控えを生みだしたことについても推論されるのである。したがって、『諷誦文稿』の存在自体が平安初期に官大寺僧による広範な唱導活動が展開していたことの有力な論拠となるものであり、完成形でないことこそが、『諷誦文稿』に独自の史料的価値を与えているということもできよう。

最後に、『諷誦文稿』の説話的記述の書き入れを手がかりとして、ほぼ同時期の弘仁年間に成立したと考えられる『霊異記』との関係について付言しておきたい。従来、説話との関係で取り上げられていたのは、つぎの部分である（前掲図3）。

此の国にして地獄を見し者は、紀の国に、寺に文有り。佃の人の子、走りて其の寺の田の稲の茎をもて刀と作る云。又、冥報記、霊異記云。（二〇〇行）

中田祝夫によれば、ここにある『冥報記』・『霊異記』は、『日本国現在書目録』にみえる『冥報記』一〇巻、『霊異記』一〇巻を示すという。その説の正否についてここでは問わないが、当該部分は、確実に後筆で二〇〇〜二〇一行の間に挿入されている。この部分の性格を考える上で、直前の以下の部分が注目される。

人は中容の業を造る。故に此の世界を山、河、草、木、水と見る。餓鬼は下劣の業を造る。故に此の世界を火村と見る。地獄の衆生は最下劣の業を造る。故に此の世界を剣の山、刀の林【灰の河、猛き火村】〈と見る〉天は上品の業を造る。故に此の世界を琉璃の地【宝の樹、宝の池】と見る菩薩は上々品の業を造る。故に此の世界を、百千の種の珍に以りて成せられたる七宝の浄土と見る云。

ここでは、人・餓鬼・地獄・天・菩薩の世界と業の関係についての説明があり、その後の行間に挿入符によって、説話的記述のまとまりが挿入されている。つまり、説話的記述が直前の内容の例証話であったことがわかる。先学の指摘のように、説話的記述は説話として最小限のストーリーである。[47] それが行間への書き入れであることを踏まえれば、基本的に説話的内容を含む例証話は、『諷誦文稿』のような手控えに記される性質のものではなかったと推定されよう。『諷誦文稿』には、当該箇所以外にも、二五九〜二六一行に父母について述べるための例証話があり、また三〇一行には、子の無い王にとって、子どもの声が一〇〇〇両にも値するという話があるが、この話は、仏の名、法の音を聞く功徳と対比することにより、法会を聴聞することの功徳を強調するための説話であると推察される。これらの説話的記述は、いずれも挿入や小字で記されており、法会で例証話として語られていたことが想定されよう。『諷誦文稿』の二〇〇行にある『冥報記』・『霊異記』が、中田の指摘のように仮に中国の書物であったとしても、それらの性格が現存する『冥報記』や『霊異記』に近いものであったことは、その書名の類似からいっても異論がないものと思われる。また説話的記述の中に「此国」の話として「紀国」の説話があった事実は、法会では、「此国」＝日本の話を示す必要性があったことを示唆している。私見では古代日本の『霊異記』所収の説話のうち全体の半分以上は原史料の存在が推定でき、(48)とりわけ化牛説話や冥界説話などの話型には、在地に特有の仏教受容形態が反映していることはすでに指摘したことがある。(49)以上、『霊異記』所収説話は、法会で語るための例証話であったと推論されよう。

『諷誦文稿』と『霊異記』所収の説話との関係は、法会次第の手控えと例証話という関係にあり、官大寺僧は事前に用意した手控えの内容を勘案しながら、法会の場で、檀越の要望に応じて中国説話の話型を用いて例証話を作成したのであろう。例証話は、『霊異記』によれば、「顕録流布」（上三〇）させるために「季葉の楷模」（中九）として「寺」や「堂」に残されるものであった。つまり例証話は、原則的に別資料として作成されなければならなかったため、『諷誦文稿』の説話的記述の書き入れも最小限に留められたのであろう。

註

（1）　中田祝夫『東大寺諷誦文稿の国語学的研究』（風間書房、一九六九年）。

（2）　小林真由美「東大寺諷誦文稿の成立年代」（『国語国文』第六〇巻第九号、一九九一年）、同「『東大寺諷誦文稿』の「母氏」について」（『成城国文学論集』第三三輯、二〇一〇年）、同「『東大寺諷誦文稿』の浄土」（『成城文芸』第二一九号、二〇一二年）、同「水の中の月―『東大寺諷誦文稿』における天台教学の受容について―」（『成城国文学論集』第三五輯、二〇一三年）。

（3）　鈴木景二「都鄙間交通と在地秩序―奈良・平安初期の仏教を素材として―」（『日本史研究』第三七九号、一九九四年）。

（4）　小峯和明「『東大寺諷誦文稿』の言説―法会唱導の表現―」（『中世法会文芸論』笠間書院、二〇〇九年。初出は、一九九九

一年）、同「『東大寺諷誦文稿』の異世界」（同所収）。荒見泰史「敦煌講経文類と『東大寺諷誦文稿』より見た講経における孝子譚の宣唱」（『写本研究年報』第七号、京都大学人文科学研究所、二〇一三年）。その他に、田中徳定「報恩と追善と孝―『東大寺諷誦文稿』にみる言説をめぐって―」（『孝思想の受容と古代中世文学』新典社、二〇〇七年）。

（5）例えば、前掲註（4）小峯論文など。

（6）福士慈稔「新羅時代諸師の元暁著述の引用」（『新羅元暁研究』大東出版社、二〇〇四年）二五一〜二五六頁。山本幸男「東大寺華厳宗の教学と実践」（『奈良朝仏教史攷』法蔵館、二〇一五年。初出は、二〇〇八年）九三頁。

（7）山本幸男「華厳宗関係章疏目録―勝宝録・円超録を中心に―」（前掲註（6）『奈良朝仏教史攷』。初出は、二〇〇九年）。前掲註（6）山本論文、九三頁。

（8）小林芳規『角筆文献研究導論　上巻　東アジア篇』（汲古書院、二〇〇四年）。

（9）小林芳規「日本語訓点表記としての白点・朱点の始原」（『汲古』第五三号、二〇〇八年）。前掲註（8）小林著書。金文京『漢文と東アジア』（岩波書店、二〇一〇年）も参照。

（10）築島裕「平仮名・片仮名の創始」（大野晋・丸谷才一編『日本語の世界5　仮名』中央公論社、一九八一年）一四一〜一四二頁。

（11）佐藤道子『悔過会と芸能』（法蔵館、二〇〇二年）七八頁。

（12）塩入良道「懺法の成立と智顗の立場」（『印度学仏教学研究』第七巻第二号、一九五九年）四五頁。

（13）西本照真・斉藤隆信「民衆仏教の系譜」（沖本克己編『新アジア仏教史07　中国Ⅱ隋唐　興隆・発展する仏教』佼成出版社、二〇一〇年）二四八〜二四九頁。

（14）塩入良道「仏教の民衆化と仏教文化」（中村元・笠原一男・金岡秀友監修・編集『アジア仏教史　中国編Ⅰ　漢民族の仏教』佼成出版社、一九七六年）三四一頁。

（15）『大日本古文書』九―三九四。

（16）皆川完一「光明皇后願経五月一日経の書写について」（坂本太郎博士還暦記念会編『日本古代史論集』上、吉川弘文館、一九六二年）。山下有美「五月一日経の位置づけ」（『正倉院文書と写経所の研究』吉川弘文館、一九九九年）。

（17）前掲註（11）佐藤著書、七八頁。

(18)　塩入良道「文宣王蕭子良の「浄住子浄行法門」について」(『大正大学研究紀要』第四六輯、一九六一年)。
(19)　『大蔵経解説大辞典』(雄山閣、一九九八年、中西随功執筆)。
(20)　拙稿「『東大寺諷誦文稿』の史料的特質をめぐる諸問題—書き入れを中心として—」(『水門』第二二号、二〇一〇年)。本書第二部第四章。
(21)　前掲註(20)拙稿。本書第二部第四章。
(22)　拙稿「日本古代の「堂」と仏教—『東大寺諷誦文稿』における「慰誘言」を中心として—」(山口敦史編『聖典と注釈—仏典注釈に見る古代—』〈古代文学会叢書Ⅳ〉武蔵野書院、二〇一一年)。本書第二部第三章。
(23)　四無礙解とは、仏の語った言葉(仏語)を学ぶことによって得られる四つの滞ることがない明晰な理解。言語に関する四つの明晰な能力のことで、『倶舎論』によれば⑴法無礙解、⑵義無礙解、⑶詞無礙解、⑷弁無礙解のこととされる(横山紘一『唯識　仏教辞典』〈春秋社、二〇一〇年〉三三九頁)。
(24)　前掲註(23)横山著書、九八一頁。
(25)　円仁は、八三九年の三月から四月にかけて楚州を出発し、海州をへて六月に赤山に到着し、新羅人の張宝高の建立した赤山法華院に寄宿している。したがって、八三八年の法会の記載は唐の儀礼であるが、八三九年の赤山法華院の仏教儀礼は、ほとんどが新羅風で集会した人々も全て新羅人であり、新羅の儀礼と考えられる。
(26)　高野辰之『日本歌謡集成』(東京堂、一九二八年)。
(27)　神道大系編纂会編『江家次第』(朝儀祭祀編四、一九九一年)。
(28)　佐藤道子「法華八講会—成立のことなど—」(『文学』第五七巻第一号、一九八九年)。
(29)　曾根正人「「法華滅罪之寺」と提婆品信仰」(『古代仏教界と王朝社会』吉川弘文館、二〇〇〇年。初出は、一九八二年)。
(30)　前掲註(11)佐藤著書。
(31)　山田昭全「講式—その成立と展開—」(『仏教文学講座第八巻　唱導の文学』勉誠社、一九九五年。のち『山田昭全著作集第一巻　講会の文学』おうふう、二〇一二年)。
(32)　福井文雅「講経儀式と論議」(『漢字文化圏の思想と宗教』五曜書房、一九九八年)一〇六〜一〇七頁。
(33)　筒井英俊校訂『東大寺要録』(国書刊行会、一九七一年)。以下同じ。

(34) 石田瑞麿『例文仏教語大辞典』(小学館、一九九七年)。
(35) 神道大系編纂会編『儀式・内裏式』(朝儀祭祀編一、一九八〇年)。
(36) なお、煩雑になるため具体的に示さないが、他の字でも本文と書き入れの文字を比較すると、「礼」・「仏」・「摩」・「之」「地」・「聖」・「名」など筆癖から明らかに同筆と判断されるものがある(吉田一彦氏のご教示による)。
(37) 前掲註(28)佐藤論文。
(38) 栗林史子「法華八講に関する二、三の問題―『御堂関白記』を中心に―」(『駿台史学』第八五号、一九九二年)。
(39) 前掲註(29)曾根論文。
(40) 前掲註(28)佐藤論文。
(41) 小峯和明「『敦煌願文集』と日本中世の法会唱導資料」(『中世法会文芸論』笠間書院、二〇〇〇年)。
(42) 以下の敦煌史料は、黄徴・呉偉編校『敦煌願文集』(岳麓書社、一九九五年)による。[ ]は、編校者が原文に脱字があると判断し、補った文字を示す。
(43) 前掲註(41)小峯論文。
(44) 倉本尚徳「『大通方広経』の懺悔思想―特に『涅槃経』との関係について―」(『東方学』第一一七輯、二〇〇九年)一二〜一四頁。
(45) なお『広弘明集』には陳の文帝の「大通方広懺文」を収録しているが、闡提の記述はない。
(46) 前掲註(1)中田著書、二一六頁。
(47) 前掲註(1)中田著書。前掲註(3)鈴木論文。
(48) 拙稿「『日本霊異記』における仏教施設と在地仏教」(『史学』第七二巻第一号、二〇〇三年)。
(49) 拙稿「『日本霊異記』の史料的特質と可能性―化牛説話を中心として―」(『歴史評論』第六六八号、二〇〇五年)、本書第一部第一章。拙稿「『日本霊異記』における冥界説話の構造と特質―六朝隋唐期の仏教説話集との比較を中心として―」(『水門』第二一号、二〇〇九年)。

第三章　御毛寺知識経と在地社会

はじめに

本章は、和歌山県海草郡紀美野町の小川八幡神社の宝蔵に保管されている大般若経六〇〇巻のうち天平十三年（七四一）・十四年の年紀の奥書をもつものを含む九巻の基礎的な考察を行い、八世紀半ばの紀伊国の仏教の特質を解明することを目的とする。

まず本大般若経（以下、本経）は、すでに薗田香融により詳細な研究が発表されている。(1) 以下、薗田の研究に基づき説明を加えたい。本経はもと小川八幡宮の神宮寺におかれていたものであるが、同寺が廃寺になった大正三年（一九一四）以降、旧小川荘に属した吉野・福井・坂本・梅本・中田の五区が共同保管し、薗田の最初の調査時である昭和五十三年（一九七八）には野上町中田の大観寺庫裏に一二の経櫃に分けて収蔵され、六〇〇巻の経本全てが折本仕立ての書写本として残されていたものという。

六〇〇帖のうち、奥書・校記・書入れなどを残すものが一八一帖あり、このうち七〇帖ほどが年紀を有し、年紀の明らかなものは天平十三年から天文六年（一五三七）まで二一帖にのぼる。本経の成立について薗田は、六〇〇帖のうち、①奈良時代写経（計一二〇巻）、②「一日堂経」（「一日堂一切経」の朱印が捺されたもので平安時代の書写。計一三九巻）、③南北朝時代写経（計五九巻）の三つのまとまりがあることに注目し、このうち、③が小川八幡宮の大般若経の成立と直接的に関わるものであることを詳細に考察された。すなわち、小川八幡宮の大般若経の成立は、小川八幡宮を惣鎮守とする小川柴目荘が高野山領として成立した元弘三年（一三三三）以後と考えられ、それまでに存在した①に加え、正平十八年（一三六三）に高野山大楽院を通じて②を入手し、合わせて足りない分の五九巻を弘和二年（一三八二）～嘉慶二年（一三八八）頃を中心に補写することによって成立したものであることが明らかにされたのである。[2]

また経櫃の墨書から、少なくとも応永二十九年（一四二二）と元禄十七年（一七〇四）に大がかりな修復を行ったことが指摘され、元禄十七年には、経櫃の造替と同時に折本仕立に改装されたことも推測されている。このように継続的に本経が補写・補充され、さらに修復による維持・管理がなされてきたことは、大般若経の行事が継続的に実施されていたことを物語っており、近年まで本経は、旧小川荘に属する五ヵ村でもち廻りにより毎年七月下旬に「転読」が行われていたこともわかっている。

さて本章の考察対象は、以上のような経緯をもつ本経のうち、①の奈良時代の書写と考えられる一二〇巻の中、奥書の残る巻二四一以下の九巻である。これについて薗田は、「奈良時代書写の一二〇帖の中、第一箱に属する七帖（巻三二一～三二六、三二七、三二八、いずれも黒印Aを押捺）を除く一一三帖がこれと同じ特徴を共有し、すべて同時の成立と見做すことができるので、以下この一群の写経を「御毛寺知識経」とよぶことにしたい」[3]と、一括して扱える経巻群であることを指摘した。本文中に「御毛寺智識」（巻四一三・巻四一九）の呼称があることからも妥当と考えられるので（後述）、本章でも一括して扱う場合、薗田の命名した御毛寺知識経という名称を用いることとしたい。

御毛寺知識経は、薗田による先駆的な研究に基づき、その後いくつかの研究が発表されている。[4]しかしながら、先行研究では書写師の出身氏族の考察に止まっており、㈠御毛寺知識経の書写年代と「御毛寺智識」と呼称される知識集団の構造、㈡「御毛寺」・「御気院」に冠される〈ミケ〉という地名・地域と比定寺院、㈢奥書にある三名の書写師とその同族集団との関係、㈣「御毛寺」・「御気院」の知識集団の伽藍認識など、古代紀伊国の仏教の具体相に関わる諸点について、なお検討の余地が残されていると思う。

また㈡の問題と関わり、「御毛寺」・「御気院」は、『霊異記』下一七の「弥気山室堂」と同一の仏教施設であると薗田により指摘され、最近の研究でも追認されている。(5) しかしながら、筆者は『霊異記』の史料的特質を踏まえた上で、『霊異記』の「堂」・「寺」などの仏教施設を考察し、「堂」と「寺」が、(イ)常住する宗教者の存在形態、(ロ)伽藍の存在形態、(ハ)建立者の社会的階層、(ニ)仏教施設の経営基盤などの諸点において明確に異なる仏教施設であるとの考えを提示した。(6) 私見のように「堂」と「寺」が異なるとすれば、「弥気山室堂」と「御毛寺」を同一とすることはできない。

ここで従来の諸説の問題点について若干触れておきたい。「御毛寺」・「御気院」と「弥気山室堂」を同一とする説の主たる根拠は、仏教施設に冠される御毛（御木・御気・弥気・弥毛とも記す。以下、ミケと表記）の名称が、ミケ里（郷）を示すという前提に基づき、同一の里名・郷名を冠しているのであれば同一の仏教施設であるとするものである。しかし、ミケの名称が、ミケ里（郷）を示すか否かについては再検討の余地があると思われる。また、そもそも一つの里や郷に一つの仏教施設しか存在しないと考える必要がないことは、例えば、『出雲国風土記』をみれば、意宇郡山代郷には二ヵ所の「新造院」があり、大原郡斐伊郷にも二ヵ所の「新造院」が建立されていることからも明らかである。その他にも、摂津国・河内国・和泉国に一郷につき一～二寺が存在したという考古学の発掘成果や、(7) 近年の東国の集落遺跡で、一地域に複数の仏教施設が確認できることが指摘でき、(8) 根拠の前提自体に問題がある。

本章では、御毛寺知識経に関わる前述の基礎的な問題の考察により、「御毛寺」・「御気院」をめぐる古代紀伊国の仏教の具体相を明らかにし、加えて『霊異記』下一七の「弥気山室堂」との関係についても検討を加えたい。

第一節　御毛寺知識経の書写年代と知識集団

1　御毛寺知識経の書写年代と書写分担

御毛寺知識経（〻は抹消されている語を示す）の天平古写経九巻の奥書を掲出する。(9)

〔巻第二百四十一〕（奥書）
天平十四年々癸午《ママ》年三月中旬紀▨▨▨▨（伊国那賀カ）郡▨▨▨知識奉大般若
経巻二百写▨▨▨▨▨四恩及一切衆生為奉

〔巻第四百一十三〕（奥書）
天平十三年歳次辛巳四月紀伊国御毛寺智識
□□□□□（紀直商人写カ）

〔巻第四百一十九〕（奥書）
天平十三年歳次辛巳四月紀伊国御毛寺智識
紀直商人写

〔巻第四百二十六〕（奥書）
天平十三年歳次辛巳四月上旬紀伊国那賀郡部下▨▨▨
紀直商人写

〔巻第四百三十七〕（奥書）

天平十三年歳次辛巳四月上旬紀国奈我郡三気▨▨知識奉写

大般若経一部六百巻

河内国和泉郡式部省位子坂本朝臣栗柄仰願為四恩

〔巻第四百三十八〕（奥書）

天平十三年歳次辛巳閏月紀伊国那賀郡御気院写奉知

識大般若一部六百河内国和泉郡坂本朝臣栗柄

〔巻第四百九十四〕（奥書）

右京六条四坊上毛野君伊賀麻呂

〔巻第四百九十六〕（奥書）

右京六条四坊上毛野伊賀麻呂写

〔巻第四百九十七〕（奥書）

右京六条四坊上毛野伊賀麻呂写

まず書写年代と書写の主体をみると、天平十三年（七四一）閏三月に巻四三八、同年四月に巻四三七の二巻が、坂本朝臣栗柄によって書写されている。また、天平十三年四月というほぼ同時期に紀直商人によって、巻四一三・巻四一九・巻四二六が書写されている。残存する九巻のうち五巻までが、天平十三年三月から四月にかけての書写であることは、御毛寺知識経の書写年代の中心が天平十三年頃であったことを推測させる。ただし巻二四一には、「天平十四年三月中旬」という年紀もあり、写経事業が集中して行われた時期は少なくとも一年を要したことがわかる。

つぎに書写分担方法は、坂本朝臣栗柄が巻四三七・巻四三八をつづけて書写し、上毛野君伊賀麻呂は、巻四九四・巻四九六・巻四九七をつづけて書写している。ある程度のまとまりで分担していたとすれば、紀直商人も巻四一三から巻四二六までの一三巻を連続して書写した可能性が推測される。近年までの天平期の知識写経の研究では、天平六年書写の既多寺知識経にて、大智度論一〇〇巻を一〇帙ずつ数グループに分かれて書写していたことが明らかにされており、帙ごとのまとまりという視点が重視されている。(10) 御毛寺知識経についても、薗田香融は医王寺知識経（大般若経）の巻四二一の願文に「第四三帙（巻四二一～三〇）と第五二帙（巻五一一～二〇）を担当した」とあることから、「大般若経の知識に参加する場合、帙単位で書写を担当することが多かったのではないだろうか」と推測した上で、「紀商人の場合は第四二・四三帙、坂本栗柄の場合は第四四帙、上毛野伊賀麻呂の場合は第五〇帙の写経を担当したのではないだろうか」と指摘した。(11) また「紀商人が担当した巻四一一～三〇の中、天平期の書写にこのような写経は一五帖現存しているが、これらの諸帖の書迹は、いずれも「すこぶる楷好」の部類に属し、すべて紀商人の自筆」であると推定した。

上記三名のうち二名をみると、上毛野君伊賀麻呂は写経所の写経生であり、坂本朝臣栗柄は中央下級官人層でかつ写経生を同族に有する者である。紀直商人の書迹も「すこぶる楷好」であるとすれば、彼らは個人で参加したというよりも、帙を担当する書写グループが存在し、その中で最も能筆の者が選ばれたことが推測されるのではなかろうか。上記三名のうち二名は、中央下級官人層でかつ在地に拠点を有するものであり、紀直商人も在地出身であるが、多数の同族の存在が推定される（後述）。おそらく各帙担当の書写グループは、同族集団を中心としていた可能性が想定されよう。

なお書写年次をみると、巻二四一が天平十四年三月の書写であるのに、巻四一三・巻四一九は天平十三年四月の書写であり、巻の順番と書写年次の順番は一致していない。つまり、書写グループごとに書写が行われた結果、書写年次は必ずしも同一時期とはならなかったと考えられる。このような書写グループごとの独自性も、御毛寺知識経が、天平十三〜十四年にかけて、「御毛寺智識」を構成する各グループにおいて、帙ごとに分担書写したものをとりまとめて成立した写経事業であったことを物語るものといえよう。したがって、このような帙ごとの分担書写は、本写経事業が書写した人物もしくはその人物に依頼した檀越を中心とする書写グループを基礎単位として行われていたことを想定させるのではなかろうか。

2　書写者とその出身氏族について

ここでは、御毛寺知識経の奥書にある三名の書写者とその出身氏族の特徴を考察する。

①紀直商人

紀直商人は、巻四一三・巻四一九・巻四二六の奥書にみえるが、近年の吉田一彦の指摘によれば、『続日本紀』宝亀八年（七七七）三月壬戌条に「紀伊国名草郡人直乙麻呂等廿八人賜姓紀神直。直諸弟等廿三人紀名草直。直秋人等百九人紀忌垣直」[12]とある「紀伊国名草郡人」の「直秋人」と同一人物であるという[13]。この指摘が認められるとすれば、注意されるのは紀直商人を単純に紀国造一族として考えてよいのかという問題である。

薗田香融は、本条の紀神直・紀忌垣直について、「日前宮の祭事組織とのつながりが想像される」[14]と指摘し、志田諄一も、「紀神直・紀名草直・紀忌垣直の改賜氏姓は、紀伊国懸神（日前国懸社）の祭祀氏族に対してのもの」[15]と指摘している。しかし栄原永遠男の指摘のように、「直」や「神奴」は「紀氏集団」の奉斎する日前・国懸神社の宗教的隷属民であったとすれば、[16]直氏は、紀国造一族との繋がりがあるとしても、直ちに同族と見なすことは躊躇されよう。

紀氏の複姓氏族は、他に紀名草直・紀打原直（天平六年出雲国計会帳）・紀楢原造・紀伊瀬直などが知られるが、紀名草直や紀楢原直などは、紀国造氏と擬制的同族関係を結んでいたものの独自の発展を遂げ、名草直・楢原造から滋野朝臣という姓を称するに至ったことが明らかにされている。[17]また、前に筆者は紀伊国の大伴系同族について考察し、地方豪族の大伴大田連氏が八〜九世紀にかけて中央の大伴宿禰氏と同族化を図っていたことや、宇治大伴連氏は先祖が中央の「大伴氏」であるとする伝承を作成していたことなど、紀伊国の大伴系同族は中央の大伴宿禰氏との関係を構築していたことを指摘した。[18]しかしその一方で、『日本書紀』の壬申の乱関連史料にみえる大伴朴本連氏については、八世紀代には榎本連氏と名乗るようになったことについて、薗田香融が「氏族として独自の発展をとげ、ついに大伴の二字を脱するに至ったものであろう」[19]と指摘されている。すなわち、地方豪族が中央豪族名を名乗ることには、プラス・マイナスの両側面があったことを予測させよう。いずれにしてもこのような大伴系同族の動向は、地方豪族にとってどのような姓名を名乗るかが在地で重要な意味をもっていたことを示していよう。なお紀伊国の大伴系同族の多くは、「大伴」の姓名を冠すると同時に紀伊国の居地名を冠しており、これは本拠地を基盤として自立した地方豪族が、中央豪族の大伴宿禰氏と擬制的同族関係を結んだことを意味している。

「直」氏の話に戻ると、薗田は「名草郡のように単一の氏が圧倒的に優勢な地域では、氏の名はさして必要でなく、むしろ社会的身分を表示する姓こそ重要であった」とし、さらに「直」集団の社会的地位に関して、「大宝二年（七〇二）美濃国戸籍に見える「国造族」に最も近いものがあったように思われる」[20]と述べている。しかしながら、紀伊国の大伴系同族の様相が、八世紀の地方豪族の複姓氏族の存在形態の一つであるとすれば、紀氏系同族も同様に紀国造氏と擬制的同族関係を結んでいた可能性が高く、直氏も国造や名草郡の郡領職にある紀直氏とは別氏族と考えるべきではなかろうか。そもそも直秋人は改賜姓され紀忌垣直氏となっているものの、それ以前には国家的には「直」氏として把握されている。かかる事実は、直氏が国造や郡領の紀直氏とは元来別氏族であったことを示すものである。宝亀八年の記事は、紀直氏配下にあった直氏が在地で力をつけ、宝亀八年段階になって紀直氏との同祖同族関係系譜が正式に認定されたものとみるべきであろう。とすれば、天平十三年（七四一）・十四年の御毛寺知識経を書写した「紀直商人」と同一人物ではなかった可能性も考慮されねばなるまい。(21)

いずれにしても、紀直商人は巻四一三〜四二六の一三巻を含む二帙を書写していることから、商人の属する集団は御毛寺知識経の有力書写グループであったと推定される。宝亀八年条にて直秋人は、一〇九人の同族と共に改氏姓している。仮に紀直商人と同一人物であれば、署名した人物が書写者でかつ書写グループの中心人物であったことになり、その背後には多数の同族集団がいたと考えることができよう。なお、紀直商人はあくまで紀伊国名草郡の有力者であり、隣郡ではあるが那賀郡弥気里が本貫ではなかったことも合わせて指摘しておきたい。

②坂本朝臣栗柄

坂本朝臣栗柄の出身氏族の坂本朝臣（臣）氏は、加藤謙吉により『新撰姓氏録』の諸条（左京皇別上・摂津国皇別・和泉国皇別）をみると、「紀朝臣同祖」と紀朝臣（臣）氏と同祖同族関係にあり、和泉国を拠点としながらも中央豪族化したこと、欽明朝以降、朝鮮に派遣される軍事氏族としての側面をもち、推古朝から崇峻朝には坂本臣糠手が群臣の一人として活躍したことなどから、七世紀後半まで中央の名門であったことが指摘されている。(22)

八世紀代に入っても、『続日本紀』文武元年（六九七）十一月癸卯条で務広肆・坂本朝臣鹿田が、迎新羅使として筑紫に遣わされていること、『続日本紀』霊亀二年（七一六）四月壬申条において坂本朝臣阿曾麻呂が従五位上・三河守とあること、そして従六位下坂本朝臣宇頭麻佐が神亀元年（七二四）の征夷軍に従軍したことにより神亀二年正月丁未条に勲六等を賜り、その後天平五年（七三三）三月辛亥条で従五位上となり、天平九年正月丙申条では常陸守であったが持節副使に任ぜられ陸奥国に発遣されたことは、坂本朝臣（臣）氏が中央豪族でかつ軍事氏族であったことによるものと考えられる。

栗栖は「式部省位子」とあり、中央豪族としての坂本朝臣氏の流れを汲む人物であったと考えられるが、薗田香融により、天平勝宝七歳（七五五）九月の「班田司歴名」に「算師」としてみえる「坂本栗栖」と同一人物であることが推測されている。(23) 栗栖の手がかりは少ないが、同じ「班田司歴名」には同族と思われる坂本朝臣真嶋が「史生」で見えることが注意される。真嶋は天平宝字四年（七六〇）六月の文部省経師歴名に「信部史生」・「少初上」とあり、(24)同月に写経所に出向し、その後も経師として勤務していたことがわかる。(25) 坂本氏出身の経師は、天平勝宝六年八月から写経所に勤務し、宝亀年間まで活動が確認できる坂本東人がおり、(26) 宝亀五年頃の歴名に位子・無位・書生とある。(27) また天平二十一年から天平勝宝三年まで確認できる坂本吾人もいる。(28) したがって、同族に経師が複数いることからも、平城京の下級官人としての坂本朝臣氏は、仏教的知識を得られる環境にいたことがわかる。その他には天平勝宝年間に無位の坂本朝臣人上が造東大寺司に奉仕していたこと、(29) 左京一条二坊の坂本朝臣松麻呂が宝亀四年十二月に藤原朝臣種嗣によって、東大寺造奉一切経の校生として貢進されていることなど、(30) 平城京で特に造東大寺司関係の下級官人として勤務する坂本朝臣氏が多数存在したことが知られる。

しかしその一方で、坂本朝臣栗栖の署名に「河内国和泉郡」とあることから、本貫もしくは帰属意識は河内国和泉郡にあり、おそらく河内国和泉郡坂本郷との繋がりを有していた。このような事実は、平城京の下級官人が本貫地との強い結びつきを有していたことからしても、(31) 栗栖も在地の拠点と密接な結びつきがあったことを推測させる。『続日本紀』天応元年（七八一）六月戊子朔条には、和泉国和泉郡人の坂本臣糸麻呂が同族六四人と共に朝臣の姓を賜ったことが知られ、大野寺の土塔の知識瓦からも「坂本臣刀良女」の存在が知られる。[32] さらに九世紀後半の史料であるが、紀伊国名草郡直川郷にて坂本臣河主が「当里刀禰」であったことが確認できる。[33]

以上、和泉国から紀伊国にかけて坂本朝臣（臣）氏の一族が地域的拠点を有し、坂本朝臣栗柄も河内国和泉郡に地域的拠点を有していることから、紀伊国の同族との関係から御毛寺知識経に参加した可能性が推測されよう。

③上毛野君伊賀麻呂

上毛野君伊賀麻呂は、奥書から右京六条四坊に居住していたことがわかるが、天平十九年（七四七）から天平勝宝二年（七五〇）までに、経師・校生として頻出する人物であることが知られる。[34] その他、上毛野公（君）氏出身の写経生は上毛野名方麻呂がおり、天平宝字二年（七五八）から五年まで校生・経師として活動し、天平宝字二年には「无位坤宮官紫微中台未選」とある。[35] また天平宝字四年正月には、坤宮少疏の池原禾守により校生の貢進文として啓が出されているが、[36] 池原氏は『続日本紀』延暦十年（七九一）四月乙未条に、「近衛将監従五位下兼常陸大掾池原公綱主等言、池原。上毛野二氏之先。出レ自二豊城入彦命一。其入彦命子孫、東国六腹朝臣、各因二居地一、賜レ姓命レ氏。斯乃古今所レ同、百王不易也。伏望因二居地名一、蒙レ賜二住吉朝臣一。勅、綱主兄弟二人、依レ請賜レ之」とあるように、上毛野氏と同祖同族関係にあったことから、名方麻呂は同族間の繋がりにより写経生となり、坤宮官に配されていたと推測される。すなわち、同祖同族関係は上毛野氏が写経生となるための重要な要素であったと考えられる。

さらに、長屋王家木簡の中に「紀伊国一東郡」の「无位上毛野君大山」の記載が注目される。[37] 木簡の年紀は、和銅四年（七一一）から霊亀二年（七一六）の間におさまり、「日二百卅」と勤務日数があることから長屋王家に勤務していた。[38] 大山は本貫地記載が紀伊国一東郡であり、在地の拠点と中央の長屋王邸を往還していたものと思われる。『霊異記』中一一には、「紀伊国伊刀郡桑原之狭野寺尼等発願、於㆓彼寺㆒備㆓法事㆒。（中略）凶人之妻、有㆓上毛野公大椅之女㆒。一日一夜、受㆓八斎戒㆒、参㆓行悔過㆒、居㆓於衆中㆒」[39] とあることからも、上毛野公氏は紀伊国伊刀郡周辺に拠点があったことがわかる。また本話の上毛野公大椅の女は熱心な仏教信仰者であり、上毛野公氏は在地で仏教的環境を有していたことが窺える。伊賀麻呂が写経生でかつ御毛寺知識経に参加した背景には、在地の上毛野公氏の仏教信仰との関係が推察されよう。

以上、上記三名はいずれも紀伊国名草郡・伊都郡（伊刀郡）・河内国和泉郡に地域的拠点を有した在地有力者層の出身と考えられる。従来、在地有力者層の血縁関係を重視する見方もあったが、[40] 実態としては血縁関係や同祖同族関係に基づく書写グループが、「御毛寺」・「御気院」を中心として地縁的に結びついて成立したものと推測されよう。

注目されるのは、三名のうち二名が写経所の経師・校生などの写経生や、写経生と同族の中央下級官人層であったことである。他の写経では、例えば「和泉監知識経」の書写者として「石津連大足」がいるが、石津連氏の中には「内史局書生无位」として「石津連真人」が、天平宝字二年頃より写経所に経師で勤務していた。その他、写経生かは不明であるが、『霊異記』下一八には「丹治比経師者、河内国丹治比郡人。姓丹治比故、以為㆑字」と、「経師」の通称を有する人物が登場し野中堂で法華経書写をしている。野中堂は丹比郡野中郷に存在した古代村落の「堂」であると考えられ、[41] 地縁的な繋がりから「丹治比経師」が請来されたものと推測される。「経師」と名乗っていることからすれば、写経所の関係者であった可能性もあろう。なお紀直商人が下級官人層もしくは同族に下級官人層がいたかは不明であるが、紀直商人の自筆と考えられる一五帖の諸迹は、応永二十九年（一四二二）の修復に携わった是観により、いずれも「すこぶる楷好」という最高級の賛辞が送られていることからすると、[42] 紀直商人も中央の知識や技術を身につけていた可能性が高いと考えられよう。

すなわち、書写者の出身氏族の検討からすれば、御毛寺知識は書写グループの中心となる在地有力者が在地の地縁的な結びつきにより知識集団を形成していたと推測され、そのような在地の有力者階層は、写経所の写経生などの中央下級官人層の出身母体でもあったため、中央とも密接に結びついていた。そのため知識集団は在地のみならず、平城京に居住する人々にまで及ぶ地域的広がりを有し、写経の知識や技術も中央からの大きな影響を受けて成立したものと推測されるのではなかろうか。

第二節　古代のミケ地域と「御毛寺」・「御気院」

1　八世紀のミケ地域について

本節では、御毛寺知識経作成の場である「御毛寺」・「御気院」の所在地域と考えられるミケ地域について考察する。ここではまず、「御毛寺」・「御気院」と「弥気山室堂」（『霊異記』下一七）のいずれにも冠される、ミケという地名が意味する地域範囲を考えてみたい。従来、ミケという地名は「御木（郷）」・「弥気里」とあるため、国郡里制・国郡郷制などの行政単位として考えられてきた。その一方で『古語拾遺』では、「名草郡御木・麁香二郷」と名草郡にある郷とされ、『霊異記』下一七には「那賀郡弥気里」と那賀郡にある里と記されているため、郡域の変更があったものと解釈されてきた(43)。

そこで、八・九世紀および『和名類聚抄』に見える那賀郡内の郷を、栄原永遠男の比定に基づき(44)、地図上に示すと

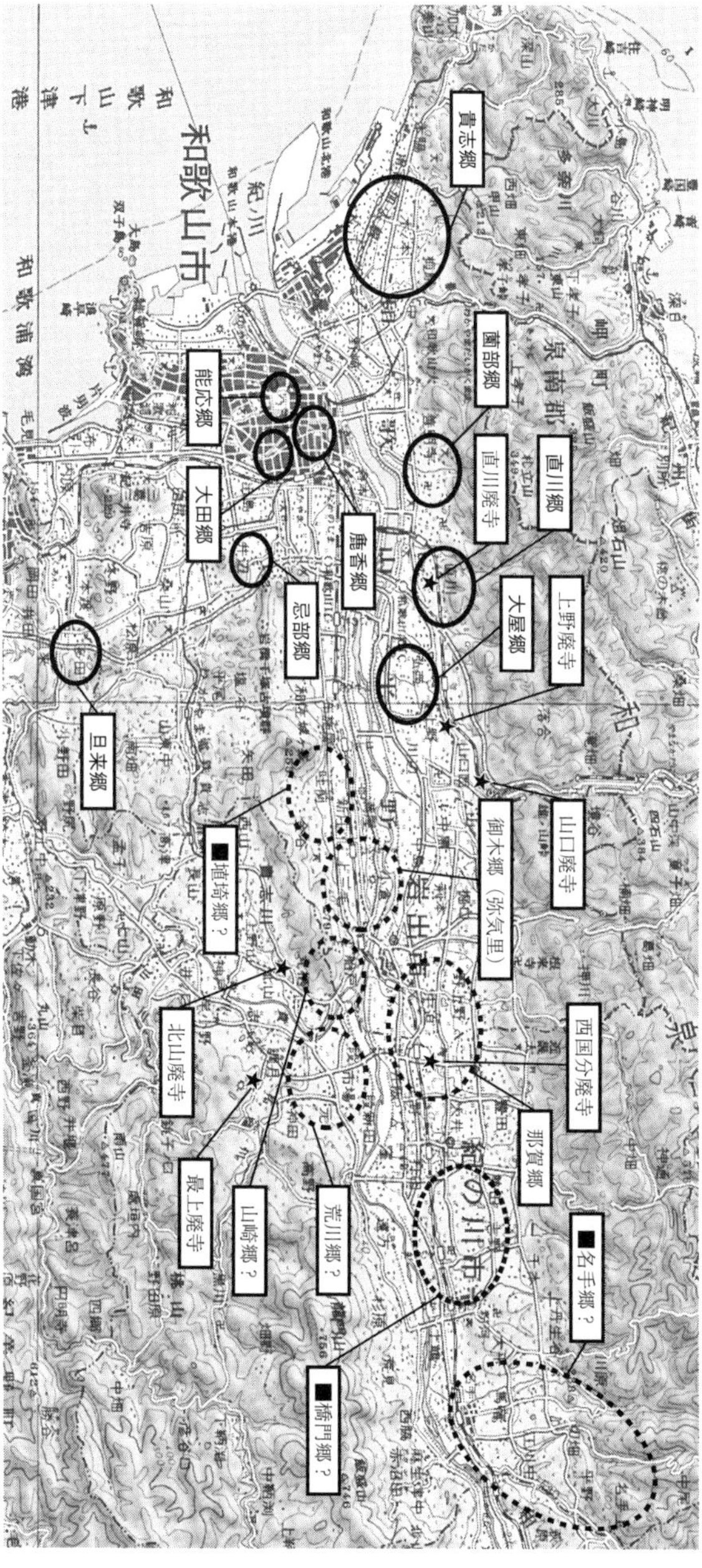

図15　8・9世紀の紀伊国北部の郷・古代寺院比定地

註　■は『和名類聚抄』に初めてみえる郷．名草郡の郷名は太文字で示した．古代寺院名は★で位置を示した．実線の○は名草郡の郷を示した．点線の○は那賀郡の郷を示した．

図15のようになる。那賀郡は紀伊国の北部の紀ノ川流域にあったが、郷の比定地をみると、那賀郡の中心地域である那賀郷周辺に集中している。このうち、「橋門郷」・「名手郷」は、『和名類聚抄』段階で初めて見える郷名であり、十世紀には郡域は、紀ノ川の上流域に広がっていったことが窺える。したがって、八・九世紀段階では、紀ノ川と貴志川の合流地点周辺に諸郷が成立したと考えられる。

さて名草郡の「御木」郷は、吉田東伍『大日本地名辞書』には、「近世における小倉村にある御木森社付近」とされ、これまでの研究でも、現在の和歌山市の小倉・上三毛・下三毛付近に推定されている。(45)併記される「麁香」郷は、『和名類聚抄』によれば、紀伊国名草郡二一郷の一つであり、現在の和歌山市の出水・黒田・太田・吉田・新在家などの一帯に比定されている。名草郡の諸郷は、紀ノ川河口部の現和歌山市域と紀ノ川北岸に展開しており（図15）、那賀郡の諸郷の比定地と比較すると、御木郷のみ距離が離れすぎていることは否めない。『古語拾遺』による「御木」郷の記載が古伝を伝えていたとしても、単なる郡域変更と考えることは不自然である。名草郡の御木郷が『和名類聚抄』にはないことからすれば、十世紀段階にはすでになくなったか名称変更して他郷に継承されたと考えることも可能である。そのように考えられるとすれば、八世紀段階のミケ地域は名草郡側に、より近接していた範囲を含んでいた可能性があるのではなかろうか。

ここで御毛寺知識経の地域表記をみると、「紀伊国御毛寺」（巻四一三・巻四一九）、「紀国奈我郡三気□」（巻四三七）、「紀伊国那賀郡御気院」（巻四三八）とあるように、「国＋寺」もしくは「国＋郡＋院」という形式をとり、里名・郷名までは記されていない。また、巻四二六では「紀伊国那賀郡部下□□□」とある。「部下」とあることは、その下に郡以下に里名・郷名などがないことを示し、『霊異記』などにも多数みられる「部内」と同様の用法で、郡までは使用されるが、里・郷には用いられない表記形態である。ここから「御毛寺」・「御気院」が郡の範囲に信仰圏を有する仏教施設である可能性を示すことになろう。

以上から、八世紀段階のミケ地域は、郡域の変更とする考え方もあるが、そうではなく、現在、「上三毛」・「下三毛」と地名が残っている場所よりも名草郡域に広がりをもっていた時期があり、その結果として、名草郡に「御木郷」と呼称される郷が存在したと考えることが妥当であろう。そのように考えられるとすれば、ミケ地域は、必ずしも狭義の「弥気里」・「御木郷」といった行政単位や村落の範囲のみを指すのではなく、紀伊国の名草郡・那賀郡両郡にまたがる広域的地域名称であった可能性が指摘できよう。

2　紀伊国那賀郡の古代寺院と「御毛寺」・「御気院」の比定寺院

つづいて、紀伊国那賀郡と近接する名草郡の古代寺院跡について確認し、「御毛寺」・「御気院」の比定寺院について考えていきたい。那賀郡と名草郡の古代寺院跡をみると（図15）、七世紀後半から八世紀初めに建立されたいわゆる白鳳寺院が多いが、名草郡の三寺（直川廃寺・上野廃寺・山口廃寺）は比較的近接して立地し、一方の那賀郡の三寺（西国分廃寺・北山廃寺・最上廃寺）も互いに近接して立地している。また調査報告書によれば、名草郡の三寺が法隆寺西院系の瓦を用いているのに対し、那賀郡の三寺は坂田寺系統の瓦を共有しており[(46)]、地理的に近接しているだけでなく、瓦でも名草郡の三寺とは相違がある。那賀郡の三寺では、西国分廃寺出土の軒瓦A類が先行し、最上廃寺B類と北山廃寺A類が同笵であるが、最上廃寺は差し替え用の瓦であるため最上廃寺が北山廃寺に先行すると考えられ、建立順序は、西国分廃寺→最上廃寺→北山廃寺の順になるという。

「御毛寺」・「御気院」は、一九九四年に薗田香融により、那賀郡の北山廃寺（貴志川町北山字三嶋）を比定する説が出され（A説[(47)]）、その後、薗田は二〇〇八年にA説を放棄して『紀伊国続風土記』の記述などに基づき「上三毛」・

「下三毛」の地にあったとする見解（B説）[48]を出しているが、近年の研究においてもA説がおおむね支持されている。[49]紀伊国那賀郡に所在する古代寺院址は、西国分廃寺（岩出町西国分字西野々）北山廃寺と最上廃寺（桃山町最上字上ノ段）の三つであるが、ミケ地域の中心地域であったと考えられる「上三毛」・「下三毛」からの距離を考えると、西国分廃寺は当該地域との間に紀ノ川を挟んでおり、所在郷は那賀郷と考えられ、最上廃寺は当該地域との間に貴志川を挟んでいることからおそらく荒川郷と近接しており、いずれも離れている。北山廃寺はミケ郷に一番近いが、推定山崎郷とも近接している。しかし八世紀代のミケ地域が、ミケ郷の比定地である上三毛・下三毛の範囲にとどまらない名草郡域にも広がりをもつ、広域的地域名称と解釈できるとすれば、北山廃寺周辺もミケ地域の範囲であった可能性が高いと思われる。以上、「御毛寺」・「御気院」の比定寺院は、北山廃寺の可能性が高いことを確認した。

3　『日本霊異記』下一七の「弥気山室堂」について

本節の最後に、既往の研究によって「御毛寺」・「御気院」と同じ仏教施設とされてきた『霊異記』の「弥気山室堂」の特質を確認したい。まず『霊異記』下一七を掲出しよう。

未二作畢一捻攝像生二呻音一示二奇表一縁第十七

沙弥信行者、紀伊国那賀郡弥気里人。俗姓大伴連祖是也。捨レ俗自度、剃二除鬢髪一、著二福田衣一、求二福行因一。其里有二一道場一。号曰二弥気山室堂一。其村人等、造レ私之堂故、以為レ字。法名曰二慈氏禅定堂一者。未二作畢一有二捻攝像二体一。弥勒菩薩脇士也。臂手折落、居二於鐘堂一。檀越量曰、「斯像隠二蔵乎山浄処一」。信行沙弥、常住二其堂一、打レ鐘為レ宗。見二像未レ畢、猶以為レ患、落臂之者、以レ糸縛副、撫二於像頂一、毎願之言、「当有二聖人一令レ得二因縁一」。淹二逕数年一、白壁天皇代宝亀二年辛亥秋七月中旬、従二夜半一有二呻声一。言、「痛哉、痛哉」。其音細小、如二女人音一、而長引呻。信行初思下越レ山之人得二頓病一宿上、即起巡レ坊、覓無二病人一。怪之嘿然。彼病呻音、累レ夜不レ息。不レ得二乎忍一。起窺見之、呻有二鐘堂一。実知、彼像。信行見之、一怪一悲。時左京元興寺沙門豊慶、常住二其堂一。驚二彼沙門一、叩二室戸一白、「咄大法師、起応レ聞之矣」、具述二呻状一。於レ茲豊慶与二信行一、大怪大悲。率二引知識一、奉二捻造畢一。設レ会供養。今安二置弥気堂一、以居二乎弥勒脇士之菩薩一是也、左大妙声菩薩、右法音輪菩薩。誠知、願無レ不レ得、無レ願不レ果者、其斯謂之也。斯亦奇表之事也。

本話の概要は、紀伊国那賀郡弥気里に「弥気山室堂」という古代村落の「堂」があり、その「堂」の「鐘堂」には、「臂手」が折れた弥勒菩薩の脇士二体が置かれていた。大伴連氏の祖の信行沙弥は、「堂」に常住しその像を修理することを願っていた。数年後の宝亀二年（七七一）七月の夜半に「痛い、痛い」と呻声が聞こえたので、山を越えようとする人が宿泊しているのかと思い「坊」を見回ったが病人はなく、最終的にそれが「鐘堂」の像が出している声であることがわかり怪しみ悲しんだ。その頃、元興寺僧の豊慶が「堂」に常住していたので、沙門にその話をしたところ、大いに怪しみ悲しみ、「知識」を引率して仏像を修理し供養の法会を行った。「今」、弥気堂に安置されている弥勒菩薩の脇士は、この像であるという話である。本話は以前に類話である『霊異記』下二八や『霊異記』の「堂」全体の傾向と比較考察したことがあり、そこでの結論をまとめると、以下のようになる(50)。

(1) 古代村落の「堂」は、基本的に常住僧がいないことを特徴とするが、「弥気山室堂」には大伴連氏の「祖」で、「弥気里人」の「沙弥信行」が常住僧として居住している。

(2) 「沙弥信行」の冒頭部の説明で「大伴連」の「祖」と記された要因は、説話内容からも信行を顕彰する意味があり、下一七の原説話は弥気里の大伴連氏の同族集団を中心として作成された説話である可能性が高い。

(3) 「弥気山室堂」の存在形態は、「弥気山室堂」という「字」が、「堂」に「室」（＝坊）を付属した仏教施設であることを特記した名称であり、このような事実は「弥気山室堂」が例外的に「室」（＝坊）が付属していたことを喧伝する意味があったと推測される。

(4) 常住僧の信行沙弥は日々鐘を打つことを仕事としており、「鐘堂」は村落の生活に密接に関わる施設であった。

(5) 下一七のストーリーは、仏像が壊れてから長期間仏像を修理することができず、仏像を別の場所に運ぶことが檀越達により協議され、信行が折れた仏像の臂を糸で縛るなどの応急措置をしなければならなかったこと、また仏像の修理を願いながら果たせなかったことが記されているが、それは「弥気山室堂」の経済基盤の脆弱さを示すものといえる。また仏像の呻声を契機として、元興寺僧豊慶の主導した知識結により仏像が修復されたという内容には、「堂」での官大寺僧の大きな役割が反映している。

上記の諸点に加え、(3)の「弥気山室堂」の存在形態についてはもう一点触れておきたい。類話の下二八の「貴志寺」と比較すると、下二八には「白壁天皇代、有二一優婆塞一、而住二其寺一、于レ時寺内、音而呻言」とあるのに対して、それに対応する下一七では「信行沙弥、常二住其堂一、打レ鐘為レ宗」、「白壁天皇代宝亀二年辛亥秋七月中旬、従二夜半一有二呻声一。言、「痛哉、痛哉」。其音細小、如二女人音一、而長引呻」とあり、ここから「貴志寺」には「寺内」と記されうる寺域の存在が推定される。『霊異記』の「寺内」と「堂内」の用例をみると、「寺内」は寺域・伽藍域の内側を意味するのに対し、「堂内」は「堂」という建造物の中を示す表現である[51]。これは私見では、「寺」が四至などの寺域や伽藍域を形成するのに対し、「堂」が基本的に堂域と呼ばれるような明確な境界を有さないものであるためであり[52]、この相違は伽藍造営や建立における寺地選定といった寺院造営の計画性と関わる重大な問題であると考えられる。したがって、「弥気山室堂」は、「堂」（単一の建物＝たかどの）であり、基本的に垣や溝など視覚的に判断できる四至を有さない仏教施設であったと考えられる。

以上からすれば、「弥気山室堂」は、⑵の檀越集団と⑶の存在形態については、「御毛寺」・「御気院」と異なっていた可能性が高い。また⑶〜⑸の特徴に加え、官大寺僧がいなければ知識結を結べない程度の宗教者と檀越の影響力、そして何より「号曰二弥気山室堂一。其村人等、造レ私之堂故、以為レ字」と、村落の有力者たちによる造営が記されていることからすれば、「弥気山室堂」の「弥気」は、説話内にある「弥気里」という村落名を冠したものであることが推定でき、「弥気山室堂」は古代村落の「堂」と考えるべきであろう(53)。

最後にこれまでの御毛寺知識経の研究では触れられてこなかったが、両史料の成立年代が大きく異なることについて指摘しておきたい。御毛寺知識経は、天平十三年（七四一）・同十四年の書写が明らかであり、仏教施設の建立は、少なくともそれを遡ると考えられる。その一方で、『霊異記』下一七の説話は宝亀二年（七七一）とされており、さらに説話内では最後に宝亀二年を振り返る「今」という表現や「大伴連」の「祖」の話であることからも、宝亀二年からある程度下った時期に、原史料が作成されたと考えざるを得ない。つまり、説話成立期として約三〇年以上の隔たりがあったことになる。この隔たりは、一〜二世代分に相当することからすれば、仮に両施設が同一地域に存在したとしても、さまざまな在地情勢の変化により仏教施設の状況や檀越集団と仏教信仰のあり方が変容した可能性は十分想定されなければなるまい。すなわち、仮に「弥気山室堂」が「御毛寺」・「御気院」の系譜を引く仏教施設であったとしても、約三〇年を経てすでに経営の中核となる氏や仏教施設の存在形態が完全に変容していたとみるべきであろう。

第三節　「御毛寺」・「御気院」の伽藍形態と「御毛寺智識」の伽藍認識

1　「御毛寺」・「御気院」の伽藍形態

前節にて考察した結果、「御毛寺」・「御気院」の可能性が高い北山廃寺について、『霊異記』下一七の「弥気山室堂」の伽藍形態と比較するための具体的な存在形態を確認していきたい。北山廃寺の創建年代は七世紀中頃で、瓦溜まりの位置から四天王寺式伽藍配置であったと推定されているが、注目されるのは、北山廃寺は発掘調査の結果から寺域が確認できることである。塔心礎から西五四㍍の地点に東西に延びる溝が検出され、これが「西限を示す遺構」と報告されていること、さらに東限は東七五㍍の位置で現三島池と落ち込む傾斜が検出されたことなどから、南北一町、東西一町半の寺域が推定されている。[54]

ここで「御毛寺」・「御気院」の伽藍形態を考える上で、「院」という語に注目したい。「院」の奈良時代の一般的な用法をみると、『播磨国風土記』神前郡条では、邑曰野の由来について「意保和知苅廻為㆑院。故名㆓邑曰野㆒」とあり、垣で囲まれた場をさす。『令集解』僧尼令5・非寺院条の令釈では、同条の「寺院」の「院」について、「釈云。院垣院也」[55]とあることから、古代の法解釈上でも、仏教施設としての「院」とは垣などの寺域を限る施設を伴うものといえる。[56]「御毛寺」・「御気院」が北山廃寺とすれば、遺構からも「院」の字義通り四至を画していたことになる。したがって、「御毛寺」・「御気院」の伽藍形態は四至などの寺域を形成している点で、「弥気山室堂」とは異なるものだったといえよう。

2 「御毛寺智識」の伽藍認識

つぎに、御毛寺知識経の奥書の「御毛寺」・「御気院」という二種類の仏教施設名称への書写者および「御毛寺智識」の認識を考えたい。

まず表4にまとめた七世紀後半から九世紀の主に在地社会で作成された写経のうち、仏教施設名称の記載がある奥書をみると、仏教施設名称を記す奥書自体が4・5・7・8・10・12〜16の一〇例と決して多くない。延暦七年（七八八）頃に書写された栗野寺一切経の「本願主栗野寺」と願主としてみえる事例（表4—12。以下、12と記す。他も同じ）があるものの、それ以外は例えば7に「天平勝宝三年十一月、十一日両日間於大智寺奉　尊与写竟」とあるように書写した場を示すものと推察される。とりわけ、いわゆる既多寺知識経（4）は、現存の『大智度論』の全ての巻に「播磨国賀茂郡既多寺」とあり、既多寺が知識結の中核となる仏教施設であったことは確実である。同様に全ての巻に「天平六年歳次甲戌十一月廿三日写」と同日に書写されたことがわかるので、おそらく既多寺で一度に書写されたものと推定される。

ここで御毛寺知識経の巻四一九をみると、

天平十三年歳次辛巳四月紀伊国御毛寺智識
　　紀直商人写

とあり、「紀伊国御毛寺智識」との文言がみられるが、〈仏教施設名称＋知識〉という表記形態は、管見の限り、奈良〜平安初期の写経奥書では唯一であり[57]、その他には仏像光背銘に、七世紀後半の野中寺弥勒像台座銘に「栢寺智識」とあるのみである。近年の研究によればこの文言は栢寺の造寺知識であったとも推測されており[58]、この見解が認めら

表4　「知識」・仏教施設名を含む写経奥書

	奥書原文	願主	書写師	経典	通称
1	歳次丙戌年五月川内国志貴評内知識為七世父母及」一切衆生敬造金剛場陀羅尼経一部籍此善因往生浄」土終成正覚　教化僧宝林	教化僧宝林		金剛場陀羅尼経	
2	知識数廿七人下寸主水通勢部麻呂造奉」天平三年十一月十六日奉	下寸主水通勢部麻呂		大通方広経巻下	下寸主水通勢部麻呂願経
3	書写石津連大足」和泉監大鳥郡日下部郷天平二年歳次庚午九月書写奉」大檀越　優婆塞練信」従七位大領勲十二等日下部首名麿惣知識七百九人、男二百七十六　女四百卅三	優婆塞練信、従七位大領勲十二等日下部首名麿	石津連大足	瑜伽師地論巻第二六	和泉監知識経
	天平六年歳次甲戌十一月廿三日写播磨国賀茂郡**既多寺**」佐伯直漢古優婆夷	佐伯直漢古優婆夷		大智度論巻三三	既多寺知識経
	天平六年歳次甲戌十二(ママ)月廿三日写播磨国賀茂郡**既多寺**」福縁優婆夷	福縁優婆夷		大智度論巻三四	既多寺知識経
	天平六年歳次甲戌十一月廿三日写播磨国賀茂郡**既多寺**」神崎郡六人部奈支佐	六人部奈支佐		大智度論巻三七	既多寺知識経
	天平六年歳次甲戌十一月廿三日写播磨国賀茂郡**既多寺**			大智度論巻四〇	既多寺知識経
	天平六年歳次甲戌十一月廿三日写播磨国賀茂郡**既多寺**」針間国造諸乙	針間国造諸乙		大智度論巻五〇	既多寺知識経
	天平六年歳次甲戌十一月廿三日写播磨国賀茂郡**既多寺**」針間国造山守	針間国造山守		大智度論巻五一	既多寺知識経
	天平六年歳次甲戌十一月廿三日写播磨国賀茂郡**既多寺**」針間国造国守	針間国造国守		大智度論巻五二	既多寺知識経
	天平六年歳次甲戌十一月廿三日写播磨国賀茂郡**既多寺**」播磨直丹波売	播磨直丹波売		大智度論巻五三	既多寺知識経
	天平六年歳次甲戌十一月廿三日写播磨国賀茂郡**既多寺**」石作連知麻呂	石作連知麻呂		大智度論巻五六	既多寺知識経
	天平六年歳次□日写播磨国賀茂郡**既多寺**」石作連石勝	石作連石勝		大智度論巻五七	既多寺知識経
	「佐伯直東人」(貼紙)天平六年歳次甲戌十一月廿三日写播磨国賀茂郡**既多寺**	佐伯直東人		大智度論巻五八	既多寺知識経
	天平六年歳次甲戌十一月廿三日写播磨国賀茂郡**既多寺**」佐伯直林	佐伯直林		大智度論巻六〇	既多寺知識経
	天平六年歳次甲戌十一月廿三日写針間国賀茂郡**既多寺**」針間国造広山	針間国造広山		大智度論巻六一	既多寺知識経

4

天平六年歳次甲戌十一月廿三日写針間国賀茂郡**既多寺**」針間国造小君	針間国造小君		大智度論巻六二	既多寺知識経
天平六年歳次甲戌十一月廿三日写針間国賀茂郡**既多寺**」針間国造荒熊	針間国造荒熊		大智度論巻六三	既多寺知識経
天平六年歳次甲戌十一月廿三日写針間国賀茂郡**既多寺**」針間直姪売	針間直姪売		大智度論巻六六	既多寺知識経
天平六年歳次甲戌十一月廿三日写針間国賀茂郡**既多寺**」針間名着売	針間名着売		大智度論巻六七	既多寺知識経
天平六年歳次甲戌十一月廿三日写針間国賀茂郡**既多寺**」物部連方古	物部連方古		大智度論巻六八	既多寺知識経
天平六年歳次甲戌十一月廿三日写針間国賀茂郡**既多寺**」衣縫造男国	衣縫造男国		大智度論巻六九	既多寺知識経
天平六年歳次甲戌十一月廿三日写針間国賀茂郡**既多寺**」物部連大山	物部連大山		大智度論巻七〇	既多寺知識経
天平六年歳次甲戌十一月廿三日写播磨国賀茂郡**既多寺**」針間国造大成	針間国造大成		大智度論巻七一	既多寺知識経
天平六年歳次甲戌十一月廿三日写播磨国賀茂郡**既多寺**」針間国造刀自古	針間国造刀自古		大智度論巻七三	既多寺知識経
天平六年歳次甲戌十一月廿三日写播磨国賀茂郡**既多寺**」針間国造古刀自	針間国造古刀自		大智度論巻七四	既多寺知識経
天平六年歳次甲戌十一月廿三日写播磨国加茂郡**既多寺**」針間国造古玉	針間国造古玉		大智度論巻七五	既多寺知識経
天平六年歳次甲戌十一月廿三日写播磨国加茂郡**既多寺**」播磨直赤麻呂	播磨直赤麻呂		大智度論巻七九	既多寺知識経
天平六年歳次甲戌十一月廿三日写播磨国賀茂郡**気多寺**」山直麻呂	山直麻呂		大智度論巻八一	既多寺知識経
天平六年歳次甲戌十一月廿三日写播磨国賀茂郡**気多寺**」山直乙知女	山直乙知女		大智度論巻八二	既多寺知識経
天平六年歳次甲戌十一月廿三日写播磨国賀茂郡**既多寺**」信蔵僧	信蔵僧		大智度論巻八三	既多寺知識経
天平六年歳次甲戌十一月廿三日写播磨国賀茂郡**既多寺**」車持連員善	車持連員善		大智度論巻八四	既多寺知識経
天平六年歳次甲戌十一月廿三日写播磨国賀茂郡**既多寺**」向姓禅師	向姓禅師		大智度論巻八六	既多寺知識経
天平六年歳次甲戌十一月廿三日写播磨国賀茂郡**既多寺**」山直土麻呂	山直土麻呂		大智度論巻八七	既多寺知識経
天平六年歳次甲戌十一月廿三日播磨国賀茂郡**既多寺**」山直山持	山直山持		大智度論巻九〇	既多寺知識経
天平六年歳次甲戌十一月廿三日写播磨国賀茂郡**既多寺**」針間国造赤刀自	針間国造赤刀自		大智度論巻九一	既多寺知識経
天平六年歳次甲戌十一月廿三日写播磨国賀茂郡**既多寺**」針間国造角麻呂	針間国造角麻呂		大智度論巻九三	既多寺知識経

	天平六年歳次甲戌十一月廿三日写播磨国賀茂郡**既多寺**」針間国造豊敷	針間国造豊敷		大智度論巻九五	既多寺知識経
	天平六年歳次甲戌十一月廿三日写播磨国賀茂郡**既多寺**」針間国造広麻呂	針間国造広麻呂		大智度論巻九六	既多寺知識経
	天平六年歳次甲戌十一月廿三日写播磨国賀茂郡**既多寺**」民直次甲	民直次甲		大智度論巻九七	既多寺知識経
	天平六年歳次甲戌十一月廿三日写播磨国賀茂郡**既多寺**」婇臣石敷	婇臣石敷		大智度論巻一〇〇	既多寺知識経
5	山田方見住肥後国史生而始天平十五年歳次」癸未八月廿九日於合志郡以東山裏在**井出**」**原之禅房**方見母之願所奉為」書写師建部君足国	山田方見母	建部君足国	大般若経巻四〇一	山田方見母願経
6	願主近事瑜行知識幷弐拾壱人　近事九人那十二人」近恩明　深満　解行　道内　足広　法道　解満　恩」沢　近那　瑜成　主近　深恵　深福　深妙　深法」報貴　深行　深智　道精　恩信　深満」天平勝宝元年十月廿一日　書写観法	近事瑜行知識幷弐拾壱人	観法	解深密経巻第五	近事瑜行知識経
7	天平勝宝三年十一月、十一日両日間於**大智寺**奉　尊与写竟	穂積朝臣老		金剛頂瑜伽経巻一	穂積朝臣老奉為経
8	天平勝宝四年閏三月十九日　**香仙寺**			大乗起信論	
9	奉仕知識伯太造畳売」天平勝宝六年九月廿九日	伯太造畳売		大般若経巻四二一	家原里知識一日経
	奉仕知識家原里牟文史広、物部望麿、下村主弟虫」売、史玉刀自売」天平勝宝六年九月廿九日	牟文史広、物部望麿、下村主弟虫売、史玉刀自売		大般若経巻四二三	家原里知識一日経
	奉仕知識牧田忌寸玉足売」天平勝宝六年九月廿九日	牧田忌寸玉足売		大般若経巻四二五	家原里知識一日経
	奉仕知識馬首宅主売　用紙十七帳	馬首宅主売		大般若経巻四三〇	家原里知識一日経

10	天平勝宝六年潤月十九日写　**香仙寺**			大乗起信論	
11	梵網経一巻」天平勝宝九歳三月廿五日」知識願主僧霊春」沙弥願戒　日置石万呂」土師留女」土師功麻呂」土師売麻呂	霊春、沙弥願戒日置石万呂、土師留女、土師功麻呂、土師売麻呂		梵網経一巻	僧霊春知識経
12	大乗荘厳経論巻第一」延暦七年五月二十日　本願主**栗野寺**」檀越　沙弥延命後奉仕僧定来」伊福部連福人　僧勒群」経師僧信徹	栗野寺	信徹	大乗荘厳経論巻第一	栗野寺一切経
	念仏三昧経」巻第三」延暦十七年四月十三日　本願主**栗野寺**」檀越沙弥尼延命　伊福部連福人」後継奉仕僧定来　僧勒群」経師　長谷部連益継	栗野寺	長谷部連益継	念仏三昧経巻第三	栗野寺一切経
	仏説普法義経」延暦七年五月一日　本願主**栗野寺**」檀越沙門延命	栗野寺		仏説普法義経	栗野寺一切経
13	金剛頂瑜伽経巻　第二」上野国緑野郡**浄院寺**　掌経仏子教興」一切経本　掌経仏子」写経主仏子教興」経師近事法慧」弘仁六年歳次乙未六月十八日」即是平城宮御宇神野天皇之世也	教興	近事法慧	金剛頂瑜伽経	浄院寺一切経
14	承和十四年歳次丁卯潤三月」**武蔵国分寺中院**僧最安」写奉一切経本」経生沙弥澄照	最安	沙弥澄照	大菩薩蔵経	
15	貞観元年十二月十八日　**東大寺**　僧済雄	済雄		金光明最勝王経疏	
16	奉写徴妙真空教　為開自他仏知見」生々親見无量寿　世々安坐金剛台」貞観十一年七月十九日写信州伊県**法興寺東院**」清涼高楼閣畢			中論	

註　」は改行を示す。「知識」の語は傍線で示す。仏教施設名は太文字で示す。本表作成にあたっては、田中塊堂編『日本古写経現存目録』（思文閣出版、一九七三年）を使用し、奈良国立博物館編『奈良朝写経』（東京美術、一九八三年）により適宜修正した箇所がある。4の既多寺知識経については、『加西市史』第八巻史料編2古代・中世・近世Ⅰ（加西市、二〇〇六年）によった。

れるとすれば、御毛寺知識経と同様に仏教施設を中核とする知識の事例と見なしうる。また前述の既多寺知識経の事例（4）も既多寺が知識結の中核となっていたと考えられる。筆者も以前『霊異記』の知識結は、基本的に在地の「寺」や「堂」を中核としていたことを指摘したことがある。[59] 以上から少数ではあるが、現存する〈仏教施設名称＋知識〉の記述のある写経奥書や金石文は、いずれも仏教施設を中核とした知識結であったと解することができ、「御毛寺智識」も紀直商人を中心とする書写グループにより、御毛寺を中核とする知識集団による写経事業と認識されていたのではなかろうか。

一方、巻四三八には、「紀伊国那賀郡御気院写奉知識大般若一部六百河内国和泉郡坂本朝臣栗柄」とあるが、巻四三八は「御気院」と「知識」の間に「写奉」の二語があり〝御気院知識〟とはならないことが留意される。「写奉」を(A)「御気院」に〝写し奉る〟と読むか、(B)「御気院」において「写」した知識による大般若経を「奉」る、という二通りの解釈が可能であるが、いずれの解釈をとるにしても、「御気院」は、奉納する場もしくは書写の場と推測できる。すなわち「御毛寺」は「御毛寺智識」と呼称されているが、「御気院」は〝御気院知識〟とは呼称されなかった可能性が想定されるのである。巻四三七は、「紀国奈我郡三気▨▨知識奉写大般若経一部六百巻」とあり、「三気」と「知識」の間に二文字が入ったことが推定されており、一文字目には「寺」か「院」が入った可能性はあるが詳細は不明である。ここで重要なのは、「三気▨▨知識奉写」の部分だけは抹消符により削除されており、この内容自体、もしくは構文がふさわしくないと考えられ、どこかの段階で抹消されたと推測されることである。おそらく「御毛寺智識」の手を離れた段階での抹消と考えられるが、このような事実は、奥書の「三気▨▨知識」・「御毛寺智識」という知識集団が書写グループにとって重要な意味を有していたことを物語っていよう。

それでは、巻四九四・巻四九六・巻四九七に「右京六条四坊上毛野伊賀麻呂写」とのみあり、「御毛寺」・「御気院」

の記載がないことはどのように考えるべきであろうか。伊賀麻呂の場合、写経所の経師・校生として天平十九年（七四七）〜天平勝宝二年（七五〇）の期間に頻出する人物であり、御毛寺知識経の成立した頃には右京六条四坊にいたことから写経生の時期である可能性が高く、そうだとすれば天平十三〜十四年とは異なる時期に異なる場で書写された可能性もある。しかし薗田香融は、年記や書写の場所に関する記載がないことについて、「本知識経の成立した天平十三〜四年とは別の時期に、また紀伊国那賀郡の弥気寺とは別の場所（たとえば奈良の京）で書写された可能性も否定できない。しかし、伊賀麻呂書写の三巻を本知識経に属する他の天平古写経と比べてみると、料紙の大きさや紙質、界線の高さや幅、さらに書体に至るまで共通したところが多い（中略）。伊賀麻呂書写の三巻も本知識経と同時の成立として、まず誤りはないであろう」と指摘している(60)。したがって、薗田説に従うとすれば、書写の時期が天平期であること、書写の場が「御毛寺」・「御気院」であった可能性は高く、「御毛寺」・「御気院」や「知識」などの語がないのは、平城京にいた伊賀麻呂を中心とする書写グループの有する「御毛寺智識」への認識の反映であった可能性もあろう。

以上から、天平十三〜十四年に「御毛寺智識」という知識集団を中核として知識が結ばれていたこと、傾向として知識の帰属を示す時は「御毛寺」と記され、奉納の場、書写の場を記す場合に「院」が用いられた可能性が推定されよう。筆者が違うからだという考え方もできるが、そうではなく、知識集団の結集を象徴する「寺」と、写経を奉納する場としての「院」という解釈が可能である。

おわりに

本章では御毛寺知識経について考察し、以下の諸点を指摘した。第一節では、第一に、御毛寺知識経の書写年代の中心は天平十三年（七四一）であったこと、第二に、「御毛寺智識」とある知識集団は、紀伊国名草郡・伊刀郡、河内国和泉郡などに地域的拠点のある有力者が地縁的に結びついて成立したものであるが、基礎単位としては有力者の血縁関係や同祖同族関係に基づいて構成された書写グループが存在したと推測されること、また御毛寺知識経は、薗田説の通り各書写グループが帙ごとに分担書写して成立していたと推論されることを論じた。第三に、三名の書写者と出身氏族の考察から、三名中二名が経師・校生などの写経生や写経生と同族の中央下級官人層であったこと、唯一中央との結びつきがない紀直商人も卓越した書写技術が指摘されており、中央との関係が想定されることを指摘した。また知識集団は、各書写グループを媒介として、在地のみならず平城京に居住する人々にまで及ぶ地域的広がりを有し、写経の知識や技術でも、中央からの大きな影響を受けて成立した可能性が高いことをも合わせて指摘した。

第二節では、第一に、「御毛寺」・「御気院」の呼称と関わるミケ地域の範囲について考察し、(イ)『古語拾遺』で御木郷が名草郡とされてきたことについて、これまで名草郡から那賀郡へ郡境が変更されたと推測されてきたが、八世紀代の那賀郡の諸郷の比定地からすると、紀ノ川と貴志川の合流地点である那賀郷周辺に集中し、一方の名草郡の諸郷は紀ノ川河口部や北岸に展開するため、那賀郡の諸郷の集中地域に位置する「上三毛」・「下三毛」の地域のみを名草郡域とすることはできないこと、(ロ)「御毛寺知識経」で「御毛寺」・「御気院」の直前にある地名表記が、「国」もしくは「国＋郡」であり里名・郷名までないことから、八世紀代のミケは名草郡域にまで及ぶ広域的地域名称であった可能性を指摘した。第二に、「御毛寺」・「御気院」の比定寺院について、那賀郡の諸郷と古代寺院址の位置関係から推測すれば、薗田説（A説）と同じく北山廃寺が有力であること、またミケ地域を広域的地域とみなせるとすれば、北山廃寺はミケ地域の範囲であった可能性が高いことを指摘した。第三に、『霊異記』下一七の「弥気山室堂」について、説話内容から御毛寺知識経とは檀越集団が異なることに加え村落と密接に関わる仏教施設であることから、「弥気山室堂」の「弥気」は村落名の「弥気里」を冠したものであることを指摘した。また「御毛寺」・「御気院」と「弥気山室堂」の成立年代に約三〇年の差があることから、同一地域に存在したとしても、さまざまな在地情勢の変化により各仏教施設の状況や檀越集団と仏教信仰のあり方が変容した可能性が高く、この点からも「御毛寺」・「御気院」と「弥気山室堂」を同一とする説は、直ちには成り立ちがたいことを論じた。

第三節では、第一に、「御毛寺」・「御気院」を北山廃寺に比定できるとすれば、北山廃寺の発掘調査の成果から伽藍形態として四至を有する仏教施設であったことが確認でき、「御気院」の「院」が寺域を限る施設という意味であることと一致する一方で、「弥気山室堂」は四至のない仏教施設という点で異なることを指摘した。第二に、御毛寺知識経の「御毛寺」と「御気院」の相違点として、知識集団の結集を象徴する「寺」、写経奉納の場としての「院」という解釈が可能であることを示した。

以上、御毛寺知識経について、①書写年代、②知識集団の特質、③「御毛寺」・「御気院」に冠するミケ地域の比定、④「御毛寺」・「御気院」の比定、⑤「御毛寺」・「御気院」の存在形態、⑥知識集団による「寺」・「院」認識など諸点の基礎的考察を行った結果、御毛寺知識経は、天平期の在地の仏教施設を核とする知識集団の構造と特質、知識集団による仏教施設認識（「寺」と「院」の相違）などが窺える貴重な史料であることが改めて明らかとなった。また本章の考察結果からすれば、「御毛寺」・「御気院」と『霊異記』下一七の「弥気山室堂」は、同一の仏教施設ではない可能性が高いと結論づけられるのではなかろうか。

また本章では、御毛寺知識経を支える知識集団の基礎単位が、中央下級官人層の知識や技術と結びついた在地有力者層の各書写グループであったことを指摘したが、中央下級官人層の仏教的知識の問題は、「寺」と「院」に対する認識の相違の問題とも深く結びついているものと考えられる。

御毛寺知識経が成立した天平期には「院」という仏教施設の史料として、①『出雲国風土記』の「新造院」(天平五年＝七三三)、②『続日本紀』の行基建立の四十九院の二つが存在する。二史料はいずれも国家への提出史料に基づくと考えられることから、「院」の呼称が、八世紀前半の国家の「寺院」観に関わる可能性が想定される。

八世紀前半の古代国家にとっての「寺院」とは、僧尼令の諸条文からみれば、「三綱」の存在が前提であり、「三綱」を置く僧尼集団の基礎単位であったために、仏教統制の中心的な位置を占めたものと考えられる。(61)また僧尼令の非寺院条では、寺院の外で別に「道場」を建てて僧侶が布教活動をすることを戒めており、「寺院」は僧尼の常住する場として位置づけられていた。

八世紀前半の国家の寺院認識を窺える史料として、『続日本紀』霊亀二年(七一六)五月庚寅条があるが、本条によれば国家の志向した「寺院」の諸条件とは、(イ)僧尼の常住、(ロ)僧尼の供養と仏事の実施、(ハ)僧尼の「名籍」登録と「田畝」・「田園」などの寺院財物の所有、(ニ)「堂塔」を中心とした伽藍の整備の四点であり、内容から当該期の在地寺院の多くは上記のいずれかの点において不十分であったことがわかる。そしてこのような事実は、上記の「院」の二史料でも同様であったことが確認できる。(62)すなわち、八世紀前半の在地寺院には、国家の「寺院」観に合致しない仏教施設が多数存在したと考えられよう。推測の域を出ないものの、在地の仏教施設が正規の「寺」ではなく、「院」と呼称された背景としては、本章で指摘の諸点に加え、国家の「寺院」観に合致していないという意味が込められていた可能性があろう。このような「寺院」観は、修行や布教のために積極的な都鄙間交通を行っていた官大寺僧[63]に加え、中央下級官人層によっても在地にもたらされたと考えられる。このような点も天平期の在地の仏教の特質として位置づけられるのではなかろうか。

註

（1） 薗田香融「和歌山県小川旧庄五区共同保管大般若経について」（『古代史の研究』創刊号、一九七八年。以下、薗田 a 論文）、同「仏教文化の発達」（『和歌山県史 原始・古代』第五章第四節・2、和歌山県、一九九四年。以下、薗田 b 論文）、同「小川八幡神社所蔵大般若経について」（『南紀寺社史料』〈関西大学東西学術研究所 資料集刊25〉関西大学出版部、二〇〇八年。以下、薗田 c 論文）。

（2） ①について薗田は、天平十三年（七四一）・天平十四年の年紀があることから、天平十三年三月に出された国分寺建立の詔と同時に推進された大般若経書写との関係を指摘し、その後、小川八幡宮に奉納されたものとした（前掲註(1)薗田 c 論文）。

（3） 前掲註(1)薗田 c 論文、三六二頁。

（4） 三舟隆之「『日本霊異記』に見える「堂」と「寺」」（『続日本紀研究』第三四一号、二〇〇二年）。吉田一彦「『日本霊異記』の史料的価値」（小峯和明・篠川賢編『日本霊異記を読む』吉川弘文館、二〇〇四年）。加藤謙吉「「聞く所に従ひて口伝を選び…」―古代交通路と景戒の足跡―」（同所収）。三舟隆之「地方寺院の性格」（『日本古代の王権と寺院』名著刊行会、二〇一三年）。角田洋子「初期道場と行基集団」（『行基論』専修大学出版局、二〇一六年）。

（5） 前掲註(4)の諸論文参照。

（6） 拙稿「『日本霊異記』における仏教施設と在地仏教」（『史学』第七二巻第一号、二〇〇三年）。本書第二部第一章。

（7） 上田睦「寺を建てた氏族たち―摂・河・泉―」（『古代の寺を考える』帝塚山考古学研究所、一九九一年）など。

（8） 笹生衛『神仏と村景観の考古学』（弘文堂、二〇〇五年）。奈良文化財研究所編『在地社会と仏教』（二〇〇六年）。国士舘大学考古学会編『古代の信仰と社会』（六一書房、二〇〇六年）。上高津貝塚ふるさと歴史の広場編『神の寺・山の寺・里の寺―古代仏教信仰の広がり―』（二〇一〇年）など。二〇〇三年以前の仏堂遺構の発掘成果については、本書第二部第一章の註(4)において詳述した。

(9)薗田香融編著「大般若経銘文集成」(前掲註(1)薗田編著『南紀寺社史料』所収)。薗田編著により原文に墨消があり、その文字が判読できる場合は、本章では文字を太文字とした。文字が判読できない場合で字数が推定できる場合は薗田編著に従い▨と表記し、文字の磨滅・虫損によって判読できない場合で字数の推定できる場合は、□と表記した。

(10)佐藤信「石山寺所蔵の奈良朝写経—播磨国既多寺知識経『大智度論』をめぐって—」(『古代の遺跡と文字資料』名著刊行会、一九九九年。初出は、一九九二年)二二〇〜二二一頁。栄原永遠男「郡的世界の内実」(『人文研究　大阪市立大学文学部紀要』第五一巻第二分冊、一九九九年)。今津勝紀「既多寺大智度論と針間国造」(栄原永遠男・西山良平・吉川真司編『律令国家史論集』塙書房、二〇一〇年)。

(11)前掲註(1)薗田ｃ論文。

(12)『続日本紀』宝亀八年三月壬戌条。

(13)前掲註(4)吉田論文。

(14)薗田香融「岩橋千塚と紀国造」(『日本古代の貴族と地方豪族』塙書房、一九九二年。初出は、一九六七年)一九〇頁。

(15)志田諄一「平安時代初期の氏族について」(『歴史教育』第一六巻第九号、一九六八年)一九頁。

(16)栄原永遠男「紀氏と倭王権」(『紀伊古代史研究』思文閣出版、二〇〇四年)六九頁。

(17)栄原永遠男「滋野氏の家系とその学問」(『紀伊古代史研究』塙書房、二〇〇四年。初出は、一九八一年)。前掲註(14)薗田論文。

(18)拙稿「『日本霊異記』上巻第五の史的再検討—宇治大伴連氏の「本記」作成と大伴宿禰氏—」(『史学』第七四巻第三号、二〇〇六年)。

(19)前掲註(14)薗田論文、一七九頁。

(20)前掲註(14)薗田論文、一九一頁。

(21)ただし、もう一つの可能性として、国家的に戸籍に登録・把握された姓名と在地の写経において署名した姓名が異なっていた可能性、すなわち地方豪族は中央と在地で氏姓を使い分けていた可能性が考えられる。近年平川南は、陸奥国磐城郡の郡領氏族の於保磐城臣について、荒田目条里遺跡出土の二点の木簡から、「通常磐城郡内においては、「磐城」を略し「於保臣」と称した」ことを指摘し、そこから「ことさらに在地においては中央との結びつきを強調するウジの政治組織としての側面が意識」されていたことを推論している（平川南「古代における人名の表記」〈『古代地方木簡の研究』吉川弘文館、二〇〇三年、三〇四頁。初出は、一九九六年〉）。その他に、前掲註(18)拙稿も参照。すなわち、地方の複姓氏族諸氏が、中央・地方の大豪族と擬制的同族関係を結ぶ目的の一つとして、大豪族の権威を借りることにあったことが明らかである。直氏は日前宮との関係からも紀直氏と古くから結びつきを有していたと考えられ、実質的には、紀直氏の権威を借りて在地における諸活動を展開していたと想定される。そうだとすれば、御毛寺知識経の「紀直商人」の署名は、「直秋人」が在地では紀直氏を名乗っていた可能性をも示唆するものとなろう。

(22) 加藤謙吉「吉士集団の性格とその歴史的展開」（『吉士と西漢氏』白水社、二〇〇一年）六一頁。

(23) 前掲註(1)薗田a論文、前掲註(4)吉田論文。

(24) 『大日本古文書』一四―三四六。

(25) 『大日本古文書』一四―三九七、一六―四二九。班田使の史生は写経所の経師と筆写を事とするという点で、人的供給源を共通にしていたことを三谷芳幸が指摘している（同「天平勝宝七歳の「班田司歴名」をめぐって」〈西洋子・石上英一編『正倉院文書論集』青史出版、二〇〇五年〉）。

(26) 『大日本古文書』四―一七・二四、一三―八一。

(27) 『大日本古文書』二三―一七二・一七七。

(28) 『大日本古文書』一〇―三七三、一二―一八六。

(29) 『大日本古文書』二五―七六。

(30) 『大日本古文書』二二―三七一。

(31) 馬場基『平城京に暮らす』（吉川弘文館、二〇一〇年）。

(32) 堺市教育委員会編『史跡土塔―文字瓦聚成―』（二〇〇四年）、同『史跡土塔―遺構編―』（二〇〇七年）。

(33) 『平安遺文』一―一三〇号。

(34) 前掲註(1)薗田c論文、前掲註(4)吉田論文。

(35) 『大日本古文書』一四―二二七。

(36)『大日本古文書』四—四〇七。
(37)『平城宮発掘調査出土木簡概報』二二。前掲註(22)加藤論文、九七頁。
(38)栄原永遠男「律令制下の政治と社会」(『和歌山県史　原始・古代』第五章第二節、和歌山県、一九九四年)四〇五頁。
(39)『日本霊異記』中一一。
(40)前掲註(4)三舟論文。
(41)野中堂を船氏の氏寺である野中寺とする見解があるが(前掲註(4)三舟論文。黒板伸夫・森田悌編『訳注日本史料　日本後紀』集英社、二〇〇三年など)、説話から船氏との関係は読み取れず再考を要する。経師と外部から請来しなければならなかったことや、狭い一堂内で写経事業が行われるという説話内容からも古代村落の「堂」とすべきであろう。
(42)前掲註(1)薗田c論文、三五九頁。
(43)栄原永遠男「律令制の成立と紀伊の国制」(『和歌山県史　原始・古代』第五章第一節、和歌山県、一九九四年)三三二頁。
(44)前掲註(43)栄原論文、三二〇〜三二四頁。その他、『角川日本地名大辞典　30和歌山県』(角川書店、一九八五年)、『古代地名大辞典—本編—』(角川書店、一九九九年)も参照の上、作成した。
(45)前掲註(44)『古代地名大辞典—本編—』一三四四頁。
(46)西国分廃寺は、坂田寺系統以外に法隆寺西院系や本薬師寺系の瓦も用いている(貴志川町教育委員会編『北山廃寺発掘調査報告書』一九九六年)四頁。以下の説明も、本報告書による。
(47)前掲註(1)薗田b論文。
(48)前掲註(1)薗田c論文。なお、初出時では薗田のA説のみを記し、B説を明記していなかった。そのため研究史的に誤解を生じた部分もあったと思われるため、ここに訂正することとしたい。しかし、基本的な論旨に変更はない。
(49)小谷徳彦「弥気山室堂の再検討」(『藤澤一夫先生卒寿記念論文集』帝塚山大学考古学研究所、二〇〇二年)、前掲註(4)三舟論文、前掲註(22)加藤論文など。
(50)前掲註(6)拙稿。本書第二部第一章。
(51)前掲註(6)拙稿、二九〜三三頁。
(52)前掲註(6)拙稿。本書第二部第一章。

(53) 古代村落の「堂」については、前掲註(6)拙稿。拙稿「日本古代の「堂」と仏教―『東大寺諷誦文稿』における「慰誘言」を中心として―」(山口敦史編『聖典と注釈―仏典注釈から見る古代―』〈古代文学会叢書Ⅳ〉武蔵野書院、二〇一一年。本書第二部第三章)、拙稿「日本古代の「堂」と村落の仏教」(『日本歴史』第七七七号、二〇一三年。本書第二部第三章)など参照。

(54) 前掲註(46)『北山廃寺発掘調査報告書』四五頁。

(55) 『新訂増補国史大系　令集解』。

(56) 喜田貞吉「院の名義、特に正倉院の名称について」(『奈良時代の寺院』〈喜田貞吉著作集第六巻〉平凡社、一九八〇年)三五七頁。その他に、櫻井信也「「寺院併合令」からみた「新造院」」(『出雲古代史研究』第四号、一九九四年)も参照。白川静『字通』(平凡社、一九九七年)では、「院」の原義は「かきのあるたてもの」、和訓は「かき」とする。

(57) 古代日本の「知識」の用例には、表4の写経奥書の事例(1・2・3・6・11)の他、金石文で法隆寺金堂釈迦三尊像光背銘に「信道知識」がある。また、六国史では東大寺大仏の造立詔に「発二菩薩大願一奉レ造二盧舎那仏金銅像一軀一。尽二国銅一而鎔レ象。削二大山一以構レ堂。広及二法界一為二朕知識一。遂使下同蒙二利益一共致中菩提上」(『続日本紀』天平十五年十月辛巳条)とある。またいわゆる献物叙位の事例で、「河内国人大初位下河俣連人麻呂銭一千貫。越中国人无位礪波臣志留志米三千碩。奉二盧舎那仏知識一。並授二外従五位下一」(『続日本紀』天平十九年〈七四七〉九月乙亥条)など大仏建立のためや、「献二当国国分寺知識物一」(『続日本紀』天平勝宝元年〈七四九〉五月戊寅条)など国分寺建立のための知識物献上の事例がある。

(58) 竹内亮「古代の造寺と社会」(『日本古代の寺院と社会』塙書房、二〇一六年。初出は、二〇一二年)一八九頁。

(59) 前掲註(6)拙稿、三七頁。

(60) 前掲註(1)薗田c論文、五三九頁。

(61) 岡野浩二「序論」(『平安時代の国家と寺院』塙書房、二〇〇九年)二〇頁。

(62) 『出雲国風土記』の「新造院」を見ると、「寺院」の(イ)の条件のみでも、常住僧の有り(四例)、無し(一例)、不明(五例)とばらつきがあり、その他にも「寺院」の諸条件と合致しない事例が多くある。行基の四十九院は、『続日本紀』宝亀四年(七七三)十一月辛卯条に、行基建立の「院」には、㈠聖武朝に「田」を「施入」されていたもの、㈡元々「田園」を認定されていたもの、㈢田が施入されていないものの三種類があり、「寺院」の(ハ)の条件に合わない「院」が存在したことは明らかである。また㈢の「六院」は荒廃したために、本条で二〜三町の「田」が施入されているが、この施入田は他の多度神宮寺（「墾田」・「田代」が約八〇町）や近長谷寺（一一町四段二〇歩の田地、五段二〇〇歩の畠地）などの地方寺院と比較しても微々たるものである。

(63)　鈴木景二「都鄙間交通と在地秩序—奈良・平安初期の仏教を素材として—」（『日本史研究』第三七九号、一九九四年）。川尻秋生「日本古代における在地仏教の特質」（大金宣亮氏追悼論文集刊行会編『古代東国の考古学』慶友社、二〇〇五年）。拙稿「『東大寺諷誦文稿』の史料的特質をめぐる諸問題—書き入れを中心として—」（『水門』第二二号、二〇一〇年。本書第一部第二章）。

第二部　日本古代在地仏教論

第一章　『日本霊異記』の仏教施設と在地の仏教

はじめに

本章では、日本古代の在地社会の仏教史研究の基本史料である『霊異記』の史料的特質を踏まえた上で、在地の仏教施設である「堂」と「寺」についての比較考察を行い、各仏教施設の特質と階層性の存在を明らかにする。

この問題は、一九七〇年代から一九八〇年代の高度経済成長期以降現在に至るまで、奈良・平安時代の集落遺跡の調査が蓄積され、とりわけ東国の集落遺跡より「村落内寺院」(1)・「村落寺院」(2)・「仏堂施設」(3)と研究史上呼称されている仏堂遺構(4)の発掘成果が出されたことと不可分の関係にある。すなわち、近年の東国集落遺跡の発掘調査に基づいた須田勉や笹生衛らの研究成果によれば、日本古代の在地社会の仏教施設には階層性が存在したことが明らかにされたのである(5)。そこで文献史学では考古学の成果への対応を迫られることになったが、近年までの文献史学の『霊異記』の仏教施設についての研究は、「堂」の機能論に特化した研究や史料論的手続きが踏まえられていない研究が多く（後述）、とりわけ在地社会の仏教を「堂」と「寺」を軸とした階層的構造として捉える視点に基づく研究は皆無のように思われる。序章にて触れたように、古代仏教全体の特質を明らかにするためには、国家レベルの仏教のみならず、在地社会における諸階層の造営する仏教施設と、それと密接に関わる仏教の具体相の考察から在地社会の仏教の構造を明らかにすることは必須の作業であると考えられる。

第一節　『日本霊異記』の仏教施設研究史

在地社会の仏教の研究では古代村落レベルの仏教の研究は、主に『霊異記』の「堂」を中心になされてきた。本節では、『霊異記』の「堂」と「寺」の研究史を中心に整理をしていきたい。研究年代から大きく二期に分けると、第Ⅰ期は一九五〇～七〇年代まで、第Ⅱ期は一九八〇～二〇〇〇年代に分けられる。

第Ⅰ期の研究は、「寺」は郡名寺院の存在を指摘された米沢康の研究(6)のほか、江谷寛(7)・田中重久(8)などによる概括的な研究があったが、その後の研究に大きな影響を及ぼし、現在まで継承されている研究は、直木孝次郎の「『日本霊異記』にみえる「堂」について」(9)である。直木は、「仏を祭り信仰の中心となる場所として、「寺」と「山寺」と「堂」の三種が記事の中にあらわれ、それがある程度区別して用いられているらしいことに気がつく」と述べ、各仏教施設の特徴を指摘した。

その後井上光貞は、直木と同じく仏教施設の区分について触れ、「著者（＝『霊異記』の編者景戒のこと―筆者注）は広義での寺院を寺と堂とに使いわけている。堂はしばしば道場ともいわれるが、この堂＝道場は村落にあって寺としての規模のととのわないものであり、律令の用法にもかなっている」(10)と指摘された。井上説はその後の研究には十分継承されているとは言い難いが、『霊異記』の仏教施設を「堂」と「寺」の二区分で扱っている点など重要な指摘もある。

また佐々木虔一は、仏教施設の区分は直木説を継承したが、『霊異記』の「堂」を「草堂」と把握し、その機能として写経に伴う法会や漢神を祀ることが出挙の貸借関係と同様に村落における有力農民と一般村落民との関係を維持・強化する側面を推測した。(11)佐々木の研究はそれ以前に仏教施設の区分論に止まっていた研究を村落との関係で考察したという意味で踏み込んだものであったが、実証面ではなお不十分な部分が残された。以上、第Ⅰ期の研究は、『霊異記』の仏教施設の基本的事実の整理・確認という意味で重要であったが、具体的な機能面や他の史資料との比較は史料的制約もあり課題を残していたといえる。

第Ⅱ期の研究は一九八〇年代後半から始まるが、前述の八世紀後半から九世紀にかけての東日本の集落遺跡を中心として、研究史上「村落内寺院」・「村落寺院」・「仏堂施設」と呼称されている仏堂遺構が多数発掘され、八世紀後半以降の村落レベルの仏教施設の広範な存在が確認されたことと密接に関連している。一九八〇年代からは論点が多岐にわたるため、①仏教施設の機能、②仏教施設の存在形態、の大きく二点に分けて整理してみたい。

まず①は、宮瀧交二の古代村落の「堂」の研究が重要である。(12)宮瀧は中世以降の「堂」を視野に入れた上で、『霊異記』の「堂」を「村堂」と規定し、個々の説話から「堂」の機能的側面として、A旅人の宿泊、B共同飲食器の保管、(13)C病者の居住、の三点を指摘し、必ずしも「堂」の機能は宗教的側面のみに収斂されないとし、さらにそれらの機能は「宗教的施設としての「堂」が村落内に建立されてから後は、その本来的性格に加えて、各村落社会と密接な諸機能が付加されていった(14)」と指摘した。「寺」や「堂」の宗教的機能以外の側面は、近年松原弘宣により運脚夫の宿泊場所に用いられたことが推論されている。(15)また村落の再生産と関わる機能は、早く河音能平により私出挙を正当化する説話が語られていた点が指摘されていたが、(16)近年太田愛之は、中三二の「薬王寺」(勢多寺)の検討から、古代村落内の「寺」が「村人からの知識によって得た稲を出挙すること」によって村人の生産サイクルに組み込まれることにより、八世紀段階の村落の階層分解による共同体の崩壊を繋ぎとめ村落を再編していったと推論し、そのような

寺院の機能が七世紀後半からの造寺ラッシュの背景にあったとした。(17)

以上のような個々の説話分析からの「堂」の機能についての成果が蓄積されていく中で、近年『霊異記』を中心とした在地の仏教の宗教的・政治的機能の議論を飛躍的に深化させたのが、『諷誦文稿』の官大寺僧の都鄙間交通の視点から在地の仏教を論じた鈴木景二の「都鄙間交通と在地秩序―奈良・平安初期の仏教を素材として―」(『日本史研究』第三七九号、一九九四年)であった。鈴木は、第一に、『諷誦文稿』と『霊異記』の比較検討によって、八・九世紀の官大寺僧が在地に赴き寺堂の法会の導師を務めることにより、在地秩序の形成と維持に大きな役割を果たしていたことを明らかにした。この点と関わり、官大寺僧が在地の僧侶と師弟関係を結びネットワークを形成していたという鈴木の指摘も、在地の仏教の構造を分析する上での重要な視角であると思われる。第二に、『霊異記』の各説話は、在地の寺堂の法会で語られた説話を官大寺僧が筆録して平城京に持ち帰り、それらを景戒が集めたものであると推論したことにより『霊異記』の史料論的位置づけがなされたことがあげられる。本研究により、『霊異記』を用いた在地の仏教の研究も新段階を迎えたのである。

その後、鈴木の視点を継承した川尻秋生は、「日本古代における在地仏教の特質」(大金宣亮氏追悼論文集刊行会編『古代東国の考古学』慶友社、二〇〇五年)で、地方寺院の資財帳などの検討から、地方豪族、特に郡司層出身である官大寺僧が中央の仏教儀礼を在地社会にもたらしていたこと、また官大寺僧の出身母体は郡司層であることを指摘した。以上の近年の研究から、在地と中央を繋いだ官大寺僧の重要性が明確になったといえる。

ただし近年の研究では、官大寺僧の都鄙間交通と在地の仏教の関係は論じられていたが、(18)その一方で在地の仏教儀礼の機能的研究は川尻の所論を除きほとんど見られない。とりわけ『諷誦文稿』の分析から仏教儀礼の具体的機能を明らかにする研究は、その史料的性格の複雑さによりほとんどなされていない状況にある。今後の研究は鈴木説・川尻説を土台として、在地の仏教儀礼の機能面も、より一層の研究の深化が求められよう。

つぎに②の仏教施設の存在形態は、有富由紀子が、直木の指摘した仏教施設の三区分の特に「寺」の存在形態について、それまでに明らかな寺院跡と比較検討し、『霊異記』の「寺」と「堂」を区別する基準は建立者の創建背景よりもその形態にあり、特に、「塔」の有無がその名称の違いの根拠になったこと、『霊異記』の「寺」の形態が単に『霊異記』の中のことに止まるものではないことを指摘した。[19]また菅原章太は、「道場」について検討し、「堂は単一の建物のみで成り立っていたのではなく、修行の場である道場を中心の建物として、鐘堂や塔など複数の建物で構成され、堂域は一定の広がりを持っていたことが想定される」[20]と指摘した。菅原が一定の広がりを持つ堂域の存在を推測した点は重要であるが、「道場」を「堂」の中心的な建物とは史料上読み取れず、この点は再考の余地があろう。

なお山寺は、中島正と三舟隆之の研究があるが、[21]私見では「山寺」は「寺」の中の小区分として捉える立場に立つため、機会を改めて論じることとしたい。

以上、二期に分けて研究史を整理した。第Ⅱ期の研究は、第Ⅰ期と比較して「堂」の具体的な機能や考古学を含む他の史資料の比較検討という点で飛躍的に深化したといえる。しかしほぼ全ての論文が、直木の仏教施設の三区分とその特徴を細部に亙って継承していることに気がつく。確かに直木論文は先駆的であり『霊異記』の仏教施設研究の根幹となった。しかし、直木論文では表現が不明確な部分もあったためにその後の研究者により多様に解釈された部分もあった。なかんずく、「寺」と「堂」の区分は表記上の相違よりも直木論文の微妙な表現の解釈に基づいて議論が展開された部分がある。しかしながら、私見によればこの区分は各仏教施設の社会的背景やそれに伴う宗教世界の違いとも関わる重要な指標であり、再検討に値する問題であると思われる。加えてこれまでの文献史学の古代村落の「堂」の研究では『霊異記』の「堂」に研究が集中し、「堂」の基本史料である(イ)『諷誦文稿』の「某甲堂」、(ロ)『続日本後紀』天長十年（八三三）十二月癸未朔条の「岡本堂」の二史料は、十分な検討が行われてこなかったことも問題であった。(イ)は鈴木景二の基礎的な研究があったが、鈴木も「寺や堂を改めて考えると豪族の建立した寺院も、彼らの居館との関係が明確でないものの、在地有力者と堂の関係を拡大したものと見ることができる。……機能面では豪族の寺も在地の堂も同様の役割を果たしていたとみて差し支えないであろう」[22]とし、「堂」と「寺」の区分の問題を重視しなかった。しかし、『諷誦文稿』には古代村落の「堂」の法会の式次第と関わる史料であるとすれば[23]、『諷誦文稿』も改めて古代村落レベルの仏教の諸様相を示す具体的史料として位置づけ直す必要があろう。したがって、以上の研究史の整理からすれば、文献史学では、古代村落の「堂」の諸史料を総合的に検討した上で、「堂」を中心とした仏教の具体相および仏教の階層性が示されるべき段階にきたといえよう。

本章では、直木説を批判的に継承することを出発点とし、『霊異記』の「堂」と「寺」の区分論を再検証した上で、『霊異記』の「堂」を在地の仏教の中に位置づけたい[24]。

ところで、先行研究では、基本的に直木説の三区分を継承し発展させてきたが、近年、古代村落の「堂」の存在自体に疑義を唱える見解が提起された。それは古代史料の「寺」と「堂」は同じ意味であり、「寺」と異なる仏教施設としての「堂」の存在を認めない三舟隆之の所説である[25]。ここで本書の立場を明確にするために、三舟説の基本的な問題点のみを指摘しておきたい。まず三舟による『霊異記』の仏教施設の認識は、以下の叙述に表れている。すなわち、三舟は「堂」は仏像を安置する建物自体を指し、「寺」はそれを含む区域といえるかもしれないが、当時の人々にとって、それがどれだけの違いであったかを理解していたのであろうか。……景戒もそれを意識していたとは思えない」[26]（傍点は筆者。以下、同じ）、「この時代の人々には、「寺」と「院」、或いは「寺」と「堂」に区別をつけていたとは思えないのである」[27]などと指摘されている。ここで注意すべきは、『霊異記』は決して「当時の人々」や「この時代の人々」の実態的認識を直接的に反映した書物ではないことである。すでに寺川眞知夫の考察があるように、『霊異記』は知識階層を対象とした書物であることはいうまでもなく、[28]景戒が官大寺の薬師寺僧であり当該期の知識階層であることを前提としなければ、『霊異記』の史料的性格を正当に位置づけることはできないであろう。近年の日本文学の『霊異記』論では、景戒による『霊異記』の編纂とは、東アジア世界の文化圏の系譜に自らを連ねる宗教的実践であったと指摘されている。[29]近年までの『霊異記』の史料的性格の研究の蓄積からしても、上記の『霊異記』に対する素朴な認識は改められるべきであろう。[30]

最後に、一九八〇年代以降に東日本各地の集落遺跡で発掘された仏堂遺構の位置づけについて、概略のみ示しておきたい。上記の仏堂遺構の存在は、八世紀後半以降に東日本の村落への仏教の浸透を示す指標となるものであるが、畿内地域では現在のところ確認されているとは言い難い現状であり、『霊異記』の「堂」と直ちに比較検討することは慎重であらねばならない。しかし、そのような考古学の発掘成果と文献史料との接点を探るものとして、近年の宮瀧交二の見解は注目される。宮瀧は東国の集落遺跡の出土文字資料において、「いずれの墨書土器も「寺」という表記がなされており、「堂」と記した事例は皆無である」が、「これらの仏堂（村堂）は、……まさに『日本霊異記』に登場する「堂」に該当する建物であることは明らかである。すなわち『日本霊異記』を著した薬師寺の僧・景戒の認識からすれば、これらの仏堂（村堂）は自らが暮らす「寺」と同一の位相に置くような存在ではなかったのであろう」[31]と指摘している。宮瀧の主眼は、東国の村人たちにとっては集落内の仏堂遺構は「寺」と認識されていたであろうという点にある。前述の三舟が『霊異記』から「当時の人々」の認識について触れていることと、宮瀧が出土文字資料から「村人」たちの認識について触れていることとは一見立場が類似しているようにみえるがそうではない。宮瀧の場合は、出土文字資料に基づいて推論したのは集落内における「村人」の仏教施設の認識であって、景戒などの官大寺僧の認識とは区別されるものである。そして『霊異記』の「堂」と直接的に結びつけることを避けながらも考古学的成果を重視し、『霊異記』の「堂」と同一階層の村落レベルの仏教施設であると推論している。最近の最も実証的な成果である笹生衛の所説では在地の仏教施設の階層性が想定されており[32]、宮瀧による東国の仏堂遺構の基本的評価は従うべきであろう。

ここで仏堂遺構研究の最新の成果である笹生の所論のうち、考古学的な成果と文献史料との接合の問題のみ付言しておきたい[33]。笹生は千葉県内の約七〇前後の事例から検出された建物構造と基礎構造から、A類―四面庇建物を中心仏堂とするもの（坪地業建物：AⅠ類、基壇建物：AⅡ類、掘立柱建物：AⅢ類）、B類―方形・内陣建物（中央に一間四方の内陣構造をもつもの）を中心仏堂とするもの（基壇建物：BⅠ類、掘立柱建物：BⅡ類）、C類―中心仏堂が側柱建物であるもの（掘立柱建物：CⅠ類、小規模な掘立柱建物で瓦塔や瓦堂の覆屋など：CⅡ類）、その他、遺跡内に明確に仏堂と判断できる建物遺構は確認されないものをD類とし、さらに①仏堂等建物の構成状況、②立地遺跡の存続年代と性格の二点から六つに類型化した。このうち笹生は、第1類型を文献史料にみえる「山林寺院・山寺・別院」とし、集落内の仏堂については、第2類型→第3類型→第4類型→第5類型の四段階の階層差を設定している。笹生の研究では、これまでの研究では取り上げられてこなかった小規模な仏堂や、仏堂はなく仏教系遺物を出土するのみの遺跡なども含めて広く考察対象としたものであり、文献史学で議論されている在地の仏教施設の階層性について、考古学の発掘成果の広範で精緻な分析によりその存在を実証したことは画期的なことであった。この階層性は平面規模・基礎構造・仏教系遺物・立地など複数の基準により導かれたもので説得力があり、今後の古代在地社会の仏教史研究は、考古学的成果により明らかにされた仏教施設の階層性を踏まえた議論が不可欠となったといえる。ただし、笹生の示した類型の全てが在地の社会的階層と結びつくか否か、また各類型の仏堂遺構の性格については、なお検討の余地があ

るように思われる

なお宮瀧が、「「堂」と記した事例は皆無である」[34]と指摘した点は若干の修正が必要である。少数ではあるが「堂」と記した出土文字資料として、大阪府池田寺遺跡からは「池田堂」の刻書土器[35]、静岡県浜松市の伊場遺跡では八世紀後半から九世紀前半の層から「河良堂」の墨書土器[36]、茨城県日立市上台遺跡では「堂」の墨書土器[37]、大村廃寺の「□来堂」の墨書土器[38]の計四例が確認できるからである。[39]少数であっても「堂」の出土文字資料の存在は、「堂」の存在が官大寺僧の認識レベルに留まらず、実態としても○○堂という固有名称をもつ仏教施設の存在を示している。とりわけ伊場遺跡の事例は、『霊異記』中三九に遠江国榛原郡鵜田里に廻国の僧が「鵜田堂」を建立した話があることからしても、東海道にまで「堂」という仏教施設が存在した可能性を推測させるものである。その一方で、考古学の発掘成果によれば、畿内と東国では集落遺跡の形態が異なることが明らかにされている。[40]近年窪田大介は、九世紀の東北地方の集落内の仏教施設について、東国集落遺跡で「村落内寺院」と呼称される仏教施設とは明らかに成立背景が異なるものとして「掘立柱仏堂」の呼称を提起しており、[41]東日本の中でも関東と東北の差違が指摘されている。関東・北陸・山陰など仏教系遺物の出土状況でも、西日本と東日本では大きく異なり、東日本の中でも地域によって傾向が異なることが判明しており、[42]もはや八世紀後半から九世紀の在地社会の仏教施設の地域的偏差は看過できない問題であると思われる。このような発掘成果を前提とすれば、畿内地域の様相を示す文献史料の「堂」と出土文字資料を安易に比較するのではなく、まず各地域の出土文字史料の特質を析出した上で『霊異記』との関係性を慎重に検討していく必要があろう。文献史学の立場では、そのような学際的研究のためにも厳密な『霊異記』の史料批判に基づいた検討を行うことが求められるのである。

第二節　先行学説の再検討
——直木説を中心として——

『霊異記』の仏教施設の先駆的研究であり、現在においても通説的位置を占めている直木孝次郎の所論について触れておきたい。直木は、『日本霊異記』に仏教関係の記事が多いことはいうまでもないが、仏を祭り信仰の中心となる場所として、「寺」と「山寺」と「堂」の三種が記事の中にあらわれ、それがある程度区別して用いられているらしいことに気がつく(43)」と述べ、以下の分類をした。

Ⅰ「寺」

たいていは官寺で修行した官僧が常住し、いわゆる寺院としての設備・内容が整っていた。また官・国または有力な貴族・豪族によって建てられ、寺院としての体面を備えている。ただし、「貴志寺」のように、村人の力で作られたものを寺と呼んでいる例もあるので厳密な統一はない。

Ⅱ「山寺」

僧侶の修行の場所として建立されたもので、国家あるいは特定の貴族・豪族や村落との関係はほとんど見られない。

Ⅲ「堂」

(1)　里名・村名を堂の名とするものが多い。

(2)　常住の専門僧侶がいない。多くの堂は正式の資格をもつ僧侶によって経営・管理されてはいない。

(3)　仏像は木像・塑像の中でも粗末な方に属する。

(4)　土地の有力者または村人の力によって建てられる場合が多い。

(5)　檀越が管理している。

以上の各仏教施設の基本的性格はおおむね認められるものであるが、その一方で、以下のような問題点もあげられる。

①直木は、下二三の仏教施設を「寺」に含めているが、説話本文には「氏之寺」という表現が確認できるほかは、「堂」・「堂檀越」・「堂物」・「住堂之物」と基本的に「堂」を用いた語であり、固有名称の「寺」（○○寺）はないため、直ちに「寺」と判断することは躊躇される。(44)

②直木は、上五の「豊浦堂」について、「蘇我氏のような大豪族の寺院を「堂」と呼ぶのは例外で、村の百姓程度の土豪の建てたものと、村人の協力で建てたものとを「堂」というのが普通であったのではなかろうか。なぜなら豊浦堂は日本でほとんど最初の寺院で、一般の例となしがたいこと、『霊異記』の中でも別の場所では「豊浦寺」と称していること（上二）、またさきに述べたように、藤原氏や三谷郡の大領や小県郡の大伴連など郡程度以上の豪族の建てたものは「寺」と呼ばれた例が少なくないこと（下二四・上七・下二三）などから、豊浦堂は一応別に考えるのが穏当と思われるからである」と述べた。(45)しかし直木は、上五で「豊浦堂」とした理由について、上一・下三八の「豊浦寺」との相違を踏まえながら十分な説明をしていない。

③直木は、下二八の「貴志寺」について、「やや例外に属するもの」とし、五つの「堂」の特徴に共通しているので実質的には「堂」に準ずるものとし、(イ)本尊は同じ木像でも丈六仏像であって、建物や設備もかなり整っていた、(ロ)塔を作る計画があったことが知られ、一般の「堂」よりは進んだ形態であったという二点から、「「寺」と「堂」の中間的存在」、「形態的に「寺」の最下位に位置するもの」と述べた。先行研究では、佐々木虔一(46)・宮瀧

交二[47]・菅原章太[48]は、「貴志寺」を「堂」の範疇に含めて考えたが、有富由紀子は「寺」の範疇にも含めて考えている[49]。前者は主に「堂」の機能を検討し、後者は主に「寺」と「堂」の施設形態を検討したことによる違いであると思われるが、③の記述から直木の区分が曖昧であったため、貴志寺の位置づけは、なお決着がついていないのが現状といえよう。

以上の三点は、直木説の「寺」と「堂」の区分の論拠が不明確なものである。

ただし、直木説の問題点のうち、②の上五の「豊浦堂」は、すでに有富が、「話の内容をみると、上巻五話は豊浦寺の創建当初の話であるので、その当時豊浦寺がまだ「寺」と呼べるほどの規模をもっていなかったということで豊浦堂と呼ばれ、上巻一話の方は、話は仏教もまだ伝来していない雄略天皇の時代の話だが、豊浦寺は『霊異記』の著者景戒が平安時代初期の読者にわかりやすいように、あるいは話が伝来してくる途中で当時の人びとがわかりやすいように単に地理的説明のために出てくるので、そのころには「寺」としての規模、設備を備えたものであったために豊浦寺と出てくるのであろう[50]」と的確に指摘している。したがって、本章では、右にあげた直木説の問題点の①・③を主たる考察対象としていきたい。

第三節　「堂」・「寺」の用法と特質

1　『日本霊異記』の「堂」の用法の検討

「堂」の漢語としての語義を確認すると、「たかどの」が原義である[51]。中国史料や中国仏教説話によれば、仏堂のほかには基本的に「堂」は有力者の邸宅にある「立派な建物」を示す時に用いられる語である。しかし、『霊異記』の説話内の「堂」の用法を確認すると、その全てが内容から仏教施設と推測される（後述）。なお下序に見える「天上宝堂」の表現は、弥勒菩薩の居処である兜率天宮の表現と考えられるため、(52)検討対象からは除外したい。

まず第一に、説話の中で「堂」がどのような構造的特徴をもつものとして描かれているかを具体的に見ていきたい。『霊異記』の説話内容から「堂」の構造的特徴をまとめると、(イ)「檀越見矜みて、戸を開きて裏に入れ」（下一一）のように、「堂」という建物の入口に戸がある事例（上三・中二一・下一一）、(ロ)「堂」の建物の内部で、A導師が説法をしている場合（上一〇・中一五）、B仏像の安置と礼拝行為がなされている場合（上一八・中三四・下三八）、C堂内を雨宿りの場（下一八）や起居の場（下二八）とする場合、など具体的な行為をする場として記されている事例、(ハ)寺院内部の一施設として、「金堂」（上三三・中三六・下三〇）や「鐘堂」（下一七）、その他に「七間堂」（下二四）、「九間大堂」（下二四）(53)とある事例、という三つの特徴があげられる。下三の「白堂」は「堂に白す」、つまり人々の願いごとを仏に申し上げる意と考えられるので、(54)この「堂」は仏像を安置する建物を示す事例となる。

唯一、下一七の「弥気山室堂」は、「堂」・「坊」・「鐘堂」の三つの施設によって構成されており、その三つの施設のまとまりを「弥気山室堂」と呼称するので単一の建造物の表現ではなく、すでに菅原章太によって指摘されているように、(55)一定の広がりをもった堂域と呼ぶべき空間を含む仏教施設の総称としての表現であると見なしうる。この事例はどのように考えるべきであろうか。

注目されるのが「弥気山室堂」という「字」（＝通称）である。「字」に冠されている「室」は、『霊異記』の中で仏教施設の場合、僧房をさすことがわかり、(56)事実下一七にも「坊」が確認できる。その一方で、他の「堂」で僧房を付属している事例は見られない。ここから「弥気山室堂」の「字」に「室」が含まれることは、「字」に冠さなければならないほど仏教施設の特徴として特記されるべき建造物であったと考えざるを得ない。そのように考えられるとすれば、「弥気山室堂」のように僧房を付属施設とする「堂」は極めて稀であったと推測される。おそらく下一七の「弥気山室堂」の場合、基本的に「堂」は「単一の建物からなる仏教施設」を示す表現でありながら、追加して順次「坊」や「鐘堂」が建造されたため、結果として「堂」の意味が複数の建物を有する構成体の意味へと拡大したものと考えられる。「寺」の呼称とならなかったのは、あくまでも基本的な存在形態が「堂」であったからであろう。この点は、次節以降詳述したい。

第二に、「堂」と「寺」の説話の中の表現上の相違点を見ていきたい。『霊異記』説話で、「堂」と「寺」の両仏教施設と直接的に関わる頻出表現として、以下のA〜Dがある。すなわち、A寺（堂）を造る（「造〔作・建〕寺（堂）」）、B寺（堂）に住む（「住〔居・止〕寺（堂）」）、C寺（堂）に仏像がある（「於寺（堂）有〔安置・居〕〈仏像名〉」）、D寺（堂）に詣でる（「詣〔入・出・向・至・奉請・参入〕寺（堂）」）という四種類の表現であり、「堂」と「寺」が出てくる説話に頻出する。これら四種類の表現が堂説話と寺説話でそれぞれ混用せずに用いられているとすれば、「堂」と「寺」が異なる仏教施設と認識されていたことの論拠に成り得るものと考えられる。そこで改めて個別に見ていくと、Aの「造〔作・建〕寺」の表現は、寺説話に一〇例あるが堂説話にはなく、「造〔作・建〕堂」の表現は、堂説話で四例あるが、寺説話では下二四に「造九間大堂」とあるのみである。Bの「住〔居・止〕寺」の表現は、寺説話では一九例あるが堂説話にはなく、「住〔居・止〕堂」は堂説話には四例あるが寺説話にはない。Cの「於寺有〔安置・居〕〈仏像名〉」の表現は、寺説話では一〇例あるが堂説話にはなく、「於堂有〔安置・居〕〈仏像名〉」は堂説話には五例あるが寺説話にはない。Dの「詣〔入・出・向・至・奉請・参入〕寺」の表現は、寺説話には九例あるが堂説話にはなく、「詣〔入・出・向・至・奉請・参入〕堂」は、堂説話には七例あるが寺説話にはない。したがって、四種類の頻出表現の使い分けから見ると、「堂」と「寺」の表現は使い分けられていたことが指摘できよう。

第三に、「堂」と「寺」の施設・財物などに関わる表現の相違がある。表5には、寺の施設に関わる表現として、A「寺北路」(中二二)・「寺前之路」(上一)・「寺(之)前」(上三四・中二三)・「寺辺」(上一一・上三三)、B「寺内」(下八・下二八)、C「寺門」(上一二・上二〇)・「寺南門」(上三二)、D「寺庭」(上二二)(「寺庭」と対照的な表現となる「堂庭」は、中一五の一例しかなく、しかもこの例は「堂」が邸宅内にあることによるもので、『霊異記』の「堂」一般にある表現ではない)がある。Aの「寺之前」の表現は、「寺」に「寺門」(C)や寺域を囲う施設が伴い、「寺内」(B)や「寺庭」(D)を形成していたことが前提となる表現であろう。そうだとすれば「寺北路」も「寺」の北側の囲繞施設に沿った「路」と解釈することも可能である。少なくとも「寺之前」・「寺北路」(A)などの表現は、「寺」の周辺を説明する場合に「寺」が目印としての役割を果たしていたことを意味しよう。したがって、「寺」の施設に関わる表現は、基本的に「寺」の周辺を説明する指標となる建造物であり、とりわけ寺域を囲う門と施設が存在したことを前提とした表現と考えられる。その一方で「堂」には、「寺」のように何かの指標となる表現はない。かかる事実は前述の「堂」の存在形態が基本的に単一の建物であり、目印となる建造物や堂域を囲う施設などを伴わないことと対応するものをいえよう。

第四に、仏教施設の財物に関わる表現の相違がある。表5には、E「寺物」(「寺物」と対照的な表現となる「堂物」は、下二三の一例しかなく、しかもこの例は例外的である)、F「寺人」・「寺悪奴」、G「寺田」、H「牛」・「馬」、I「寺産業」と寺の経営に関わる表現がある。一方の「堂」には「家」の「牛」を除いてそのような表現がないことがわかる。また上記からは、「寺」が「寺田」をもち、「寺人」や牛馬を駆使して「寺産業」を行っていたことがわかり、さらに、J「寺銅」、L「寺息利酒」、M「寺交易銭」などからは経営の原資の存在を示すため、独自の財物を所有する経営体であ

表5　『日本霊異記』にみえる仏教施設と資財等の表現

分類		「寺」	「堂」
仏教施設	A 目印	「豊浦寺前之路」（上一）、「法林寺東北角」（上四）、「寺辺」（上一一・上三三）、「信部寺之前」（上三四）、「寺北路」（中一二）、「葛木尼寺前南蓼原」（中一三）、「豊浦寺西」（下三八）	
	B 囲繞施設	「山寺内」（下八）、「寺内」（下二八）	「堂裏」（中一五・下一八）があるが、「堂」の内部という意味
	C 門	「寺門」（上一二・二〇）、「寺南門」（上三二）、「正東之門」（下一二）	
	D 庭	「寺庭」（上一二）	「堂庭」（中一五）
	(参考)寺内施設	「大安寺南塔院」（中二四）、「千手院」（中四二）、「法花寺幢」（下三六）、「西大寺八角塔」（下三六）	「幢」（中五）
仏教施設の資財	E 財物	「寺物」（中九）、「寺物」（下二三標題）	「住堂之物」（下二三）、「堂物」（下二三）
	F 人	「寺人」（中三二）、「寺悪奴」（上三）	
	G 田	「寺田」（上三）	
	H 牛馬	「牸」（上二〇）、「犢」（中九）、「牛」（中三二）、「牛七十頭・馬三十疋」（下二六）	「犢」（中一五）
	I 産業	「寺産業」（中三二）	
	J 銅	「寺銅」（中二二）	
	L 酒	「寺息利酒」（中三二）、「寺薬分之酒」（中三二）	
	M 銭	「大安寺修多羅分銭」（中二四）、「寺交易銭」（中二四）、「寺商銭」（中二四）、「大安寺大修多羅供銭」（中二八）、「大安寺常修多羅供銭」（中二八）、「大安寺成実論宗分銭」（中二八）、「千手院修理分之銭」（中四二）、「寺之銭」（中四二）	
その他	N 檀越	「寺之檀越」（中三二）	「堂檀越」（下二三）

ったことを推測させる。一方の「堂」にはそのような表現はなく、経営体の機能が未熟であったことを想定させよう。(58)

以上、『霊異記』の仏教施設の表現の検討を行い、以下の結論を得た。第一に「堂」が基本的に単一の建物からなる仏教施設であること、第二に「堂」と「寺」に関わる頻出表現を比較した結果、寺説話と堂説話の間に混用は見られないこと、第三に「堂」と「寺」の仏教施設と財物に関わる表現を比較した結果、「寺」にはシンボルとなる建造物や寺域を画する囲繞施設の存在が推測され、さらに仏教施設経営と関わる表現があるのに対し、一方の「堂」には同様の表現はほとんど見られないことを指摘した。したがって、『霊異記』の「堂」と「寺」の表現は、基本的に区別して使い分けられていたことが指摘できよう。

2　『日本霊異記』下二三の仏教施設について

下二三の仏教施設は、井上光貞は「堂」に分類したが、(59)直木説を継承した多くの研究者により「寺」に分類され「堂」の用例としては扱われていない。しかしながら、先行研究で具体的な考察がなされているわけではなく、「寺」と「堂」の区分を明確にするためにも、下二三の仏教施設が「寺」・「堂」のいずれであったのかを検証する必要があるように思う。以下に、下二三を掲出しよう（傍線、A～C、傍点などは筆者による。「　」・『　』は会話文を示す。以下、同じ）。

A用二寺物一復将レ写二大般若一建レ願以現得二善悪報一縁

B大伴連忍勝者、信濃国小県郡嬢里人也。大伴連等、同レ心其里中作レ堂、為二氏之寺一。忍勝為レ欲レ写二大般若経一、発レ願集レ物、剃二除鬢髪一、著二袈裟一受レ戒修レ道、常二住彼堂一。宝亀五年甲寅春三月、倏被二人讒一、堂檀越所二打損一而死。檀越者即忍勝之同属。眷属議曰、「令レ断二于殺レ人之罪一」。故転不二焼失一、点レ地作レ冢、殯収而置。然歴二五日一乃甦、語二親属一言、「召レ使五日、共副疾往。往道頭有二甚峻坂一。登二於坂上一、而躊躇見、有二三大道一。一道平広。一道草生荒、一道以レ藪而塞。衢中有レ王。使白言、『召』。王示二平道一言、『従二是道一将』。王使衛往。道末有二大釜一。釜湯気如レ焔。涌沸如レ波。吼鳴如レ雷。即生取二忍勝一、井投二彼釜一。釜冷破裂、而成二四破一。C爰三僧出来、問二忍勝一言、『汝作二何善一』。答、『我不レ作レ善。唯欲レ写二大般若経六百巻一故、先発レ願、而未二書写一』。于レ時出二三鉄札一、挍之如レ白。僧告之言、『汝実発レ願、出レ家修レ道。雖レ有二是善一、而多用二于住堂之物一故、摧二汝身一。今還畢レ願、後償二堂物一』。纔放還来、過二三大衢一、従レ坂而下。即見甦返。斯乃発レ願之力。用レ物之災、是我招罪。非二地獄咎一矣」。大般若経云、「凡銭一文、至二廿日一、倍二一百七十四万三貫九百六一八文一在。故竊二一文銭一莫二盗用一也」者、其斯謂之矣。

下二三の概要は、主人公の大伴連忍勝が、大伴連氏が作った「堂」（「氏之寺」）に常に住んでいたが、「堂之物」（「堂物」）を多く用いたために「堂檀越」である同族に打ち殺されてしまった。眷属が話し合って死体はすぐには焼かず殯をしていたところ、忍勝は五日で蘇り、その間、地獄に堕ちていたことを語った。忍勝は「地獄には衢に王がいて、そこで私は王に裁かれ、沸いた湯を入れた大釜に投げ入れられたが釜が割れてしまった。そこで出てきた僧侶が語るには、私には大般若経書写の発願と出家修道の功徳があったが、堂物を多く用いたために釜に入れ体を砕いたのだ。今は現世に帰って書写発願を達成させ、堂物を償うようにと言われ、それで私は現世に戻ってきたのだ」と語ったという話である。

ここで改めて、本話の「堂」と「寺」に関わる表現（傍点部分）を整理すると、「堂」と関わる表現には、「作堂」（傍線部B。以下、Bと記す）・「住彼堂」（B）・「堂檀越」（B）・「住堂之物」（C）・「堂物」（C）の五つの用例があり、「寺」には、標題に「寺物」、本文に「氏之寺」の二例がある。標題は景戒が付したものであるので、まず問題となるのは「氏之寺」(B)という表現と、「堂」の用例との関係である。どちらの表現に重きを置くかによって評価は異なるが、私見では以下の論拠によって下二三の仏教施設は「堂」であると考える。

第一に、前項でみたように、「作堂」(B)・「住彼堂」(B)は堂説話にしかない表現形態であること。第二に「堂檀越」(B)の表現が注目される。中三二の「寺之檀越」と対照的な表現があるが、寺の檀越である岡田村主石人は、寺人や牛を「寺産業」のために駆使できる存在であり、妹の岡田村主姑女が「寺薬分之酒」の出挙をしていること、仏事の主催者であることから薬王寺の経営者の一人であることが明らかである。[60]檀越とは『霊異記』では主に仏教施設の造営主体をさす。中央豪族層を檀越とする大寺院であれば、寺の内部の個別の仏堂レベルで建立者や発願者が異なることはありえるが、[61]地方寺院以下では想定し難い。そのように考えられるとすれば、「堂檀越」(B)という表現は、〇〇堂という固有名称をもつ「堂」の檀越の意味でしかあり得ない。第三に、「住堂之物」(C)・「堂物」(C)の表現の問題がある。標題によれば「寺物」(A)と記されているが、説話本文では一貫して「堂物」と記されている。もし「寺物」が正式名称であれば、地獄の僧侶たちの忍勝への言葉の中では「寺物」と記されるはずではなかろうか。

ここで「寺物」の内容を考えてみると、奈良時代の資財帳の「寺」の財物は、基本的に伽藍内のものは三宝の分類で記されている。しかし、伽藍に含まれない賤・牛馬・水陸田・穀稲なども寺院財物として記載されており、その理由は、国家が寺院統制のために寺院経済の内実を把握しようとしたためであると指摘されている。[62]つまり寺院財物は、「仏物」・「法物」・「僧物」などの三宝物のほか多種多様なものが含まれていたのである。天平五年度の『出雲国計会帳』には、天平五年(七三三)十月二十一日に進上した公文一九巻のなかに「寺財物帳」があるが、[63]この公文は資財帳同様に地方寺院の財物の把握のためと考えられるので、寺院に属するさまざまな財物を総称する場合に「寺財物」と記されたことを示しており、「寺物」とはその略称と想定される。「寺物」がそのように考えられるとすれば、一方の「堂物」は○○堂という固有名称の「堂」に付属する資財の意味になろう。資財帳には堂舎ごとに財物の帰属を示す「仏殿章」などの分類が成立するのは十世紀以降のことで、初見は延喜五年（九〇五）成立の『筑前国観世音資財帳』であることがすでに川尻秋生によって明らかにされている。(64) このような資財の帰属の認識の変化からしても、八・九世紀の地方社会の仏教施設で堂舎ごとに資財が帰属していたとは考えられず、下二三の「堂物」が「寺」の中の一堂舎の財物でないことの傍証となろう。以上から、下二三の仏教施設は「堂」であったと推定できよう。

つぎに、○○堂が「氏之寺」（B）ともあることは、どのように解釈すべきであろうか。本文には「其里中作㆑堂、為㆓氏之寺㆒」とあるが、注目されるのは「為○○寺」という表現である。この表現は本説話を除き三例あるが、このうち中二一の「成㆓東大寺㆒」は金鷲という山寺が現在は東大寺になったという場面であり、他の二例とは用法が異なるので除外し、残りの二例を見ると、中一七では「以㆑宮成㆓尼寺㆒」とあり、中五では「己家立㆑幢成㆑寺」とある。これらはいずれも「宮」・「家」など、「寺」でないと明確に区別されるものを「寺」に「成（為）」した（転用した・改修した）という意味である。そのように考えられるとすれば、同様の文章構造をもつ下二三の「其里中作㆑堂、為㆓氏之寺㆒」は、（「寺」（○○寺）とは区別される）「堂」（○○堂）という仏教施設を「氏之寺」（氏族結集の場）として位置づけたという意味であり、かえって「堂」と「寺」が区別される概念であることを明確に示しているのと考えられるのである。「氏之寺」のような用法が出てくるのは、この表現が「大伴連等、同㆑心其里中作㆑堂」とあるように、大伴連氏等が精神的な拠り所とした仏教施設であるからに他ならない。すなわち、仏教施設名称としては「堂」と「寺」は明確に区別されながら、仏教施設の機能に関わる表現としては「堂」ではなく「寺」を用いた「氏之寺」という表現が八世紀末には成立していたのである。(65) かかる事実の意味は、どのように考えるべきであろうか。

同様の事例として中五を見てみよう。中五では「己家立㆑幢成㆑寺、安㆑仏修㆑法放生。従㆑此已後、号曰㆓那天堂㆒矣」

とあり、「家」に幢を立てて「寺」としたとあり、その「寺」を「那天堂」と号したとある。つまり、この部分は、家を改修して仏を安置し礼拝する機能を有する仏教施設に改修したと理解できるとすれば、仏教施設という全般的な意味合いでは「堂」ではなく「寺」が用いられ、それを固有名称で名づける段階に至っては「那天堂」という「堂」の呼称が用いられたと考えられる。ここには「寺」と「堂」の関係が端的に示されていると思われる。すなわち「寺」には、①仏教施設の機能を有するものを全般的にさす広義の用法、②固有名称の○○寺と表記する時の狭義の用法、の二種類の用法があり、②の用法で使用する場合においてのみ、固有名称の○○堂とは区別されていたのである。

ここで仏教施設の固有名称の事例をみると、下一七では「法名」は「慈氏禅定堂」、「字」は「弥気山室堂」と「堂」の部分に混用はない。また下三〇では、「先祖造レ寺、有二名草郡能応村一。名曰二弥勒寺一、字曰二能応寺一也」とあるように「寺」の部分にも混用はない。つまり、仏教施設の固有名称レベルで「寺」と「堂」を混用する例は、『霊異記』には一事例もないのである。一方、「寺」の広義の用法（①）では下二九がある。ここでは、子どもが遊びで作ったものが「石寺」と記され、「石を累ねた」ものが「塔」と記されている。この「石寺」は正式名称や字ではない。子どもが彫って作った仏像もあることから仏教施設とわかるものであったに違いない。実物と比べればとるに足らないものに対し「寺」と記されることは、仏教施設全般をさす一般名称としては、いくら粗末であっても「堂」ではなく、「寺」であったのではなかろうか。中十六の「能人作レ寺」との格言らしき表現にも「寺」が使われていることも傍証となる。以上からすれば、下二三の「氏之寺」（B）とは、仏教施設の機能面を示すために、「単一の氏または始祖・別祖や系譜を共有する同系の氏により構成され、新たな氏の意識、氏結合の場としての仏教施設の機能を示す表現」として用いられたものと解釈でき[66]、標題の景戒が記した「寺物」（A）は、仏教施設全般の財物を意味する簡明な表現として景戒が「寺物」を選択したと考えられよう。

そのような「堂」と「寺」の関係を示す事例として、『霊異記』以外にも『諷誦文稿』の二七八〜二七九行がある（傍線部は筆者。〈　〉は書き入れ。以下、同じ）。

今、此の堂は、〈里の名、某甲郷、此れ〉名を某と云ふ。何の故にそ某郷と云ふ。然る故の本縁。何の故にそ某堂と云ふ。然る故の本縁。此の堂は大旦主の先祖〈本願〉建立したまふ。
堂も麗しく厳り、仏像も美しく造り奉る。郷も怜く、寺の所も吉し、井も清く水も清し、〈夏の〉樹影も怜く、出居も吉し、経行も吉く、遠見も怜し、駅路の大きなる道の辺にして物毎に便有り。云。〈若し山、〈林、河〉の辺ならば、山、〈林、河〉に附きて、云。若し城の辺ならば城に附きて、云〉。

傍線部に見える「某堂」（二七八行）と「寺所」（二七九行）は、固有名称と一般名称であり、前述の『霊異記』の事例と同様に解釈できる。当該箇所は山路直充により、「「堂」は建物やその様子を示し、「寺」は「堂」の周辺を含めた空間を意識していた」と解釈されており(67)、認識レベルで使い分けがあった可能性はあるが、仮にそうであったとしても、そのような用法は広義の「寺」の用法の一つであり本章の結論とは抵触しない。おそらくこのような「堂」と「寺」の用法の相違は、八・九世紀の日本で、元々複数の意味を有する語である「寺」が仏教施設の意味としてのみ受容されていることからも(68)、仏教施設全体を意味する用法である「寺」の影響力の大きさが窺えよう。なお関東の集落遺跡を中心とする「仏堂施設」出土の墨書土器に、「○○寺」とあるものと単に「寺」とあるものの二種類があることもこのような事情と関わっていよう(69)。

最後に、下二三の「堂物」の内容と性格について考察していく。本話は標題に「用二寺物一復将レ写二大般若一建レ願以現得二善悪報一縁」とあり「寺物」（本文では「堂物」）を「用」いたと明確に記されながら、化牛説話の話型をとっていない唯一の説話である。すなわち、本話は「堂物」を盗用した大伴連忍勝が地獄で裁かれて罰を受け、「堂物」を償うために蘇生するという筋立てになっている。

　田中史生は、本話について大伴連氏を構成する各家が家産を「堂」に施入し檀越としての地位を手に入れることによって、その経営目的には宗教的活動内という制限が加わるものの、実質的には「堂」を介した家産管理をしている様子を描いたものと指摘している。[70] しかし、下二三の「堂物」は『霊異記』で唯一の用例であり、その性格は慎重に検討する必要があろう。

　本話の「堂物」の内容は「住堂之物」とあり、「堂」の内部に保管されていた「物」であったと想定される。また「堂物」を「用」い、それを「償」うように命じられていることから什器などの貸借できるモノではなく、消費される動産であったと推察される。説話前半部には「忍勝為㆑欲㆑写㆓大般若経㆒、発㆑願集㆑物」と「物」を集めたことがわざわざ記されており、この「物」が「堂物」であった可能性が高い。そうだとすれば、大般若経書写のための原資であり、紙・筆・墨などの筆記具の準備費用や経師を請来するための費用などが想定されるが、三上喜孝は、古代社会の流通経済では地域的に分かれ複数の物品が現物貨幣として流通しており、『霊異記』上三〇でも豊前国宮子郡の少領膳臣広国の父が綿と稲を出挙していたのは、西海道などの綿が流通していたことの反映であると指摘している。[71] そこで下二三の類話で同じく小県郡の話である下二二を見ると「銭」と現物貨幣である「稲」が「出挙」されており、「寺」の化牛説話の「寺物」の多くが稲であると想定されることからしても、稲なども含む動産が中心的な「物」であったと推定されよう。

　下二三の「堂物」は大般若経のために集められた「物」であったと推測されるとすれば、本話の「堂物」とは「堂」独自の経営によって築かれた財産ではなく、大般若経書写のための一過性の寄進物であったと想定される。ここで説話内容に戻ると、下二三のストーリーは常住僧の忍勝が大伴連氏の同族から集めた「堂物」を多く用いたことにより地獄に堕ちる内容であることが改めて注目される。なぜならば、序文の景戒の編纂意識や『霊異記』の論理からすれば「寺物」を盗んだ場合に牛に転生する（畜生道に堕ちる）ことには必然性があるが、「堂物」の盗用者の大伴連忍勝は「堂」の牛には転生するストーリーになっていないからである。この理由を推測するならば、可能性として、大伴連氏の「堂」には、牛が資財として付属していなかった、少なくとも牛を必要とするほどの規模の農業経営を含む仏教施設経営がなされていなかった可能性が考えられるのではなかろうか。

ここで『霊異記』の化牛説話のうち「堂」を舞台とした事例である上一〇と中一五をみると、両話には「寺物」・「堂物」といった用語はなく、「堂」の物を用いたために「堂」の牛に転生したという話にもなっていない。両話とも家長の稲を父母が盗んだために「家」の牛に転生しているのである。「堂」は家長主催の法会の場にすぎない。「堂」の檀越の稲などを盗用した父母が「家」の牛に転生している事情を改めて考えてみると、「堂」は檀越の「家」の内部にあることや常住する僧侶もいないことからすれば、「家」から自立した仏教施設経営が行われていたとは考え難い。つまり両話の「堂」は檀越の「家」の経営から相対的に自立した経営体として存立せず、「家」の経営に包摂された存在であったと考えられよう。下二三に戻ると、常住僧の大伴連忍勝は「堂物」を用いたために地獄に堕しているることからすれば、「堂物」の管理権はあったとしても処分権は檀越で同族である「大伴連等」によって担われていたと想定される。また何より「堂物」の性格が同族から集めた知識物という一過性のものであったことからすれば、下二三の「堂」も自立した経営体としては成立していなかった可能性が高いと考えられよう。

在地の「堂」と呼称される仏教施設の存在形態はさまざまであったと推測される。古代村落内部に立地する「堂」だけでなく、上八・中三四・下三八には邸宅内に立地した持仏堂の「堂」が見える。無論、上一〇・中一五の「堂」

は檀越の邸宅内にありながら、村落の人々を巻き込んだ私的法会が行われる場であり、邸宅内の立地が村落との関わりを否定するものではない。下一一の「蓼原堂」は里名をその名に冠していながらも、檀越が堂内の仏像への礼拝を管理し、里人は特別な事情がない限り堂内に入って礼拝することができなかった様子が記されている。かかる事実は、「堂」と呼称される仏教施設がいずれも檀越の私的所有物的側面が強かったことを物語っているものと考えるべきであろう。

以上をまとめると、「寺」と区別される「堂」は、基本的に仏教施設独自の経営が行われていたことを示す事例はなく、おそらく檀越の経営から自立した経営主体として存立せず、檀越の「家」の経営に包摂されていたと推定される。そしてそのような経営形態とも関わり、檀越の私的所有物的側面を強くもっていた仏教施設であったことも合わせて指摘できよう。

第四節　仏教施設の存在形態
——下一七と下二八の比較を中心に——

本節では、下一七の「弥気山室堂」と下二八の「貴志寺」を比較検討することによって、「堂」と「寺」の具体的な相違点を見ていきたい。直木は下二八の「貴志寺」の性格づけについて、「貴志寺」を「形態上「寺」の最下位に位置する」ものとした。この指摘からすると直木は、「貴志寺」を「寺」に含めて考えていたのではないかと思われる。しかし佐々木虔一以降の研究は、「貴志寺」を「堂」の範疇に含まれるものと直木論文を解釈し、現在にいたるまで継承されている感がある。直木はあくまで「実質的に「寺」に準ずる」論拠として、「堂」の五つの特徴にあてはまることをあげているが、果たしてそれが「貴志寺」を「堂」と扱う論拠となり得るのであろうか。まず、直木説の「堂」の基準である⑴〜⑸を中心に検討を加えたい。

⑴「里名・村名を堂の名とするものが多い」ことはあくまで「堂」の全般的な傾向であって、『霊異記』の「寺」でも里名を冠する「別寺」(下三三・別里)、村名を冠する「能応寺」(下三〇・能応村)、郷名を冠すると想定される「深長寺」(中一二・深長郷)・「勢多寺」(中三二・勢多郷)など複数あることから「堂」とする論拠にはなりえない。

⑵「常住の専門僧侶がいない。多くの堂は正式の資格をもつ僧侶によって経営・管理されていない」ことは、『続日本紀』霊亀二年(七一六)五月庚寅条に、「又聞諸国寺家。堂塔雖ㇾ成。僧尼莫ㇾ住。礼仏無ㇾ聞。檀越子孫。惣㆓摂田畝㆒。専養㆓妻子㆒、不ㇾ供㆓衆僧㆒」とあるように、寺が檀越に専横されていて無住である状況は八世紀代でも珍しいことではなく、『出雲国風土記』の新造院の中にも無住のものが多数あるように、[72]奈良時代の一般的な状況と考えられること、そして『霊異記』の「寺」の全てに僧侶が確認されたわけではないので、これも「貴志寺」を「堂」に含める条件とはならない。

⑶「仏像は木像・塑像の中でも粗末な方に属する」ことは、「貴志寺」の仏像が弥勒の丈六仏とあることから、「粗末な方」という指摘はあたらない。

⑷「土地の有力者または村人の力によって建てられる場合が多い」ことは該当するが、一方で「寺」が土地の有力者や村人の力で建てられていないという積極的理由を見出すことはできないので、これも「堂」に含める条件とはならない。

⑸「檀越が管理している」ことは、⑵と同様に「寺」にも当てはまるので認められない。

したがって、直木説の五つの基準に即しても「貴志寺」＝「堂」と解釈することは認められず再検討の余地がある。

ところで鈴木景二は、「彼らは（官大寺僧—筆者注）、伝統も縁起もない寺堂に屈請された時には、他所で得た説話を読み換えて提供したと想像される。それは説話の交通であり、類型化であった」と述べているが、この指摘は『霊異記』説話の類話を考える際、特に重要であると思われる。以下にあげる下一七と下二八は類話であり、内容が非常に似ているばかりか表記も類似する部分が多くある。そしてこの両話は「寺」に最も近い「堂」とされてきた「弥気山室堂」と、「堂」に最も近い「寺」とされてきた「貴志寺」の話であり、両話を比較することは、「堂」と「寺」の相違点を見る上で有効であると考えられる。そこで両話の比較表を表6に示そう。

両説話は内容が類似する部分は基本的に対応表現が認められるが、表6から窺える具体的な相違点をあげると、以下の六点となる。

①Bで、下一七は「沙弥信行」の詳しい説明があるが、下二八の優婆塞にはない。

②Eで、下一七の「弥気山室堂」は「沙弥信行」が常住していたのに対し、下二八の「貴志寺」では「優婆塞」が一時的に住んでいた。

③Gで、下一七は「従二夜半一有二呻声一」とあるのに対し、下二八には「于レ時寺内音而呻」とあり、下一七には「寺内」への対応表現が見られない。[73]

④Gで、下一七は「沙弥信行」が「即起巡レ坊、覓無二病人一」とあるのに対し、下二八では「起巡二堂内一、見レ堂無レ人」とある。つまり、下一七では「沙弥信行」の起きた場所は「坊」であるのに対し、下二八で優婆塞の起きた場所は「堂」という違いがある。

⑤Kで、下一七の「弥気山室堂」には「左京元興寺沙門豊慶」が住んでいたのに対し、下二八の「貴志寺」にはそ

表6　下巻第一七と下巻第二八の比較表

	下一七	下二八
A	未作畢捻攝像生呻音示奇表縁　第十七	弥勒丈六仏像其頸蟻所嚼示奇異表縁　第廿八
B	沙弥信行者、紀伊国那賀郡弥気里人。俗姓大伴連祖是也。捨俗自度、剃除鬢髪、著福田衣、求福行因。	
C	其里有一道場。号曰弥気山室堂。其村人等、造私之堂故、以為字。(法名曰慈氏禅定堂者。)	紀伊国名草郡貴志里、有一道場。号曰貴志寺。其村人等、造私之寺故、以為字也。
D	未作畢有捻攝像二体。弥勒菩薩脇士也。臂手折落、居於鐘堂。檀越量曰、「斯像隠蔵乎山浄処」。	
E	信行沙弥、常住其堂、打鐘為宗。	白壁天皇代、有一優婆塞、而住其寺。
F	見像未畢、猶以為患、落臂之者、以糸縛副、撫於像頂、毎願之言、「当有**聖人**令得因縁」。	
G	淹逕数年、白壁天皇代宝亀二年辛亥秋七月中旬、従夜半有呻声。言、「痛哉、痛哉」。其音細小、如女人音、而長引呻。信行初思越山之人得頓病宿、即起巡坊、覓無病人。怪之嘿然。	于時**寺内**音而呻言、「痛哉、痛哉」。其音如老大人之呻。優婆塞、初夜思疑行路之人得病参宿。起巡堂内、見堂無人。
H		其時有塔木。未造淹仆伏而朽。疑斯塔霊矣。彼病呻音、毎夜不息。行者不得聞忍故、起窺看、猶無病人。
I	彼病呻音、累夜不息。	然最後夜、倍於常音、響于大地、而大痛呻。猶疑塔霊也。
J	不得乎忍。起窺見之、呻有鐘堂。実知、彼像。信行見之、一怪一悲。	明日早起、見堂内、其弥勒丈六仏像頸、断落在土。大蟻千許集、嚼摧其頸。
K	時左京元興寺沙門豊慶、常住其堂。驚彼沙門、叩室戸白、「咄大法師、起応聞之矣」、具述呻状。於茲豊慶与信行、大怪大悲。率引知識、奉捻造畢。設会供養。	行者見之、告知檀越。檀越等悵、復奉造副、恭敬供養矣。

L	
今安置弥気堂、以居乎弥勒脇士之菩薩是也、（左大妙声菩薩、右法音輪菩薩。）誠知、願無不得、無願不果者、其斯謂之也。斯亦奇表之事也。	夫聞、仏非肉身。何有痛病。誠知、聖心示現。雖仏滅後、而法身常存、常住不易。更莫疑之焉。

註　傍線部は、両話の類似部分。割注・細字は（　）で示す。太文字は特に本文で言及する用語。

のような僧侶は登場しない。

⑥下一七の「弥気山室堂」では仏像を修復するために長い年月を要しているが、下二八の「貴志寺」では即座に修復している。

以上、伽藍形態（③・④）、沙弥・優婆塞の存在形態（①・②・⑤）、檀越（集団）の経済力（⑥）からなる六点の相違が認められる。本節では、「弥気山室堂」と「貴志寺」の伽藍形態（③・④）と檀越（集団）の経済力（⑥）の相違について具体的に考察していきたい。

③は、まず『霊異記』の「内」の語の用法をみると、「部内」・「国内」のような抽象的な表現を別にすれば、「内」の語は囲繞施設のある空間もしくは建物の内部をさす場合に用いられるという特徴がおおむね確認できる。(74)したがって、下二八の「寺内」とは何らかの囲繞施設もしくは視覚的に区画されるような結界の存在を示す可能性が高く、一方、下一七の「弥気山室堂」にはそれが存在しなかったために対応表現がないものと考えられる。

従来、塔の建立計画が「寺」と「堂」を区別する基準と指摘されてきた。(75)塔の有無は確かに「寺」概念を考える上での重要な指標の一つであり従うべき見解と思われるが、史料から窺える実態としての「寺」を考える際には、下二八の「寺」の具体的な記述内容から、塔の建立計画に加えて視覚的に内外を区別する結界の存在が想定されることは重要であろう。

そこで以下に、「寺」の視覚的な結界が『霊異記』説話の中でどのように描かれているかを確認していきたい。

中二二は、盗人が尽恵寺の仏像を盗んで分解している時に、仏像が声を出したために盗人の居場所が発覚し捕らえられてしまった、という話である。その後その盗人は、「不㆓刑罰㆒而捨。路人繋㆑之以送㆓于官㆒、閉㆓囚囹圄㆒」との処罰を受けたことが記されている。勝浦令子は、「このような寺院での刑罰の有無を、『霊異記』がことさらに明記していることは、寺院がアジールとしての性格を持っており、寺院での犯罪には寺院に処分権が存在していたことを予想させる。そしてその処分には、実刑よりも、追放という伝統的な罪の処分方法がとられていたといえる。中巻二二話には「刑罰た不して捨つ」とあるが、この「刑罰」は日本古典文学大系本では、中巻一話との用例ともあわせ、『字類抄』の「刑ウッ」と『名義抄』「罰ウッ」から、「ウタズ」と訓じている。つまり身体刑を免除して、「捨てる」という追放刑をしているといえる。この「捨てる」という追放は、盗みという災いや罪をハラへもしくはハフルことに通じる処分の方法であろう(76)」と指摘している。

「寺」の敷地との関係を見ると、犯罪に際しての「寺」の処分権は「寺」の敷地内に犯罪者がいるときのみ有効であって、「寺」の外部に犯罪者が出た瞬間に古代国家の警察権が発動され律令法が機能したことがわかる。したがって、伝統的な追放刑が行われるような時に際して、「寺」の内部と外部は明確に区別されるものとして意識されていたことになるだろう。

中二二と類似の上七は盗人が禅師弘済から仏像の材料を盗みそれを売りはらおうとしたところ、偶然、弘済のいる「寺」に売りにきてしまったために捕まったという話であるが、この時盗人は、「禅師憐愍不㆑加㆓刑罰㆒」とあるように処罰されなかったことがわかる。この場合も仮に追放刑ではなかったとしても(77)、「寺」の内部の犯罪の処分権を「寺」が持っていたことは認められるので、少なくとも「寺」が犯人の処分権を発動する時に際し、「寺」の内部と外部は意識的に区別される性格をもっていたと考えられる。

　中三二は、薬王寺で出挙していた酒を借りたまま返さないで死んだ男が牛として転生し、薬王寺で負債を返済するまで駆使された話である。ここで注目したいのは、この男が牛に転生した後で「寺」の所有物とされる過程である。そこでは、「時有二斑犢一。入二薬王寺一、常伏二塔基一。寺人擯出、又猶還来而伏不レ避。怪之問レ他曰、『誰家犢』。一人而无レ言二我犢一者。寺家捉レ之、著レ縄繋餧。送レ年長大、於二寺産業一所二駆使一、歳経二之五年一」とある。牛の帰属に関して勝浦は、「ここでは、まず寺城内に入りこみ一度は追放したが、また寺域内に戻るという現象（すなわち牛自身がその地に居たがること）を確認している。そして、しかも本主が出現しなかったことから、寺への帰属関係が生じ、寺が飼育して使役している。敷地内に入り込んだ本主不明の牛馬の使役権は、このような手続きと判断によって、その敷地の所有者に発生する慣習があったといえよう。敷地内の使役権の存在が推定される[78]」と指摘している。

「寺」の敷地との関係で考えてみると、「寺人」が牛を追い出していることは、日常的に「寺」の内部空間が「寺」の財産や「寺」に関わるもののみが存在する場所という意識があり、それ以外のものは排除される排他的な空間であったことを示している。

　上一二も「門」の内外が意識されている事例である。この話は元興寺の道登が宇治橋を造るために元興寺と宇治橋の往復時に、奈良山渓で髑髏が人や獣に踏まれているのを見たため従者万侶に命じて木の上に置かせたところ、十二月の晦になってその髑髏が人の姿でやってきて万侶に恩返しをした話である。ここで注目したいのは、髑髏が十二月の晦にきた場面である。そこでは、「迄二于同年十二月晦夕一、人来二寺門一白、『欲レ遇二道登大徳之従者万侶一者』。万呂出而遇之」とある。日常的に「寺」の門の内側は、「寺」の関係者以外は無断で立ち入ることのできない空間であったことがわかる。おそらく「寺」は築地か何かで囲まれていたことが推測される。このように寺地と俗地が区別される境界として何らかの結界が意識されていたと思われる。

上四には、「法林寺東北角有守部山」という表現がある。この記述はさまざまな解釈が可能であるが、仮に「守部山」が築地の東北角を切っていて法林寺は厳密には垣などによって囲まれていなかったとしても、その部分は「寺東北角」と明確に意識されていたことがわかる。

上一四には、釈義覚が百済寺の僧坊で「心般若経」を念誦したところ、「其室裏四壁穿通、庭中顕見。吾於レ是生二希有之想一、従レ室而出廻二瞻院内一、還来見レ室、壁戸皆閉」とあり、誦経によって僧坊の壁がなくなったことが記されている。僧坊の外を「院内」・「庭中」という語で表していることから、百済寺は築地などで囲まれていたことが指摘できる。

以上の『霊異記』の寺説話の各事例から、少なくとも寺側にとっては「寺」の敷地が、特に犯罪の処分権を発動する時や「寺」の所有物と関わる時に際し、視覚的・意識的な結界を伴って認識される空間であったと思われる。

しかし、日常的には元興寺などの官大寺（下一二の薬師寺では、日中の鐘が鳴ると盲人が食事をもらうために門内に入ることができる）はともかくとしても、中三二の薬王寺に牛が勝手に入ってきていた例からも、寺側が結界に対してそれほど厳密なチェックをしていたわけではなかったことも窺える。『霊異記』には、俗人が寺の内部に何の障害もなく入ってくる様子が描かれている説話が数多くある（上一一・上一五・上三一・中八・中一一〜中一三・中一八・中二一・中二四・中二八・中四二・下二・下三・下六・下八・下九・下一二・下二〇・下三三）。このことは、日常的には「寺」の視覚的結界は何ら意識されることなく、「寺」が周辺地域と密接に繋がっていたことをも物語っているといえよう。

つづいて、下一七と下二八の相違点④の両説話の仏教施設の伽藍形態を考えていきたい。④は、下一七で「沙弥信行」が「弥気山室堂」の「坊」に住み、下二八で「優婆塞」は「貴志寺」の「堂」に住んでいたと考えられる事例である。つまり「弥気山室堂」には僧房があり、「貴志寺」には僧房がなかったと想定される。

従来の研究では、常住僧や優婆塞や病人の居住場所について、直木孝次郎は「堂内の鐘堂には、元興寺の沙門豊慶が住していた」(79)と述べ、宮瀧交二は「「痛きかな、痛きかな」という声を耳にした沙弥信行が先ず連想したのが、「鐘堂」に宿泊する急病の旅人の呻き声であった」(80)と述べているが、直木・宮瀧には誤解があるように思う。細かな点だが重要な部分であるため改めて確認しておきたい。

前述のように、「弥気山室堂」には「字」に「室」の語がある。「室」の語が『霊異記』の仏教施設にある時は基本的に僧坊を示している。Gで病人が苦しんでいると思って信行がまず巡ったのは「坊」であるので、通常、病人の宿泊場所も「坊」であったと想定される。呻き声が「鐘堂」から聞こえたのは壊れた仏像が「鐘堂」に置かれていたことによる結果であり、「鐘堂」が日常的な宿泊場所であったからではない。おそらく信行も僧房に住んでいたと考えて大過ないであろう。Kでも、「左京元興寺沙門豊慶、常住二其堂一」とあるが、豊慶を起こす時に信行は「室戸」を叩いているので、豊慶も僧房に住んでいたことは確実である。

右に見たことは、一見、鐘堂や僧房のある「弥気山室堂」の方が「貴志寺」より仏教施設として整っているという解釈も可能であるが、果たしてそうであろうか。「弥気山室堂」の付属施設の「鐘堂」は、常に「沙弥信行」が鐘を打っていたことからも時を告げる鐘であったと推定できる。また「坊」(=「室」)は、常住僧である「沙弥信行」が住む場所であるとともに、時には「左京元興寺沙門豊慶」や旅人・病人の宿泊場所でもあった。僧坊とは原則的には僧侶の住する施設であるが、旅人・病人など俗人にも開放されていたと考えられることは注目に値する。つまり鐘堂と僧房という二つの施設は、村落共同体の日常生活や仏教信仰と密接に関わって機能していたのである。かかる事実は、二つの施設が村落の必要性や仏教信仰のあり方に応じて「堂」(弥勒菩薩と脇士を安置する本堂)に順次付属していったものと考えられるのではないだろうか。そのため「弥気山室堂」は、二施設の整備後もおそらくその後も門や塀や垣など堂域を画する施設を有さず、基本的には単一の「堂」からなる仏教施設という官大寺僧や村落の人々の認識に変容をもたらすことはなかったものと想定される。

一方、下二八の「貴志寺」は、「寺内」の記述から塀や垣などの視覚的結界が形成されていたとすると、そこには門も付随していたと想定される。また、計画が頓挫したものの「塔」を造りかけていることは、「貴志寺」が元々伽藍を建立する計画をもっていたことを意味する。[81] かかる伽藍建立計画を立てられるか否かは、各仏教施設の造営主体間の経済的格差を端的に示している。すなわち、「弥気山室堂」と「貴志寺」の相違は大きいとみられよう。

つぎに檀越（集団）の経済力は、⑥も併せて考えていきたい。「寺」に金銅仏・塑像が多く、「堂」には粗末な木像が多いことは直木によって指摘されたことであるが、その修理能力は言及されていない。

「堂」で仏像の製造・修理過程を見ることができるのは中二六・中三九・下一七であるが、[82] いずれの「堂」も自力で仏像を修理する能力（経済力）をもち得なかったことが窺える。特に中二六では「未二造レ仏了一而棄木」が椅にされていたことがわかる。すなわち村落の人は、木材の用意まではできたものの、仏像を完成させることは困難であったのである。仏像を仕上げるためには、まず「勧レ人集レ物」（中二六）、「引二率知識一」（中三九）・「率二引知識一」（下一七）とあるように経済的な裏付けが必要であり、さらに「彫造」（中二六）・「捻造」（下一七）の技術をもち、「阿弥陀仏弥勒仏観音菩薩等」（中二六）などの高度な仏教的知識をもった「禅師広達」（中二六）・「沙門豊慶」（下一七）のような僧侶や仏師（中三九）が不可欠であったのである。

上三〇にはさまざまな現世での功徳に対する死後の見返りを記す部分がある。そこには「凡布二施米一升一之報、得二卅日之糧一。布二施衣服一具一之報、得二一年分衣服一。令二読経一者、住二東方金宮一、後随レ願生レ天。造二仏菩薩一者、生二西方无量寿浄土。放生之者、生北方无量浄土。一日斎食者、得十年之糧」とあり、造像や放生はいずれも「浄土に生れる」という見返りがあり、他の功徳とは区別されている。要するに、それらは相当の経済力がなければ容易になしえない行為との認識が存在していたことを物語っている。したがって、かかる事実は「堂」が造仏はもとより、修理でさえも困難な経済的基盤しか有していなかったこと意味しよう。

一方の「寺」は、中三六で「奈良京下毛野寺金堂東脇上観音之頸、无故断落也。檀主見之、明日将奉継、経一日一夜、而朝見、其頸自然如故継」とあり、下二八でも仏像の頸が断れ落ちた後、「檀越等悵、復奉造副、恭敬供養矣」とあり、いずれも即座に修理していることから、仏像の修理レベルには問題のない経済力を有していたことが窺える。

下一七と下二八は説話内要素が極めて類似していることはすでに表6に示した通りである。下一七で、Bの沙弥信行の説明と塔の有無から生じたH・I、そして説示のLを除くと、下二八と対応しない部分はD・F・Kの部分であるが、これらの対応していない要因を求めれば、そのいずれもが「弥気山室堂」で仏像が「淹逕数年」るまで修理されていなかったことに関わっていることがわかる。しかも、Fの「沙弥信行」が仏像の修理を常に願う場面は、説示の「誠知、願無不得、無願不果者、其斯謂之也」と直接的に繫がる重要な部分である。要するに仏像の修理能力の違い、つまり経済的格差こそが、この両話の違いを生み出したといっても過言ではないのである。

したがって、これまで「貴志寺」は「堂」に準ずるものとみなされてきたが、説話を子細に読めば明らかに「寺」であり、「堂」の中で「寺」に近いとされる「弥気山室堂」と比較しても明確な仏教施設の格差や経済的格差があったと読みとることができよう。

第五節　仏教施設の宗教者をめぐる諸相

本節では下一七と下二八の相違点の①・②・⑤から各仏教施設の宗教者の相違について考察する。

直木が「堂」の特徴として指摘されたことの中に、「常住の専門僧侶がいない。多くの堂は正式の資格をもつ僧侶によって経営・管理されてはいない(83)」というものがあった。しかし「僧」・「沙弥」が常住している「堂」の事例は、少なくとも下一七・下二三・下二四・下三四の四例がある。

下一七の元興寺僧豊慶と下二四の大安寺僧恵勝は、修行のために地方にきた官大寺の僧であり、このような中央と在地とを結ぶ僧侶が数多くいたであろうことはすでに鈴木により指摘された通りである(84)。また、官大寺の僧侶が「寺」にいる事例（上一一・中一一・下一九）の全てにおいて、法会の講師を務めていることは、官大寺僧が「寺」にとって仏教儀礼開催のために必要とされていたことを端的に示している。ところが「堂」で見られる僧侶は多様な側面を見せる。下一七の元興寺沙門豊慶は、説話の後半で沙弥信行とともに知識を結び仏像を完成させるという役割を果たしていた。これはFの部分で信行が仏像を修理してくれる経済的援助者（「聖人」）を求めていたことを思えば、豊慶こそその人であったといえる。中二六の禅師広達は物を集め仏像を完成させていた。中三九の鵜田堂では廻国の僧侶によって「堂」そのものが建立されていた。これらの説話では、「率二引知識一」（下一七）、「勧レ人集レ物」（中二六）、「引二率知識一」（中三九）と官大寺僧がいずれも知識結を作り出す主体（知識頭首(85)）の役割を果たしていたことがわかる。

ここで『霊異記』の知識結一覧を見てみよう（表7）。知識頭首の項目をみると、天皇から村人までさまざまであ

表7　『日本霊異記』の知識

巻縁	知識頭首	目的	達成度	中心となる仏教施設	分類
上27	石川沙弥	造　塔	×	舂米寺カ	寺
上35	練行沙弥尼	造仏・放生	○	平群山寺	寺
中31	丹生直弟上・国司・郡司	七重塔の造塔	○	磐田寺	寺
中32	三上村人	薬王寺の薬料物の出挙原資の確保と運営	○	薬王寺	寺
下5	室　主	妙見菩薩に燃灯を奉る	○	信天原山寺	寺
下8	行　者	瑜伽論百巻書写	○	山　寺	寺
下13	国　司	法華経書写	○	—	寺
下24	山階寺満預大法師	六巻抄書写	○	浅井郡にある寺	寺
下35	桓武天皇	法華経書写	○	—	寺
中26	禅師広達	造　仏	○	岡堂カ	堂
中39	廻国僧	薬師仏像修理	○	鵜田堂	堂
下17	沙門豊慶・沙弥信行	弥勒菩薩脇士修理	○	弥気山室堂	堂
下18	—	法華経書写	—	野中堂	堂
下23	大伴連忍勝	大般若経書写	—	堂	堂

るが、『霊異記』の中の知識結の多くは中核となる仏教施設をもっていたことがわかり、そのほとんどが「寺」であったことがわかる。かかる事実は、「堂」の檀越では知識頭首となる力をもちえなかったことを推測させ、おそらく知識を結ぶためにも「堂」には官大寺の僧侶の力が必要であったのである。下一七の「聖人」とは単なる経済的援助者を示す言葉でなく、知識頭首となりうることを含めての表現であろう。

おそらくは「弥気山室堂」自体も、仏像の修理能力からして、「其村人等、造ㇾ私之堂」と記されながら、実際には官大寺僧が主導した知識によって建立されたことを推測させる。[86]「慈氏禅定堂」という高度な仏教的知識に基づく法名をもっていることもその裏付けとなろう。以上から、堂説話の僧侶がいずれも知識頭首として表れてくることは、「堂」で官大寺僧を請じる一つの理由が経済的要因にあったと考えることができる。

ところで、下一七の表6—Cでは「法名曰㆓慈氏禅定堂㆒者」、表6—Lには「左大妙声菩薩、右法音輪菩薩」という細注があった。これらはいずれも弥勒菩薩自体の高度な仏教的知識に基づいたものと見られ、例外的に自度の沙弥に「信行」の法名が付けられていたことなども含めて、おそらく豊慶のような官大寺の僧侶が在地社会に持ち込んだものと考えられる。

中二六でも「阿弥陀仏弥勒仏観音菩薩等像」を三尊像としたのは「禅師広達」であった。このように仏教施設や仏像の正式名称が官大寺の僧侶によって与えられていることは、単に仏教的知識を在地社会に持ち込むことのみならず、与えられた在地社会にとっては権威づけの意味をももっていたと考えられる。また説話中に具体的な形で見られないが、おそらく「寺」への昇格を志向していた「堂」は、「堂」での法会を権威づけるために「寺」以上に官大寺の僧侶が導師として招かれることが望まれたであろうことも推測できよう。

つぎに「堂」に住む官大寺僧以外の僧侶を見ると、下一七の「弥気山室堂」には「弥気里人」の「自度」沙弥の「沙弥信行」が、下一三の「堂」には「孃里人」の「大伴連忍勝」が、下三四の「大谷堂」には「埴生里之女」の「巨勢呰女」がそれぞれ住んでいた。いずれも「堂」の立地する「里」の「人」であることが認められる。『霊異記』の出身地表記は「国＋郡（＋人）」と「国＋郡＋里（村）（＋人）」の二パターンがあり、後者の場合は「里」や「村」との関係が深いことを示すものと考えられる(87)。

また信行は「自度」の沙弥と記されている。しかし他の二人については、大伴連忍勝が「為レ欲レ写二大般若経一、発レ願集レ物、剃二除鬢髪一、著二袈裟一受戒修道、常住二彼堂一」とあり、巨勢呰女は重病の因縁を消すために「剃二髪受戒一、著二袈裟一、住二其里於大谷堂一。誦二持心経一、行レ道為レ宗。逕二一五年一、行者忠仙、来共住レ堂」とあるのみである。

沙弥・沙弥尼の特徴をまとめた表8を見ると、『霊異記』の「沙弥」・「沙弥尼」とは、袈裟を着て鬢髪を剃っていることが主たる特徴であることがわかり(88)、右の二例もこれを満たしている。問題なのはこの二人がいずれも「受戒」していたことである。これを果たして具足戒や沙弥戒と見るべきであろうか。

ここで『霊異記』の戒の記述をみると、「八斎戒」（中一一）や「五戒」（中八）のような俗人の守る戒に関しても

「受」とあることがわかる。またこの二人は法名をもっているない。これは「自度無㆑名」（上二七・下一〇）などとあるように自度の沙弥に多くある特徴であり、正規の沙弥には必ず法名がある。

したがってこの二人は私度の沙弥とみるべきである。ここでの「受戒」がどのようなものであったかは不明であるが、この記述は下一七と同様に下二三と下三四の「堂」が、いずれも「寺」の正規の僧侶と繋がりをもっていたことを示す事例と考えられ、「寺」と「堂」の関係性の一端を窺うことができる。(89) いうまでもなく正式な得度出家は、律令国家の基準を満たす必要があり、また在地有力者の嘱請なども主要な契機であったので、(90) 古代村落の「堂」の常住僧が私度沙弥であったことは必然的な結果であったと考えられるのである。しかしながら、村落にとって私度沙弥であることが大した問題ではなかったことは、これらの「堂」で確実に活動している様子からも窺えよう。

常住僧の「堂」での役割を見ると、下一七の信行が鐘を常に打つことを仕事としていたが、壊れた仏像の処分は檀越が決めており、その処分権を有していなかったことが窺える。すなわち信行は、説話の後半部で元興寺の豊慶とともに知識頭首となっていたことからすると、宗教的役割は期待されていたものの、「堂」の経営には預かれない立場

表8　『日本霊異記』の「沙弥」・「沙弥尼」

巻縁	名　　称	自度	戒	袈裟	剃髪	鉢	名
上19	沙　　弥	○			○		
上27	石川沙弥	○					
上29	乞食沙弥					○	
上35	練行沙弥尼						
中1	沙　　弥					○	
中7	沙弥行基		○				○
中15	乞　　者			○	○	○	
中24	沙弥仁耀法師		○				○
下10	牟婁沙弥	○		○	○		
下13	沙　　弥					○	
下15	乞食沙弥	○		○			
下17	沙弥信行	○		○	○		○
下19	舎利菩薩			○	○		
下23	大伴連忍勝		○	○	○		
下34	巨勢呰女		○	○	○		
下39	沙弥鏡日						○
合　　計		6	4	9	6	4	4

であったのである。

下二三の大伴連忍勝は、前述のように大般若経書写事業の知識頭首となり、その書写事業遂行のため「堂」に住むことになったとあるので、下一七と同様に宗教的役割は期待されていたことがわかる。しかしおそらく「堂物」を用いたことが原因で殺害されていることからして、「堂物」の処分権を有していなかったと考えられる。つまり経営面から見れば、「堂物」の〝番人〟にすぎなかったのである。

下三四の巨勢呰女については、宮瀧交二は、「彼女が二十八年もの間、生活を営むことが出来たという事実の背後に、こうした病者とそれを扶養する村落との関係を垣間見ることは出来ないであろうか」と述べ、「健常者と共に日常的な再生産活動に従事できない以上、（中略）村落の平穏を仏に祈ると共に、「堂」に備え付けられている村落共有の財産を守ることによって村落構成員の一員としての役割を分掌し、この任務を遂行することによって村人からその飲食を提供されていたのではないだろうか」[91]と推測している。この推測に妥当性が認められるとすれば、上記の三例はいずれも「堂」の所在する村落の人が私度沙弥として、村落の宗教的行為をしていたと考えられる。「堂」に常住する私度沙弥は、「堂」の立地する村落の人の中で、村落の宗教的役割を担うために住まうことを許された者であり、経営的な側面にはほとんど影響力をもっていなかったと考えられるが、一方そのような私度沙弥は、鐘を打つことを役割としていた信行を除きいずれも大般若経の書写、病の治療といった特別な契機によって「堂」に住むことになっていた。つまり、彼らの住む以前に「堂」は無住であったのであり、彼らも目的が達せられた際には「堂」から立ち去る可能性が十分あったと推測される。そのように考えられるとすれば、この二例も他の「堂」と同様、無住が基本的な存在形態であったのである。それは、「堂」の中で例外的に僧坊が付属していた「弥気山室堂」のみに確実に常住僧といえる沙弥信行が住んでいたことからも傍証することができよう。したがって、「堂」は基本的には宗教者が常住することが予測されていなかったのであり、仏教施設といっても宗教者の常住は自明ではなかったといえる。持仏堂である上八の「堂」には僧が屈請され、邸宅内の「堂」である上一〇・中一五も法会に際して僧が請じられていた。すでに鈴木の指摘のように『諷誦文稿』には「来牒」という「出講を請う書状」により僧が「堂」に出向いていたことがわかる。(92) 説法をする際の手控えの整備過程にある『諷誦文稿』にこのようにあることは、「堂」は一般的に僧尼などの宗教者が居住せず、法会ごとに講師を他から請じていたことを示唆するものといえよう。

　つぎに下二八の「貴志寺」に「優婆塞」がいたことについて考えたい。すでに指摘があるように、優婆塞は「行者」と言い換えられることが多い(93)（優婆塞以外では上一一の慈応と下三四の忠仙のみ）ことや山林修行者が多いことから、『霊異記』の優婆塞の一般的なイメージとしては修行者という特徴がある。(94)

　表9を見ると、優婆塞は、全一五例のうち一二例が「寺」を拠点にした活動をしていることがわかる。内訳は第一に、居住場所は不明であるものの「法師優婆塞」や「禅師優婆塞」という表記の例が四例（上三一・中一六・下二六・下三六）ある。この四例は上三一で粟田の卿の娘が病気になった時に、「粟田卿遣二使八方一、令レ問二求禅師優婆塞一」とあるように、主に看病のために請じられている優婆塞の例である。第二に、寺に居住し僧と師弟関係にあると思われる例が四例（上三・上四・下一・下二四）ある。上四で、優婆塞が「願覚」という僧侶の不思議な行動を「円勢師」に報告している場面で、「時円勢師弟子之優婆塞見之白レ師。師曰、『莫レ言黙然』」とあるように、これらの事例は僧侶の弟子として寺内で修行していた者たちである。僧の子弟関係を示す後者の四例がいずれも「寺」に居住の例であることと、官僧は基本的に「寺」に居住していたことを考え合わせると、前者の四例も優婆塞が「寺」にいる例としてよいだろう。第三に、主に山林修行をしている優婆塞の例が四例（中一三・中二一・下八・下二八）ある。これらは中一三で、「和泉国泉郡血渟山寺、有二吉祥天女塐像一。聖武天皇御世、信濃国優婆塞、来二住於其山寺一」とあるように、

表9 『日本霊異記』の「優婆塞」・「優婆夷」

巻縁	名称	概要	他の呼称	寺への常住の有無
上三	優婆塞	雷が小子となった者が元興寺の童子となり、寺の鐘堂に出現する鬼を退治した。その後、優婆塞になり諸王たちとの争いに勝利し、寺田に水を引くことに成功した。その功績により得度出家して「道場法師」となった	—	○
上四	優婆塞	円勢師の弟子の優婆塞が高宮寺に住み、願覚という法師の行動を師に報告していた。後に優婆塞は近江に住むが、そこでも願覚に会った	—	○
上二八	役優婆塞	山林修行によって孔雀の呪法を習得し、鬼神を駆使するなど不思議な験力を用いる。姓は賀茂役公で字となっていた	役行者	△
上三一	優婆塞	粟田卿の娘が病になり、粟田卿が「禅師優婆塞」を問い求めた時に、吉野山で修行していた御手代東人という優婆塞に会ったため、拝み請え、呪護させたところ病が癒えた	御手代東人	△
中一三	優婆塞	信濃国から和泉国の血渟山寺にやってきて修行し、山寺の吉祥天女像に「天女の如き顔の良い女を賜え」と願っていたところ吉祥天が夢の中で性交した。そのことについて優婆塞に寺を追い出された元の弟子が里人に語った	—	○
中一六	優婆塞	牡蠣一〇匹を放生した綾君の使用人が、家で家長と家室が養っていた耆と嫗を嫌ったため地獄に堕ちるが、放生をしていたため、地獄で「法師五人」と「優婆塞五人」によって守られて罰を受けることなく生還した	—	—
中一九	利苅優婆夷	姓が利苅村主だったため、字となっていた。常に般若心経を読んでいたところ、その声が美しいとの評判が閻羅王にまで届いた	—	×
中二一	金鷲優婆塞	金鷲行者は今の東大寺である金鷲という山寺に住み修行していた。山寺の執金剛神像に縄をかけて昼夜願ったところ、腓より光を放ち「皇殿」まで至った。天皇が願いを確認したところ、出家修学を希望したため、勅により得度を許された。時の世の人に称賛され「金鷲菩薩」とも呼ばれていた	金鷲行者 金鷲菩薩	○
下一	優婆塞	「一禅師」が永興禅師の所に来ていたが、その禅師が旅立つ時に、「優婆塞二人」を添えて見送らせた	—	△

下一四	優婆塞	京戸の小野朝臣庭麿が優婆塞となり、常に千手陀羅尼を誦持し、加賀郡部内の山を巡りながら修行していた。浮浪人の長により、調を徴収しようとして縛り打たれ駆使されそうになるが、縄で千手経を繋ぎ地を引いて去ったところ、浮浪人の長は仏罰を受けて死亡した	小野朝臣庭麿・修行者・行者	△
下二四	優婆塞	近江国浅井郡の寺で「堂童子優婆塞」が、六巻抄を読む準備をしていた	―	○
下二五	―	国分寺僧に従った俗人が、「発心し世を厭ひ、山に入り修法」をしたとある	紀臣馬養	―
下二六	優婆塞	田中真人広虫女が亡くなった時に供養の法会に請じられたものとして、「禅師優婆塞三十二人」とある	―	○
下二八	優婆塞	一人の優婆塞が「貴志寺」に住んでいて、仏像が蟻によって破壊された時に仏像の声を聴き、檀越に知らせた	―	○
下三六	優婆塞	藤原朝臣家依が病気になった時に請じられてきたものとして、「禅師優婆塞」とある	―	○

主に「山寺」にやって来て住み修行を行っていたのであり、「堂」で優婆塞が修行していた例は一例もない。

この理由の一つを考えると、上三の「寺衆僧、聴令二得度出家一、名号二道場法師一」との記述が参考になる。実際、いわゆる「優婆塞貢進文」でも、基本的に優婆塞は師主の官僧の承認を得て、はじめて得度出家ができたことが知られている。そうであるとすれば、優婆塞が官僧の常住する「寺」を拠点として修行することは当然の結果であり、基本的に正規の出家者が常住しない「堂」を拠点として修行するとは考えがたいのである。

しかし、下二八の「貴志寺」には、多くの「堂」と同様に常住僧がいなかったと考えられる。それにも拘わらず優婆塞が住していたことは、前述の『出雲国風土記』の「新造院」にも無住なものが多数あったように、「寺」であっても正規の僧侶を常住僧とすることが困難であったことに原因があろう。しかし「貴志寺」に優婆塞が住していたことは、無住の「寺」であっても、「古代仏教を根底で支える優婆塞と呼ばれる実践修行者」(95)輩出の拠点としての位置づけがあったことを示しているのではなかろうか。それに対して、優婆塞が「堂」に居住し修行した例がないのは、「堂」が檀越の私的所有物の側面が強いため、そもそも仏道修行者が常住するための仏教施設ではなかったこと、例え仏道修行者が住む場合であっても「堂」が村落出身者による村落の宗教的行為が求められる場であったことなどの理由が想定される。すなわち、上三一・中一三の優婆塞のように自らの現世利益を求めていたり、中一二の「欲三出家修二学仏法一」という優婆塞の修行目的は、村落で求められた「堂」の活動と相容れないものであった可能性があろう。

そのため下二八の「貴志寺」に優婆塞がいたのは、優婆塞が修行する仏教施設を求めた時、「堂」には住むことができなかったという消極的な理由も想定でき、その結果として無住の「寺」を選択したと考えることもできよう。下三四の「大谷堂」に来た行者忠仙が巨勢呰女のために看病していたことは、けっして偶然ではなく古代村落の「堂」で求められていた行為であったのだろう。

したがって、下一七に沙弥信行が常住していたことと、下二八に優婆塞が一時的にいたという両話の相違点は偶然ではなく、「寺」で行われていた仏教と「堂」で求められた仏教の質的な差異によって規定された結果として見なければならない。説話冒頭部（Bの部分）で、下一七には沙弥信行の詳細な説明があるのに対し、下二八の優婆塞の説明が全くないこと（相違点の①）も、それぞれの村落の宗教者の位置づけの違いを如実に示していると考えられるのではないだろうか。

おわりに

本章での考察結果を要約すると以下のようになる。

第一に、従来、『霊異記』の仏教施設研究において、「寺」と「堂」は混用事例があるとされ、その根拠として下二三や中五の仏教施設が指摘されてきた。そこでまず「堂」が基本的に単一の建造物からなる仏教施設であることを確認した上で、『霊異記』の「寺」と「堂」の関連表現について、(イ)頻出表現、(ロ)伽藍空間・施設、(ハ)寺院財物という分類によって検討した。その結果(イ)では寺説話と堂説話で使い分けられていることがわかり、(ロ)と(ハ)の表現は基本的に「寺」にしかないという特質を指摘した。かかる事実は、「寺」が伽藍空間や独自の財物を有する経営体であるのに対し、「堂」は基本的に伽藍空間や付属施設を伴わず経営体としても未熟であった可能性が指摘できよう。

第二に、下二三について、(1)堂説話にしかない頻出表現の存在、(2)「堂檀越」・「堂物」の表現の存在の二点を指摘したことに加え、『霊異記』の「寺」の語には、①仏教施設全般を指す広義の用法と、②固有名称をもつ「堂」(〇〇堂)と階層的に区別される「寺」(〇〇寺)の固有名称を表すための狭義の用法の二つの用法があり、(3)下二三の「氏之寺」が①の用法であると理解できることから、下二三の仏教施設は「堂」であることを推定した。

第三に、下二八の「貴志寺」と類話の下一七の「弥気山室堂」との比較の上で見出した相違点を手がかりとして、他の「寺」と「堂」の用例を検討した結果、(a)仏教施設の存在形態は、「堂」は基本的に塀などの視覚的結界が伴わないのに対し、「寺」は計画的に塀などの視覚的結界を造営していたと考えられること、(b)宗教者の存在形態は、「堂」は基本的に無住の仏教施設であったが、何らかの事情のある「堂」には村落出身の私度沙弥が常住したこと、

「寺」は主に官僧と優婆塞が居住する場であったことを推定した。

第四に、在地の官大寺僧の役割は、「寺」では主に法会の講師として請じられたが、「堂」では㈠法会の講師、㈡仏教に関わるさまざまなものへの法名の命名などの権威づけの役割、㈢「堂」の経済的基盤を補うための知識頭首の役割の三点があったことを指摘した。

以上、本章では、『霊異記』の仏教施設の研究史を整理した上で、特に研究史上重要な直木説を中心として再検討し、「寺」と「堂」の区分が不明確な部分の考察を行った。その結果、『霊異記』の「寺」と「堂」は、表記形態および伽藍形態、宗教者の存在形態において明確な相違があるものと結論づけた。

註

（1）須田勉「平安初期における村落内寺院の存在形態」（滝口宏編『古代探叢Ⅱ』早稲田大学出版会、一九八五年）。

（2）須田勉「古代村落寺院とその信仰」（国士舘大学考古学会編『古代の信仰と社会』六一書房、二〇〇六年）。

（3）池田敏宏「仏堂施設における瓦塔出土状況について（素描）―土浦市・根鹿北遺跡出土瓦塔をめぐって―」（『土浦市立博物館紀要』第九号、一九九九年）。

（4）「村落内寺院」は、一九八四年に須田勉によって使用された術語であるが（前掲註(1)須田論文）、最近須田は、「村落寺院」の用語を使用している（前掲註(2)須田論文）。「仏堂施設」は、一九九九年に池田敏宏によって提唱された用語であるが（前掲註(3)池田論文）、考古学および古代史研究では、通常、「村落内寺院」・「村落寺院」が用いられている。しかし、集落遺跡内の仏教施設の存在形態を鑑みれば、「院」と称される実態は存在せず（「院」の語義は、拙稿「御毛寺知識経についての基礎的考察―「御毛寺」「御気院」を中心として―」〈『寺院史研究』第一四号、二〇一三年〉本書第一部第三章を参照）、「寺院」の概念を用いることには問題があると思われ、「仏堂施設」のほうがより実態に即した用語といえる。ただし、本章では「村落内寺院」・「村落寺院」の学説史的意義をも踏まえ並列的に示した。なお、本章で引用する論文・著書・図録等以外の代表的な成果としては、冨永樹之「「村落内寺院」の展開（上・中・下）」（『神奈川考古』第三〇〜三二号、一九九四～一九九六年）。出越茂和「古代石川における山と里の寺」（『杉野屋専光寺遺跡』一九九八年）。須田勉「東国における古代民間仏教の展開」（『国士舘大学文学部人文学会紀要』第三二号、一九九九年）、同「東国における双堂建築の出現—村落内寺院の理解のために—」（『国士舘史学』第九号、二〇〇一年）。林健亮「灯明皿型土器から見た仏教関係遺跡」（『出雲古代史研究』第一〇号、二〇〇〇年）。また一九九〇年代の論文をまとめた木村衡『古代民衆寺院史への視点』（岩田書院、二〇〇四年）がある。

(5)　笹生衛「集落遺跡における仏教施設の分類と信仰内容」（『神仏と村景観の考古学』弘文堂、二〇〇五年。初出は、一九九四年）。須田勉「古代における古代民間仏教の展開」（しもつけ風土記の丘資料館編『仏堂のある風景—古代のムラと仏教信仰—』一九九九年）。拙稿「古代村落の「堂」と仏堂遺構—東国集落遺跡の仏堂遺構をめぐって—」（『水門』第二六号、二〇一五年）。

(6)　米沢康「郡名寺院について」（『大谷史学』第六号、一九五七年）。

(7)　江谷寛「日本霊異記に見える寺院」（『歴史研究』第二号、一九六四年）。

(8)　田中重久「日本霊異記に見える寺院址の研究」（『奈良朝以前寺院址の研究』白川書院、一九七八年）。

(9)　直木孝次郎「日本霊異記にみえる「堂」について」（『奈良時代史の諸問題』塙書房、一九六八年。初出は、一九六〇年）。以下、直木説は全て本論文による。

(10)　井上光貞「説話集からみた平安朝の民間仏教」（『日本古代の国家と仏教』岩波書店、一九七一年）。

(11)　佐々木虔一「八世紀の村落における仏教」（『民衆史研究』第九号、一九七一年。その後、「古代村落の「堂」と私度僧の活動—『日本霊異記』を中心に—」と改題して、『古代東国社会と交通』校倉書房、一九九五年に所収）。

(12)　宮瀧交二「古代村落の「堂」—『日本霊異記』に見る「堂」の再検討—」（『塔影』〈本郷高等学校紀要〉第二二号、一九八九年）〈宮瀧A論文〉、同「古代村落の飲食器」（『立教日本史論集』第四号、一九八八年）〈宮瀧B論文〉、同「日本古代の村落と開発」（『歴史学研究』第六三八号、一九九二年）〈宮瀧C論文〉、同「日本古代の民衆と「村堂」」（野田嶺志編『村のなかの古代史』岩田書院、二〇〇〇年）〈宮瀧D論文〉。

(13)　前掲註(12)宮瀧B論文。

(14)　前掲註(12)宮瀧A論文。

(15)松原弘宣「古代の宿泊施設」(『愛媛大学法文学部論集　人文学科編』第一七号、二〇〇四年)。
(16)河音能平「律令国家の変質と文化の転換」(岸俊男編『日本の古代15　古代国家と日本』中央公論社、一九八八年)。
(17)太田愛之「古代村落の再編—『日本霊異記』の説話にみえる村落の構造モデル—」(『日本史研究』第三七二号、一九九三年)、同「文献史学から見た村落社会と仏教」(奈良文化財研究所編『在地社会と仏教』二〇〇六年)。その他、『霊異記』中三二の薬王寺の出挙活動については、薗田香融・中田興吉の研究がある(薗田香融「原始、古代」第五章第四節〈『和歌山県史』和歌山県、一九九四年〉。中田興吉「八世紀における仏教活動と神祇信仰—村落情勢との関わりにおいて—」〈『社会経済史学』第三四七号、一九九五年〉)。
(18)三原康之「寺・堂を場として移動する僧・経師・仏師」(『歴史評論』第六六八号、二〇〇五年)など。
(19)有富由紀子「『霊異記』に見える「寺」の存在形態」(平野邦雄・東京女子大学古代史研究会編『日本霊異記の原像』角川書店、一九九一年)。
(20)菅原章太「古代の道場について」(『奈良古代史論集』第三集、一九九七年)。
(21)中島正「日本霊異記と山寺」(斎藤忠・坂詰秀一編『季刊考古学　別冊4』「考古学から古典を読む」雄山閣、一九九三年)。三舟隆之「『日本霊異記』の山寺の機能」(根本誠二、サムエルC・モース編『奈良仏教と在地社会』岩田書院、二〇〇四年)。
(22)鈴木景二「都鄙間交通と在地秩序—奈良・平安初期の仏教を素材として—」(『日本史研究』第三七九号、一九九四年)三九頁。
(23)本書第一部第二章。
(24)本章の「堂」とは古代村落の「堂」を示すが、それ以外の、例えば貴族の邸宅内の「堂」は、勝浦令子「古代の「家」と僧尼—八世紀の貴族層の公的「家」を中心に—」(『日本古代の僧尼と社会』吉川弘文館、二〇〇〇年。初出は、一九九七年)を参照。
(25)三舟隆之「『日本霊異記』に見える「堂」と「寺」」(『続日本紀研究』第三四一号、二〇〇二年)。
(26)前掲註(25)三舟論文、二六頁。
(27)前掲註(25)三舟論文、二八頁。
(28)寺川眞知夫「序文、文体、説話配列からみた『霊異記』」(『日本国現報善悪霊異記の研究』和泉書院、一九九六年)。

(29) 山口敦史「日本霊異記と中国六朝思想―悔過、懺悔、慚愧―」（『日本霊異記と東アジアの仏教』笠間書院、二〇一三年。初出は、一九九〇年）。武田比呂男「僧の境位と現報の語り―『日本霊異記』のめざしたもの―」（『古代文学』第四三号、二〇〇四年）。渡部亮一「奇事の配置―『日本霊異記』を書くという実践―」（『古代文学』第四三号、二〇〇四年）、同「「知る」者たちのテキスト―『日本霊異記』―」（『日本文学』第五四巻第五号、二〇〇五年）。山本大介「不定姓と景戒」（山口敦史編『聖典と注釈―仏典注釈から見る古代―』〈古代文学会叢書Ⅳ〉武蔵野書院、二〇一一年）など。

(30) その他に、三舟と見解を同じくする研究として、以下のものがある。吉田一彦「『日本霊異記』の史料的価値」（小峯和明・篠川賢編『日本霊異記を読む』吉川弘文館、二〇〇四年）。加藤謙吉「聞く所に従ひて口伝を選び……―古代交通路と景戒の足跡―」（同所収）。

(31) 宮瀧交二「考古学と文献史学（四）出土文字資料研究の成果」（『考古学研究』第五六巻第四号、二〇一〇年）九六頁。

(32) 前掲註(5)笹生著書。

(33) 前掲註(5)笹生著書。

(34) 前掲註(31)宮瀧論文。

(35) 埋蔵文化財研究会第四二回研究集会実行委員会編『古代寺院の出現とその背景』（一九九七年）。

(36) 浜松市生涯学習課（文化財担当）・奈良文化財研究所編『伊場遺跡発掘調査報告書　第十二冊　伊場遺跡総括編（文字資料、時代別総括）』（浜松市教育委員会、二〇〇八年）。

(37) 上高津貝塚ふるさと歴史の広場編『仏のすまう空間―古代霞ケ浦の仏教信仰―』（一九九八年）。

(38) 内藤政恒「長野県東筑摩郡本郷村廃寺跡調査概報」（『信濃』第一九巻第一〇号、一九六七年）三六頁。

(39) その他、福岡県福岡市の三宅廃寺（一次）で「□（堂）」と墨書された須恵器（『福岡市埋蔵文化財調査報告書50　福岡市南区三宅廃寺発掘調査報告書』一九七九年）、神奈川県小田原市下曽我遺跡で「堂カ」と土師器の底部外面に墨書された坏（『考古学資料図録　国学院大学考古学資料館五十周年記念』一九七八年）が出土している（上記二例は、明治大学古代学研究所・墨書土器データベースを利用）。なお時代は下るが、「散位藤原実遠所領譲状案」（『平安遺文』七六三号）によれば、伊賀国阿拝郡に「信濃堂」があったことがわかる。

(40) 広瀬和雄「中世への胎動」（『日本考古学』第六巻、一九八六年）。

(41) 窪田大介「九世紀陸奥国における掘立柱仏堂の展開」(『古代東北仏教史研究』法藏館、二〇一一年)一五一頁。
(42) 奈良文化財研究所編『在地社会と仏教』(二〇〇六年)。
(43) 前掲註(9)直木論文。
(44) なお下二三の檀越の大伴連氏は、直木により「郡程度以上の豪族」、牛山佳幸により「郷長クラス」(同「貞観八年の信濃定額寺列格をめぐって(上)」〈『信濃』第四四巻第一一号、一九九二年〉九頁)と指摘されているが論拠はなく、むしろ本話が里の「堂」の話であることからすれば村落レベルの有力者と見るべきであろう。
(45) 「豊浦堂」の呼称は、菅原章太により「日本最初の寺院が「堂」と称呼されていたことに注目する必要があるだろう。豊浦堂にこそ後世の堂、道場の性格や役割が大きく示されていると考えられる」と指摘されている(前掲註(20)菅原論文、一三一頁)。
(46) 前掲註(11)佐々木論文。
(47) 前掲註(12)宮瀧A~D論文。
(48) 前掲註(20)菅原論文。
(49) 前掲註(19)有富論文。
(50) 前掲註(19)有富論文、八六~八七頁。
(51) 白川静『字通』(平凡社、一九九六年)、「堂」の項目。
(52) 出雲路修校注『日本霊異記』(〈新日本古典文学大系三〇〉岩波書店、一九九六年)一二九頁脚注一五。
(53) 下二四の「九間大堂」と「七間堂」は、①山階寺の満預大法師や比丘・優婆塞・堂童子が存在すること、②僧房があること、③仏教儀礼が行われていることの三点から、明らかに「寺」の中の一施設と認められる。
(54) 吉田一彦は、「白堂とは、おそらくは、堂前に跪き、堂の扉をあけて仏像に対面し、祈願の言葉を申し上げる、という行為であった」と指摘する(同「寺と古代人」〈『日本古代社会と仏教』吉川弘文館、一九九五年〉二二二頁)。「白堂」は、『類聚三代格』弘仁九年(八一八)五月二十九日太政官符にもみられる。この官符は、尼寺に男が入ったり、僧寺に女が入ったりすることを禁じたものであるが、それに加えて僧侶が村落に住んでいることがあり、そのような者は僧綱と講師による教喩を行い、それに従わなければ、「挙衆白堂、咸令懺悔」を行い、「三告」して改めないものは還俗にすると記されている。ここから「白堂」を悔過儀礼と解釈する見解もあるが（中村史『日本霊異記と唱導』三弥井書店、一九九五年）、東南院文書には東大寺別当三綱知事等補任の僧綱牒・太政官牒に別筆で「白堂」と記載される事例が全一九八例中三八例あり、役職者の就任儀礼としての用法がある。例えば承和五年（八三八）正月二十六日付の知事僧補任の僧綱牒（東南一―九三）には、「以二月一日白堂了」・「三月一日就任始」とあるように、仏堂内の仏に役職への補任と、それに伴う祈願について白し上げる儀礼と考えられる。「白堂」については、機会を改めて論じる予定である。

(55)　前掲註(20)菅原論文。

(56)　『霊異記』には「室」は全部で一二例見え、このうちの九例は「寺」(上四・上一四・上二二・中七・中三八・下序・下二・下五）や「堂」（下一七）の内部にある事例であり、全て僧坊を示すと考えられる。また『平城宮発掘調査出土木簡概報』七（一九七〇年、八頁）にある平城京東三坊大路東側溝出土の告知札に、おそらく告知札を出した本人の居住場所として「山階寺中室自南端第三房」と見える。告知札が路傍に掲示されることにより情報を拡散することを往還諸人に期待するものであるとすれば（鶴見泰寿「告知札」〈平川南・沖森卓也・栄原永遠男・山中章編『文字と古代日本四　神仏と文字』吉川弘文館、二〇〇五年〉二九四頁）、そこに記載の用語は、少なくとも平城京の識字階層一般に理解できるものであったと推察される。そうだとすれば、奈良時代～平安時代に僧坊が「室」と呼ばれていた蓋然性が高いといえよう。

(57)　以下、それぞれ寺説話（六四説話・七二例）、堂説話（一五説話・一五例）と表現する。

(58)　本書第一部第一章を参照。

(59)　前掲註(10)井上論文、二〇五頁。

(60)　中三二の薬王寺の経営は、前掲註(17)の諸論文参照。

(61)　興福寺の場合、平城京の興福寺は藤原不比等によって創建されたが、七二一年元明太上天皇・元正天皇により不比等のために北円堂が建立され、七二四年に聖武天皇により元正太上天皇の病気平癒を祈願して東金堂が建立され、七二九年に光明皇后が橘三千代の菩提を弔うため西金堂が建立されており（小西正文『興福寺』〈日本の古寺美術五〉保育社、一九八七年）、それぞれ建立者が異なるが、いずれも藤原氏の関係者であり、各堂舎によって檀越が異なっているわけではない。

(62)　川尻秋生「資財帳からみた伽藍と大衆院・政所」（『古代』第一一〇号、二〇〇一年）二三五頁。

(63)　荒井秀規「出雲の定額寺と「新造院」に関する覚書」（『出雲古代史研究』第四号、一九九四年）三四頁。

(64) 前掲註(62)川尻論文。

(65) 中村英重「氏神と氏寺」(『古代氏族と宗教祭祀』吉川弘文館、二〇〇四年)。

(66) 前掲註(65)中村論文、二八五～二八六頁。

(67) 山路直充「特集にあたって」(『古代』第一一〇号、二〇〇一年)。

(68) 例えば、埼玉県行田市大字埼玉の稲荷山古墳出土の「辛亥年」銘鉄剣には「獲加多支鹵大王寺」とあり、五世紀後半に「寺」は大王に所属する機関・役所の意味で用いられていたが、管見の限りその時代以降の史料で仏教施設以外の「寺」の用法を確認できない。

(69) (財)千葉県文化財センター編『研究紀要第一九集』(一九九八年)。上高津貝塚ふるさと歴史の広場編『仏のすまう空間―古代霞ヶ浦の仏教信仰―』(一九九八年)。しもつけ風土記の丘資料館編『仏堂のある風景―古代のムラと仏教信仰―』(一九九九年)など参照。

(70) 田中史生「七世紀の寺と「家」」(『国史学』第一六九号、一九九九年)一〇二頁。

(71) 三上喜孝「律令国家と現物貨幣」(『日本古代の貨幣と社会』吉川弘文館、二〇〇五年)九〇頁。

(72) 『出雲国風土記』によれば、意宇郡山代郷新造院に「無僧」とあり、意宇郡山国郷新造院・楯縫郡沼田郷新造院・出雲郡河内郷新造院・神門郡朝山郷新造院・同古志郷新造院には、僧尼記載がない。

(73) 下二八の原文「而」(表6―E)から「優婆塞」(表6―G)まで完全に判読できるのは前田家本のみであるが、別系統の来迎院本では「其寺」・「内」・「哉」が判読不能であるものの他の文字は同じであり、真福寺本にも「文字脱歟」とある。そもそもこの部分が存在しないとすると、文脈的な整合性にかけるため、諸校訂本の全てが前田家本を採用していることに従う。

(74) 『霊異記』の「内」の用法は二九例見え、そのうち、上一一の「家内桑林之中」、中四の「小川市内」、下三一の「家内」は塀などの存在を文中から確認はできない。しかしそれ以外の用例の中では、例えば中一〇で「一中男」は常に鳥の卵を食べていたために現世で火の燃え盛る畠の中に入れられるが、その時に「走廻畠内」と見える。これは後文にて畠から助け出される時に「従籬之外、牽之而出」とあるので、「畠」を囲む「籬」があったことが窺える。中一五では「門」や「堂庭」と記され、明らかに囲いをもっていたと考えられる「家」に法会の導師である「乞者」を請じた時、「一日一夜、家内隠居」とみえる。この「家内」は「家」を囲む塀の内部空間をさす表現とみなせよう。またそもそも「内」という字は、「冂と入の合字。冂は覆、覆ふものは物の外部にあるから、入と合して外より其の内に入る意とし、転じて、入る処、即ち裏の意とし、外に対して内部をいふ」という言葉であり（白川静『字通』平凡社、一九九六年）、『霊異記』の「内」も視覚的結界の表現とみて、差し支えないと考える。

(75) 前掲註(9)直木論文。前掲註(19)有富論文。

(76) 勝浦令子「『霊異記』にみえる盗み・遺失物をめぐる諸問題」（前掲註(19)書）一九五頁。

(77) 勝浦は、「おそらくこの場合も、寺院や禅師としては刑罰を加えずに犯人を寺院から追放したと推定したい」と述べている（前掲註(76)勝浦論文、一九五頁）。

(78) 前掲註(76)勝浦論文、一七四頁。

(79) 前掲註(9)直木論文、三八七頁。

(80) 前掲註(12)宮瀧A・D論文。

(81) この点は、前掲註(9)直木論文・前掲註(11)佐々木論文・前掲註(19)有富論文などの先行研究によって繰り返し指摘されている。

(82) 中三四には、観世音菩薩の銅像の鋳造が記されているが、内容的には持仏堂と解釈できる。古代村落の「堂」と解釈する見解もあるが（前掲註(12)宮瀧B・C・D論文）、古代村落との関係は不明であり、ここでは除外して考える。

(83) 前掲註(9)直木論文。

(84) 前掲註(22)鈴木論文。

(85) 中井真孝「共同体と仏教」（『日本古代仏教制度史の研究』法蔵館、一九九一年）三八五頁。

(86) ただし、当該期の「村人」は、従来の研究では「村人」を文字通りの村の人々と解釈されてきたが（前掲註(9)直木論文等）、近年の中世村落史研究の成果を見るならば、これを単なる一般民衆を指す用語と考えるべきではないと思われる。詳細は本書第二部第二章を参照。

(87) 『霊異記』の出身地表記は、本書第二部第二章を参照。

(88) 中井真孝は、「奈良時代の民衆仏教の担い手は、れっきとした僧とまったくの俗人との中間にある、いわば「非僧非俗」の仏道実践者の層であった。彼らのあるものは清行・練信のウバソク、あるものは私度の沙弥とよばれ、またはみずから菩薩号を称したのである」(『日本古代仏教制度史の研究』法蔵館、一九九二年、一八四頁)と述べ、優婆塞と私度僧を同一視するが、『霊異記』で両者は外見や存在形態で区別されていることも看過すべきではない。また、両者が在地の仏教の担い手となったことはその通りであるが、官大寺僧や在地寺院の官僧も在地の仏教を担っていたことも重要な意味を持っている。

(89) 前掲註(22)鈴木論文。

(90) 鬼頭清明「天平期の優婆塞貢進の社会的背景」(『日本古代都市論序説』法政大学出版局、一九七七年)。佐藤文子「優婆塞貢進の実像とその史的意義」(『史窓』第五〇号、一九九三年)。

(91) 前掲註(12)宮瀧B論文。

(92) 前掲註(22)鈴木論文、四三頁。

(93) 出雲路修校注『日本霊異記』(前掲註(52))二五頁脚注。

(94) 佐藤文子は、「異なる内包をもったべつべつの類型について「優婆塞(夷)」という同一の人称を用いる『霊異記』独特の手法は、当時実にさまざまなかたちで流布していた話を仏教説話にまとめあげた作者の苦労の跡でもあり、また彼自身の宗教者観の表れでもあるが、このことが優婆塞を反律令的存在というイメージで概括してきた論理的誤謬を引き起す一因となってきたように思う」(「日本古代における得度前行者の存在形態」〈『仏教史学研究』第四四巻第一号、二〇〇一年〉二八頁)と述べているが、この説は『霊異記』の各説話の成立背景を考慮せず景戒の作品論に矮小化して捉えている意味で従い難い。佐藤は、上二八の「役優婆塞」や中一九の「利苅優婆夷」を「およそ得度をめざしているとは思われない在野宗教者」とするが、吉田一彦の研究によれば、国史にみえる在地で活動している修行者は、私度僧尼・私度沙弥・沙弥尼だけでなく、僧形をしていない修行者も含まれていたと推察される(「古代の私度僧について」前掲註(54)吉田著書所収)。つまり、得度を目指しているか否かは優婆塞と呼称される基準とはならないのではないだろうか。研究史上指摘のある「一般在俗信者と区別せられた修行者」(二葉憲香「古代における仏教と世俗―優婆塞・優婆夷と在俗信者―」〈『日本古代仏教史の研究』永田文昌堂、一九八四年〉三六四頁)という意味で捉えれば、『霊異記』の優婆塞(夷)像も矛盾なく理解することができよう。

(95) 菊地大樹『鎌倉仏教への道』(講談社選書メチエ、二〇一一年)。

第二章　『日本霊異記』の仏教施設の造営主体

――「堂」を中心として――

はじめに

本章では、『霊異記』の仏教施設の造営主体について考察していく。『霊異記』の仏教施設には「寺」と「堂」があるが、「寺」についてはすでに多くの研究があるように、造営主体として地方豪族層が存在したことが想定されている。(1)しかし、「堂」の造営主体については、村落名を冠する「寺」との関係も含めて、明確に指摘されているとは言い難いと思われる。『霊異記』の「堂」の造営主体の研究史をみると、直木孝次郎は、土地の有力者（村の首長程度の土豪）（A類型）と「村人の協力によって建てられるもの」（B類型）と二系統の造営主体を示し、(2)佐々木虔一は有力農民層と指摘し、(3)宮瀧交二は村落首長層とは異なる「一村程度の土豪」とみられる「富豪層」、(4)さらにその後、村落首長とは異なる「有力個別経営」であるとした。(5)近年の鈴木景二の研究では「在地有力者」としている。(6)また造営主体の問題には触れていないが、近年三舟隆之により、「寺」と「堂」が同一であるとする見解が出され、(7)文献史学においても「寺」と区別される「堂」の造営主体について、改めて検討すべき段階にあるように思う。本章では、『霊異記』の「寺」と「堂」の造営主体がいかなる指標において区別できるかについて、『霊異記』の基礎的な整理から導き出すことを目的としたい。

以上を踏まえた上で、一点付言しておきたいのは、直木のB類型の場合、『霊異記』の「村人」を直接的に古代村落の一般成員と考えているように思われるが、果たしてそれでよいのかという問題である。中近世村落史研究の成果を見ると、つとに萩原龍夫は、中世村落の村落内身分として「村人」という呼称が出現したのは十三世紀中期である(8)と指摘し(9)、その後の中世村落史研究においては、十一世紀中頃の村落には田堵とともに「住人等」と呼称される人々により新たに形成された共同体(＝住人集団)が現れ(10)、十一世紀中頃には、住人集団の中に「古老」・「住人」という村落内身分が成立し、中世から近世にかけて村落内には宮座構成員と非宮座構成員が身分差別の秩序として存在していたことが指摘されている(11)。中世村落の構造的特質としては、黒田俊雄により、中世村落の社寺には、在地領主層・地侍層・神官・寺僧および上層農民など名田所有者階層による座が構成され、中世村落の宮座・寺座が村落そのものであったことが指摘されている(12)。中世村落の「村」と古代村落の「村」は異なっているため一概にはいえないが、中世から近世にかけて村落を主導していく座の構成員が増加していく傾向からすれば、古代においても村落内における村落成員の全てがフラットな関係として村落共同体の運営に関わっていたとは考え難い。私見では直木の述べた「村人」の協力による建立というB類型については、村落の一般成員ではなく村落内の同族内の複数名の有力者が共同で建立したという意味合いで継承されるべきと思われる(後述)。

ここで本章の構成について触れておきたい。『霊異記』の記述では、仏教施設名称自体は説話内に登場してくるが、造営主体について必ずしも明示してあるわけではなく、僧侶の帰属、僧侶の住寺、堂や仏像の安置場所を示すために説話内に登場する場合や、説話の舞台となる場所や説話中の何かを説明するための目印としての場合もあり、説話に記された事情はさまざまであったと想像される。したがって本章では、やや迂遠な方法ではあるが、まず『霊異記』

の仏教施設の地域名称（地名）も含めた表記形態を整理し（表10）、「寺」や「堂」に冠する地名と仏教施設の関係性を確認する。つぎに、「寺」や「堂」の各造営主体についての具体的記述や、「寺」や「堂」の造営主体に特徴的な呼称について考察することにより、「寺」と「堂」の造営主体の相違を明らかにしたい。

第一節　仏教施設の表記形態

表10は、①『霊異記』に固有名称として登場する仏教施設名称と、②固有名称がみえなくても造営主体が確認できる説話を一覧表にしたものである。全八二例のうち、〔地域名称＋仏教施設名称〕の表記形態をとるものが四三例みられる。本節ではこの表記形態を手がかりとして、「寺」や「堂」と地域との関係をみてみたい。

まず、平城京内や藤原京内の仏教施設をみると二六例ある。二六例のうち二〇例が国家によって建立された官大寺であり、二五例が「寺」の事例で、「堂」の事例は唯一「諾楽左京服部堂」（中一四）のみである。京内にある二六例のうち、半数以上の一四例が「諾楽右京薬師寺」（上中下序・中一一・下二二）・「諾楽左京興福寺」（下二）・「左京元興寺」（中一）などと京内の特定地域を示すか、「奈良京富尼寺」（中八）などと平城京内に位置する（帰属する）ことを示すという傾向がみられる。都城の中でも左京・右京まで限定して記す傾向は、認識の上で「寺」と特定地域との密接な関係性を示すものであろう。

つぎに、都城以外の地域の仏教施設をみると、二〇例中一七例において「播磨国飾磨郡濃於寺」（上一一）・「安宿郡鋤田寺」（中七）・「高市郡部内法器山寺」（上二六）などと、「国＋郡＋寺」・「郡＋寺」・「郡＋部内＋寺」の形式をとっている。すなわち「寺」は、「郡」と関わる仏教施設、あるいは「郡」に帰属する仏教施設と認識されていたもの

表10 『日本霊異記』の仏教施設名称と造営主体

『霊異記』巻縁	仏教施設名称	史料上の仏教施設名称の表記理由	仏教施設の造営主体の呼称	仏教施設の造営主体の出身地表記
上序	諸楽右京薬師寺**	僧侶の帰属	―	
上一	豊浦寺	説話中の「道」の位置を説明	―	
上三	元興寺**	説話の舞台となる場所	―	
上四	崗本村法林寺	説話中の「山」の位置を説明	―	
上四	大倭国葛木高宮寺	僧侶の住寺	―	
上五	豊浦堂	仏像の安置場所	―	
上五	吉野竊寺	仏像の安置場所	―	
上六	興福寺**	僧侶の住寺	―	
上七	三谷寺*	説話の舞台となる場所	大領之先祖	備後国三谷郡
上一〇	―	説話の舞台となる場所	椋家長公	大和国添上郡山村中里
上一一	播磨国飾磨郡濃於寺	説話の舞台となる場所	檀越	
上一一	京元興寺**	僧侶の帰属	―	
上一四	難破百済寺	僧侶の住寺、説話の舞台となる場所	―	
上一七	―	「寺」の建立起源譚	大領之先祖越智直	伊予国越知郡
上二〇	延興寺	僧侶の帰属、説話の舞台となる場所	―	
上二二	禅院寺**	僧侶の住寺、説話の舞台となる場所	道照法師	
上二六	高市郡部内法器山寺	僧侶の住寺、説話の舞台となる場所	―	
上二七	摂津国嶋下郡舂米寺	僧侶の住寺、説話の舞台となる場所	―	
上三二	大安寺**	仏像の帰属、説話の舞台となる場所	―	
上三三	河内国石川郡八多寺	仏画の安置場所	―	
上三四	紀伊国安諦郡信部寺	説話中の家の位置を説明	―	
上三五	平群山寺	沙弥尼の住寺、説話の舞台となる場所	―	
中序	諸楽右京薬師寺**	僧侶の帰属	―	
中一	左京元興寺**	説話の舞台となる場所、法会の場所	―	

中五	那天堂*	「堂」の建立起源譚	一富家長公	摂津国東生郡撫凹村
中七	安宿郡鋤田寺	僧侶の帰属、説話の舞台となる場所	（鋤田連）	
中八	奈良京富尼寺**	尼の帰属		
中八	生馬山寺	僧侶の住寺	―	
中九	―	説話の舞台となる場所	大伴赤麻呂	武蔵国多磨郡大領
中一一	奈良右京薬師寺**	説話の舞台となる場所	―	
中一一	紀伊国伊刀郡桑原之狭屋寺	僧侶の帰属	―	
中一二	紀伊郡深長寺	僧侶の住寺	―	
中一三	和泉国泉郡血渟上山寺	仏像の安置場所、説話の舞台となる場所	―	
中一四	諾楽左京服部堂**	仏像の安置場所、説話の舞台となる場所	―	
中一五	―	説話の舞台となる場所	高橋連東人	伊賀国山田郡噉代里人
中一七	大倭国平群郡鵤村岡本尼寺	仏像の安置場所、説話の舞台となる場所	―	
中一八	同郡（相楽郡）高麗寺	僧侶の帰属、説話の舞台となる場所	―	
中二一	金鷲（東大寺）**	僧侶の住寺、説話の舞台となる場所	―	
中二二	其郡（日根郡）尽恵寺	仏像の安置場所、説話の舞台となる場所	―	
中二三	諾楽京葛木尼寺**	仏像の安置場所、説話中の「原」の位置を説明	―	
中二四	大安寺**	説話中の「西里」の位置を説明、説話の舞台となる場所	―	
中二六	吉野郡越部村之岡堂	仏像の安置場所	―	
中二八	大安寺**	説話中の「西里」の位置を説明、説話の舞台となる場所	―	
中二九	故京元興寺	説話中の「村」の位置を説明	―	
中三一	磐田郡部内建立磐田寺*	説話中の「塔」の建立場所	丹生直弟上	遠江国磐田郡之人
中三二	薬王寺（今、勢多寺）*	説話の舞台となる場所	岡田村主石人・寺之檀越	
中三五	下毛野寺**	僧侶の帰属	―	
中三六	奈良京下毛野寺**	仏像の安置場所、説話の舞台となる場所	檀主	
中三七	泉国泉郡部内珍努上山寺	仏像の安置場所、説話の舞台となる場所	―	
中三八	諾楽京馬庭山寺**	僧侶の住寺、説話の舞台となる場所	―	
中三九	鵜田堂*	「堂」の建立起源譚	僧・知識	
中四二	穂積寺**	仏像の安置場所、説話の舞台となる場所	―	

下序	諸楽右京薬師寺**	僧侶の帰属	—	
下二	諸楽左京興福寺**	僧侶の帰属	—	
下三	大安寺**	僧侶の帰属	—	
下三	泊瀬上山寺	説話の舞台となる場所	—	
下五	信天原山寺	仏像の安置場所、説話の舞台となる場所	—	
下五	河内市辺井上寺	説話中の「里」の位置を説明	—	
下六	海部峯	僧侶の住寺、説話の舞台となる場所	—	
下九	真木原山寺	俗人の住寺、説話の舞台となる場所	—	
下一一	諸楽京越田池南蓼原里中蓼原堂	仏像の安置場所、説話の舞台となる場所	檀　越	
下一二	奈良京薬師寺**	説話中の「里」の位置を説明、説話の舞台となる場所	—	
下一七	弥気山室堂（慈氏禅定堂）*	沙弥の住堂、仏像の安置場所、説話の舞台となる場所	村人等	
下一七	左京元興寺**	僧侶の帰属	—	
下一八	野中堂*	写経をする場、説話の舞台となる場所	—	
下一九	託磨郡之国分寺	僧侶の帰属	—	
下一九	豊前国宇佐郡之矢羽田大神寺	僧侶の帰属	—	
下二〇	麻殖郡菀山寺	写経をする場、説話の舞台となる場所	—	
下二一	諸楽右京薬師寺**	僧侶の帰属	—	
下二三	—	「堂」の建立起源譚、説話の舞台となる場所	大伴連等	
下二四	大安寺**	僧侶の帰属	—	
下二四	山階寺**	僧侶の帰属	—	
下二五	淡路国国分寺	俗人の住寺	—	
下二六	三木寺*	三宝物を横領した寺、財物を寄進した寺	讃岐国美貴郡大領外従六位上小屋県主宮手	
下二六	東大寺	牛・馬・治田を寄進した寺	—	
下二八	貴志寺*	優婆塞の住寺、仏像の安置場所、説話の舞台となる場所	村人等	
下三〇	能応寺（弥勒寺）*	僧侶の住寺、仏像の安置場所、説話の舞台となる場所	老僧観規（三間名氏）の先祖	紀伊国名草郡人
下三三	別　寺*	説話の舞台となる場所	—	
下三四	大谷堂	俗人と行者の住堂、説話の舞台となる場所	—	

下三五	平城宮野寺＊＊	法会の場所	—
下三六	西大寺＊＊	説話中の「八角塔」の建立場所	—
下三六	法華寺＊＊	説話中の「幢」を立てた場所	—

註　＊は村名・里名・郡名を冠するもの。＊＊は藤原京・平城京に立地するもの。

と推測される。例外的な事例では、「紀伊国伊刀郡桑原之狭屋寺」（中一一）がある。この「桑原」は、『和名類聚抄』では伊都郡の桑原郷として確認できるが、ここでは「桑原之狭屋寺」とあり桑原里ではない。また「之」という文字があることも注意される。「桑原」は八世紀段階から里名・郷名としても存在した可能性はあるが、郡内の広域的地域名称として「狭屋寺」と密接な関係にあった地域と想定することも可能であろう。もう一つの例外は、「崗本村法林寺」（上四）・「大倭国平群郡鵤村岡本尼寺」（中一七）の二例で、いずれも「村＋寺」・「国＋郡＋村＋寺」という形式をとる。この事情は不明であるが、この法輪寺と法起寺（岡本尼寺）の二寺は斑鳩の地域で近接して存在する寺であり、いずれも聖徳太子建立寺院という共通項をもつことから、原史料の伝達ルートと作成者の問題が考慮される。以上、『霊異記』における都城以外の地域の「寺」は、おおむね「郡」と関わる仏教施設、「郡」に帰属する仏教施設という認識が存在したことが推測されよう。

　最後に「堂」の事例をみていきたい。前述の平城京内にあった「諾楽左京服部堂」（中一四）以外では、「吉野郡越部村之岡堂」（中二六）・「諾楽京越田池南蓼原里中蓼原堂」（下一一）がある。「越部村之岡堂」・「蓼原里中蓼原堂」は、いずれも「之」や「中」という表記から「村」や「里」との密接な関係が窺える。また直接的に地域名称＋「堂」と記されなくても、中三九の「鵜田堂」では「鵜田里造㆑堂」、下二三の名称不明の「堂」では「里中作㆑堂」と記され、下三四の大谷堂では主人公の巨勢呰女が「住㆓其里於大谷堂㆒」と里にある大谷堂に住んだことが記されている。すでに直木により村名・里名・地名を冠することは、「堂」が村落との結びつきが強いことを示すと推測されていたが、「村（里・郷）＋寺名」の表記形式をとるものは「寺」にはほとんどなく、改めて「堂」と「村」・「里」など村落との強い関係が確認されよう。

以上、『霊異記』の仏教施設は、説話内容に伴うさまざまな事情により多様な表記形態があるが、所在（帰属）する地域名称と仏教施設との密接な関係、すなわち所在（帰属）する地域が仏教施設の信仰圏や檀越の影響力の及ぶ地域と認識されていたことが予測されよう。そのように考えられるとすれば、都城以外の地域の傾向として、おおむね「寺」と関わる地域は「郡」、「堂」と関わる地域は「村」・「里」と認識されていたことが推察される。そこで次節以降、仏教施設の造営主体について考察を加えたい。

第二節　「寺」の造営主体

本節では、『霊異記』説話の造営主体がわかる地方の仏教施設の「寺」の事例をみていきたい。まず「寺」の造営主体として、「大領之先祖」（上七）・「大領之先祖越智直」（上一七）・「大伴赤麻呂」（武蔵国多磨郡大領）（中九）・「讃岐国美貴郡大領外従六位上小屋県主宮手」（下二六）とあることから、郡領氏族があげられる。『霊異記』の郡領氏族は基本的に「大領」・「少領」と記されており、造営主体が明確にわかる。郡領氏族に類似する事例としては中三一の磐田寺があげられる。本話は、丹生直弟上が塔の建立を発願し、長い間果たせずにいたが、弟上七十歳、妻六十二歳の時に生まれた女子の左手から舎利二粒が出てきたため、「諸人」に告知し、国司・郡郷をあげて知識を結び、磐田寺の塔を建立したという話である。塔建立の発願者である弟上は郡司とは記されていないが、地方豪族に与えられる

表11 『日本霊異記』の登場人物の出身地表記

『霊異記』巻縁	『霊異記』の登場人物(身分・地位・通称・立場等)	出身地表記	分類
上二	―	三乃国大野郡人	国＋郡(＋人)
上三	―(一農夫)	尾張国阿育知郡片蕝里	国＋郡＋里
上五	大部栖野古連公(大花位・連公・宇治大伴連等先祖)	紀伊国名草郡	国＋郡
上七	―(大領之先祖)	備後三谷郡	国＋郡
	禅師弘済	百済国人	国(＋人)
上一〇	椋家長公(家長公)	大和国添上郡山村中里	国＋郡＋村＋里
上一三	漆部造麿之妾	大倭国宇太郡漆部里	国＋郡＋里
上一四	義　覚	百済国人	国(＋人)
上一七	越智直(大領之先祖)	伊予国越知郡	国＋郡
上一八	―	大和国葛木上郡	国＋郡
上二二	道照(法師)	河内国人	国(＋人)
上二三	瞻保(学生)	大和国添上郡	国＋郡
上二八	役優婆塞	大和国葛木上郡茅原村人	国＋郡＋村(＋人)
上二九	白髪部猪丸	備中国少田郡人	国＋郡(＋人)
上三〇	膳臣広国(少領)	豊前国宮子郡	国＋郡
中二	禅師信厳、血沼県主倭麻呂(大領)	和泉国泉郡	国＋郡
中三	吉志火麻呂(前守)	武蔵国多麻郡鴨里人	国＋郡＋里(＋人)
中四	三野狐(一力女)	三野国片県郡少川市	国＋郡＋市
中五	―(家長公)	摂津国東生郡撫凹村	国＋郡＋村
中六	―	山背国相楽郡	国＋郡
中七	智光(沙門)	河内国人	国(＋人)
中九	大伴赤麻呂(大領)	武蔵国多磨郡	国＋郡
中一〇	―(中男)	和泉国和泉郡下痛脚村	国＋郡＋村
中一二	―	山背国紀伊郡部内	国＋郡(＋部内)

中一五	高橋連東人（家長公）	伊勢国山田郡噉代里人	国＋郡＋里（＋人）
中一六	綾君（家長・家室）	讃岐国香川郡坂田里	国＋郡＋里
中一八	―（白衣）	山背国相楽郡部内	国＋郡（＋部内）
中一九	利苅優婆夷	河内国人	国（＋人）
中二〇	―	大和国添上郡山村里	国＋郡＋里
中二四	楢磐嶋	諾楽左京六条五坊人	京＋条坊（＋人）
中二五	布敷臣衣女	讃岐国山田郡	国＋郡
中二六	禅師広達	上総国武射郡人	国＋郡（＋人）
中二七	尾張宿禰久玖利（大領）	尾張国中嶋郡	国＋郡
	久玖利之妻	同国愛知郡片蕝里之女人	国＋郡＋里（＋人）
中二八	―	奈羅京大安寺之西里	京＋里
中三一	丹生直弟上	遠江国磐田郡之人	国＋郡（＋人）
中三三	―	大和国十市郡菴知村	国＋郡＋村
中三四	―	諾楽右京殖槻寺之辺里	京＋里
中四二	海使表女	諾楽左京九条二坊之人	京＋条坊（＋人）
下二	禅師永興	摂津国手嶋郡人	国＋郡（＋人）
下七	大真山継（正六位上、少領）	武蔵国多磨郡小河郷人	国＋郡＋郷（＋人）
下八	―（一富人）	近江国坂田郡遠江里	国＋郡＋里
下一〇	牟婁沙弥	紀伊国牟婁郡人	国＋郡（＋人）
下一四	―（浮浪人之長）	越前国加賀郡	国＋郡
下一五	犬養宿禰真老	諾楽京活目陵北之佐岐村	京＋村
下一六	横江臣成刀自女	越前国加賀郡人	国＋郡（＋人）
下一七	沙弥信行	紀伊国那賀郡弥気里人	国＋郡＋里（＋人）
下一八	丹治比経師	河内国丹治比郡人	国＋郡（＋人）
下一九	豊服広公之妻	肥後国八代郡豊服郷人	国＋郡＋郷（＋人）
	佐賀君児公（正七位上、大領）	肥前国佐賀郡	国＋郡
下二〇	忌部首（字曰多夜須子）	粟国名方郡埴村	国＋郡＋村
下二二	他田舎人蝦夷	信農国小県郡跡目里人	国＋郡＋里（＋人）

下二三	大伴連忍勝	信濃国小県郡嬢里人	国+郡+里(+人)
下二五	長男紀臣馬養	紀伊国安諦郡吉備郷人	国+郡+郷(+人)
	小男中臣連祖父麿	同国海部郡濱中郷人	国+郡+郷(+人)
下二六	小屋県主宮手（大領、外従六位上）	讃岐国美貴郡	国+郡
下二七	品知牧人	備後国葦田郡大山里人	国+郡+里(+人)
	穴君弟公	葦田郡窟穴国郷	郡+郷
下二九	—	紀伊国海部郡仁嗜之濱中村	国+郡+地名+村
下三〇	三間名干岐（沙門）	紀伊国名草郡人	国+郡(+人)
下三一	県　氏	美乃国方縣郡水野郷楠見村	国+郡+郷+村
下三二	呉原忌寸妹丸	大和国高市郡波多里人	国+郡+里(+人)
下三三	紀直吉足（椅家長公）	紀伊国日高郡別里	国+郡+里
下三四	巨勢呰女	紀伊国名草郡埴生里之女	国+郡+里(+女)
下三五	火君之氏	筑紫肥前国松浦郡人	国+郡(+人)
下三六	物部古丸（白米綱丁）	遠江国榛原郡人	国+郡(+人)
下三八	沙弥鏡日	紀伊国名草郡部内楠見粟村	国+郡+村

「直」姓をもっていることに加え、「磐田郡之人」とあることが注意される。出身地表記がわかる説話もしくは出身地表記である可能性のある説話六二話中にみえる六六例をみると（表11）、郡司・内位・学生・経師などを含む下級官人で「国+郡」で表記される例が一〇例あり、郡司が出身母体であることが一般的な官度僧や優婆塞・優婆夷などの宗教者が「国+人」または「国+郡+人」で表記される例が一〇例あり、これだけで全体の約三分の一を占める。また筆者は、以前『霊異記』の地方説話で「国+郡+人」の形式をとる場合は、基本的に郡領氏族であるが、そうでない場合は「浮浪人之長」（下一四）・「白米綱丁」（下三六）や田領などの郡雑任の階層である者が多く、少なくとも郡内の有力者であった可能性が高いことを指摘した(13)。私見が認められるとすれば、具体的氏姓名のわかるもので出身地表記が「国+郡」のパターンの場合は、郡との関係が強く、郡内に影響を及ぼす有力者クラスであったために村落名

が記されなかった可能性が高いと推定される。これは『冥報記』などの中国説話では、「幽州沙門」（上七・智苑伝）・「楊州厳恭者、本泉州人」（上一一・厳恭伝）など基本的に「州」までしか記されないことからすれば、『霊異記』独自の特徴といえよう。また弟上の発願した塔は、「今磐田郡部内建立磐田寺之塔是也」とあるように、郡名寺院の磐田寺に建立されている。磐田寺は「磐田郡部内」とあることからも郡内に影響力を有する「寺」であったことが窺える。『霊異記』において郡名寺院である上七の三谷寺の造営主体が三谷郡の大領の先祖であり、下二六の三木寺の造営主体は説話内容から美貴郡の大領の小屋県主氏であったと想定されることからすれば、弟上は郡領氏族、少なくとも郡司クラスの地方豪族であった可能性が高いと推定されよう。

つぎに、「寺」の造営主体のわかる事例として、中三二の薬王寺（説話成立時は、勢多寺）があげられる。本話は薬王寺の出挙の酒を返さずに死亡した物部麿が、牛に転生して「寺産業」に駆使されていたが、ある時に麿が「寺之檀越」の岡田村主石人の夢の中に現れ、牛に転生した事実と「寺人」の慈悲がないことを訴えた。そこで石人は、麻呂の出挙の負債について妹の桜大娘に確認したところ夢の話は事実であったため、「知寺僧浄達」と「檀越等」で誦経を行ったというものである。岡田村主石人は「寺之檀越」とあるのみで、どのような人物であるか不明である。しかし本話の内容からは、「三上村人」・「桜村」の人々が寺の経営に関わっており、また説話作成時の寺名から「勢多村」に立地していたと考えられる。近年太田愛之は、十一世紀の薬勝寺について記した「薬王寺文書」の治安三年（一〇二三）十一月二十三日太政官符[14]から、寺領免田の分布（本渡村・岡田村・多太村・勢多村・且来）が現存する地名（本渡・岡田・多田・小瀬田・且来）と一致し、さらにそのうちの岡田・勢多は、『霊異記』中三二に「岡田村主」という氏族名と「勢多寺」という寺名として確認でき、薬勝寺は薬王寺を継承した寺院と推定できることを指摘した。[15]説話の舞台について具体的に確認すると、薬勝寺（薬王寺）の立地する地域として紀伊国名草郡の最南部、和田川の南部の亀の川流域に名草郡中枢部と別箇の条里区をなす盆地が存在し(16)、その盆地の北東の丘陵上に現在の薬勝寺が存在しており、その丘陵下には礎石が残されている。「岡田」の地名が薬勝寺とは対面の盆地の南西部に残っていることは極めて重要であり、檀越の岡田村主氏は岡田の地を本拠としていたと推定されるとすれば、かかる事実からはこの盆地一体が薬勝寺（薬王寺）の影響化にある地域であったことを示すと推断しうる。説話内容からも「桜村」・「三上村」が見え、「勢多村」・「岡田村」も加えた複数村落が関わっていたと考えられることからも、太田が推定するように、その盆地一体に紀ノ川流域とは切り離された信仰圏が存在したと想定してよいものと思われる。なお三上村の範囲については、太田はこの盆地内に限定するが、久安元年（一一四五）にみえる三上院（三上後院）は一二郷を擁し(17)、その一二郷に含まれる地域は、現和歌山市や現海南市の地名として残ることから(18)、三上村が盆地内を超えた地域にあった可能性もある。しかし、いずれにしても現存地名から比定される地域として、薬王寺は名草郡の南西部の勢多村に立地し盆地一帯に信仰圏を有する「寺」であったことは動かないものと考えられよう。

以上を踏まえた上で説話内容から薬王寺の造営主体について考えると、「寺之檀越」である岡田村主石人は「寺産業」に牛として駆使されている桜村の物部麿の訴えを聴き、その後に知寺僧浄達と檀越等により誦経をしている。かかる事実からは、石人が「寺産業」に最終的に責任をとり、常住僧や檀越等を率いて仏事を行う立場にあったことがわかる。加えて「知寺僧浄達」とあることは薬王寺には三綱も存在したと推測されると同時に、官度僧が常住していたことを示す。「寺」の経営は石人とその妹の「桜大娘」が中心であったことからすれば、おそらく浄達は石人と同族であると推測され、岡田村主氏は官度僧の出身母体となる氏族であったと考えられる。三綱の存在は僧尼令から想定される「寺」の条件の一つであるが、説話からは「寺家」に捉えられて寺の牛となった物部麿が「寺人」によって駆使され牛耕を伴う「寺産業」が行われており、薬王寺は檀越の「家」の経営から自立した経営体（「寺家」）であったことがわかり、霊亀二年（七一六）五月庚寅条などに見られる国家の認定する「寺」の諸条件を満たしていたものと推測される。[19] したがって、薬王寺はかなりの経営規模を有する「寺」であったと考えられよう。なお、現在の薬勝寺の立地する地名として盆地北東部の小地名として「小瀬田」が残っているが、説話成立時には「薬王寺」から「勢多寺」という寺名に改変されていたことは、「薬王寺」の名に冠する「薬料物」の出挙の実施が何らかの事情で行われなくなり、「寺」の立地する勢多村の名を冠することになった可能性があろう。以上を勘案すれば、薬王寺（勢多寺）の檀越である岡田村主氏は、複数の村落にまたがる「寺之檀越」であり、その地域が名草郡の南西部を占めることが推定されることからして郡内の有力者と位置づけられるのではなかろうか。

最後に造営主体がわかる「寺」の事例として下三〇の能応寺をみていきたい。説話によれば老僧観規の「先祖」が建立したことが記されている。能応寺の寺名は、能応村（下三〇）や能応里（下一六）などの村落との関わりを想起させるが、老僧観規の出身地表記は、「紀伊国名草郡人」と「国＋郡＋人」の形式をとることが注意される。これは前述のように郡司クラスの在地有力者に多い表記形態である。俗姓は三間名干岐とあるが、加耶（任那）系の渡来氏族で、「三間名」は任那の国名、「干岐」は朝鮮諸国の王・首長を表す称号であり、『新撰姓氏録』右京と河内国の未定雑姓に三間名公がいることが指摘されている。[20] 観規についての記述に、「自性天年雕巧為レ宗、有智得業、並統二衆才一」とあり、彫像技術に巧みであったことは「釈迦丈六並脇士」を「雕造」ったことや十一面観音木像の「雕造」を発願していることからも確認できる。このような造像の技術とも関わる仏教的知識や「衆才」はどのようにして身につけたと考えるべきであろうか。その要因の一つとして、渡来系氏族であり「先祖」以来の仏教信仰を有する氏族であったこととの関係が考えられる。もう一つの要因としては、すでに寺川眞知夫により観規は「沙門」とあること、また「有智得業」という文言の意味から官度僧であったと推定され、官大寺において功徳安居・官安居で一定の役を勤めた僧であったと指摘していることがあげられる。[21] 寺川説に従えば、観規は平城京の官大寺において多くの仏教的知識や「衆才」を身につけたことが想定される。古代日本において官大寺僧の母体は一般的に郡司層であることからも、[22] 三間名干岐氏は郡司レベルの有力氏族であった可能性が高い。なお天平勝宝二年（七五〇）八月二十八日の文書には、造東大寺司に上日していた人物として「三間名久須麻呂」がいる。[23] 筆者は前に紀伊国の御毛寺知識経の分析から、知識経写経の書写者は造東大寺司の写経生か写経生の同族であり、紀伊国にいる同族と密接な関係を有し、在地社会では同族の中央下級官人層を媒介として平城京からの仏教的知識を得ていたことなどを論じた。[24] 官大寺僧の出身母体は下級官人層の輩出母体でもあることからすれば、三間名久須麻呂と観規についても同族同士であった可能性も考えられよう。また説話には、武蔵村主多利麿が仏師として観規の協力者となったことが記されている。この部分については、真福寺本に「智武蔵村主多利麿」とあり、[25] 新日本古典文学大系本では「智」を「檀曰」と校訂されている。[26] しかしながら「檀曰」は校訂者の出雲路の解釈であり、このように校訂しなければならない論拠は薄い。ここは日本古典文学大系本に従い「智」を生かして「智識」とし、能応寺の知識集団を構成する有力氏族とみなすべきであろう。[27]

武蔵村主氏については、薗田香融により『新撰姓氏録』左京諸蕃下に「牟佐村主」としてみえ、「出㆑自㆓呉孫権男高㆒」とあり、雄略紀に呉に使を遣わし手末才伎等を将来した身狭村主青がいたこと、『播磨国風土記』揖保郡大田里条にみえ紀伊国名草郡大田村に移住したとある呉勝が名草郡では牟佐村主と呼ばれていた可能性や、欽明十七年（五五六）の海部屯倉の設置に際し田部もしくは田部の管理者として名草郡に配置された可能性などが指摘されている。[28] また加藤謙吉は、かつて東漢氏の配下にあって漢人集団を率いた渡来系の氏族であり、貞観三年（八六一）二月二十五日付の「紀伊国直川郷墾田売券」に「擬少領従八位上牟佐村主」の署名があることなどから（『平安遺文』一―一三〇）、「郡司に任ぜられる名草郡の有力氏」と指摘している。[29] 加えて、『続日本紀』和銅三年（七一〇）七月丙辰条には、

「左大臣舎人正八位下牟佐村主相模依文武百官、因奏㆓賀辞㆒。（中略）相模進㆓二階㆒、賜㆓絁一十匹、布廿端㆒」とあり、牟佐村主相模が何かを献じた功[30]により位二階を進められ、絁一〇匹と布二〇端を賜ったことが記されている。時の左大臣は石川朝臣麻呂であり相模は左大臣舎人として中央有力豪族と関係を有する下級官人であった。可能性としては牟佐村主氏についても在地と中央に拠点を有し、平城京に出仕する人物を媒介として仏教的知識を得ていたことも想像される。

以上、三間名干岐氏は中央下級官人層や官大寺僧を輩出する階層であり、また説話中の出身地表記からも、三間名干岐氏は能応村のみに止まらず郡内の少なくとも数村にまたがる地域に影響力をもつ有力氏族であったと傍証することができ、一方の武蔵村主氏も中央下級官人層を輩出しており、二氏は名草郡内の郡司クラスの有力者階層であった可能性が指摘できる。観規が造仏を介して武蔵村主氏との深い関係を結んだことが説話に描かれていることは、名草郡内の有力氏族同士の結合を示すものといえるが、このような仏教を介した結合関係を結ぶ背景には、双方の社会的階層が大きく異ならないことも要因として存在していた可能性があろう。なお、村落名を冠する「寺」の場合は、「村主」姓や「三間名」（任那）を姓とするなど朝鮮半島からの渡来系氏族が多いことも留意されよう。

以上、「寺」の造営主体の具体的な事例からは、郡領氏族を含む郡司クラス、少なくとも複数の村落に影響力を有する有力者が想定されよう。

第三節　「堂」の造営主体

「堂」の造営主体を記す事例として、まず中五の「那天堂」を取り上げたい。本話は、「一富家長公」が聖武天皇の時代に七年にわたり漢神祭祀を行ったところたちまち病気になったため、七年にわたって医者にかかり、さらに卜者を呼び集めて祓え祈ったが治らなかった。そこで仏教を信仰して斎戒や放生を行ったところ死後に行われた冥界の裁判で殺生の罪に問われたが、放生した生き物が王に訴えてくれたために助かった。その後ますます仏教を信仰し家に幢を立て寺を建立した。その寺の名を「那天堂」といったという話である。この「那天」については、すでに指摘のあるように「摂津国東生郡撫凹村」の村名の一部の「撫」をとったものであろう。(31)造営主体は「一富家長公」とあり、「家長公」という特徴的な呼称であることが注目される。『霊異記』では「家長公」という呼称を有する事例は、他に上一〇の「椋家長公」、下三三の「椅家長公」の二例があり、地の文ではなく会話文の中の事例として中一五に「家長公」がある。中五の「一富家長公」の出身地表記は、「摂津国東生郡撫凹村」と「国＋郡＋村」という形式をとる。他の三例の「家長公」の出身地表記においても、上一〇で「大和国添上郡山村中里」、下三三で「紀伊国日高郡別里」、中一五で「伊賀国山田郡噉代里人」とあり、いずれも「国＋郡＋里（村）（＋人）」という表記形態をとっていることがわかる。

ここで研究史を振り返ると、『霊異記』の「家長」について、吉田孝は、「いずれも富裕な有力者であり、公という敬称をつけて呼ばれるような社会的地位を持っていた。（中略）家長がいずれも豪族クラスであったことに注目しておきたい」と指摘し、(32)関和彦は「家号」を検証する観点から「家長公」について、「「家」を中心に家長権が及ぶ範囲」で用いられる称号とした。(33)近年義江明子は、上記の先行研究を踏まえた上で、『『霊異記』が「家長公」という通称に込めた意味が、問われなければなるまい」とし、「彼等が「公という敬称をつけて呼ばれた」のは何故なのか。そう呼んだのは誰なのか、という角度」から考察した。義江は、地の文の三例は「社会的地位の表示」であること、「一富」・「椋」・「椅」は「「富」の象徴としての意味を付与されている」ことの二点を指摘し、さらに行基の活動との対比から、「行基に代表される民間僧の布教活動に己の「椋（倉）」から資財を提供し、己の家を寺として仏教に深く帰依し、「椅（橋）」を造る活動に配下の民衆を率いて積極的に協力した富豪だった、（中略）そして、そうした活動の故に、近隣村落を含む周囲の人々から、その活動にちなむ通称で「椋家長公」・「椅家長公」等と呼ばれたのではないだろうか」と結論づけた。[34]

義江説における『霊異記』の「家長公」の理解は基本的に妥当であると思われるが、「家長公」が在地のどの社会的階層に位置する存在であるかについては明示されていない。そこで「家長公」に付されている「一富」・「椋」・「椅」などの形容詞に手がかりを求めたい。

改めて関和彦の「家号」の見解を参照すると、下総国葛飾郡大島郷戸籍のように郷内の人がほとんど「孔王部」姓で統一されている場合、村落内の日常生活で「孔王部」姓は意味をなさず、村落内ではその人の属する集団である「家号」が実社会において生命をもち、その集団の相対を示すものとして活用されていたと指摘され、その事例として『播磨国風土記』揖保郡少宅里条の「川原若狭祖父娶二少宅秦公之女一。即号二其家少宅一」や、前述の『霊異記』の「椋家長公」・「椅家長公」をあげた。[35]「家長公」については、「「椅」も「椋」も家の門前に「椅（橋）」がある、あるいは大きな「椋（倉）」があるというような、それぞれの家の特徴を示す具象的称号と見るならば他からの呼称と考えられる。（中略）「家号」は制度的なものではなく、生きていくための人間の知恵の産物であり、命名の主体・事情などは村落生活を反映して多様であった[36]」と指摘している。ここで問題となるのは「他からの呼称」がどの範囲であったかということである。

ここで参考になるのが、関も触れているこの二〇年余りにおける関東の集落遺跡のの発掘成果を踏まえた出土文字資料の研究である。その中で宮瀧交二による千葉県八千代市村上遺跡の研究が注目に値する。[37]宮瀧は、土器の器種構成から生活様式の変遷を見出し八世紀中葉から九世紀に至るⅠ～Ⅲ期の年代観を設定し、さらに台地上における景観的な展開の状況と村上の村落における農業経営の検討から、A～Eの五つの単位集団として把握したうえで墨書土器の考察を行った。その結果、一九例の文字のうちの「来」・「山」・「毛」の三字が第Ⅱ期・第Ⅲ期の単位集団Dにおいて出土点数の上で他を圧倒的に上回り、この三字は他の単位集団にも拡散していることなどから、墨書土器を媒介とした村落共同体機能を類推しその中心を単位集団Dとした。また第Ⅲ期では、単位集団Aのみで「林」・「上」・「奉」・「利」、単位集団Bで「朝日」・「又」・「家」など、特定単位集団内部で同じ文字が集中的に用いられる傾向を指摘している。以上の宮瀧の考察結果からすれば、単位集団と関わると想定される墨書土器の通用する範囲は、少なくとも単位集団内部か広くても村落内部に限定されることが想定されよう。なお関は宮瀧の成果を参照した上で、墨書土器の中には「家号」を記した場合も多かったのではないかと推測している。また、近年の集落遺跡出土の出土文字資料研究の成果として、平川南は陸奥国から長野県に及ぶ東日本各地のうち、比較的出土量の豊富な二〇遺跡ほどを対象として分析しその傾向を指摘している。(38) その成果によれば、文字の種類の総数は二〇五種あるが、そのうち五遺跡以上共通する文字が三〇種であることから使用される文字はかなり限定されているという。注目されるのは、三〇種の中に「万」（二五例）・「大」（二五例）などとともに、「冨」も五例みられることである。すなわち中五の「一富家長公」の「富」が、単なる富の象徴という一般的な説話的表現というよりも、『霊異記』説話の地の文において「椋」や「椅」が実態的な意味を有していたと考えられることと同様に、単位集団内部の「家号」的な意味合いで用いられていた可能性が高いことが推測されよう。

最後に、会話文にみえる中一五の「家長公」について触れておきたい。前述のように「家長公」という呼称が「家号」的なものであるとすれば、集落や村落内部における他者認識を含めて用いられていた呼称であり、『霊異記』の

「家」の中や同族内部においては、「家長公」の呼称のみが尊称として用いられることは想定しうることである。筆者はそのような日常的な使用が前提として存在したために、「椋家長公」などの「家号」的呼称が集落や村落レベルで成立したものと考えたい。

さて、以上のように考えられるとすれば、『霊異記』における「家長公」の呼称のみえる説話は、『霊異記』の原説話が作成された際に、説話の舞台となる集落や村落共同体と密接に関わっていたとみるべきである。ここで『霊異記』の出身地表記に戻ると、「家長公」の呼称を有する者は、いずれも「国＋郡＋村（里）＋人」とあり、『霊異記』の出身地表記の特質からすれば、村落に関わる人物であることが明確に示されていることがわかる。そのような「家長公」の登場する各説話の仏教施設についてみると、上一〇や中一五では邸宅内の「堂」で法会を行っていたことが窺え、[39]中五は「那天堂」という村落名を冠した「堂」の建立起源譚であることがわかる。なお「椅家長公」の出てくる下三三には「別寺」という里名を冠した「寺」がみえるが、「椅家長公」が「天骨悪性、不レ信二因果一」と説明されていることからすれば「別寺」の造営主体であるとは考えられず、別里内の一有力者と見るべきであろう。以上から、『霊異記』説話における「家長公」の称号は集落か村落内部で用いられる有力者の呼称であり、「家長公」の呼称が用いられている説話は、その内容が複数村落にまたがるものではなく、広くみても一村落内に影響力が止まる有力者の話であったと推測されるのである。そのような説話の仏教施設が「堂」であり、中五の「一富家長公」が建立した仏教施設が「堂」と呼称されている事実は、「堂」の造営主体が一村落レベルの有力者であることを如実に示すものといえよう。

以上、本節では、「堂」の造営主体は「椋家長公」などの「家号」的呼称を有し、集落あるいは一村落レベルの有力者であったことを指摘した。しかし、直木がかつて指摘した二系統の「堂」の造営主体のうち、「村人の協力によって建立した」とするB類型の問題が残されている。最後にこの問題について付言しておきたい。

村人たちによる建立と記す説話は、下一七の「弥気山室堂」と下二八の「貴志寺」であり、類話のため同じく「村人等」による建立と表記されていることにより、「堂」と「寺」の区別がないとする唯一の論拠となっている二話である。説話の詳細については、本書の第二部第一章にて論じたように、説話内容を子細に比較すれば、両者は仏教施設の存在形態や仏像の修理能力において明確に異なっていたことが指摘できる。造営主体については、「村人等」以外の記述をみると、下二八には常住していた優婆塞が仏像の頸が切れ落ちているのを見て、「檀越」に「告知」し、その後「檀越等悵、復奉二造副一」とある。すなわち優婆塞は檀越の一人に事実を伝え、その連絡を受けた「檀越等」が集まり話し合った結果、仏像の修理を即座に実施したのである。つまり「村人等」という記述は実態としては村落内の有力者である「檀越等」のことであり、彼等が「寺」の経営権を有していたことが窺えよう。下二八の「檀越等」の具体相については説話内容のみでは直ちに判断できない。しかし加藤謙吉は、「貴志」という地域名称から、「名草郡に編入される以前は、海部郡に属し、「紀伊水門」に近接し、『書紀』にみえる「経湍屯倉」や「河辺屯倉」(安閑二年設置)、「海部屯倉」(欽明十七年設置)とも比較的近い距離にある。地名の由来を土入川の岸辺にあったためとする説もあるが、「貴志」の字が用いられているから、吉士集団の居住に因む名とみて間違いないであろう」[40]とする。また加藤は、大和政権がミヤケ経営のために紀伊国に配置した吉士集団は日鷹吉士氏であること、[41]「吉士」は「村主」と同じく古代朝鮮語に語源をもち、日本への移入後、渡来系諸集団の中小の首長層を表す称号として慣用的に使用されるようになったことなどについても合わせて指摘している。[42]したがって、「貴志寺」の「村人等」＝「檀越等」は、日鷹吉士氏の檀越集団であった可能性が高く、複数名の檀越集団であっても同族内の有力者を中心とする集団であったと推測されよう。なお檀越として日鷹吉士氏が想定できるとすれば、上三〇の「能応寺」の檀越である三間名干岐氏や武蔵村主氏と同様に渡来系氏族であり、特に武蔵村主氏とは、海部屯倉に関与したという意味では同様の背景によりこの地に居住したことになる。また『続日本紀』天平神護元年（七六五）十月癸未条に「還ニ到海部郡岸村行宮一」とあることは、「岸村」とあるように、里名に止まらない地域名称として「岸」（貴志）地域が存在していたと推測されるため、「貴志寺」の「貴志」は必ずしも里名のみで考える必要はなく、吉士集団は紀ノ川を遡った那賀郡にも古地名が残っているなどの指摘からもより広い地域として理解することも可能である。前述のように「貴志寺」以外の『霊異記』の「寺」において造営主体が判明する檀越の全ては、郡司クラスか複数の村落に影響力を有する郡内の有力者であった。おそらく「貴志寺」の檀越集団と想定される日鷹吉士氏の有力者集団についても、集落内や一村落内に止まらない複数村落にまたがる郡内の有力者集団であった可能性が高いと推測されよう。

一方の下一七「弥気山室堂」については、「村人等」が造営したとあるが、仏像の修理を常に願っていたのは大伴連氏の出身の沙弥信行であった。壊れた仏像についての対応は、最初に「檀越量曰、斯像隠ニ蔵乎山浄処一」とあるように、複数の檀越がいたことが確実であり、「村人等」とは村落内の有力者であったことがわかるが、檀越等による相談の上で出た結論は即座に修理することができず「山浄処」に隠すというものであった。かかる事実は、下一七の檀越集団と下二八の檀越集団の経済能力の格差は歴然としていたことを物語っている。そもそもかかる仏像修理をめぐる状況の相違自体が下二八と下一七の説話構造の比較における最も大きな相違点であった。下一七の檀越集団の具体相を考える手がかりとしては、冒頭における沙弥信行の説明に、「俗姓大伴連祖是也」と俗姓とともに「祖」と記されていることである。本話は沙弥信行が元興寺僧豊慶と協力して知識を結び発願した仏像修理を成し遂げるという顕彰譚的な内容をもつが、『霊異記』上五や『諷誦文稿』からは、先祖の功績を讃えることによって、その功績や系譜を継承している子孫の在地社会における権威を高めようとする在地の仏教のあり方が存在したことがわかる(43)。そのような在地の仏教のあり方からしても、下一七の檀越集団は大伴連氏であったと考えられる。以上から、「村人等」と記され、直木によって指摘されたB類型の「堂」の檀越は、同一の氏内部の有力者集団であったと推測されるのではなかろうか。なお信行の出身地表記は「紀伊国那賀郡弥気里人」とあり、「国＋郡＋里＋人」の形式をとる。『霊異記』の出身地表記の特質からしても村落レベルの説話であるが、「家長公」の呼称をもつ説話と同様に本説話は一村落内の説話として完結している。[44] 以上の検討から、下一七の「弥気山室堂」の中心的な檀越集団と考えられる大伴連氏はあくまで一村落内の有力者であったと考えられるのではなかろうか。

おわりに

本章では、『霊異記』の仏教施設の造営主体についての考察を行った。第一節では、『霊異記』の仏教施設の表記形態に注目し、都城を所在地とする以外の場合では、「寺」が「国＋郡＋寺」、「堂」が「国＋郡＋里（村）＋堂」という表記形態をとることを指摘し、傾向として所在や帰属を示す場が「寺」では「郡」と認識され、「堂」では「里」や「村」と認識されており、これは各仏教施設と地域との関係性の深さを示すものと推論した。第二節では、「寺」の造営主体について具体的に造営に関わっている人物が記されている事例について考察し、『霊異記』において具体的な職名がある「大領」・「少領」などの郡領氏族に加え、出身地表記が「国＋郡＋人」をとる人物であること、複数の村落に影響力を有する郡内の有力者クラスであることを指摘した。第三節では、「堂」の造営主体について具体的にかかる事例について考察し、「椋家長公」など集落や村落内で用いられたと想定される「家号」的呼称と「家長公」という尊称を有すること、檀越の出身地表記が「国＋郡＋里＋人」の形式をとること、説話が一村落内の説話として完結していることなどから一村落内の有力者であったと推定した。また、直木孝次郎によって指摘されたB類型については、同一の氏内部の有力者集団であったと推測した。なお「堂」の造営主体について明らかなった上記の事実は、古代村落の「堂」の法会で語られた内容と推定される『諷誦文稿』の「慰誘言」にて、「大旦主」の「先祖」の村落起源伝承と堂建立伝承を語ることによって村落支配の正統性を主張していたこととも整合的に理解することができよう。(45)

註

(1) 米沢康「郡名寺院について」(『大谷史学』第六号、一九五七年)。江谷寛「日本霊異記に見える寺院」(『歴史研究』第二号、一九六四年)。

(2) 直木孝次郎「日本霊異記にみえる「堂」について」(『奈良時代史の諸問題』塙書房、一九六八年。初出は、一九六〇年)。直木説については本論文による。

(3) 佐々木虔一「八世紀の村落における仏教」(『民衆史研究』第九号、一九七一年。その後、「古代村落の「堂」と私度僧の活動―『日本霊異記』を中心に―」と改題して、『古代東国社会と交通』校倉書房、一九九五年に所収)。

(4) 宮瀧交二「古代村落の「堂」―『日本霊異記』に見る「堂」の再検討―」(『塔影』〈本郷高等学校紀要〉第二二号、一九八九年)。

(5) 宮瀧交二「日本古代の村落と開発」(『歴史学研究』第六三八号、一九九二年)、同「日本古代の民衆と「村堂」」(野田嶺志編『村のなかの古代史』岩田書院、二〇〇〇年)。

(6) 鈴木景二「都鄙間交通と在地秩序―奈良・平安初期の仏教を素材として―」(『日本史研究』第三七九号、一九九四年)。

(7) 三舟隆之「『日本霊異記』に見える「堂」と「寺」」(『続日本紀研究』第三四一号、二〇〇二年)。

(8) 「村落」・「村」とは、宮瀧交二の整理によれば、正確には「村落共同体」のことであり、社会科学の範疇では、世界史の発展段階の上で、原始共同体が解体し、奴隷制社会(古代社会)が形成される時期に、それまでの血縁的結合による氏族共同体に代わって登場した、独立性の強い、構成員が地縁的に結合した共同体を指すものと定義されているが、これに対して、発掘調査等によって検出される住居の集合体、すなわち景観的に把握される住居群が「集落」であり、複数の集落が地縁的に結合したものが、村落であるという（同「古代の村落―奈良～平安時代」〈阿部猛ほか編『日本古代史研究事典』東京堂出版、一九九五年〉）。本章の「村落」理解も基本的に宮瀧の整理に従いたい。

(9) 萩原龍夫「「村人」・「氏人」・「氏子」の意味の変遷」（『中世祭祀組織の研究』吉川弘文館、一九六二年）。

(10) 島田次郎「百姓愁訴闘争の歴史的性格」（『日本中世の領主制と村落』下巻、吉川弘文館、一九八六年。初出は、一九八〇年）。なお、薗部俊樹によれば、「住人等」は「田堵等」とも記されることから「住人」＝「田堵」であり、住人たることの資格は村の開発に関与した（している）ことであった（同「惣荘・惣郷と宮座―平安末～鎌倉期―」〈『日本の村と宮座』高志書院、二〇一〇年〉三一～三二頁）。

(11) 薗部寿樹「中世前期村落における古老・住人身分」（『日本中世村落内身分の研究』校倉書房、二〇〇二年）。

(12) 黒田俊雄「中世の村落と座―村落共同体についての試論―」（『黒田俊雄著作集』第六巻、法蔵館、一九九五年。初出は、一九五九年）、同「村落共同体の中世的特質―主として領主制の展開との関連において―」（同所収。初出は、一九六一年）。

(13) 拙稿「『日本霊異記』における備中国説話の成立―上巻第二九をめぐって―」（『吉備地方文化研究』第二三号、二〇一三年）。なお「国＋郡」の形式をとるもので不明なものは「発願人」（中六）などいくつかあるが、具体的な氏姓名を記さない場合が多く、出身地表記と見なすべき判断ができないため、それらについては考察対象としない。

(14) 『平安遺文』四九三号。

(15) 太田愛之「文献史学から見た村落社会と仏教―地方中小寺院と出挙をめぐって―」（奈良文化財研究所編『在地社会と仏教』二〇〇六年）一二七頁。

(16) 中野榮治「名草郡の条里」（『紀伊国の条里制』古今書院、一九八九年）一三〇～一三三頁。

(17) 『間藤家文書』久安元年（一一四五）十一月一日「秦宿禰守利私領売渡状案」（『和歌山県史　中世二』〈和歌山県、一九八三年〉）。

(18) 『角川日本地名大辞典三〇　和歌山県』（角川書店、一九八五年）九六六頁、「三上院」の項。

(19) 岡野浩二「序論」（『平安時代の国家と寺院』塙書房、二〇〇九年）二〇頁。

(20) 加藤謙吉「聞く所に従ひて口伝を選び……―古代交通路と景戒の足跡―」（小峯和明・篠川賢編『日本霊異記を読む』吉川

弘文館、二〇〇四年）八九頁。

(21) 寺川眞知夫「老僧観規は私度僧か」（『日本国現報善悪霊異記の研究』和泉書院、一九九六年）。

(22) 川尻秋生「日本古代における在地仏教の特質」（大金宣亮氏追悼論文集刊行会編『古代東国の考古学』慶友社、二〇〇五年）。

(23) 『大日本古文書』二五—一三四。

(24) 拙稿「御毛寺知識経についての基礎的考察—「御毛寺」「御気院」を中心として—」（『寺院史研究』第一四号、二〇一三年）。本書第一部第三章。

(25) 遠藤嘉基・春日和男校注『日本霊異記』（〈日本古典文学大系七〇〉岩波書店、一九六七年）四〇六頁。小泉道「校注真福寺本日本霊異記」（『訓点語と訓点資料』別刊第二〈第二一輯〉、一九六二年）九一頁。

(26) 出雲路修校注『日本霊異記』（〈新日本古典文学大系三〇〉岩波書店、一九九六年）二八五頁。

(27) 前掲註(25)遠藤嘉基・春日和男校注『日本霊異記』四〇七頁。中田祝夫校注・訳『日本霊異記』（〈日本古典文学全集六〉小学館、一九七五年）も古典文学大系本の説にしたがっている。

(28) 薗田香融「岩橋千塚と紀国造」（『日本古代の貴族と地方豪族』塙書房、一九九二年）一八三～一八四頁。

(29) 前掲註(20)加藤論文、八九～九〇頁。

(30) 『新訂増補国史大系　続日本紀』の四四頁頭注では、新日本古典文学大系本で「依」と校訂した部分を「瓜」の字と校訂し、この上に「献嘉」の二字を脱したとする。

(31) 前掲註(26)出雲路修校注『日本霊異記』六八頁脚注など。

(32) 吉田孝『律令国家と古代の社会』（岩波書店、一九八三年）一四八頁。

(33) 関和彦「古代の「家号」と実態的共同体」（『日本古代社会生活史の研究』校倉書房、一九九四年）。

(34) 義江明子「〝子の物をぬすむ話〟再考—『日本霊異記』上巻一〇話の「倉下」と「家長公」—」（『帝京史学』第二一号、二〇〇九年）一八～二二頁。

(35) 前掲註(33)関論文、二二〇～二二一頁。

(36) 前掲註(33)関論文、二二二頁。

(37)　宮瀧交二「古代村落と墨書土器」(『史苑』第四四巻第二号、一九八五年)。以下の宮瀧の見解は本論文による。

(38)　平川南「墨書土器とその字形」(『墨書土器の研究』吉川弘文館、二〇〇〇年。初出は、一九九一年)二六一〜二六三頁。

(39)　前掲註(6)鈴木論文。

(40)　加藤謙吉「吉士集団の性格とその歴史的展開」(『吉士と西漢氏』白水社、二〇〇一年)四六頁。

(41)　前掲註(40)加藤論文、四七頁。

(42)　前掲註(40)加藤論文、一七頁。

(43)　拙稿「『日本霊異記』上巻第五の史的再検討—宇治大伴連氏の「本記」作成と大伴宿禰氏—」(『史学』第七四巻第三号、二〇〇六年)。

(44)　なお、ミケについても広域的地域名称が存在していた可能性を指摘したが(前掲拙稿註(24)参照)、下一七の「弥気山室堂」に冠する「弥気」については、説話内容が一村落内で完結することからも説話に登場する「弥気里」の名称を冠していたものと推定される。

(45)　拙稿「日本古代の「堂」と仏教—『東大寺諷誦文稿』における「慰誘言」を中心として—」(山口敦史編『聖典と注釈—仏典注釈から見る古代—』〈古代文学会叢書Ⅳ〉武蔵野書院、二〇一一年)。本書第二部第三章。

第三章　『東大寺諷誦文稿』の「堂」と在地の仏教

――「慰誘言」を中心として――

はじめに

本章では、古代村落の[1]「堂」の法会で用いられ、官大寺僧が法会の導師を務めるにあたって式次第の手控えの作成過程の資料と想定される[2]『諷誦文稿』の「慰誘言」の分析を通じて、古代の村落レベルの仏教の具体相の解明を目的とする。本章の構成としては、第一節では、「慰誘言」の全体を①～④に分けて全体を把握した上で、第二節・第三節では①の部分から「堂」の檀越の存在形態と法会の聴衆の存在形態を考察し、第四節・第五節では②の部分から古代村落と「堂」の関係性および「堂」を讃えるための語りである〈堂讃め〉の表現形態について考察し、古代村落の「堂」の法会の具体相を明らかにしたい。

なお、はじめに「慰誘言」の語義について簡単に説明しておきたい。まず「慰」とは、六世紀に中国で作成された照法著『勝鬘経疏』に「慰者菩薩抜レ苦与レ楽。故言二安慰一」とあり[3]、「安慰」とは、『法華経』第十五従地湧出品に「我今安二慰汝一。勿レ得レ懐二疑懼一」とある。「誘」は「誘引」の略で「教え導く」こととされる。『諷誦文稿』の「誘」の用例としては、「世の中を誘《古シラ》へて御子の列《ツラ》に預《アツ》けたまひ」（一七五行）がある。「誘」には「古シラ」という仮名が振られているが、「こしらふ」も「ことば巧みに誘う[4]」の意であり、前述の仏典と類似の意味をもつ。ほかに仏典には「以二善言一慰誘」（義浄訳『根本説一切有部毘奈耶薬事』）などの例があることなどからも、「慰誘言」の基本的な意味は、〝仏・菩薩が衆生の苦を取り去り、浄土に教え誘う〟の意と解釈することができよう。

第一節　「慰誘言」の構造と特質

本節では、「慰誘言」が法会においていかなる意味を有する次第であるのかを確認したい。まず全文を掲出しよう（図16）。

慰誘言[5]

①敬みて惟れば、大旦主、情、青天よりも高く、仁、大地よりも広し、賢を愛しひ、士を好みて、他を憎まず、怨を結はず。【无きを以て患へと為さず、有るを以て喜ひと為さず。】仏法に対ひたてまつる時には、須達・祇陀・末利夫人・勝鬘夫人等の如し。具には云はず。二人を称すべし。親に仕へ〈孝し〉奉る時には、曽参・丁蘭の如くし、善財が法を覓むるが如く、教を弘むるを軽みせぬか如くす。【八風其の意をば傾動すべからず。】明珠を以て其の心に喩へつべし。聖行を以てその行に比べつべし。(1)一つの言を出す時には、千里、之に応ず。一つの行を興す時には、四つの隣、和き通す。他の為に害すること无くして、(2)騏驎〈の〉角有れども觝かぬが如く、物の為に損ふこと无くして、孔丘が剣を佩けれども打たぬが如くす。善を見ては殷に学び行はむと念ひ、悪を聞きては早に避らむと欲ふ、(3)国家の人の宝、邑村の醴〈甘〉き泉なり。『天、善き人を生み、厥の徳人の情に応へり。【但し〈奇侅しふらくは〉、鳳皇〈鳥〉其の当りに翔らず、紫雲、其の所无し。其の行と教と背かず、春の花の一切

に愛て楽しひるるか如く、秋の月の一切に瞻仰がるるが如し。】仏、臂を延べて頭を摩でたまふ。【然れども人しらず。】神、形を蔭して加護したまふ。【然れども人見ず。】〈遠き〉人の為には天より降りませるが如く、近きひとの為には雲を披きて、白日に現れたまふか如し。』(4)仁は草木に及び、頼は万の方に及ぶ。信は橋の下の信に同じく、誠は懐木の誠に等し、他を先にして已らを後にし、公を済ひて〈弘くして〉私を陋くす。千の誉をば他に【抑して】譲り、万の誚をば自に【引き】向く。【知らぬ人に遇ひて盖（盞）を傾くる頃には旧きひとと成る。】須達の門には孤独のひと多く集まり、耆波の家には攣躄多く来る。大旦主の所〈殿〉には徳を仰ぎ、仁に帰る徒多く依り怙る。〈時代邪見にして法を誹る。然れども旦主、仏法を讃めたてまつる。有る人は名利の為に財を傾くれども、旦主は功徳の為に珍を竭す。仏法を謗るは俗の中より興る。然れども旦主は四衆の過を隠す〉。

②今、此の堂は、〈里の名、某甲郷、此れ〉名を某と云ふ。何の故にそ某郷と云ふ。然る故の本縁。何の故にそ某

図16—1　二六二〜二六六行

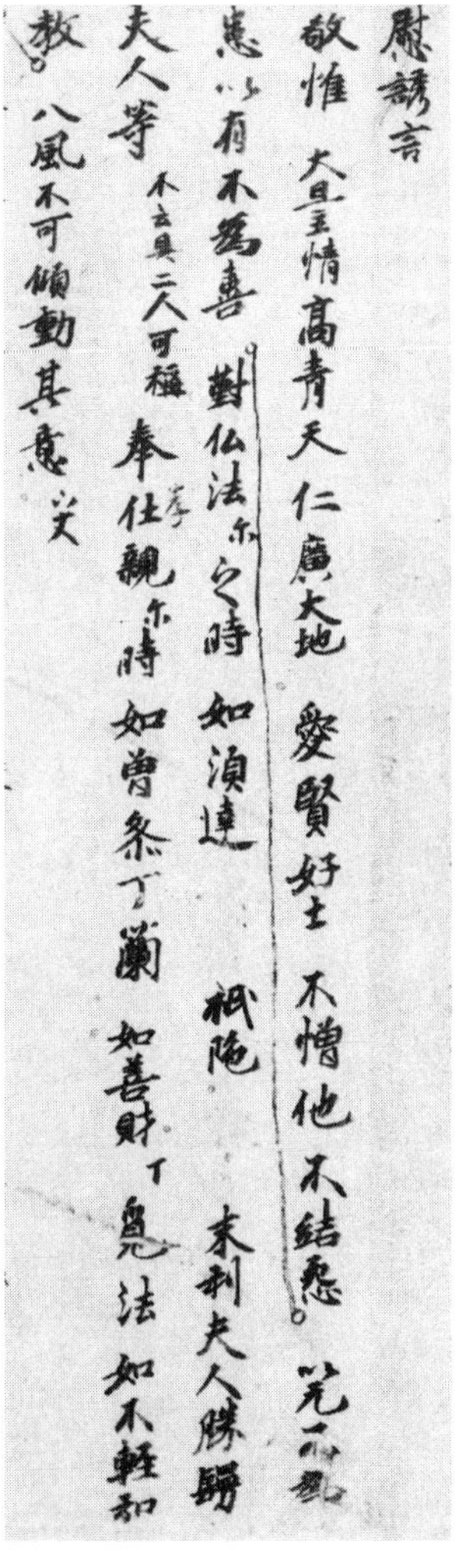

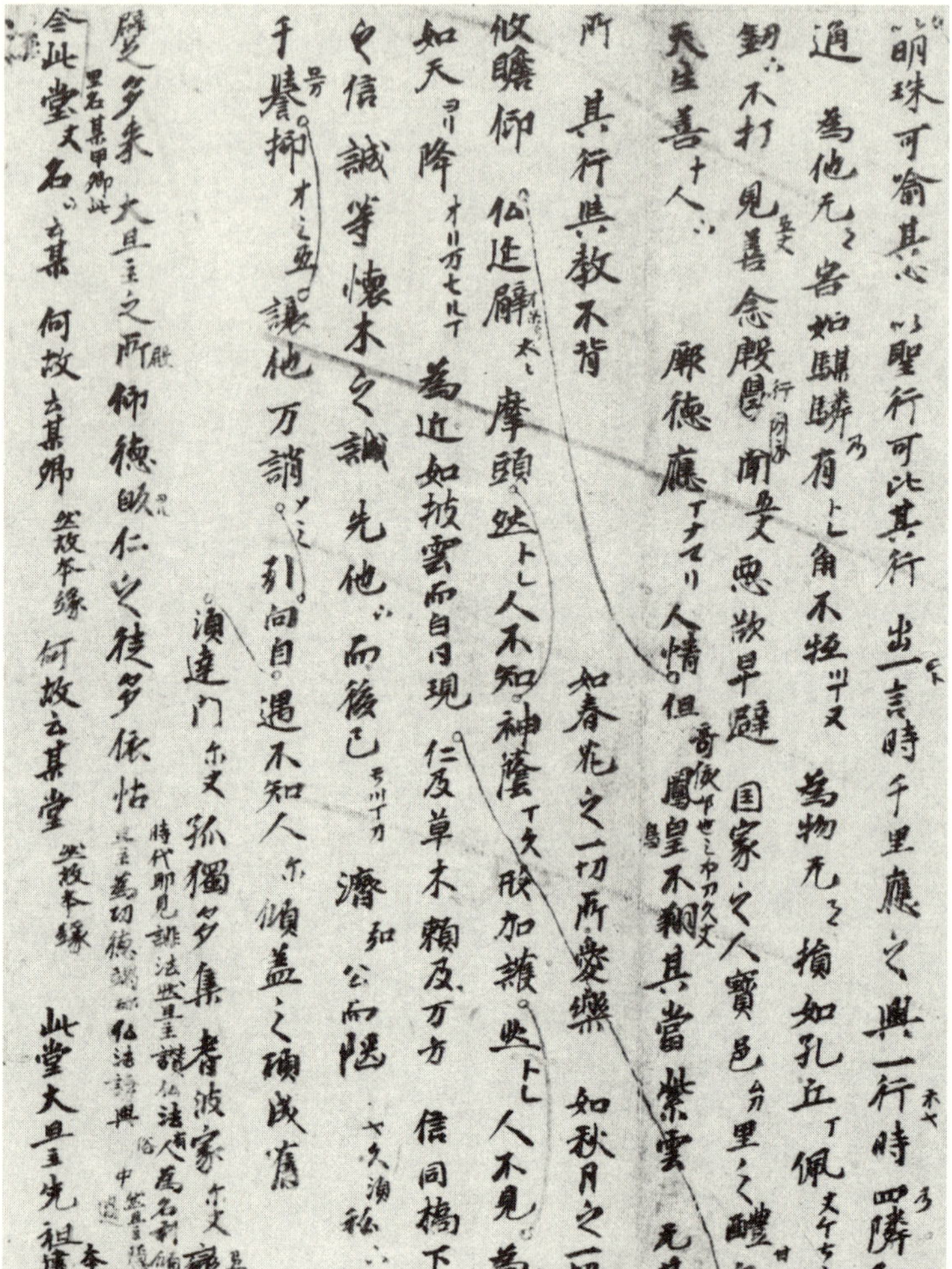

図16―2　二六七～二七八行

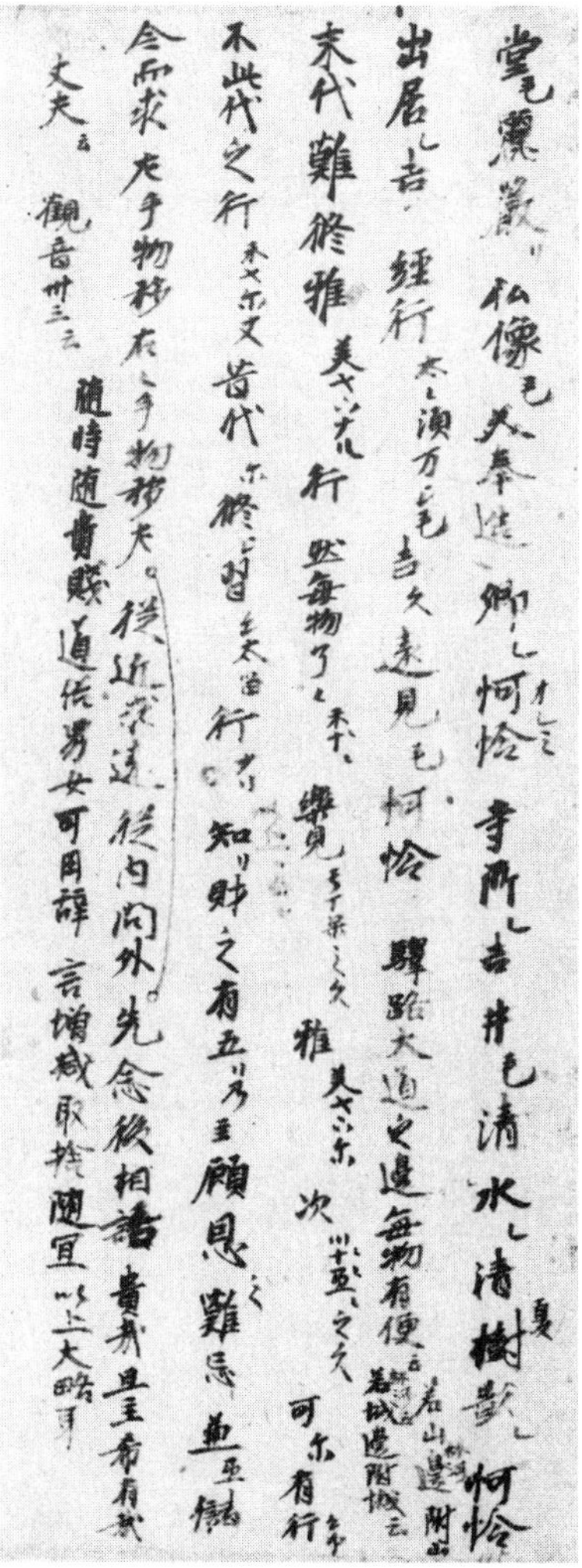

図16—3　二七九〜二八四行

堂と云ふ。然る故の本縁。此の堂は大旦主の先祖〈本願〉建立したまふ。

堂も麗しく厳り、仏像も美しく造り奉る。郷も怜《オモシ(ロ)》く、寺の所も吉し、井も清く水も清し、〈夏の〉樹影も怜く、出居も吉し、経行《タヽスマヒ》も吉く、遠見も怜し、駅路の大きなる道の辺にして物毎に便有り。云。若し山、〈林、河〉の辺ならば、山、〈林、河〉に附きて、云。若し城の辺ならば城に附きて、云。

③末代には雅《ミサヲ》なる行を修すること難し。然れども物毎に了々《ワヽキヽ》しく楽見《ミカホ》しく、雅《ミサヲ》に次《ツヽキヽテヽ》しく行したまふこと有るべきに、此の代の行《ワサ》にはあらず。昔の代に修したまひ習ひたまひたる行なり。〈以上。云々〉。財の五りの主有ることを知り、恩の忘れ難きことを顧みる。兼ねて儲けて今にして左の手の物を右の手に移し、右の手の物を左に移

さむと求む。【近きより遠きを求め、内より外を問ふ】先つ念ひて後に相ひ語話す。
④貴き哉や旦主、希有なる哉や丈夫〈云〉。観音卅三〈云〉。時に随ひ貴賤、道俗、男女に随ひて辞を用ゐるべし。言の増減、取捨は宜しきに随ふ。以上大略ならく耳。

「慰誘言」の構成は、書き入れと内容から、全体で三つのまとまり＋最後の「旦主」（以下、檀越）を讃える文言に区分できる（行論上、区分したまとまりの上に①〜④と改行して表示）。①は全体の三分の二を占めるが、最終的には斜線により見せけちにされている。『諷誦文稿』の見せけちについては、以前指摘したように、つぎの法会の準備のために後筆で見出しを書き入れて整備した際に、つぎの法会には不要な部分であるものの、今後も使用する可能性のある部分を示したものと思われる。(6) おそらく①の部分は、最初に『諷誦文稿』が準備された法会と推測される法華八講で語られた内容であり、(7) つぎにの法会の準備過程では見せけちにより省略されたものと推察される。内容は、檀越を儒教的・仏教的な聖人に擬えて讃えるものであり、多様な漢籍を用いている。表12に当該部分の主要な出典史料を提示しよう。

表12のうち、1『周易』・2『春秋公羊伝』・4『千字文注』は、いずれも古代の官人層にとって周知の書物であり、(8) 官大寺僧の知識が外典にも及んでいたことが窺える。内容はいずれも檀越の支配者としての仁徳や言行を讃えるための文言である。3は九・十世紀の敦煌の仏教法会において用いられたと推測される史料であるが、檀越を郷の柱石、国の宝に擬えて讃える内容であり、「慰誘言」の「国家之人宝」、「邑里」の「醴泉」と檀越を讃える比喩と類似する。その他の部分では、檀越が孝子である曽参・丁蘭、仏典にみえる在俗信者である須達長者・祇陀太子・末利夫人・勝鬘夫人に擬えられ、仏教を求める心については、華厳経に見える求道の菩薩である善財童子に擬えられている。すなわち①は、漢籍・仏典に見える聖人や善行者に擬えて檀越の言行を讃える内容である。なお檀越を須達長者に擬える

ことは、敦煌文書に複数例確認できるほか、唐・灌頂撰の『国清百録』の隋の煬帝が智顗に充てた書状で、自らを須達に擬えた用例がある[9]。古代日本では蔵中しのぶが『延暦僧録』所収の藤原氏の伝で、須達の人物像を述べる定型表現が用いられていると指摘している[10]。大部分の内容に出典が確認できることから、当該部分は中国の定型的な文例を参照して作成されたことが推定されよう。

②は、法会の開催された村落名称の由来（「本縁」）、その村落名を冠する「堂」の由来（「本縁」）、そして「堂」を先祖が建立した際の願文（「本願」）について記され、その後「堂」・「寺所」・「仏像」と「堂」周辺の景観を讃える文例がある。村落名称の由来とは、ある時期を起点とした村落起源伝承であると考えられるので（第四節）、②は村落起源伝承と堂建立伝承がつづけて語られ、さらに先祖による堂建立の「本願」が語られたことを示す文例と位置づけられ

表12　『東大寺諷誦文稿』「慰誘言」の典拠となる中国史料（傍線部は類似箇所）

	行数	『東大寺諷誦文稿』	中国史料	典拠史料
1	二六七～二六八	出一言時、千里応之。興一行時、四隣和通。	子曰。君子居其室、出其言善、則千里之外応之。況其邇者乎。居其室、出其言不善、則千里之外違之。況其邇者乎。言出乎身、加乎民、行発乎邇、見乎遠。言行、君子之樞機。	『周易』繋辞伝上
2	二六八	如騏驎有角不觝。	状如麕、一角而載肉、設武備而不為害、所以為仁也。	『春秋公羊伝』哀公十四年条・何休注
3	二六九	国家之人宝、邑里醴〈甘〉泉。	郷摧柱石、国喪瓘璞。戴髪尽哀。能言涙満。	敦煌文献 P2313・「歎施主」（『敦煌願文集』）
4	二七三	仁及草木、頼及万方。	化被草木。頼及万方…毛詩序曰。周家忠厚。仁及草木。	李暹『千字文注』

る。つまり古代の村落と「堂」の関係は、〝法会の場〟にて繰り返し語られ確認されるべきことであったのだろう。また②は①のように斜線による見せけちが一切見られないため、ほかの法会でも繰り返し必要とされる重要な内容であったことが窺えよう。

加えて「某甲郷」・「某郷」・「某堂」など「某」の字が多数あり、村落名を変更すればどの村落の法会でも汎用性をもつものとなっている。②の後半部には、「若し山、〈林、河〉の辺ならば、山、〈林、河〉に附きて、云。若し城の辺ならば城に附きて、云」と、多様な「堂」立地を想定した記載も、さまざまな「郷」に建立された「堂」で語られることを前提とした文例とみなせよう。

③は、まず檀越の仏教的行為を「雅《ミサヲ》なる行《ワザ》を修す」と讃え、つぎに「財の五りの主有ることを知り」との文言がある。これは仏典語の「五家所共」を踏まえたもので、「世の財物は五つの物（五家）の共有物であって、一人で使用することはできない」の意であり、布施をする檀越を讃える内容である。また「此の代の行にはあらず。昔の代に修したまひ習ひたまひたる行なり」の文は、檀越の前世の作善を讃えるものであるが、内容は敦煌文献に「清信施主、先因種善、今世増加」（S5638・「仏堂文」）と類似するものがあり、中国史料の影響も考慮される。ただし讃えるための表現には、「雅」（ミサヲ）・「了々」（ワキワキ）・「楽見」（ミカヲ）などと片仮名書きの和語の傍書があり、檀越の法会開催やそれに伴う布施などの善行がみやびで、きわだち、心ひかれるものという内容である。すなわち、③は中国史料や仏典の影響もあるが、檀越の法会開催・布施などの仏教的行為自体を語られる際には和語で称えたことを示す文例であると推測される。

最後の④では、冒頭にて「貴き哉や旦主」と①〜③までを締めくくるための文言があり、「慰誘言」が総じて檀越を讃えるための次第であったことが確認される。注目されるのは、つづけて「希有なる哉や丈夫〈云〉。観音卅三

〈云〉」とあることである。当該部分は、『法華経』観世音菩薩普門品第二十五において観世音菩薩が三十三の姿で現れ衆生を教化する内容のうち、観音が「長者」に変化して衆生を教化することと関わっている。つまり「慰誘言」では、法華経に基づき檀越を「観音」の化身として讃えていたと推定される。八五〜八七行では、「四恩の中に報し難く窮め難きは、父母の恩には過ぎず、所以に須闡太子は身を割りて父母か命を済ひたまひ、忍辱太子は、眼を穿ちて父の公の病を療せり。然らは恩を知り〈荘ひ〉、徳を厳ることは、菩薩の雅かなる迹行なり」とあり、父母の追善供養の法会を行うことは、菩薩行と位置づけられている。『諷誦文稿』が一連の法会次第であるとすれば、「慰誘言」で檀越が観音菩薩に擬されていることは、法会開催自体が菩薩行とみなされていたことを示しているのではなかろうか。

以上の考察をまとめると、「慰誘言」とは、「堂」の檀越を仏典の著名な在俗の信者である須達長者や儒教的な孝子に擬えられる存在として讃えながら、〝菩薩行を行い衆生を浄土へ教え導く観音の化身〟として位置づけるという構造と特質をもっていたことが指摘できる。また重要な特徴として、②で村落起源伝承と堂建立伝承を語ることにより、古代村落と「堂」、古代村落と檀越との関係を再確認する〝語り〟が含まれていたと推測されるが、これについては次節以降、詳しく考察したい。

第二節 「堂」の檀越

1 「堂」の檀越とその同族

本節では、『諷誦文稿』の檀越の存在形態を手がかりとして、「堂」で行われた法会の機能について考察を行う。

「堂」の建立者の檀越（旦主）については、前節で観音菩薩の化身として讃えられていたことを指摘したが、かかる事実は法会の場における「大旦主」の存在が極めて重要であったことを示している。その一方で、「此の堂は大旦主の先祖建立《本願》したまふ」と「先祖」の事績が語られていたことからすれば、中心となる「大旦主」（檀越）のほかにその同族、すなわち「先祖」を共有する人々も檀越集団を構成していたものと考えられる。そこで注目されるのが、『諷誦文稿』の「堂」の檀越と関わる「親属（族）」・「眷属」の存在である。以下に掲出しよう。

A雪山童子の半偈の頌〈本縁に云〉を誦す。諸行无云。如来証云。自ら誦す。〈此れ即ち无常の呪願なり。心安らかならぬ時に自ら誦すれは、親属善友に至るまで臨終の所に即ち丁《（可カ）》ならく耳云。以上〉（三〇三行）

B銅〈の〉柱、身に近つくときには、肉尽き、骨銷えぬ。或いは剣輪に轢されて号ひ叫ひ、或いは刀の山に串ぬかれて悶え迷ふ。此時に当りて、何れの親属か救ひ済はむ。孰れの知る人か来り問はむ云。（三一八〜三二〇行）

C雨風にも导へられず。杖を策き、山藁沓を着き云々【己か親族にあらぬものを、己か妻子にあらずとも、故に僧な悽り】妻子も何にしてか地獄より救はむ。眷属も何にしてか浄土に引かむ。僧己そ乞度地獄も救ひ、天にも生れ令め、浄土にも生れ令むれ。（一八三行）

D国に留りて相ひ待つ親属は、都て忌日をも計へ知らず。家に留りて相ひ恋ふる妻子は、其の葬の墓をも知らず。是の如き類、国家に甚た多し。（三二九〜三三〇行）

E世間を覧るに、親族无くして病に憂ふる徒多く、妻子无くして死に別れたる輩多し。（一三七行）

Aは、雪山童子の偈頌を唱えれば、「親族善友」が臨終時に見守ってくれるという意味かと思われる。BやCには、いずれも地獄に堕ちた際に、「親属（族）」・「妻子」・「眷属」でも救うことができず、僧侶だけは救うことができることが説かれている。Dは、運脚夫として平城京に赴いた者に対して、国で待つ者を「親属」、家で留まっている者を

「妻子」と位置づけている。Eは、世間に「親族」がなく病気を愁いている者や「妻子」と死に別れた者が多いとあるが、逆にいえば「親族」がいないと病気の時の生活が困難であり、「妻子」とともにいる状態が通常であったことを物語っている。『諷誦文稿』が用いられた法会は、「哀哉、今日の法事は、二親存生の日に遂し行ひ奉仕して見聞せしめたてまつるべくありしものを、何ぞ法会を隔てて哀しひの涙を観そこなはさずあらむ」（二二〇〜二二二行）とあるように「大旦主」の父母追善の法会であった。そのような場に「大旦主」の同族が参集していたからこそ「親属（族）」・「眷属」などの用語が頻出すると見るべきであろう。BやCは、そのような最も身近な存在を引き合いに出すことにより、効果的に仏や僧侶の力を示す〝語り〟である。上記の内容からは、『諷誦文稿』の「大旦主」には檀越の「妻子」のほかに、「先祖」や「父母」を共有する「親属（族）」・「眷属」等の同族の存在が推定され、古代村落の「堂」の法会は、「堂」の檀越を中心として同族が結集する場となっていたと考えられるのではなかろうか。

ここで『霊異記』の「堂」の檀越をみると、㈠檀越が単独で記される例（上一〇「椋家長公」・中五「一富家長公」・中一五「高橋連東人」・下一一「檀越」）、㈡檀越集団を構成している例（下一七「大伴連」・「檀越」、下二三「大伴連等」）に分類できる。㈠は『諷誦文稿』の「大旦主」のような有力家長の存在を示すと思われるが、上一〇の法会では「親族」・「諸親」が参集している。中一五では、高橋連東人の母の追善供養の法会において「法会之衆」が参集しているが、檀越の母である牛が亡くなった時に「法会之衆、悉皆号哭」とあるので、その中には同族がいた可能性がある。注目されるのは、㈡の下二三で、「大伴連等、同㆑心其里中作㆑堂、為㆓氏之寺㆒」とあり、同族が「同心」して「堂」を造営することは「氏之寺」＝氏の結集の場とするためであったと明確に窺えることである。つまり「堂」の建立には、氏の結束を固める意味があったと推定されよう。(11)

以上、『諷誦文稿』の「堂」の檀越には、中心となる「大旦主」のほかに「親属」・「眷属」などの同族がいたこと、

「堂」の法会は同族が参集し、氏の結束を固める場としての機能を有していたことを指摘した。

2　古代村落の「堂」と女性檀越

①には、「仏法に対ひたてまつる時には、須達・祇陀・末利夫人・勝鬘夫人等の如し。具には云はず。二人を称すべし」（二六四〜二六五行）とあることから、檀越が仏典説話にみえる四名の人物に擬されていたことがわかる。そこでこの四名がそれぞれどのような人物であったかをみていきたい。まず「須達」とは、須達長者のことで釈尊に帰依し祇園精舎を寄進した舎衛国の大長者である。敦煌の願文類にも「慕経慕法、発須達之精成（誠）、敬仏敬僧、起育王之誓願」(12)と、須達・阿育王に擬えて檀越を讃えている。すなわち、檀越を須達に譬えて讃えることは、中国でも一般的なことであったのである。つぎに「祇陀」とは、祇園精舎の建立にあたってその土地を寄進した祇陀太子のことである。『賢愚経』には「仏告二阿難一。今此園地。須達所レ買。林樹花果。祇陀所有。二人同レ心。共立二精舎一。応レ当レ与レ号。太子祇陀。樹二給孤独園一。名字流布。伝二示後世一」とあり、「慰誘言」で須達と祇陀が並記されているのは、二人が同心して祇園精舎を建立したとする仏典説話の位置づけによると考えられる。「末利夫人」は舎衛城の花鬘師長の娘でブッダに花を供養する波斯匿王の第一夫人であり、「勝鬘夫人」は波斯匿王と末利夫人の娘で、『勝鬘経』では釈尊の力を得て正法について説く人物である。両者は『大宝積経』など数多くの経典でともに登場しており、やはり仏典説話の位置づけにより選択されたといえよう。

以上の四人は、いずれも仏典に登場する在俗の代表的な仏教信者であり、檀越を讃える比喩としてふさわしい人物であった。それでは「具には云はず。二人を称すべし」という本文注記は、どのように解すべきであろうか。まず「具には云はず」とは、比喩の人物説明は簡略にすべきという説法のポイントであろう。とすれば、「二人を称すべし」とは、法会の導師が四人のうち檀越を讃えるために適切な二人のみをあげて喩えることを示すと解される。(13) そこで注目されるのが、この四人の表記をみると、「須達」・「祇陀」は名をそのまま記すのに対し、「末利夫人」・「勝鬘夫人」はともに「夫人」が付けられ女性であることが明示されていることである。これは「慰誘言」の作成者が性別を意識していたことを示すと同時に、「堂」の檀越に男女が共に含まれていたことを意味するものであろう。この四人から二人を選択し、法会で語ったとすると、組み合わせの可能性は、A須達・祇陀、B末利・勝鬘、C須達（祇陀）・末利（勝鬘）の三パターンとなる。すなわち『諷誦文稿』の執筆者は、「堂」の檀越について、Aは男性の檀越の存在、Bは女性の檀越の存在、Cは男女ペアの檀越の存在、という三パターンの可能性を想定し注記したものと推定されよう。

　ここで想起されるのが、義江明子によって指摘された「里刀自」など「里」を統率し、「村落結合の核とな」っていた古代村落における女性統率者の存在である。(14)「刀自」関係史料を見ると、「現在侍家刀自」・「□□（他田カ）君目□（頬カ）刀自」・「□（加カ）那刀自」・「駈刀自」・「□（若カ）駈刀自」（以上、『金井沢碑』(15)）、「家刀自三首那」（天平勝宝四年正月書写『報恩経』）、「春日戸刀自売」（延暦四年六月十五日書写『瑜伽師地論』）、「相知刀自」（天平宝字五年九月十七日書写『大法炬陀羅尼経』巻六）、「私若子刀自」・「文牟史玉刀自売」（天平勝宝六年九月二十九日書写『大般若経』）などがあり、写経奥跋などの仏教関係史料にも頻出することがわかる。(16)

　また、以下に示すのは荒田目条里遺跡出土の二号木簡で、磐城郡司が郡司職田の田植え労働を里刀自に命じた郡符木簡である。(17)

　郡符　里刀自　手古丸　黒成　宮沢　安継家　貞馬　天地　子福積　奥成　得内　宮公　吉惟　勝法　円隠
　百済部於用丸　（後略）

当該部分について平川南は、里刀自家の戸の構成員で、特に百済部於用丸の直前にある傍線部の吉惟・勝法・円隠は僧名であるとし、里刀自家は僧侶を抱えていたと推論されている(18)。この指摘が認められるとすれば、里刀自の家でも仏教が信仰されていたことになる。また周知のように、『霊異記』には「家長」と「家室」という男女対の称で出てくる仏教信仰者が存在する（上二・中一六）。以上からすれば、「里刀自」・「家刀自」などの女性統率者は、村落や同族内の知識による写経などの仏教的作善行為でも、中核的な役割を果たしていたことが想定される。つまり、『諷誦文稿』で想定されている女性の檀越とは、村落内の有力者であり「里刀自」的存在であった可能性が高いといえよう。なお近年、荒見泰史による『諷誦文稿』の孝子譚の考察から、用いられている孝子の名が基本的には当時の『父母恩重経』などに一致し、女性を重視した形への改変がなされていることから、中国における傾向と一致していることが指摘されている(19)。しかし、前述の日本古代史研究の成果からすれば、『諷誦文稿』の内容は中国文献の引き写しというよりは、日本古代には女性の社会的地位が高かったために、中国文献の内容を直接的に受容したものと考えられよう。

以上、「慰誘言」の記載からは女性の「堂」の檀越や男女ペアの檀越の存在が想定され、他史料の「里刀自」・「家刀自」・「家室」などの里や家の女性統率者は、『諷誦文稿』の「堂」の檀越になりうる存在であったことが指摘できる。

第三節　「堂」の法会と孤独者・貧窮者・障害者

本節では、「堂」の法会に参集する聴衆から法会の機能について考察する。『諷誦文稿』一〇九〜一一一行には、「此に由りて父母の現在の安隠（穏）大期の時を荘厳して引道（導）せられしめむ。自らも亦、自利利他の善事の於に悉く災難を除き、命終〈に臨む〉時には、浄瑠璃浄土に往生せむ。村里道俗も同じく護念せられて、福寿を増長せむ」とあり、古代村落の「堂」の法会には「村里道俗」、すなわち村落共同体成員が参集していたと考えられる。前述の二八四行目の本文注に、「時に随ひ貴賤、道俗、男女に随ひて辞を用ゐるべし。言の増減、取捨は宜しきに随ふ。以上大略ならく耳」とあるのも、『諷誦文稿』の執筆者が、法会に村里の「貴賤、道俗、男女」が参集することを予測していたからであろう。

　それでは「村里道俗」のほかにはどのような人々が参集していたのであろうか。「慰誘言」には、「須達の門には孤独のひと多く集まり、耆波の家には孿躄多く来る。大旦主の所〈殿〉には徳を仰ぎ、仁に帰る徒多く依り怙る」（二七六〜二七七行）とある。前述した「須達」は、『賢愚経』には「舎衛国王波斯匿。有二一大臣一。名曰二須達一。居家巨富、財宝無レ限。好二喜布施一。賑二済貧乏及諸孤老一。時人因レ行。為レ其立レ号。名二給孤独一」とあり、仏典説話では単なる在俗の仏教信仰者ではなく貧窮者や孤独の老者に布施をする人物としての位置づけがあった。「慰誘言」の内容はこのような仏典の記述に依拠したと考えられる。

　このような古代村落の貧窮者・孤独者の史料は多くないが、『霊異記』中一六には、「聖武天皇御代。讃岐国香川郡坂田里、有二一富人一。夫妻同姓綾君也。隣有二耆嫗一。各居二鰥寡一。曽无二子息一。極窮裸衣、不レ能レ活レ命。綾君之家、為レ所レ乞レ食」とあり、村落の「一富人」である仏教信仰者が、日常的に家の隣に住む鰥寡孤独や貧窮者を扶養していたとある。[20]

　田中禎昭は本説話から、鰥寡の貧しい耆嫗は富豪的な経営体による救済がなければ、「裸衣」で生存できない状態に陥らざるを得なかったと指摘した。さらに『諷誦文稿』七〇〜七四行の「此の身は財を尽くして着厳れとも、都て一の益も无し。『頸を掣へ、胸を掣へて功徳をし修しては、自然に善き所には生れむ。【貧しき人は、生ける時には飢寒の恥を被り、命終の後には一尋に足らず葛を頸に繞ふ。此れや此の郷の穢、家の穢なりといひて、犬鳥有る藪を指して引き棄つ、虚りて額を叩きて乞ひ誓めとも、助くる人无し】追ひて反せとも、反す可からずは年月なり。百年千年もかと乞ひ祈めとも、誰か其の一をも得む』日月の往来する任に、形体も遷ひ改りぬ、昼夜の明け晦るる毎に、前の塗も徐く近つきぬ」との記述から、老人が「家」・「郷」の穢れとして引き捨てられる〝棄老〟の慣行を指摘した(21)。田中の指摘は重要であるが、問題の「穢」について記した部分は挿入符によって省略されており、最終的に世の無常を説く文例としてはふさわしくないと判断されたことも看過すべきではない。「貧人」は直前の功徳を修する人との対比で用いられているので、功徳を積まなかったことにより「貧人」に転生した者の末路を示す文例として当初記されたものとみられる。当然老人も多く含まれると予測されるが、それのみに限定されるわけではなく貧窮者一般をさすものと解釈すべきであろう。

また「耆波」は、仏典説話にみえる古代インドの名医であり、『大方等大集経』に「如二耆婆医王一」(22)、『大般涅槃経』に「大医名曰二耆婆一」とある。さらに敦煌の願文類にも、「唯願観音覆護、錫杖以払身。大勢慈悲、神光而照燭。耆波妙薬、灌澍身田(23)」とあり、中国の法会では「耆婆妙薬」が信仰の対象となるほどの著名な人物であった。ただし、上記からわかるのは、仏典や中国史料で耆波は薬や医術に優れた人物として認識されていたということである。

しかし「慰誘言」では、耆波の「家」が人々の参集する檀越の「所」（殿）の比喩としてあげられており、この点で仏典や中国史料と明確に相違する。古代村落の「堂」の檀越が高度な医療知識を保有していたとは考えられず、「慰誘言」の記述は「堂」の檀越が障害者を扶養していた事実を示すと解釈すべきである。檀越の孤独者扶養と同様に村落の障害者の史料は数少ないものの、『霊異記』下三四には、「巨勢呰女者、紀伊国名草郡埴生里之女也。以二天平宝字五年辛丑一。怨病嬰身、頸生二瘻肉疽一。如二大菰一、痛苦如レ切。歴レ年不レ愈。（中略）剃髪受戒。著二袈裟一。住二其里於大谷堂。誦二持心経一。行道為レ宗」とある。宮瀧交二は巨勢呰女が重病を患ったまま大谷堂で仏道修行をし、二八年間にわたって扶養されていたと推測されているが[24]、「慰誘言」からすれば、呰女は実質的には「堂」の檀越によって扶養されていたことが推測されよう。同様に『霊異記』下一一の「蓼原堂」に盲目の女が参詣するが、この話も檀越による障害者扶養を話す際の例証話に用いられたものと考えられる。

法会の参集者に話を戻すと、①の部分には「孤独」・「攣躄」に類される人々が檀越の仁徳に帰服し、檀越の法会の場に集まっていたとされている。檀越が村落内の孤独者・貧窮者、障害者を扶養していたとすれば、このような人々を法会に参集させることは、彼らの存在自体を檀越の仁徳や慈悲を象徴するものとして法会の中に位置づけることでもあったと推定されよう。

以上、「堂」の法会の聴衆は、前節にて指摘した（Ⅰ）檀越の「親属」・「眷属」のほか、（Ⅱ）「村里道俗」とされる村落内の人々、（Ⅲ）檀越が扶養する「孤独」なども含む貧窮者・「攣躄」などの障害者、という三種類の聴衆により構成されていたと考えられる。特に法会に参集している（Ⅲ）の人々の存在を語ることは、檀越による村落の孤独者・貧窮者や障害者の扶養の事実を村落の人々に知らしめ、村落内の檀越の支配者的立場を強化する機能を有する意味があったことが指摘できる。

第四節　『東大寺諷誦文稿』の村落と「堂」

「慰誘言」の②には、古代村落の名称である「某郷」の名を「堂」に冠していたことを示す記述がある。古くから仏教施設に郡名を冠することについては数多く論じられてきたが[25]、里名・郷名を冠することの意味は十分な議論がなされてこなかったと思われる。[26]本節では、古代村落と里名・郷名を冠する「堂」との関係性について考察していきたい。当該部分（②）を掲出しよう。

今、此堂ハ《里名某甲郷此》名云某、何故云某郷然故本縁、何故云某堂然故本縁、此堂大旦主先祖建立《本願》（二七八行）

注目されるのは、当該箇所が後からの書き入れ（傍注で表示）と本文中の注（本文中に小字表示）というべき記載が混在していることである。まず「此の堂は、名を某と云ふ」の注記である「里名某甲郷此」について検討したい。「某甲郷」とは、法会の場である堂の名を語る際に、堂の立地する村落名である「某甲郷」を堂名に冠して呼称すべきことを示した注記と考えられるが、それは「某甲郷」の前の「里名」の意味を考えることでより明確になると思われる。

『諷誦文稿』の作成された平安時代初期は、国郡里制や国郡郷里制下ではなく国郡郷制下であり、ここにみえる「里名」は少なくとも行政区分名称の用法とは考え難い。しかしながら、国郡郷制下でも「里」が古代村落の意味で用いられている事例も存在する。吉田一彦は、『霊異記』の「大安寺西里」（中二八）・「殖槻寺辺里」（中三四）・「薬師寺東辺里」（下一二）・「河内市辺井上寺里」（下五）などは、寺院周辺の自然村落を示すもので、自然村落を「里」と呼ぶのは郷里制下の「里（コザト）」に由来し、郷里制が制度として廃止された後も、在地社会の呼称として継続的に用いられていったためであるとした。[27]この指摘は『続日本後紀』天長十年（八三三）十二月癸未朔条の「岡本堂」が、郷里制下の「賀茂郷岡本里」に由来する村落名称と思われる「岡本」を冠していることからも蓋然性が高いと思われる。また『諷誦文稿』の「里名」は一般名詞であり、固有名称である「某甲郷」とは明らかに区別されていることにも注意したい。このような用例としては、『万葉集』巻一五の三七八二に「雨隠り　物思ふ時に　ほととぎす　我が住む里（和我須武佐刀）に　来鳴きとよもす」とあり、〝人々の住む村落〟を意味する一般名称としての用法が見られる。

以上を踏まえた上で「慰誘言」をみると、「何故云某郷」ともある。「某甲郷」・「某郷」の表記がいずれも固有名称を示す形式であることからすれば、注記にある「里名」は村落を意味する一般名称と理解すべきであろう。つまるところ、注記の「里名」とは、行政区分名称の「某甲郷」を「堂」に冠して用いる場合において、その郷名が〝人々の住む村落名〟の意味であることを説明するための文言であったといえよう。

さらに「某甲郷」の下にある「此」という文字が注目される。「此」は前出の内容を受けた語と思われ、具体的には注を付されている「此堂」の「名」を意味していると考えられる。そうであるとすれば「里名某甲郷此」の意味は、〝堂名には、村落名（＝「里名」）である「某甲郷」を冠する〟という意味であり、「堂」に冠する名称は必ず村落名でなければならなかったことを示す注記と理解できる。つまり、行政単位名称と同一である「某甲郷」が、「里名」（＝村落名）であることを間違えないように説明した注記と考えられよう。

つづいて村落名の「某郷」とその名を冠した「某堂」の後に、本文中の注として「然故本縁」とあることの意味を検討していきたい。藤井貞和は、「本縁」とは「本」も「縁」も〝コトノモト〟と訓じられ物事の起源を意識した言い方であることを指摘した(28)。西條勉は、「現在において固定的に伝授されている言事の由来を明かすはたらきをし、仮にコトノモトを語るという言い方が許されるとすれば、語られるのはコトではなく、モトのほうである」と指摘している(29)。かかる指摘が認められるとすれば、『諷誦文稿』の「某郷」・「某堂」の「本縁」も、現在に繫がる言事（コト）の起源伝承（モト）であったと考えられる。また、「郷」と「堂」の「名」の「本縁」が存在した事実は、古代の「名」がさまざまな伝承を負う性質を有するものとする松木俊暁の指摘を想起させよう(30)。

当該部分は、「何故云某郷」という問いを発した後に、その由来である「本縁」を語るという順序で記されている。同様に「堂」の「本縁」が語られたこともわかり、語りのパターンが執筆当初より成立していたことを窺わせる。

「然故本縁」が『諷誦文稿』執筆当初からの注記であることは、古代村落の「堂」とその立地する村落名称には一般的に「本縁」が存在し、それは法会の場で必ず語られるべきものとされていたことを示している。

それでは何故、村落名称の「本縁」は「堂」の法会で語られるべきものであったのだろうか。その理由は、古代の村落名がどのように成立したのかを考えることによって手がかりが得られよう。そこで、「風土記」の地名起源説話のうち、特に里名・村名の起源説話から、古代の村落名の成立過程をみていきたい。以下に関連史料を掲出しよう。

①「昔、大部造等始祖古理売。耕二此之野一多種レ粟。故、曰二粟々里一」（『播磨国風土記』賀古郡鴨波里条）

②「所三以号二瓶落一者、難波高津御宮御世、私部弓取等遠祖、他田熊千、瓶酒着二於馬尻一、求二行家地一、其瓶落二於此村一。故曰二瓶落一」（『播磨国風土記』印南郡含芸里条〈本名瓶落〉）

③「所三以号二漢部一者、漢人居二之此村一。故、以為レ名。所三以後改曰二少宅一者。川原若狭祖父娶二少宅秦公之女一、即号二其家少宅一。後、若狭之孫智麻呂、任為二里長一。由レ此、庚寅年為二少宅里一」（『播磨国風土記』揖保郡少宅里条〈本名漢部里〉）

④「所三以名二比治一者、難波長柄豊前天皇之世、分二揖保郡一作二宍禾郡一之時、山部比治、任為二里長一。依二此人名一故、曰二比治里一」（『播磨国風土記』宍禾郡比治里条）

⑤「大神、湌二於此処一。故曰二須加一。後、所三以号二山守里一者、然、山部三馬任為二里長一。故、曰二山守一。今、改レ名為二安師一者、因安師川為レ名」（『播磨国風土記』宍禾郡安師里条〈本名酒加里〉）

⑥「右、号レ然者、品太　天皇之世、品遅部等遠祖前玉、所賜二此地一。故号品遅部村」（『播磨国風土記』賀毛郡品遅部村条）

⑦「志貴島宮御宇天皇御世、倉舎人君等之祖、日置臣志毘、大舎人供二奉之一。即是、志毘之所レ居。故、云二舎人一」

（『出雲国風土記』意宇郡舎人郷条）

⑧「昔者、磯城島宮御宇　天国排開広庭天皇之世、日下部君等祖邑阿自、仕㆓奉靫部㆒。其邑阿自玖、就㆓於此村㆒、造㆑宅居㆑之。因㆑斯、名曰㆓靫負村㆒。後人、改曰㆓靫編㆒」（『豊後国風土記』日田郡靫編郷条）

⑨「昔者。来目皇子、為㆑征㆓伐新羅㆒、勒㆓忍海漢人㆒、将来居㆓此村㆒、令㆑造㆓兵器㆒。因曰㆓漢部郷㆒」（『肥前国風土記』三根郡漢部郷条）

以上の九例は、里名・村名の成立に際し、いずれも祖先伝承が深く関わっていた事例である。それではどのような契機で村落名が成立しているのであろうか。

まず、天皇・王権への奉仕伝承と関わる事例をみてみよう。⑦は倉舎人君等の先祖が大舎人として供奉したこと、⑧は日下部君等の祖の邑阿自が靫部として仕奉したことから、「舎人郷」・「靫負村」という村落名が付けられている。⑥は品遅部等遠祖の前玉が天皇からその地を賜ったために「品遅部村」と命名されたという伝承である。⑨は来目皇子が新羅を征討する時に忍海漢人に武器を作らせたという伝承により「漢部郷」となったとある。以上の記事は、村落名をつけるにあたり天皇・王権への奉仕伝承が重視されていたことを示すと思われるが、それにも拘わらず、⑧で「後人、改曰㆓靫編㆒」とあるように村落名称は決して固定的なものではなく、「後人」によって文字が改められるような可変的な性質をもっていたことが窺える。

関和彦は、『豊後国風土記』国埼郡条に「国見村。今謂㆓伊美郷㆒、其訛也」とあるように、天皇の国見にまつわる地名起源説話が土地の人々によって「伊美」と改変されたことについて、国見の言葉に表現される王権支配を嫌う土地の人々の心情であると指摘する。[31] かかる見解の当否は措くとしても、天皇にまつわる地名起源伝承が在地で改変される可能性を有していたことは、村落名称が国家によって一元的に命名されるような性質のものではなく、その成立には村落に居住する有力者と人々の主体性こそが重要であったことを示している。

つぎに③・④・⑤は、村落名称の命名がいずれも里長と関わる事例である。ただし、③は元々「漢部里」であったが、川原若狭の祖父が少宅秦公之女を娶りその家を「少宅」と号したこと、若狭の孫が里長になったことにより「少宅里」となったことが記される。④は山部比治が里長になったため「比治里」と呼んだとある。このように里長の名や里長の家号を村落名とするのは、その時点での村落内の里長の立場を反映したものと思われるが、⑤はそのような村落名称の性質を示すものとして興味深い。すなわち、最初に大神がそこで飡したために「須加」となったが、その後山部三馬が里長となったことで「山守里」となり、今は安師川の名により「安師里」となったとある。つまり、元来の村落名称の由来は大神の伝承であったが、それが里長と関わる名に変わり、さらに川の名に変化したのである。何故、最終的に村落名が河川名に基づいたのかは判然としないが、本史料は村落名称が元々可変的なものであり、ある時期は里長の村落内の立場によって里長と関係のある村落名となったとしても、里長の立場の変化により村落名称も変化するものであったことがわかる。以上より村落名称とは、その時々の村落内部の事情により容易に改変される性質をもっていたと推測されよう。

最後に①・②については、野に粟を播いたという伝承や酒を落とした祖先の行為に基づく伝承によって村落名がつけられているが、これらの伝承は、仮に他の氏の祖先であっても内容はそのまま使用できる代替可能な性質をもつ伝承である。これらは「風土記」への収録時点には大部造氏や私部氏の伝承であったが、それ以前は別の氏の伝承であった可能性もあり、これ以後には別の氏の伝承として語られた可能性もあるのではなかろうか。

以上のような「風土記」の村落名の起源説話から窺えた可変的な性質は、村落名の起源説話の前段階に存在したと想定される村落起源伝承の多くが、ある時期に特定の氏がそこに居住し、村落を代表する立場にあることを正当化するために作成されたことを示唆している。先祖の天皇・王権への奉仕伝承など上級権力との関与や、里長になったことを契機とするなどの説話内容も、それが現在の氏の村落内の立場を保証するにふさわしいと認識されていたからであろう。

『諷誦文稿』に戻ると、「慰誘言」の「某郷」の「本縁」は「某堂」の「本縁」の前提であり、セット関係にあるものである。とすれば、「某郷」の「本縁」とは「堂」の檀越の先祖による村落起源伝承と考えるべきであり、実態としては檀越の氏の村落での地位・立場を正当化するための伝承であったと推測され、「風土記」の地名起源説話と同構造をもっていたものと理解できる。おそらく九世紀前半の「堂」の法会では、「風土記」的な地名起源説話に類する村落起源伝承の創出・改変がなされていたと考えられよう。その実例こそが「慰誘言」の「某郷」の「本縁」ではなかろうか。

それでは「某堂」の「本縁」と「先祖建立」の「本願」は、どのような内容と理解できるであろうか。これについては、『霊異記』の堂建立説話が参考となる。

中五は、「一富家長公」が漢神を祭っていたために病にかかり死亡したが、現世で仏教に帰依し放生していたことにより冥界からの蘇生を許され、蘇生後、「従レ此已後、効不レ祀レ神。帰二信三宝一、己家立レ幢成レ寺、安レ仏修レ法放レ生。従レ此已後、号曰二那天堂一矣」と、檀越が「家」を「寺」と成し、それを「那天堂」と号したとある。同様に中三九は廻国の僧侶が耳の欠けた薬師仏をみつけた後、「引二率知識一、勧二請仏師一、令レ造二仏耳一、鵜田里造レ堂、居二尊像一以レ之供養。今号曰二鵜田堂一矣」と仏像を修理し堂を建立した説話である。また下一七には、檀越の先祖が「堂」の仏像を修復した話があり、冒頭に「沙弥信行者、紀伊国那賀郡弥気里人、俗姓大伴連祖是也」と、明確に大伴連氏の祖先の話であることがわかる。すなわち、このような『霊異記』の堂建立説話や「堂」に関与した先祖の説話が「慰誘言」の「堂」の「本縁」であり、「堂」建立の際、檀越の先祖が発願した内容が「本願」であろう。

『諷誦文稿』が法会の式次第を記した一連の内容であるとすると、「堂」建立の「本願」を考える上で留意されるのが、一〇九～一一一行に見える願文的内容である。そこには、「父母の現在の安隠（穏）大期の時を荘厳して引道（導）せられしめむ。自らも亦、自利利他の善事の於に悉く災難を除き、命終に臨む時には、浄瑠璃浄土に往生せむ。村里道俗も同じく護念せられて、福寿を増長せむ。広くは、生々の四恩、五趣の四生、普く此の願に資けられて、苦を離れ楽を得しめむ」と、古代村落の「堂」の法会で発願された具体相が窺える。おそらく「堂」建立の「本願」でも、檀越の氏の繁栄と檀越自身の往生が願われると同時に「村里道俗」の「護念」が願われていたと考えられよう。おそらく「堂」に村落名を冠する意味は、檀越を中心とする村落全体を体現する仏教施設であることをも示すことにあったと考えられる。

それでは、以上の考察を踏まえた上で、古代村落と「堂」はどのような関係にあったと考えられるであろうか。すでに村落名称が、村落情勢の変化によって容易に改変される可変性をもち、村落内の有力な氏を中心に再構築されるべきものであったことを指摘した。かかる事実は、「堂」に村落名を冠することは、単に「堂」の立地場所を示すためといった性質のものではなく、檀越が自らのルーツと一体化した村落起源伝承を再構築することによって、初めて意味をもちうることであったことを示している。だからこそ、「慰誘言」での記載順序は、村落起源伝承の後に、堂建立伝承を語るという並びになる必然性があったのである。近年、里名・郷名を冠する仏教施設は里・郷単位に編成された地縁的な知識によって造営されたことを意味するとの見解が出されているが[32]、本節における考察からすればそのような平板な問題ではなく、古代村落における名付けの行為は、「風土記」の地名起源伝承からみても、在地秩序の変動や在地支配と関わる極めて本質的な事柄であったといえる。また必ずしも地縁的な知識の関与を否定するものではないが、「堂」の法会にて「貴哉、旦主」と語られ、檀越を個別に讃える内容であったことからしても、古代村落の「堂」への特定有力檀越の関与もあったことは否定し難いといえよう。

以上、「慰誘言」から窺える古代村落の仏教とは、檀越の氏を中心とした村落起源伝承の再構築と、「堂」と関わる仏教的伝承の創出・改変を経て初めて受容されるべき性質のものであったのであり、里名・郷名を「堂」の名に冠することとは、古代村落の成立と「堂」の檀越とその氏が分かち難く結びついていたことを示すものであったといえよう。

第五節　〈堂讃め〉と「堂」の仏教

1　「慰誘言」の〈堂讃め〉の位置づけ

前節にて「慰誘言」の②の前半部は、檀越を中心とする村落起源伝承と堂建立伝承と関わる仏教受容伝承の内容であることを指摘したが、②の後半部の「堂」と周囲の景観を讃える語りについても、そのような古代村落の仏教のあり方と密接に結びついた内容であったと想定される。

まず『諷誦文稿』二七九～二八〇行を掲出する（〈　〉は小字による書き入れ、A～Eは筆者による）。

A堂も麗しく厳り、仏像も美しく造り奉る。B郷も忋怜く、寺の所も吉し、C井も清く水も清し、〈夏の〉樹影も忋怜く、D出居も吉し、経行も吉く、遠見も忋怜し、E駅路の大きなる道の辺にして物毎に便有り。云。若し山、〈林、河〉の辺ならば、山、〈林、河〉に附きて、云。若し城の辺ならば城に附きて、云。

本史料については、行論の都合上、讃える対象をA～Eに分類するが、全体としては冒頭のAに「堂も麗しく厳り」とあることから、前段の村落名の起源伝承・堂建立伝承と「本願」が語られた上で、〝法会の場〟である「堂」と、その周辺の景観を讃える語りであったと推測される。

「堂」を讃えることは、例えば『敦煌願文集』所収の「慶揚文第一」の「仏堂」に、「建而（如）兜率之蓮宮、地砌深珠之宝、簷鋪檀梅之材、架鱗（麟）鳳以争空、鏤鴛鴦而競起」[33]とあるように、中国で行われた仏堂を讃える文例の影響が予測される。ただし、中国の文例が「兜率之蓮宮」と弥勒浄土に擬えて讃える表現や「檀梅之材」などと建材や屋根の豪華さを讃える表現によって「堂」を讃えているのに対し、「慰誘言」では「堂」について「麗しく厳り」と直接的に表現されるのみで修飾表現がない。また「堂」そのものだけでなく、「堂」の立地、「堂」からの眺望・居心地、「堂」周囲の景物・景観などが共に讃えられているという特徴がある。

ここで想起されるのは、日本文学・文献史学の研究において、高所から周囲を見る行為は「国見」、そこで景物・景観を讃える行為を「国讃め」、特に天皇・大王の宮を周囲の景観と共に讃えることは「宮讃め」と呼称され古くから研究が蓄積されてきたことである。結論からいえば、『諷誦文稿』の表現は、古代史料に見える国見や国讃め・宮讃めの表現と類似し、法会で語られる目的も国見・国讃め・宮讃めと共通する部分があったと推測される。行論に入る前に、日本文学・文献史学の国見・国讃め・宮讃めの研究史について付言しておきたい。

国見・国讃めは、つとに折口信夫が、高所より降臨する聖者が、土地の精霊および土民に命令を宣下したものが変化し、讃め辞の形をとったものと指摘しているが[34]、これまで通説的な見解であったのは土橋寛の説である。土橋は、古代において「見る」ことは、「単なる感覚的行為ではなく、生命・霊魂に拘わる行為であった」として「タマフリ的意義」を見出し、国見の性格は「元来農村の予祝行事として行われた春山入りの儀礼的部分である国見」が徐々に政治的色彩をもちはじめ、最終的には族長や天皇の国見へと変質していくことを指摘した。[35]その後、国文学では「見る」という行為についての表現形式とその性格について多くの議論がなされたが、[36]国見の起源は土橋説が通説とされてきた。

ところが近年、多田一臣は、野田浩子の見解[37]と古橋信孝の見解[38]を踏まえ、国見とは支配者がその土地を見ることによって土地の霊（国魂）の発揮する呪力を受け止め、それによってその霊の発する力を鎮めることが土地の領有・支配の根拠となり、その土地の豊饒を約束されるものであると指摘し、国見は民間の国見行事から始まったものではなく、神＝支配者の国見から始まったものとした。[39]かかる見解の当否は俄に決し難いが、多田説にて国見が第一義的に支配者の政治的機能を有する行為であったとした点は注目される。そのような政治的機能については、文献史学でも、関和彦により、国見が「領域支配の確認」や「そこに生活する人々の日常生活、生産活動を「見る」ことにより心理的にもその権威のものに組み込む儀礼であった」と指摘されている。[40]以上の研究史によれば、その起源はともかくも、国見が土地の支配と関わる行為である点については見解の一致を見ているといえよう。

つぎに宮讃め歌は、早く土橋寛によって国讃め歌の系譜の中で発展してきた宮廷讃歌であると指摘されており、[41]大王・天皇の宮を讃えることを通じて大王・天皇を讃えるという特質をもつとされる。ただし国見・国讃めとの相違として、『万葉集』巻一―二、舒明天皇の御製歌以外は、詠む主体が天皇自身でなく宮廷歌人であるという点についての説明が必要であろう。身﨑壽は舒明天皇御製歌とそれ以降について、うたう（みる）天皇からうたわれる（みられる）天皇への転換があったとし、その転換とは天皇権力の変容に即応して王権讃美の表現の質が変化したものであり、具体的には漢詩文などに見られる皇帝の挙動を具体的に述べるような大陸文芸のありようが、新しい王権讃美の方法を模索していた宮廷儀礼の担い手に影響を与えたことにより、天皇を詠い手（話者）の立場から解放し、行動を描写される側に置かれることになったと推測している。(42) 宮讃め歌に漢文学の影響があったことはすでに多くの研究があり、(43) この指摘が認められるとすれば、宮讃め歌とは天皇権力の変容を背景に漢文学等の影響を受けながら成立した天皇讃歌であり、国見・国讃めの有する政治的側面を基本的に継承したものと位置づけられる。

さて本節では、導師の官大寺僧によって法会で語られた「堂」への讃辞について、以上の研究史の内容を踏まえ〈堂讃め〉と呼称することにしたい。まず讃える対象が建造物である点で共通する宮讃め歌と〈堂讃め〉の構造を概観した上で、『万葉集』・「風土記」や記紀の国見・国讃め・宮讃めなどの讃えられる対象や讃えるための表現と比較し、古代の「堂」の法会で語られる〈堂讃め〉の意味を考えていきたい。

2　宮讃め歌の構造と〈堂讃め〉

ここでは「慰誘言」の〈堂讃め〉の構造について、宮讃め歌の構造との比較を行いたい。ただし、本節の目的は厳密な意味での比較ではなく、建造物を讃える際に周囲の自然を詠みこみ讃えるという構造を有することの確認に止まることを予め記しておきたい。それでは代表的な宮讃め歌として「藤原宮の御井の歌」（巻一―五二）をみてみよう。

やすみしし　わご大君　高照らす　日の皇子　荒たへの　藤井が原に　大御門　始めたまひて　埴安の　堤の上に　あり立たし　見したまへば　大和の　青香具山は　日の経の　大き御門に　春山と　しみさび立てり　畝傍の　この瑞山は　日の緯の　大き御門に　瑞山と　山さびいます　耳梨の　青菅山は　背面の　大き御門に　宜しなへ　神さび立てり　名ぐはしき　吉野の山は　影面の　大き御門ゆ　雲居にそ　遠くありける　高知るや　天の御蔭　天知るや　日の御蔭の　水こそば　常にあらめ　御井の清水

本歌は、傍線部のように大君が埴安の池の堤の上に立って四方を眺望した景観として、「大和の青香具山」から

「吉野の山」までの地勢を詠みこんでいる。その中で四方の山々のそれぞれの特徴を讃え、最後に天皇によって造営された宮の永遠性と重ねて、「水こそば　常にあらめ　御井の清水」と、水を讃える表現が詠みこまれている。上野誠によれば、「遠景と近景が最後の最後に対照されて、歌の主題が読者にわかるように設計されて」おり、この歌の特徴は天皇の視線で描かれ、山水により宮を讃えている点であるという。(44) 本歌の地勢の叙述は、中国の五岳崇祀や陰陽五行説・天人感応思想などの影響が指摘されているが、(45)(46) 土橋による「古い山讃め歌の宮廷的発展」との見解や、最近の池田三枝子による藤原宮讃歌には壮麗な建造物に対する表現がなく、建築物は祝詞にみられる伝統的詞章を踏襲した、「高知るや　天の御蔭　天知るや　日の御蔭の」という表現があるにすぎないとの指摘を踏まえれば、(47) たとえ中国的な形式をとっていたとしても、自然を詠みこむことによって中心となる建造物を讃えるという発想は、日本古代の宮讃め歌の特徴であると推測されよう。

なお本歌に直接「宮」がみえないことは、通説的には「大御門」が建物群全体を象徴するため宮殿全体を指すと理解されており、(48) 筆者もこの見解を支持したい。つまり宮讃め歌は、宮殿を「見る」ことに重点を置いた歌であるから、(49) その対象である「宮」は、何らかの形で必ず詠みこまなければならなかったものと考えるべきであろう。

つぎに、田辺福麻呂作の「久邇の新京を讃むる歌」(巻六―一〇五〇)をみていきたい。

現つ神　我が大君の　天の下　八島の内に　国はしも　多くあれども　里はしも　さはにあれども　山並の　宜しき国と　川並の　たち合ふ里と　山背の　鹿脊山の際に　宮柱　太敷きまつり　高知らす　布当の宮は　川近み　瀬の音ぞ清き　山近み　鳥が音とよむ　秋されば　山もとどろに　さ雄鹿は　妻呼びとよめ　春されば　岡辺もしじに　巌には　花咲きをり　あなおもしろ　布当の原　いと貴　大宮所　うべしこそ　我が大君は　君ながら　聞かしたまひて　さす竹の　大宮ここと　定めけらしも

恭仁京を讃える歌は、「現つ神　我が大君の　天の下　八島の内に」から始まり、最後は傍線部のように、大君が素晴らしい場所に大宮所を定められたとして終わっており、天下を統治する天皇自身と宮を讃えた内容であるが、本歌も「八島の内」の「山」・「川」・「岡辺」・「花」など周囲の自然や地勢を詠みこむことによって宮を讃える構造をもつ。また本歌は、「布当の宮」と「宮」が直接詠みこまれている。このような構造は後掲表13―6・7の吉野宮を讃える歌でも同様である。すなわち宮讃め歌の構造は、周囲の地勢・景観を讃えながら、宮殿を直接的に讃える傾向が確認されるのである。

『諷誦文稿』の〈堂讃め〉では、「堂」は直接的に讃えられ周囲の景物・景観とともに讃えられていることから、宮讃め歌と共通する構造をもつといえる。ただし宮讃め歌の藤原宮の御井の歌では宮を取り囲む山々と井、久邇京を讃える歌では「国」から「里」までを視野に入れながら、山並・川並・岡辺・花と遠景から近景まで広い範囲で讃えるのに対し、『諷誦文稿』で讃えられている景観は、「駅路大道辺」・「山〈林河〉辺」・「城辺」・「樹」・「井」・「水」と、「堂」周辺の景観（「辺」）であり比較的近景に止まっている。これについては「遠見」する範囲が「郷」であることとも相俟って、「宮」と「堂」という対象の相違に求められるのではなかろうか。また「仏像も美しく造り奉る」との冒頭の仏像を讃える表現は、「堂」が仏教施設であることによるものであり〈堂讃め〉特有の特徴と思われる。

以上、〈堂讃め〉とはあくまで大枠ではあるが、その構造と表現形態において宮讃め歌の構造との類似性があることを指摘した。

3　「慰誘言」の〈堂讃め〉の対象

ここでは〈堂讃め〉に見える讃える対象の特質について、『万葉集』・「風土記」・記紀に見える国見（歌）・国讃め

（歌）・宮讃め（歌）を中心に比較していきたい（表13～15参照）。讃える対象（以下、対象）の概略を示すと（前掲史料のB～Eに対応）、B「郷」・「寺所」など「堂」の立地、C「井」・「水」・「樹影」などの「堂」周辺の景物、D「出居」・「経行」・「遠見」など法会を行う場としての居心地や眺望といった感覚的な側面、E「駅路大道」・「山林河」・「城」などの「堂」周辺に特徴的な景観に区分できる。

まず、Bの「郷」は『常陸国風土記』行方郡条に、「天皇四を望み、侍従どもを顧て曰ひしく、「（前略）物の色可

表13　『万葉集』の国見・国讃め・宮讃め

	題詞	分類	巻―歌番号
1	高市岡本宮に天の下治めたまひし天皇の代［息長足日広額天皇］／天皇、香具山に登りて望国したまふ時の御製歌	国見・国讃め歌	一―二
2	吉野宮に幸せる時に、柿本朝臣人麻呂が作る歌	国見・国讃め歌	一―三六
3	（吉野宮に幸せる時に、柿本朝臣人麻呂が作る歌）反歌	国見・国讃め歌	一―三八
4	藤原宮の御井の歌	宮讃め歌	一―五二
5	（神亀二年乙丑の夏五月、芳野の離宮に幸せる時に、笠朝臣金村が作る歌一首［并短歌］）反歌二首	宮讃め歌	六―九二一
6	山部宿禰赤人が作る歌	宮讃め歌	六―九二三
7	八年丙子の夏六月、芳野の離宮に幸せる時に、山部宿禰赤人が詔に応へて作る歌一首	宮讃め歌	六―一〇〇五
8	久邇の新京を讃むる歌	宮讃め歌	六―一〇五〇
9	（久邇の新京を讃むる歌二首［并短歌］）反歌二首	宮讃め歌	六―一〇五一
10	（久邇の新京を讃むる歌［并短歌］）反歌二首	宮讃め歌	六―一〇五二
11	（久邇の新京を讃むる歌二首［并短歌］）反歌二首	宮讃め歌	六―一〇五三
12	（久邇の新京を讃むる歌二首［并短歌］）反歌五首	宮讃め歌	六―一〇五四
13	（久邇の新京を讃むる歌二首［并短歌］）反歌五首	宮讃め歌	六―一〇五五
14	雑歌	国見・国讃め歌	一三―三二三四

註　［　］は小字の記載部分。

表14 『風土記』の国見・国讃め

	郡名	国見をする者	場所	行為	対象	分類	出典
1	飾磨郡	応神天皇	大立丘	見	地形	国見	『播磨国風土記』
2	飾磨郡	応神天皇	夢前丘	望見	—	国見・国讃め	『播磨国風土記』
3	揖保郡	応神天皇	大見山	望覧	四方	国見	『播磨国風土記』
4	揖保郡	応神天皇	欟折山	望覧	—	国見	『播磨国風土記』
5	賀茂郡	応神天皇	小目野	望覧	四方	国見・国讃め	『播磨国風土記』
6	日田郡	景行天皇	坂上	御覧	国形・地形	国見・国讃め	『豊後国風土記』
7	大分郡	景行天皇	—	遊覧	地形	国見・国讃め	『豊後国風土記』
8	国埼郡	景行天皇	—	遙覧	此国	国見・国讃め	『豊後国風土記』
9	基肆郡	景行天皇	—	遊覧	国内	国見・国讃め	『肥前国風土記』
10	養父郡	景行天皇	狭山の行宮	望	四・四方	国見	『肥前国風土記』
11	国埼郡	景行天皇	—	見	国	国見・国讃め	『豊後国風土記』
12	行方郡	景行天皇	印波鳥見丘	遙望	国	国見・国讃め	『常陸国風土記』
13	多珂郡	成務天皇	—	歴験	地体	国見	『常陸国風土記』
14	行方郡	倭武天皇	現原丘	挙目騁望	四・郷体	国見・国讃め	『常陸国風土記』

怜く、郷体甚愛し。宜、この地の名を行細し国と称ふべし」とのりたまひき」（表14―14）という類似表現がある。国見・国讃め・宮讃めでは、「国形」を讃えることが特徴であるが、「風土記」の「地形」（表14―1・6・7）・「国形」（表14―6）・「地体」（表14―13）・「郷体」（表14―14）は、いずれも「クニガタ」と訓むべき表現との指摘[50]を踏まえれば、『諷誦文稿』の「郷」も「クニガタ」に含めて考えるべきか、少なくとも「クニガタ」を意識して用いられた表現であり、国見・国讃め・宮讃め的表現の系譜に連なることが確認される。

「寺所」は、前述の『万葉集』巻六―一〇五〇～一〇五五の「久邇の新京を讃むる歌」（表13―8～13）など、宮讃め歌にある「大宮所」（大宮処）という表現との類似が注目される。近年の古代史研究では、古代史料の「宮所」は「宮を置くのにふさわしい土地として天皇に占定されたところ」が原義であるとの指摘がある[51]。また『万葉集』の「大宮所」とは、単なる宮の建設予定地という意味ではなく、いかに宮を建てるのにふさわしいかという宮讃め的な文脈で用いられる表現であり、さらにその地を「大宮所」と定めた天皇を称揚する意味合いも有していたという。ここで恭仁京に関わる歌のうちの四首の用例を見ると、「百代にも　変るましじき　大宮所」（表13―11・13）・「百代まで神しみゆかむ大宮所」（表13―10）・「大宮所うつろひ行かめ」（表13―12）と、〝永遠に続く場所〟という意味がこめられた表現であることがわかり、吉野宮を讃える歌にも「万代に　見とも飽かめや　み吉野の　激つ河内の　大宮所」（表13―5）と同様の用法があり、前述の「藤原宮の御井の歌」も同様の歌意である。「慰誘言」の「寺所」に戻ると、郷全体を一望できることや「出居」（ゐでい）・「経行」（たたずまい）といった居心地のよさを讃えていることなど、永続的に仏を供養するための「堂」を建てるのにふさわしい土地が占定されていたことを推測させ、〈堂讃め〉にふさわしい立地を意味する表現として「寺所」が選ばれたものと想定される。

Cの土地の景物は、「井」や「水」をみると「藤原宮の御井の歌」にあるように、井の水が清く絶えないことから「堂」の立地の永遠性を讃えるものであったと考えられるが、「樹」の意味についてはどうであろうか。『常陸国風土記』行方郡条には「郡家の南の門に、大き槻あり」とあり、『額田寺伽藍並条里図』の寺門前には三本の「槻」が見え、官衙・寺院を象徴する「樹」が立っていたことが窺える。(52) おそらく「慰誘言」の「樹」も、「堂」を象徴する「樹」の存在を想定していたと考えられる。

「樹」で注意されるのは、「慰誘言」では単に「樹」ではなく「樹影」とあることである。『肥前国風土記』佐嘉郡条には、佐嘉郡の地名起源伝承として樟が繁茂し朝日の影が杵島郡蒲川山まで蔽い、夕暮の影が養父郡草横山まで蔽うことを日本武尊が誉めて「栄国」といったとある。また『日本書紀』巻七・景行天皇十八年七月甲午条には、筑後国の長さ九七〇丈もの「樹」が倒れており、この「樹」はかつて朝日が当たると杵嶋山を隠し、夕日が当たると阿蘇山を覆っていた。このことを知った天皇は、これを「神木」であるとして「御木国」と名づけたとある。吉田比呂子によれば、上代語の「カゲ」は具体と対応した幅のある光と色彩を意味表現する語であり、大樹伝承とは、一日中太陽が当たることにより大樹が栄え茂ることを讃める形式であるという[53]。すなわち、古代における「樹影」の存在は土地が栄えている象徴であり、神の霊異として感得されるものであった。「慰誘言」で「樹影」と記されているのは、「樹影」のある大木は檀越の繁栄の象徴であり、その霊異は檀越に拠るものとして法会の聴衆に感得されるものであったからであろう[54]。

ただし「慰誘言」の「樹影」には、「夏」という注記があることも留意される。これは『常陸国風土記』久慈郡条に、「慈の樹は林を成し、上にすなわち幕ひ歴く。浄き泉は淵を作し、下に是れ潺き湲る。青葉は自づから景を蔭す蓋を飄し、白砂は亦波を翫ぶ席を鋪く。夏月の熱き日に、遠き里近き郷ゆ、暑きを避け涼しきを追ひ（後略）」とあり、夏の樹影は避暑の場としても重要であったことが窺える。また『霊異記』中三に、母が不孝の子を諭す場面で「木を殖うる志は、彼の菓を得並に其の影に隠れむが為なり。子を養ふ志は、子の力を得幷に子に養はれむが為なり」とあり、木を植えることを子を養う比喩として例示し、とりわけ木影に隠れることは、育てた子に養われることと一対として記されている。前半部は『大般涅槃経』からの引用であり[55]、木影が仏教的な孝や慈悲の象徴として意味づけられていたといえる。つまり「慰誘言」の「樹」は、「堂」の象徴として檀越の繁栄を寿ぎ、さらに「樹影」に〝避暑〟という実用的ながらも仏教的な孝や慈悲をも象徴して意味づけられたために、「慰誘言」の文例に取り込まれたものと理解すべきである。

Dの感覚的な側面を讃えることについては、まず「遠見」の類似表現が、国見の事例中に「望見」（表14—2）・「望覧」（表14—3～5）・「遙望」（表14—12、表15—4）・「遙覧」（表14—8）・「遠望」（表15—7・8）など多数あり、意味的にも「遠見」自体が国見的行為であることが確認される。「出居」は、「出づ」が「出る。あらわれる」、「居る」が「すわる。とまってうごかない」の意であり、人がある場に出て座っている状態を意味すると考えられる。また「経行」は、「タタヅマヒ」という読み仮名が付されており、「たたずむ」が「立ち休む」の約」で「暫く立って、とどまる」の意であるとすれば、[56]法会の聴衆が「堂」に参集し、説法を聴聞する場について居心地がよく参集するにふさわしい場と讃えているものといえ、〝法会の場〟が、讃えるにふさわしい対象として選択されていたことが指摘できる。

Eの「駅路大道辺」・「山〈河林〉辺」・「城辺」は、いずれも「辺」がついていることからも、「堂」周辺の景観を讃えているものと推測される。本文には「駅路大道辺」とあり、「山〈河林〉辺」・「城辺」は注記として双行に分けられており、あくまで「堂」が交通の要衝に建っていることを基本パターンとして文例が作成されたことが窺える。

表15　記紀の国見・国讃め

	国見をする者	場所	行為	対象	分類	出典
1	神武天皇	高倉山	瞻望	域中	国見	『日本書紀』神武天皇即位前紀戊午年九月戊辰条
2	神武天皇	腋上の嗛間丘	廻望	国状	国見・国讃め	『日本書紀』神武天皇三十一年四月乙酉朔条
3	倭健命	丹裳小野	望	東	国見・国讃め	『日本書紀』景行天皇十七年三月己酉条（『古事記』景行記にもあり）
4	仲哀天皇	高岳	遙望	大海	国見	『日本書紀』仲哀天皇八年九月己卯条（『古事記』仲哀記にもあり）
5	応神天皇	菟道野	見（〔記〕「望」）	葛野	国見・国讃め	『日本書紀』応神天皇六年二月条（『古事記』応神記にもあり）
6	応神天皇	高台	遠望	―	国見	『日本書紀』応神天皇二十二年三月丁酉条
7	仁徳天皇	高台	遠望	域中	国見	『日本書紀』仁徳天皇四年二月甲子条
8	仁徳天皇	台	遠望	―	国見	『日本書紀』仁徳天皇七年四月辛未朔条（『古事記』仁徳記にあり）
9	仁徳天皇	淡道島	遙望	国	国見・国讃め	『古事記』下巻・仁徳記
10	雄略天皇	泊瀬の小野	観	山野の体勢	国見・国讃め	『日本書紀』雄略天皇六年二月乙卯条
11	―	―	―	―	宮讃め	『古事記』雄略記
12	―	―	―	―	宮讃め	『日本書紀』顕宗天皇即位前紀

国見・国讃めには「駅路大道辺」のような道を讃える内容はなく、地形や地勢を詠みこむものがほとんどである。「駅路大道辺」は「山〈河林〉辺」・「城辺」などと並列の関係にあるので、近景の一つと理解できる。すなわち、九世紀前半の村落では、「駅路」・「大道」が近辺にあり、交通の便がよいことが「堂」を讃えるためにふさわしいとする認識があったことを示しており、〈堂讃め〉特有の特質として指摘することができよう。

以上、〈堂讃め〉の対象には、国見・国讃め・宮讃めの景物が含まれていることが指摘でき、この点において〈堂讃め〉以前に成立していた土地讃めの対象が、「堂」の法会の文例にとりこまれていた可能性を推測することができよう。注目されるのは、「出居」・「経行」・「遠見」と表現されるように、〝法会の場〟が新たに讃える対象として加わっていることである。これは国見・国讃め・宮讃めにはみられない特徴である。かかる対象が選択されたことは、法会の聴衆を意識していたためと考えられる。また「駅路」・「大道」という立地が讃えられる対象として加わっていることは、「堂」が基本的に無住であり、官大寺僧なども含む〈遊行の僧〉を共同体外部から導師として招かなければならなかった事情とも関係があろう。[57] これらの諸点は〈堂讃め〉の特質とみなすことができるが、加えてB「堂」の立地する土地、C「堂」周囲の景物、D法会の場、E「堂」周辺の景観が順々に讃えられており、総じて「堂」を中心とした世界を讃えるための対象が〈堂讃め〉に選択されていたと結論づけることができよう。[58]

4　「慰誘言」の〈堂讃め〉の表現

つぎに、対象に対応する表現をみると、「郷」・「遠見」に「何怜し」、「寺所」・「出居」・「経行」に「吉し」、「水」・「井」に「清し」、「駅路大道辺」に「便有り」の表現が用いられていることが注目される。

第一に、「郷」・「遠見」に用いられる「何怜し」は、『万葉集』巻一―二の舒明天皇の国見歌（表13―1）に「何怜国」とあり、「久邇の新京を讃むる歌」には、宮の立地する「布当の原」を「あな怜」（表13―8）、『常陸国風土記』行方郡条の国見の事例（表14―14）に「物の色可怜く」とあり、国見や国讃め歌で土地を讃えるための典型的な表現であった。

ただし、『万葉集』・「風土記」の事例では「うまし」と訓まれるものが多く、[59]「国土の豊かな生成を予祝する機能をはた[60]」すことを意味するのに対し、「慰誘言」の場合、漢字の右横に「オモシ」（ロシ）という読み仮名が付されている。「おもしろし」は、『万葉集』巻一四―三七九一に「春さりて野辺をめぐれば面白み」とあるように、「野」などの景観と関わって「気持が良い。見て楽しい」の意である。[61]ただし、『万葉集』でも「久邇の新京を讃むる歌」（表13―8）では、「怜」は「おもしろし」と訓まれており、「うまし」とは類似の意味をもつと考えられていた可能性がある。いずれにしても〈堂讃め〉にふさわしい表現として「怜」が選択されたことは、国見・国讃めなどの土地讃め表現を意識したものと思われる。

第二に、「寺所」・「出居」・「経行」に用いられる「吉し」（好・宜）は、『万葉集』巻一四―三四一一に「多胡の嶺に寄せ綱延へて寄すれどもあにくやしづし其の顔与吉に」とあり、顔なども含めて「良い」こと、客観的にみてすぐれていること、本質的に良いことに用いられるが、[62]管見の限り、国見・国讃め・宮讃めの事例には、類語の「よろし」（表13―7・8、表15―9）はあるが「よし」はない。一方『諷誦文稿』では、当該箇所のほかに、「善き所には生まむ」（七〇行）・「吉き人の如く我等を思ほして」（二一二行）・「出世間の善き益（シルシ）」（二三二行）・「天、善き人を生み」（二七〇行）と数多くあり、仏教的にすぐれた人・場を表すための用法である。「寺所」・「出居」・「経行」が、〝法会の場〟と密接に関わるものであることからすれば、「吉し」は仏教的表現として用いられていた可能性が高いといえよう。

第三に、「清し」は景物の中でも「水」・「井」のみに用いられ、「樹」とは区別されている。この表現は「藤原宮の御井の歌」で、「水こそば　常にあらめ　御井の清水」（表13―4）とあり、その他にも「清き河内」（表13―2・6）・「瀬の音ぞ清き」（表13―8）・「川の瀬清し」（表13―10）・「川見ればさやけく清し」（表13―14）と、川・瀬を讃える表現としてみえる。また『常陸国風土記』那賀郡条に、「泉坂中に出づ。多に流れて尤清く、曝井と謂ふ」とあるように、水や井が澄みきって美しいと讃えるための土地讃めに典型的な表現である。さらに「水」・「井」などの湧水地は、例えば『出雲国風土記』には、「狭井社」・「大井社」・「水社」など「社」の立地する場として見え、『常陸国風土記』新治郡条には、「新治の国の造の祖、名は比奈良珠の命と曰ふものを遣はしたまひき。この人罷り到りて、すなわち新しき井（今も新治の里に存り。随時に祭を致す）を穿りしに、その水浄く流れき」とあるように、祭祀が行われる場でもあった。[63]「清し」はそのような宗教的な清浄性も含んだ表現と推測されよう。

最後に「便有り」は、「駅路の大きなる道の辺にして物毎に便有り」との文脈から、交通の便の良いことを指すものと思われ、注記の「山〈林河〉辺」や「城辺」などの立地条件の場合は、それにふさわしい別表現が用いられたものと想定される。

以上、讃えるための表現について検討した結果、「郷」・「樹影」・「水」など景物・景観に関わるものは、「何怜」・「清し」など、国見・国讃め・宮讃め的表現と同一の漢語表現が用いられていたことが指摘できる。注目されるのは、〝法会の場〟という仏教受容以前には讃える対象ではなかったものに対しては「吉し」が用いられたことである。かかる事実はそれぞれの対象にふさわしい表現が選択されていたことを示している。前節において〈堂讃め〉では、法会の聴衆を意識した対象が選ばれていたことを指摘したが、その対象を讃える表現も、聴衆が納得する表現でなければ法会で語る意味を持ち得なかったことを示していよう。

以上、本節では、「慰誘言」の〈堂讃め〉は、⑴大枠において宮讃めの構造と類似すること、⑵国見・国讃め・宮讃めと類似する対象・表現が使われていたこと、⑶〝法会の場〟を讃えるための独自の対象と表現が加えられていたことの三点を指摘した。かかる事実は、古代村落の「堂」の法会がそれ以前の基層信仰を中核とした儀礼をも改変して取り込んで成立した重層的な仏教儀礼であったことを示している。また前述の研究史を踏まえれば、このような諸特徴は、〈堂讃め〉が国見・国讃め・宮讃めのもつ政治的側面を継承する〝語り〟であったことを推測させよう。すなわち〈堂讃め〉とは、檀越の視点により高所に立地する「堂」から「郷」全体を「遠見」し、「堂」を中心とする世界を讃える〝語り〟であり、それを法会に組み込むことによって、「堂」の檀越を村落の支配者にふさわしい存在として讃える機能があったと考えられるのではなかろうか。

おわりに

本章では、『諷誦文稿』の「慰誘言」を素材として、古代村落の「堂」の法会で語られた内容について考察し、古代村落の「堂」の仏教の特質を明らかにした。

第一節では、「慰誘言」が「堂」の檀越を仏典に著名な在俗の信者や儒教的な孝子に擬えられる存在として讃えながら、全体としては〝菩薩行により衆生を浄土へ教え導く観音の化身〟として位置づけるという構造と特質をもつものであったことを指摘した。

第二節では、①「堂」の檀越には、檀越自身のほか「親族」・「眷属」という同族集団がおり、全体として檀越集団を形成していたと考えられること、②檀越を讃える比喩として女性の仏教信仰者があげられていることから、「堂」

の檀越として女性の檀越の存在が推定され、これは先行研究により指摘されている「里刀自」などの女性統率者であった可能性が考えられることを指摘した。

第三節では、①「堂」の檀越が、村落内の孤独者・貧窮者・障害者を扶養していたと考えられること、②「堂」の法会の聴衆には、(Ⅰ)檀越の同族、(Ⅱ)村落内の民衆、(Ⅲ)村落内の孤独者・貧窮者・障害者の三種類の構成となっており、とりわけ(Ⅲ)の存在は、檀越の仁徳や慈悲を象徴するものとして、法会の中に位置づけられていたことなどを指摘した。

第四節では、①古代村落の「堂」の法会の場は、檀越の先祖の村落起源伝承と堂建立伝承が合わせて語られることにより、檀越の氏による古代村落の創始と「堂」の建立による仏教受容が一体化したものであったことを村落内の民衆に知らしめ、檀越の村落内の立場を正当化し、村落支配と密接に関わる場であったことを指摘した。

第五節では、①「堂」の法会では、檀越が「堂」を中心とした郷の世界全体を「遠見」し、「堂」の立地や周辺の景物・景観を讃える内容である〈堂讃め〉が、導師によって語られていたこと、②「堂」の法会は、日本古代の国見・国讃め・宮讃めなど、〝見る〟ことを基盤とした基層信仰に系譜を引く儀礼を取り込んで重層的に成立していたこと、③法会で〈堂讃め〉を語る目的は、檀越を、古代村落の支配者にふさわしい存在として讃えることにあったことなどの三点を指摘した。

以上、本章の考察により、古代村落の「堂」の法会は古代村落のあり方に規定され、檀越の政治的な手段として利用されたものであり、村落内の全ての人々を包摂する構造となっていたことが明らかになったといえよう。

かって直木孝次郎は『霊異記』の「堂」を考察し、「村落の信仰の場所という性格が「堂」の基本的なもの」と指摘し、さらに、「「堂」を通じて当時の村落共同体のあり方も考察することもできるであろう」と述べた。(64) その成果は、その後宮瀧交二に批判的に継承され、宮瀧は「堂」の機能的側面として宗教的側面のみに収斂されず、「宗教的施設としての「堂」が村落内に建立されてから後は、その本来的機能に加えて、各村落社会と密接な諸機能が付加されていった」[65]ことを指摘した。

本章では、直木・宮瀧の見解を批判的に継承し、古代村落の「堂」は村落内の有力者を檀越とし、「堂」の法会は檀越を讃えるための言説が語られる場となり、檀越による村落支配の拠点としての側面があったことを明らかにした。また『諷誦文稿』にみえる〈村落名＋堂〉という名称の意味から、古代村落と「堂」が密接不可分の関係にあったことをも指摘した。直木以来の研究史が「寺」と「堂」を区分し、「堂」と村落との関わりを重視してきたのは至極正当であったといえるのではなかろうか。

古代村落の仏教受容とは、本章の考察からすれば、受容する側の古代村落の有力者にも厳然たる主体性が存在した。法会において、檀越を〝人々を浄土に誘う観音菩薩〟に擬えて讃えることは、檀越の氏を中心とした世界以外では通用しない論理である。また堂名に村落名を冠する意味を説明することは、村落起源伝承から説き起こし、村落における檀越中心の仏教受容の正統性を主張することを意味した。そして土地の支配と関わる讃辞である〈堂讃め〉を法会内容に取り込んでいたことなど、「堂」では檀越の村落支配と関わる在地社会の独自の論理を包摂した仏教が行われていたことは注目に値しよう。

ただし、これまで考察してきたように、在地社会には「堂」のほかに、村落レベルの「寺」と郡領層の「寺」という、少なくとも二階層の「寺」が存在し、在地の仏教は重層的な構造であったことも事実である。かかる在地社会の仏教の重層構造を踏まえるならば、本章で解明した古代村落における「堂」の仏教と、重層的に存在した「寺」の仏教との関係が問われなければならない。そこで次章にて、在地社会における僧侶の活動の側面から、在地社会の仏教の重層構造について考察していきたい。

註

（1）古代村落については、日本古代史において膨大な研究史があり（吉岡眞之「郡と里と村」〈日本村落史講座編集委員会編『日本村落史講座第四巻　政治Ⅰ』雄山閣出版、一九九一年〉）、少なくとも古代国家によって設定された郷や里は、律令収奪体系の確立を目的としたものと理解されている。しかし、最近浅野啓介により、少なくとも八世紀後半以降には国家的にも「村」が在地支配のための基礎的な単位となっており、「村」は共同性を有していた可能性があるとの見解が出された（浅野啓介「日本古代における村の性格」〈『史学雑誌』第一二三篇第六号、二〇一四年〉）。「古代村落」、あるいは「村落」・「村」とは、宮瀧交二の整理によれば、正確には「村落共同体」のことであり、社会科学の範疇では、世界史の発展段階の上で、原始共同体が解体し、奴隷制社会（古代社会）が形成される時期に、それまでの血縁的結合による氏族共同体に代わって登場した、独立性の強い、構成員が地縁的に結合した共同体を指すものと定義されているが、これに対して、発掘調査等によって検出される住居の集合体、すなわち景観的に把握される住居群が「集落」であり、複数の集落が地縁的に結合したものが、村落であるとされている（宮瀧交二「古代の村落―奈良～平安時代」〈阿部猛ほか編『日本古代史研究事典』東京堂出版、一九九五年〉）。本章においても上記の理解に依拠したい。

（2）拙稿「『東大寺諷誦文稿』の史料的特質をめぐる諸問題―書き入れを中心として―」（『水門』第二二号、二〇一〇年）。本書第一部第二章。

（3）『大正新脩大蔵経』第八五巻。

（4）上代語辞典編修委員会『時代別国語大辞典　上代編』（三省堂、一九九二年）。

（5）『諷誦文稿』の訓読文については、『【　】』は挿入符（文字部分は挿入符により省略されている箇所）、═は墨消し、〈　〉は書き入れ、をそれぞれ示す。その他、①～④・⑴～⑷などの番号や傍線部は筆者による。以下、同じ。

（6）前掲註（2）拙稿。本書第一部第二章。

（7）拙稿「『東大寺諷誦文稿』の成立過程―前半部を中心として―」（『水門』第二三号、二〇一一年）。本書第一部第三章。

（8）『周易』は『養老令』学令5・経周易尚書条に学生が学ぶものとして見え、『春秋公羊伝』は八世紀中葉以降に大学寮にて教授され、さらに平安初期に重視され延暦十七年の官符により正式に大学での教授科目に加えられた書物である（山下克明「平安時代初期の政治課題と漢籍」〈『東洋研究』第一七一号、二〇〇九年〉）。また李暹の『千字文注』は日本古代に普及していた『千字文』の代表的な注釈書で、奈良時代には伝来し、善珠も使用した可能性が指摘されており（東野治之『論語』『千字文』と藤原宮木簡」〈『正倉院文書と木簡の研究』塙書房、一九七七年〉）、いずれも古代の官人層にとって、周知の書物であった。

（9）藤善真澄『隋唐時代の仏教と社会』（白帝社、二〇〇四年）。

（10）蔵中しのぶ「スダッタ太子の面影—『藤氏家伝』から『延暦僧録』「居士伝」へ—」（篠川賢・増尾伸一郎編『藤氏家伝を読む』吉川弘文館、二〇一一年）一四八頁。

（11）中村英重「氏神と氏寺」（『古代氏族と宗教祭祀』吉川弘文館、二〇〇四年）二八五～二八六頁。

（12）P2313号、黄徴・呉偉編校『敦煌願文集』（岳麓書社、一九九五年）。

（13）注記の内容は、〝直前にある勝鬘夫人と末利夫人の両者を比喩として挙げる〟、もしくは〝女性の二人については具に云わない〟との解釈も成り立つが、その解釈をとったとしても、女性の檀越が存在したとする本節の論旨に変わりはない。

（14）義江明子「「刀自」考—首・刀自から家長・家室へ—」（『日本古代女性史論』吉川弘文館、二〇〇七年。初出は、一九八九年）、同「「田夫」「百姓」と里刀自—加賀郡牓示札における魚酒型労働の理解をめぐって—」（『日本古代女性史論』吉川弘文館、二〇〇七年）。

（15）勝浦令子「金井沢碑を読む」（『日本古代の僧尼と社会』吉川弘文館、二〇〇〇年。初出は、一九九九年）。

（16）以上の史料は、竹内理三編『寧楽遺文』（東京堂出版、一九六二年）による。

（17）木簡学会編『木簡研究』（第二四号、二〇〇二年）一六五頁。╲は合点を示す。傍線部は筆者による。

（18）平川南「古代における人名の表記」（『古代地方木簡の研究』吉川弘文館、二〇〇三年）二九七頁。

（19）荒見泰史「敦煌講経文類と『東大寺諷誦文稿』より見た講経における孝子譚の宣唱」（『写本研究年報』第七号、京都大学人文科学研究所、二〇一三年）。

（20）本説話の詳細は、太田愛之「揺籃期の「家」—『日本霊異記』の説話にみえる「家」の構造モデル—」（『社会経済史学』第五七巻第四号、一九九一年）を参照。

(21) 田中禎昭「古代老者の「棄」と「養」」(『歴史評論』第五六四号、一九九七年)三～五頁。
(22) 『大正新脩大蔵経』第一三巻。
(23) P2526号、前掲註(12)黄徴・呉偉編校書。
(24) 宮瀧交二「古代村落の「堂」―『日本霊異記』に見る「堂」の再検討―」(『塔影』〈本郷高等学校紀要〉第二二号、一九八九年)。
(25) 米沢康「郡名寺院について」(『大谷史学』第三二号、一九六七年)など。
(26) 近年、古尾谷知浩は文字瓦や写経跋語に見える〈里名＋人名〉という表記について、律令行政単位としての郡・里(郷)などの枠組みを利用して知識集団が組織されたことを示すとした(「文字瓦と知識」〈『文献史料・物質資料と古代史研究』塙書房、二〇一〇年。初出は、二〇〇七年〉)。さらにこの見解を受けた竹内亮は、箆書瓦の解釈から七世紀段階から河内六寺は、その寺名にサト(例えば、鳥坂寺の場合は、鳥坂五十戸)名が冠されていたと推測し、それらは「サトを単位として編成された知識によって造営された」寺院(竹内は「五十戸知識寺院」と呼称する)であったとした(竹内亮「五十戸と知識寺院」〈『日本古代の寺院と社会』塙書房、二〇一六年、二三八～二三九頁〉)。ただし、両氏とも律令行政機構の枠組みを利用した知識編成の具体相については示していないため、この問題については、なお検討の余地が残されている。
(27) 吉田一彦「「村」とは何か」(『民衆の古代史』風媒社、二〇〇六年)一二七～一三二頁。
(28) 藤井貞和『物語文学成立史』(東京大学出版会、一九八七年)。
(29) 西條勉「フルコトをどう考えるか」(『古事記と王家の系譜学』笠間書院、二〇〇五年)一九頁。
(30) 松木俊暁「名に負ふ―古代における伝承と権力―」(『言説空間としての大和政権』山川出版社、二〇〇六年。初出は、二〇〇一年)。
(31) 関和彦「民衆世界の天皇」(大津透ほか編『古代天皇制を考える』〈日本の歴史08〉講談社、二〇〇一年)一一五頁。
(32) 前掲註(26)古尾谷論文・竹内論文。
(33) 前掲註(12)黄徴・呉偉編校書。
(34) 折口信夫「万葉集講義」(『折口信夫全集　第九巻』中央公論社、一九六六年)。
(35) 土橋寛『古代歌謡と儀礼の研究』(岩波書店、一九六五年)。

(36)吉井巖「見る歌の発想形式について」(『万葉』第四五号、一九六二年)。永藤靖「記紀・万葉にみる『見る』ことについて」(『文学』第四一巻第六号、一九七三年)。鉄野昌弘「『国見歌望郷歌』試論」(『東京女子大学日本文学』第八五号、一九九六年)、同「『国見歌』覚書」(『国文学解釈と鑑賞』第六二巻八号、一九九七年)。井実充史「風景の構造化—公宴詩、国見・国讃め、吉野讃歌—」(『国文学研究』第一五一集、二〇〇六年)など。

(37)野田浩子は、国見歌を道行歌との関連から国見の始原は神による巡行・来臨であったとする(「国見と道行」〈『万葉集の叙景と自然』新典社、一九九五年〉)。

(38)古橋信孝は、国見とは村立てのために巡行してきた神が山や丘などの高みからその地に対する祝福のことばを発する行為であったとする(「巡行叙事」〈『古代和歌の発生—歌の呪性と様式—』東京大学出版会、一九八八年〉)。

(39)多田一臣「フルコト」(『古代文学表現史論』東京大学出版会、一九九八年)。

(40)関和彦「『見る』と日常性・天皇制」(『日本古代社会生活史の研究』校倉書房、一九九一年)八三頁。

(41)前掲註(35)土橋著書、三四九頁。

(42)身﨑壽「宮廷讃歌の方法—和歌と天皇制序説—」(『日本文学』第三九号、一九九〇年)七〜八頁。なお辰巳正明は、古代の天皇行幸の意味の視点から、舒明朝までのⅠ国見型天皇行幸と、舒明朝以降のⅡ遊覧型天皇行幸の二類型に分類し、二型式の大きな相違として歌を歌う主体の転位があったことを指摘している(「人麻呂の吉野讃歌と中国遊覧詩」〈『万葉集と中国文学』笠間書院、一九八七年〉)。

(43)辰巳正明『万葉集と中国文学　第二』(笠間書院、一九九三年)。太田善之「恭仁京讃歌—福麻呂歌集歌と懐風藻詩との交流—」(『上代文学』第八一号、一九九八年)、同「奈良朝の吉野讃歌—叙景と神仙世界—」(『日本文学研究』第三八号、一九九九年)など。

(44)上野誠『大和三山の古代』(講談社現代新書、二〇〇八年)五四頁。

(45)森朝男「前期　古代天皇制の確立期」(古橋信孝編『万葉集を読む』吉川弘文館、二〇〇八年)。

(46)辰巳正明「都城の景観」(『万葉集と比較詩学』おうふう、一九九七年)。

(47)池田三枝子「〈自然〉をつくる—宮都造営の表現—」(『古代文学』第四九号、二〇一〇年)。

(48)吉井巌『万葉集全注』巻一(有斐閣、一九八四年)、二一二頁。前掲註(44)上野著書。

(49) 前掲註(35)土橋著書、三四七頁。
(50) 土橋寛「国見の意義」(前掲註(35)土橋著書) 三〇七頁。
(51) 稲垣彰「ミヤドコロ雑考」(『続日本紀研究』第三八三号、二〇〇九年)。
(52) 黒田日出男「古代荘園絵図読解の試み」(『国立歴史民俗博物館研究報告』第八八集、二〇〇一年)。
(53) 吉田比呂子「上代の「カゲ」」(『「カゲ」の語史的研究』和泉書院、一九九七年)。
(54) 三宅和朗は、古代日本における首長の支配のシンボルとしての巨樹の存在を指摘している(同「古代の人々の心性と巨樹」〈『古代の人々の心性と環境―異界・境界・現世―』吉川弘文館、二〇一六年。初出は、二〇一三年〉)。
(55) 出雲路修校注『日本霊異記』〈新日本古典文学大系三〇〉岩波書店、一九九六年) 六三頁、脚注三〇。
(56) 丸山林平『上代語辞典』(明治書院、一九六七年) 六二〇頁。
(57) 拙稿「『日本霊異記』における仏教施設と在地仏教」(『史学』第七二巻第一号、二〇〇三年)。本書第二部第一章。
(58) 本書第一部第一章。
(59) 川口勝康「舒明御製と国見歌の源流」(伊藤博・稲岡耕二編『万葉集を学ぶ』第一集、有斐閣、一九七七年) 二三一～二三三頁。
(60) 神野富一「舒明天皇国見歌攷」(『甲南国文』第二九号、一九八二年) 二四頁。
(61) 前掲註(4)『時代別国語大辞典　上代編』。
(62) 前掲註(4)『時代別国語大辞典　上代編』。
(63) 三宅和朗「古代の神々の示現と神異―〈水〉をめぐって―」(『古代の王権祭祀と自然』吉川弘文館、二〇〇八年)。
(64) 直木孝次郎「日本霊異記にみえる「堂」について」(『奈良時代史の諸問題』塙書房、一九六八年。初出は、一九六〇年)。
(65) 前掲註(24)宮瀧論文。

第四章　在地社会の法会の特質

――僧侶を中心として――

はじめに

本章では、『諷誦文稿』の「卑下言」を手がかりとして、古代村落の「堂」の法会に参集していた在地の多様な僧侶の存在形態とその意味について、『諷誦文稿』の執筆者であり導師として請来された官大寺僧との関係から考察することにより、在地の仏教の重層的な宗教構造について分析する。また合わせて、官大寺僧たちの、在地での立場やその広範な活動の意味をも論じていきたい。

第一節　「卑下言」の構造

本節で考察する『諷誦文稿』の「卑下言」とは、導師が三宝の力を恃み敬い、仏に代わって仏弟子たる聴衆に説法することについて「卑下」し、合わせて法会に参集した聴衆や衆僧を讃える法会の式次第の一つである(1)。まず史料を掲出しよう。

〔史料一〕『諷誦文稿』「卑下言」二八五〜三二一行（【　】は挿入符により省略された部分。〈　〉は書き入れをそれぞれ示す）

〈卑下言〉

A某甲、来牒の旨に依りて、法莚に〈参り〉預りて人天を利益すべしと雖も、応供の徳、都て无し。蛍の己を昭(照)す勢たに都て无し。蝿、蚋の弱き虫も騏驎(麒麟)に附きて千里に至る。蘿薜の軽き蘿も高き松に附きて雲天に昇る。某甲、己か拙く賤しきを顧みず。三宝を仰き恃み、大衆を加持・護念す。【某甲い、曇光釈子の猛獣を馴らしし能无く、羅髻仙人の鳥子を育ひし仁无し、何を尾翼と為てか翔りて〈引摂の〉場に臨まむ。】邯鄲の雀、鸜鵒の行を仕へ奉らむ。（中略）B今衆僧を見るに阿難の如く舎利弗の如し。【智嚢、文龍、義虎〈云〉。俗衆】内には菩薩の行を秘し、外には沙門の形を現す〈云〉。男の衆は俗の家〈に居り〉と雖も、情は真の道を翹つ。現に欲楽を受くれとも世法に着せず。浮華の代には想を智水に濯きて菩提を求め、薄信の時には誠を覚樹に馳せて法の糧を裹む〈云〉。女の衆は窰(窈)ひたる窕なる形を現すと雖も、丈夫の志を興し、世中の美しく雅なる行を為、女の衆の〈美〉行は仏の法を荘り厳ひ、女の衆の行は家を治め人を愍ふ。女の衆の行は、是の如く畏るべき衆の中にして敢へて何なる言をか申さむ、C加以、当代に秀れ勝れたる高名の有徳は、人中の龍象、生界の福田といます。〈能化の聖等は〉智の日、行の月といます。弁(辨)は懸河に殊ならず。声は天鼓に同なり。【一たひ唱ふれは鳥を下し、再ひ囀れは魚を踊らしむ。】耶なる徒は正に帰し、沈める輩は浮ふこと獲たり。〈是の如き奇しき聖、往々にして在す〉。（中略）

D昔の代に賢人は七百丈飛び騰り、流沙を〈度りて〉法を求め、千里の火坑を越えて法を求めき、【　】何そ十里、一里の間を遠しと為む。故に遠き従り来る時には歩々にして功徳を倍す〈云〉。（後略）

冒頭の内容を要約すると、導師である官大寺僧が、まず「来牒の旨」によって法会に請じられていることを述べ(傍線部A)、法会の導師を務めることについてその任に堪えないと卑下し、三宝の力を敬い三宝の力を恃むことによって得られる仏・菩薩の不思議な力によって衆生を護ることを述べられている。

つづいて傍線部Bでは、法会の場に参加している「衆僧」が讃えられており、しかも在地の僧侶は、仏陀の十大弟子である阿難や舎利弗に擬えられ、菩薩の化身とされている。すなわち、古代村落の「堂」の法会の場には、導師の官大寺僧以外にも多くの在地の僧侶が参集していたことがわかり、法会で重要な位置を占めていたことが窺える。

そのような「衆僧」への官大寺僧の認識は、『諷誦文稿』前半部の法会の主題を説明する部分(一一九行・図17)に、興味深い書入れがある。

図17　一一九行

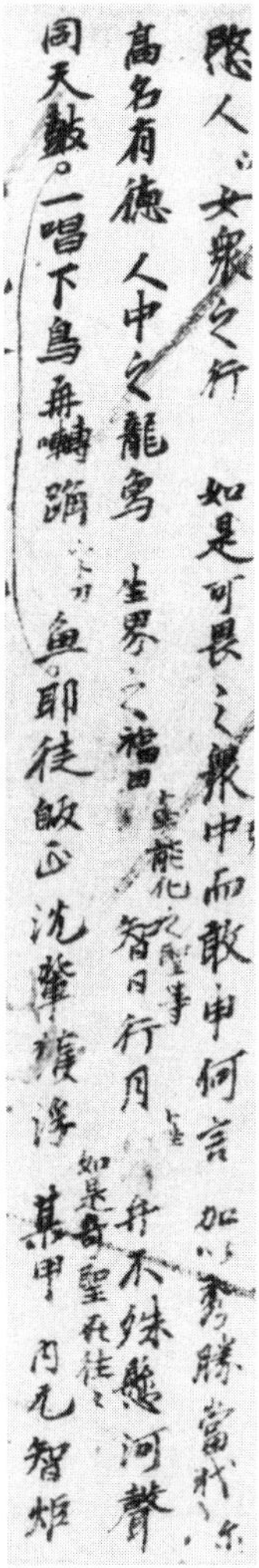

図18　二九五〜二九七行

〔史料二〕

難陀の信供を設けて、今日、善来の賢〈前〉聖〈衆〉後賢を供養したてまつる。

この箇所は、仏子である「旦主」をブッダの弟子の「難陀」に擬し、「旦主」による法会に参集した僧への供養を讃える内容だが、ここで法会へ参集した僧について、まず「賢聖後賢」と記した後、つぎに「前」を書き入れ「賢」を朱で消し、「前聖後賢」としたが、最終的に「前」と「後賢」を朱で消し、「衆」の字の挿入により「聖衆」と記したと推測される。かかる数度にわたる書き入れ・抹消は、導師を務める官大寺僧にとって、在地の僧侶を法会でどのように讃えるかが極めて重要な問題であったことを示している。

ここで「卑下言」に戻ると、その後「男の衆」と「女の衆」がそれぞれ讃えられ、鈴木景二の指摘のように、法会の参集者全体を讃える構造となっていたことがわかる。[2] しかし「卑下言」はそれでは終わらず、再び「加以」の文言から始まる文章がある。注目されるのは、以下の文例である（史料一の傍線部C、図18参照）。

ここでは、「高名の有徳は、人中の龍象、生界の福田といます」とあるが、「龍象」は、明一集『金光明最勝王経註釈』序品に「唯有二大薦福寺勝荘法師。西明寺恵沼法師。新羅国憬興法師一者。並是人中龍象。城内英賢」[3]とあるように、中国・新羅の高僧を讃える表現として用いられ、『大般若経』にも「人中龍象」[4]という表現があることからも、経典に由来し高徳のすぐれた人物を龍と象に喩えた語であり僧侶に対して最大限の賛辞で讃える表現であったと考えられる。「福田」は福徳を得させる人の意味であり、やはり徳のある僧侶への敬称である。したがって、高名で徳のある僧侶を最大限の賛辞で讃える内容といえる。つづけて、「智の日」以下の内容は、「弁は懸河に殊ならず。声は天鼓に同なり」とあり、「高名の有徳」が在地で法会の導師の役割を果たす人物とする官大寺僧の認識が窺える。すなわち導師の官大寺僧は、最初に「衆僧」を讃えて全ての聴衆を讃えた後に（史料一の傍線部B）、改めて「高名の有徳」

を讃えており、「高名の有徳」が「衆僧」以上に「堂」の法会で重要な位置づけを与えられていたと考えられる。つまり「堂」の法会の僧侶の位置づけは、①衆僧―②高名の有徳―③官大寺僧という階層的な構造になっていたのである。

それでは、このような「衆僧」や「高名の有徳」とは、在地社会ではどのような存在であったのだろうか。ここで想起されるのが、つぎにあげる『霊異記』上一〇である。

〔史料三〕『霊異記』上一〇

大和国添上郡山村中里、昔有レ云二椋家長公一。当二十二月一、依二方広経一欲レ懺二先罪一。告二使人一云、「応レ請二一禅師一」。其使人　問曰、「何寺師」。答曰、「不レ択二其寺一随レ遇而請」。其使随レ願請二得路行一僧一帰レ家。（後略）

当該箇所は、椋家長公が方広経悔過の導師を請来する時に「一禅師」を請来するように使人にいったところ、使人はどこの寺の師を請じるかと問い、家長公は寺を選ばずに遭遇した僧侶を請じるように指示したことが記されている。かかる記述からは、前提として「特定の寺の僧を選ぶ意識」があったことがわかるが、(5) 加えてここからは「寺」と「堂」の関係性の一端を窺うことができよう。つまり古代村落の「堂」には、何らかの関係のある在地の「寺」が複数存在し、そのいずれかの「寺」の僧侶を請じることによって「堂」の法会を開催していたのであり、『諷誦文稿』に「来牒」とあることは、これを裏付けるものである。無論、上一〇は添上郡の話であり立地からすれば、複数の「寺」に官大寺をも含むと考えられるが、在地で説法をしていた「高名の有徳」や古代村落の「堂」の法会に参集する「衆僧」が存在したとすれば、通常は在地の「寺」の僧侶が請じられていたと考えるべきではなかろうか。

しかしその一方で、上一〇の法会では「路行一僧」が請じられており、「堂」の法会には在地の「寺」の僧侶を導師とすることが通例であったとしても、それ以外に、〈遊行の僧〉を導師として請じることを重視する思想が存在したと考えられ、(6)「堂」と「寺」の関係は決して固定的ではなかったといえる。すなわち、「堂」の檀越は主体的に法会の導師を選択する状況が存在したのである。また注目されるのが、「卑下言」二九六〜二九七行（図18）の書き入れである。

明らかに後筆で「能化の聖等」との字句が、「智の日」以降の、導師としての立場を讃えた文例の前に挿入されている。執筆当初は「高名の有徳」への賛辞として用意されたが、挿入句によって「能化の聖等」への賛辞ともなるように指示されている。最後には「是の如き奇しき聖、往々にして在す」との文言が追筆されているが、墨色から「能化の聖等」と同時に書き込まれたと判断されるため、「能化の聖等」は「奇しき聖」とも認識されていたと考えられる。

当該部分の「往々にして在す」とは、常にいるわけではないがかなりの頻度であちこちにいるという意味であり、かかる書き入れは、法会の導師の官大寺僧が当初の法会で語る内容の準備段階では、「高名の有徳」のみを想定していたが、いずれかの段階で「能化の聖等」が「堂」の法会で導師として活動していた状況を把握し後筆で書き入れたものと考えられる。「能化」とは「他人を教化する者。所化（教化されるもの）の対。一切衆生は教化せられるものであるのに対して、一切衆生を能く教化する仏・菩薩」(7)のことであるが、在地の法会の導師を讃えた部分への挿入であることは、彼らが教化活動にすぐれていたことを端的に示すものである。

また二九七行に同時に書き入れられた「奇しき聖」という表現の「奇」は、『諷誦文稿』二七〇〜二七一行目に「天、善き人を生み、厥の徳人の情に応へり。但し〈奇侅（アヤ）しふらくは〉、鳳皇〈鳥〉其の当りに翔らず、紫雲、其の所无し」とあることから、「アヤ（し）」と訓まれていたことがわかる。「奇」は『霊異記』の標題に「――示奇表縁」との類型的表現があり、出雲路修はこの表現が「霊異」などの語の類似表現であり、「仏の力の具体的なあらわれとしての超自然的な現象」を示すとし、『霊異記』の原撰本段階から景戒に重視されていた視点と指摘している。[8]この指摘が『諷誦文稿』の「奇」にも敷衍できるとすれば、「奇しき聖」は在地社会において不思議な力を有する存在として認識されていた可能性が高いと思われる。

そのような在地で教化活動をする僧侶の能力を考える上で、彼らに「聖」の語が用いられていることが注意される。『霊異記』下一九には、「乃知二聖化一、而更立レ名、号二舎利菩薩一。道俗帰敬、而為二化主一」とあり、「化主」とされた人々は民衆から「聖化」として認識されていたことが窺える。すでに指摘のあるように、奈良〜平安初期の在地社会において、「河東化主」・「東国化主」など「化主」と呼ばれて人々を教化していた僧侶は多数存在した。[9]『諷誦文稿』の表現からして、このような化主の僧侶は、在地で「聖」との尊称を与えられていた可能性が推測されよう。

なお、在地社会で教化活動をする僧侶は、七世紀後半〜九世紀前半に多くの史料が残されている。先行研究により、朱鳥元年（六八六）書写の『金剛場陀羅尼経』には教化僧宝林、天平勝宝六年（七五四）の「家原邑知識経」には万福法師や花影禅師の存在が指摘されてきた。[10]『霊異記』には、「化身聖」（中二九）・「隠身之聖」（中三〇）とある行基のほか、海辺の人を教化していた興福寺僧永興（下一）がいる。また『多度神宮寺伽藍縁起幷流記資財帳』には、満願法師・私度沙弥法教・多度神宮寺の常住僧が存在している。[11]『叡山大師伝』からは、上野国浄土院の教興・道応・真静、下野国大慈院の広智等、信濃国大山寺の正智禅師、美濃国高野山寺の賢栄禅師らが、在地で広範な影響力を及ぼして活動していたことがわかる[12]（後掲表16—22）。また第一部第一章にて「堂」の法会では、官大寺僧のみならず〈遊行の僧〉が導師として積極的に迎えられる側面があったことを指摘したが、おそらく史料上には見られない多数の〈遊行の僧〉が存在し、そのような僧侶たちが「能化の聖等」と呼称されていた可能性も推測されよう。

いずれにしても『諷誦文稿』の文例から、古代村落の「堂」の法会には、官大寺僧の他に「衆僧」・「高名の有徳」・「能化の聖等」という少なくとも在地における三種類の僧侶が参集し、「堂」の法会は、在地の宗教者の重層的な構造が可視化される場となっていたことが指摘できる。多数の書き入れは、在地の法会で導師を務める官大寺僧にとって、そのいずれもが無視できない存在であったことを推測させよう。

　このような在地の法会の場と僧侶の存在形態を考える手がかりとなるのは、『霊異記』下一九の郡領氏族の「寺」の法会の様相である。本話の概要は、肥後国八代郡豊服郷人・豊服広公の娘で卵のような肉団から出生した異形の女子が、八歳以前に『法華経』・『華厳経』を転読するなど大変聡明であったため尼となった。尼は人々を美しい声で教化し、その教えを信じないものはいないほどだった。宝亀七・八年に肥前国佐賀郡大領である佐賀公児公が、大安寺僧でかつ当時筑紫の大国師であった戒明大徳を導師とする安居会を催していたため、その法会に尼は欠かさず参加し、「衆中」に座っていた。ところが戒明は「どこの尼が濫りに交わっているのだ」と尼を叱責したため、尼は「仏は平等の心で一切衆生のために教えを説いたのだ。何故排除しようとするのか」と反論し、さらに偈の形式で戒明に質問をしたが、戒明は答えることができなかった。そこで、同席していた知識ある僧侶が数々の質問をしたが尼は屈しなかったため、人々は尼が聖の化身だと知り、人々は尼を「舎利菩薩」と呼び化主として仰いだというものである。

　以下に法会の部分を掲出しよう。

〔史料四〕『霊異記』下一九

　宝亀七八箇年比頃、肥前国佐賀郡大領正七位上佐賀君児公、設二安居会一。請二戒明法師一、令レ講二八十華厳一之時、彼尼不レ闕、坐二衆中一聴。講師見之、呵嘖之言、「何尼濫交」。尼答之言、「仏平等大悲故、為二一切衆生一、流二布正教一。故別制レ我」。因挙レ偈問之、講師不レ得二偈通一。諸高名智者怪之、一向問試。尼終不レ屈。乃知二聖化一、而更立レ名、号二舎利菩薩一。道俗帰敬、而為二化主一。

本史料からは、郡領氏族が檀越の「寺」の安居会で官大寺僧が導師を務め、[13]「寺」の僧侶と思われる「諸高名智者」が参加し、さらに、豊服郷人の豊服広公の娘で在地において教化活動をしていた尼が法会にいたことが窺える。「寺」と「堂」という場の相違はあっても、『諷誦文稿』で官大寺僧が導師となり、「衆僧」や「高名の有徳」と「能化の聖等」が共に参集していたことと基本的に同一の構図であろう。

興味深いのは、本話の僧侶たちのそれぞれの立場である。すなわち、安居会で「講師」の大安寺僧の戒明大徳は、尼を「呵嘖」しているが、戒明は逆に尼に偈を問われ、返答することができずに面目を失ってしまう。その後「諸高名智者」が尼に「一向問試」をするが、尼は屈しなかったとある。尼は、官大寺僧や「寺」の「諸高名智者」よりも優れている存在として描かれているが、本話は尼を讃えるために作成された説話であることからすれば内容をそのまま受け入れることはできない。ただし本話の目的が尼を称賛することにあるとすれば、講師が「呵嘖」することや、「諸高名智者」が尼を怪しんで質問するという内容は、彼らが村落の尼よりも仏教的知識や社会的立場で上位にあるという在地社会の法会の構造を前提とし、尼が彼らより優れていることを示すことによって尼は「名」を立て、「聖化」・「舎利菩薩」として称賛されるストーリーとなったものと考えられよう。

さらに官大寺僧の戒明と「諸高名智者」の描かれ方をみると、官大寺僧の戒明は、極めて貶められた立場であるのに対し、「諸高名智者」は尼にさまざまな質問をしたが尼は最後まで屈しなかったとあるのみで「諸高名智者」の立場は守られている。戒明大徳の立場は、また別の角度からの検討が必要であると思われるが、[14]郡領氏族の「寺」の僧侶を中心とする在地の「寺」の僧侶集団と考えられる「諸高名智者」については、村落レベルの尼を菩薩として讃えることを主題とする本話でも、尼より上位の立場である点は最後まで崩れていないと解することが可能である。この背景を推測すれば、本説話からは、郡領氏族と村落レベルの有力者間の関係性が、在地の法会の僧侶間の関係にも反映していたものと考えられるのではなかろうか。

ここで「卑下言」に戻ると、「衆僧」・「高名の有徳」・「能化の聖等」などの在地の僧侶は、いずれもが官大寺僧によって讃えられる存在であるが、「能化の聖等」を無視できなかったのは、『霊異記』下一九の「舎利菩薩」のように教化活動に優れ「聖化」と讃えられる在地の僧尼が存在したためであろう。しかし、そもそも当初讃えられるべき存在は「高名の有徳」と記される在地の「寺」の僧侶であったことも看過すべきではない事柄である。

それでは在地で仏教的知識や社会的立場という点で上位にある「寺」の僧侶が、古代村落の「堂」の法会に参集していた理由は、どのように考えられるであろうか。この点は推測に頼らざるを得ないが、古代村落の「堂」の法会の場は、檀越の氏の村落での立場や地位の正当性を示し、村落支配を補完する機能を有していたと思われる（第二部第三章）。村落レベルの「堂」より上位権力をもつ「寺」の僧侶が導師を務めることは、檀越の氏を中心とする村落支配について、上位の権力をもつ立場から保証する意味をもっていた可能性があるのではなかろうか。また下一九の「寺」の法会では、郡領氏族が主催する法会に、村落レベルの有力者層出身の尼が聴衆として参加していた。すでに「堂」の法会が在地の宗教者の構造を可視化される場であることを指摘したが、下一九でも同様の構造を有していた可能性があろう。そうであるとすれば、当該期の仏教的知識や社会的地位において頂点に立ち導師を務める官大寺僧の役割は、在地の法会で可視化された在地の宗教秩序を権威づける意味をももっていたと推測されるのではなかろうか。

ただしそのような在地の「寺」と「堂」との関係は、「堂」側にも「寺」の僧侶を選択する主体性があり、また〈遊行の僧〉や「能化の聖等」を重視する思想などからしても、決して固定的なものではなかったことからすれば、在地の法会の機能は、緩やかに在地秩序を補完するものと評価することが可能であろう。

そのような複雑な官大寺僧の立場を示す記述として、『諷誦文稿』三〇〇～三〇一行がある（史料一の傍線部D参照）。

「卑下言」の大部分には墨消しによる見せけちがあり、必ずしも同一の文例が全ての法会で語られたわけではない。しかし当該部分は、「卑下言」で唯一墨消しがない部分である。そこには官大寺僧が、自らが遠くからやってきたことを中国の求法僧に擬え、功徳は遠くから来たことによって増すものと記されている。つまり、官大寺僧が遠方から遥々やってきた存在であるとの位置づけは、いかなる在地の法会でも基本的に変わらないことであり、そのために「卑下言」の中で、唯一残されたのであろう。官大寺僧が導師を務めることの意義は、従来まで彼らの帯びる中央の権威や仏教学的知識が重要視されてきた。無論それは重要な側面であるが、上記からすれば、共同体外部からくることもまた重要な意味を持っていたのである。すなわち、在地の「堂」の檀越や「寺」の僧侶は、「堂」の法会にて共同体外部からやってくる官大寺僧により称賛されることによって、それぞれの在地における宗教的権威をより高められるという側面があったものと推察されよう。

鈴木景二によって提起された官大寺僧の都鄙間交通という論点は、在地社会の仏教を考える上で重要であった。ただし近年の研究動向としては、鈴木説に依拠して官大寺僧の国家的役割を過大に強調する傾向も見うけられる(15)。本節では、「卑下言」の構造を中心として「堂」の法会に参集した僧侶の存在形態を読み解くことにより、在地の法会に存在した重層的な宗教者の構造を明らかにした。官大寺僧が古代村落の「堂」の檀越とともに、在地の「寺」の「衆僧」・「高名の有徳」や「能化の聖等」をも讃えていた事実は、おそらく『諷誦文稿』の法会以前に、郡領氏族層や郡内の有力者層の「寺」を中心とする在地の宗教構造の存在を意味し、その末端の「堂」の法会に在地の「寺」の僧侶が参集することには、「寺」を中心とする在地の宗教構造を可視化し宗教的に権威づける意味を有していたと考えられるのではなかろうか。

官大寺僧と在地で活動する僧が共に在地の「寺」の仏教を担っていたことは、『多度神宮寺伽藍縁起幷流記資財帳』に私度沙弥法教や満願と元興寺僧賢璟が共に多度神宮寺の建立に関わっていることなどからもある程度一般的なことであったと考えられ、奈良後期から平安初期の在地の仏教の特質といえるが、(16)加えて古代村落の「堂」の場は、官大寺僧のみならず在地の「寺」の「衆僧」や「能化の聖等」などの多様な宗教者による活動の場でもあったことを指摘することができよう。

第二節　官大寺僧の活動範囲とその理念

前節では、古代村落の「堂」の法会に参集する僧侶の存在形態を考察したが、『諷誦文稿』を執筆した官大寺僧の活動形態はいかなるものだったのだろうか。本節では『諷誦文稿』を手がかりとして、官大寺僧の活動範囲とその理念を考察していきたい。

『諷誦文稿』の「卑下言」は三〇三行までつづき、その後三〇四～三一一行目まで「誓通用」という見出しをもつまとまりがあるが、この見出しは墨消しにより見せけちにされている。その四行後の三一五～三三一行には、著名な以下の文例がある。

〔史料五〕『諷誦文稿』三一五～三三一行

乞ひ誓まくは東西の国の亡霊等、形を蔵す布の端は、是れ東国の物産なり。寒き時に曳き蒙く綿の端は、西国の出す所なり。然れとも官の言、朝庭の言に由りて、己か本郷の妻子、眷属の中を離れて、旅路に辛苦し、寒き風、霜、雪を悽かず。遠き道に飢ヱ寒い、仮令へは福无き人は、中途に病を得、一杓の湯、片手の米をも得ず。親しく愛しき妻子、老いたる父母にも相ひ見ず。旅路に没せ逝きぬ。東国の人は道路の荊の本の魂魄と作り、西国の人は【風波の下の霊。】海浜の〈白き〉尸と作る。国に留りて相ひ待つ親属は、都て忌日をも計へ知らず。家に留りて相ひ恋ふる妻子は、其の葬の墓をも知らず。是の如き類、国家に甚た多し。三途に誰か助け済はむ。故に平等の諷誦を垂れむ。〈一切諷誦〈云〉。法華名〈云〉。心経〈云〉。阿弥〈云〉。地蔵〈云〉〉。

当該部分について鈴木景二は、「日本全体を視野に入れ、それを東西に分割して対照的にみるこのような観念は、おそらく在地の世界のなかからは生み出されることのできない性質のものであって、ここには中央的な視点が存在しているのである。したがってこの文章は、中央の僧によって作られ語られたものとみなければならない」[17]と指摘し、『諷誦文稿』の作成者が官大寺僧であることの有力な根拠とした。さらにそのような官大寺僧の認識を踏まえた上で注目されるのが、その三行前の「地〈今〉、東方に在り」の記載である（図19参照）。

この一文自体が後筆の書き入れと思われるが、文の中の「地」という字句にさらに書き入れがなされており、当該箇所が実際に法会の場で語られたか、実際の法会の場に即して書き入れられたことを示している。具体的には、当初記された「地」とは、執筆場所あるいは『諷誦文稿』が読み上げられる予定の「地」を示し、また「地」を消した上で記された「今」は現実に語られる時を示す表現であり、おそらく実際に語ることを踏まえての修正と考えられる。いずれにしてもかかる記述は、語られる場と密接に関わった書き入れであり、実際に語られた場が「東方」であったことを示している。鈴木の指摘のように『諷誦文稿』の作成者が中央的な視点をもっているとすれば、「東方」とは畿内より「東方」、すなわち東国を示すと判断される。冒頭に示した東国の調庸運脚夫の記述も、実際に東国で語られることにより聴衆にとってより現実感をもって受け止められたのであろう。そのように考えられるとすれば、『諷

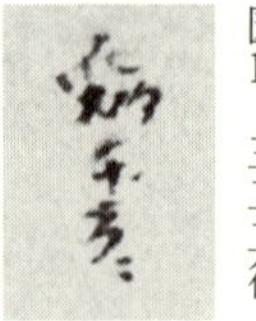
図19　三一三行

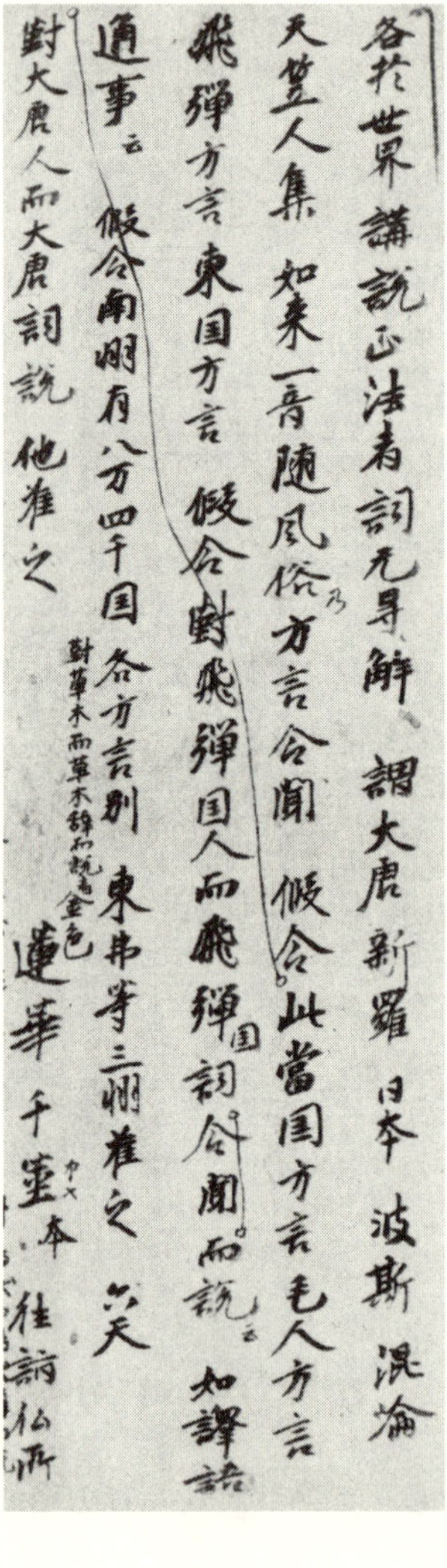
図20　一四〇～一四四行

誦文稿』の「地〈今〉、東方に在り」以降は、実際に中央の官大寺僧が「東方」（東国）の法会に参加し、『諷誦文稿』の文例を使用しようとしていたことを確実に示す史料といえよう。また東国で語られた箇所として、一四一～一四四行の記述が注目される（図20参照）。

〔史料六〕

仮令へは【此の当国の方言、毛人の方言、飛驒の方言、東国の方言、仮令へは飛驒の国の人に対ひては飛驒の〈国の〉詞をもちて【聞かしめて】説きたまふ〈云〉。訳語通事の如し〈云〉。仮令へは南州に八万四千の国有り。各、方言別なり。東弗等の三州は之に准ふ。六天】大唐の人に対ひては、大唐の詞をもちて説きたまふ。他は之に准ふ。（後略）

これは如来の万能を説くためのものであるが、具体例として「毛人の方言」・「飛驒の方言」・「東国の方言」があげられている。それらはいずれも畿内よりも「東方」に位置しており、具体的に「東国」という表現も確認できる。ただし本文例では、東国等の箇所が挿入符によって省略されたことがわかるので、東国以外の場ではこれらの方言は語られず、「大唐の詞」を説く内容のみが語られたと推察される。したがって、当該箇所は東国と東国以外の地域の法会の少なくとも二パターンに対応できるものであった。

なお『諷誦文稿』の「慰誘言」で、「堂」の立地する場の例とされている「城辺」(二八〇行)は、東北の城柵とする説がある[18]が、平川南は城柵について記す場合、私的色彩の強い墓誌銘や地方社会内で用いられる木簡は、八世紀前半の東日本の城柵でも「城」と表記している一方で、『日本書紀』や『続日本紀』などの歴史書では、東日本の場合は「柵」を用い、西日本の場合は「城」という明確な使い分けがあったことを指摘されている。[19]『諷誦文稿』の執筆者は、「東方」・「東国」を特に意識していたと考えられることから、『諷誦文稿』の「城辺」は東日本の城柵とみるべきであろう。そうであるとすれば、『諷誦文稿』は国家側の史料とは異なる文字表記をしていたことになる。この点も『諷誦文稿』の史料的特質として留意すべきであろう。

ところで、従来から奈良時代後期から平安時代初期にかけて、官大寺僧の都鄙間交通が畿内のみならず東国でも行われていたことが指摘されてきた。[20]例えば、表16に示したように、承和二年の東海・東山道筋に浮橋・渡船・布施屋の修造を行った大安寺僧忠一(25)、近江国の和邇船瀬を造った律師静安(29)に加え、会津の徳一(18)や多度神宮寺に三重塔を建立した賢璟(12)などのほか、最澄の東国伝道(20・21)や、空海による書写依頼のための東国への弟子の派遣(14~18)など、多くの官大寺僧が「東国」で活動をしていた。『諷誦文稿』の記載は、東国への布教が著名な僧侶ばかりでなく、多数の官大寺僧によって行われていたことを裏付けるものである。

これまで官大寺僧が在地の法会に導師として赴いていた理由として、仏教本来の福田思想に基づくことや、[21]導師を

表16　七世紀後半から九世紀における官大寺僧の在地での活動

	年代	内容	出典
1	大化二年（六四六）以前？	元興寺僧慈応が播磨国飾磨郡の濃於寺で夏安居の間、法華経を講じる	『霊異記』上一一
2	大化二年（六四六）	元興寺僧道登が宇治椅を作る	宇治橋断碑・『霊異記』上一二
3	文武四年（七〇〇）三月己未	元興寺僧道照卒伝。天下を周遊し路傍に井を穿つ。諸津済処に船を儲け橋を造る。山背国の宇治橋は和尚の造ったものであると記される	『続日本紀』
4	聖武天皇の御世	薬師寺僧行基が故京元興寺の村で道俗のために説法を行う	『霊異記』中二九
5	聖武天皇の御世	薬師寺僧行基が河内国若江郡川派里で道俗貴賤のために説法を行う	『霊異記』中三〇
6	天平勝宝元年（七四九）二月丁酉条	薬師寺僧行基の卒伝。都鄙を周遊し、衆生を教化したことが記される	『続日本紀』
7	聖武天皇の御世	薬師寺僧題恵が紀伊国伊刀郡桑原の狭屋寺の十一面観音悔過の導師を務める	『霊異記』中一一
8	帝姫阿倍天皇の御代	興福寺僧永興が、紀伊国牟婁郡熊野村で修行をする	『霊異記』下一・二
9	宝亀二年（七七一）七月	元興寺僧豊慶が、紀伊国那賀郡弥気里の弥気山室堂で修行をし、仏像を修理するための知識を結ぶ	『霊異記』下一七
10	宝亀七・八年（七七六・七七七）	大安寺僧戒明が肥前国佐賀郡の安居会で導師を務める	『霊異記』下一九
11	宝亀年中（七七〇～七八〇）	大安寺僧恵勝が近江国野州郡の社の辺の堂で陀我大神を供養する。また浅井郡にて山階寺僧の満預が知識を結び陀我大神も知識に入れて六巻抄を読む	『霊異記』下二四
12	宝亀十一年（七八〇）	興福寺僧賢璟が多度神宮寺の三重塔を造る	『多度神宮寺伽藍縁起并流記資財帳』
13	弘仁五年（八一四）春	最澄が渡海の願を遂げるために筑紫国に向かい、諸功徳を修して、檀像千手菩薩・大般若経二部・法華経一〇〇〇部を敬造する。また八幡大神のために神宮寺において法華経を講ずる。また賀春神宮寺において法華経を講じ神恩に謝したところ、豊前国田河郡司・村邑刀禰等が瑞霊の状を録して奉った	『叡山大師伝』

14	弘仁六年(八一五)三月	空海が甲州の某氏に唐から将来した経典の書写を依頼するために弟子安行を派遣する	『高野雑筆集』
15	弘仁六年(八一五)三月	空海が東国の「万徳菩薩」に唐から将来した経典の書写を依頼するために弟子を派遣する	『高野雑筆集』
16	弘仁六年(八一五)三月	空海が東国の阿闍梨に唐から将来した経典の書写を依頼するために弟子の康守を派遣する	『高野雑筆集』
17	弘仁六年(八一五)三月廿六日	空海が下野国広智に唐から将来した経典の書写を依頼するために弟子の康守を派遣する	『高野雑筆集』
18	弘仁六年(八一五)四月五日	空海が、会津の慧日寺に居住する東大寺僧徳一に唐から将来した経典の書写を依頼するために弟子の康守を派遣する。手紙の中で徳一を「徳一菩薩」と称し、中国に仏教を伝えた迦葉摩騰と康僧会に比して東国への初めての仏法伝道者として称賛している	『高野雑筆集』
19	弘仁八年(八一七)以前～	最澄と徳一が論争を行う	『守護国界章』
20	弘仁八年(八一七)三月六日	最澄が下野国大慈寺で円仁と徳円に菩薩戒を授ける	『慈覚大師伝』
21	弘仁八年(八一七)五月十五日	最澄が上野国緑野寺の法華塔の前で円澄と広智の二人の弟子に胎蔵界金剛界両部の灌頂を伝授する	『天台霞標』
22	弘仁八年(八一七)頃	最澄が一級宝塔を建て、法華経八〇〇〇巻ずつ安置するために東国に向かった時、上野国浄土院では教興・道応・真静、下野国大慈院では広智・基徳・鸞鏡・徳念等が協力し、信濃国大山寺の正智禅師も上野国千部知識の例に預かり、二〇〇部を助写した。「東土」からの帰途に美濃国高野山寺の院主賢栄禅師が誓願して最澄の大願に預かり、多宝塔を造り千部法華経を安置するのに協力した	『叡山大師伝』
23	天長七年(八三〇)十月己未条	山階寺僧智興が陸奥国信夫郡に寺一区を建立し、菩提寺と名付けた。定額寺の例に預かる	『日本後紀』
24	承和元年(八三四)九月戊午	元興寺僧護命卒伝。当初は吉野山に入り苦行をしたことや、得度後は「月之上半」は深山に入り虚空蔵法を修し、月の「下半」は本寺にいて「宗旨」を「研精」したと記される	『続日本後紀』

25	承和二年(八三五)六月廿九日	大安寺僧忠一に美濃・尾張両国の堺の墨俣河の両岸に布施屋二処を修造させ、講読師と国司に検行させる	『類聚三代格』
26	貞観六年(八六四)五月九日甲午	法隆寺僧承忍を勅により還俗させて本姓名の中臣美乃連益長に復し、美濃国山県郡少領に任ずる	『日本三代実録』
27	貞観七年(八六五)四月二日壬子	元興寺僧伝灯法師位賢和が、「久しく近江国野洲郡奥嶋に堂舎を構え住んでいたところ、嶋神が夢中で『神霊といっても未だ蓋纏から脱していないので、願はくは仏の力で威勢を増し国家を擁護し郷邑を「安存」したい』と願ったため、堂舎を神宮寺とし、神明の願を叶えたい」と奏し、詔にて許された	『日本三代実録』
28	貞観九年(八六七)三月廿七日	元興寺僧賢和と講師賢養が播磨国の魚住船瀬を営造することを牒す	『類聚三代格』
29	貞観九年(八六七)四月十七日	承和年中に律師静安が和邇船瀬を造り、元興寺僧賢和が貞観八年に修造したことが記されている	『類聚三代格』
30	貞観十二年(八七〇)七月廿日庚午	大僧都法眼和上位慧達・従儀師伝灯満位僧徳貞・導師薬師寺別当伝灯大法師位常全・西寺権別当伝灯法師位道隆・元興寺僧伝灯法師位玄宗等を河内国に遣わし、築堤を「労視」させる	『日本三代実録』
31	貞観十七年(八七五)二月九日癸亥	少僧都法眼和尚位道昌の卒伝。承和中に大井河の堰が決した時に、詔により道昌が防遏を命ぜられ、自ら率先して功業を創めると衆くの人々が来てすぐにできあがった。故老が咸く収涕して「図らずも今日行基菩薩之迹を見た」といった	『日本三代実録』

務めることによって得られる「権益」が指摘されてきた[22]。しかし、東国への布教活動が数多く行われていたとすれば、その要因として東方へ仏法を伝える理念も考慮されなければならないと思われる。ここで注目されるのが、空海から徳一宛に送られた書状である(18)。ここで空海は、徳一に対して、「斗藪して京を離れ、錫を振って東に往く。始めて法幢を建てて衆生の耳目を開示し、大いに法螺を吹いて万類の仏種を発揮す。咨、伽梵の慈月、水あれば影現す。薩埵の同事、何れの趣にか到らざらん[23]」と述べており、東に向かった目的が東国への布教にあり、それは菩薩行の実

践であったことが窺える。『日本書紀』欽明天皇十三年十月条には、『金光明最勝王経』如来寿量品による文飾された記事に「果仏所記我法東流」[24]とあり、奈良時代にも多く国家的法会で読誦された『大般若経』に「我滅度已後時後分後五百歳、於東北方、当広流布」[25]とあり、その他に当該期の官大寺僧に広く読まれていた『続高僧伝』や『法苑珠林』に仏法東流の記述は散見する。おそらく奈良時代の官大寺僧にとって、「仏法東流」の理念は周知のことであったと考えられよう。

無論、当該期の官大寺僧の都鄙間交通は、前述の理由に加え、国分寺建立などを始めとする国家の仏教政策や官大寺僧と在地との繋がりにより在地社会へ浸透していった側面[26]や、在地の「寺」や「堂」からの要請による側面も重要であったと考えられるが、それに加え、官大寺僧の大乗菩薩行の実践としての「東方」への布教理念との関わりで捉えられるべきであろう。

おわりに

本章の内容をまとめると以下の通りである。

① 古代村落の「堂」の法会の場は、官大寺僧のみならず在地の「寺」の僧と考えられる「衆僧」・「高名の有徳」や「能化の聖等」などの在地で活動する多様な宗教者が参集する場であり、在地の重層的な宗教構造が可視化される場であった。

② 在地の「寺」の僧は、通常、古代村落の「堂」の法会の導師を務めているが、官大寺僧が導師を務める際には「高名の有徳」・「衆僧」のような参集者の形で「堂」の法会に参加していた。

③　古代村落の「堂」の法会では、「能化の聖等」と称される在地の教化僧が導師を務めることがあったと推測される。

④　『諷誦文稿』の「慰誘言」の内容からすれば、官大寺僧は在地で活動する僧侶の全てに、その立場に応じて讃えており、彼らは在地の宗教秩序の中で、官大寺僧でさえも法会の場で無視し得ない重要な存在であった。

⑤　②・③・④の理由から、在地の法会の場は『諷誦文稿』の成立以前から在地の宗教構造が存在していたことが推定され、官大寺僧は、檀越のみならず①に示した在地の僧侶を讃えることによって、在地社会の支配層である郡領層の「寺」や在地有力者の「寺」を中心とする宗教構造を権威づけする役割を担っていた可能性が指摘できる。

⑥　古代村落の「堂」の法会の導師は、官大寺僧や在地の「寺」の僧・「能化の聖等」〈遊行の僧〉を含む）などさまざまな選択肢があったことが想定されるため、在地の「寺」と「堂」の関係は必ずしも固定的なものではなかったと推測される。

⑦　『諷誦文稿』を使用した官大寺僧の活動範囲が、実際に「東国」に及んでいたこと、その要因の一つとして大乗菩薩行の実践と関わる「仏法東流」の理念が存在した可能性が指摘できる。

以上、本章では、『諷誦文稿』「卑下言」から窺える「堂」の法会に参集した僧侶の存在形態を読み解くことにより、在地の法会に可視化された重層的な宗教者の構造を明らかにした。これまでの研究では、官大寺僧が在地の寺堂の法会の導師を務めることにより在地秩序の形成・維持の役割を果たしていたことは指摘されてきたが、そのような官大寺僧を必要とする「堂」と「寺」という階層性を有する在地社会の仏教の重層的構造は明らかにされてこなかったと思われる。また官大寺僧の活動範囲が「東国」にまで確実に及び、『諷誦文稿』の内容が語られていたことは、本章でみたような在地社会の宗教構造が、かなり広範に存在したと考えることが可能となるであろう。

註

（1）拙稿「日本古代の在地社会の法会―『東大寺諷誦文稿』「卑下言」を中心として―」（『仏教史学研究』第五八巻第一号、二〇一五年）。
（2）鈴木景二「都鄙間交通と在地秩序―奈良・平安初期の仏教を素材として―」（『日本史研究』第三七九号、一九九四年）四三頁。
（3）『大正新脩大蔵経』巻五六、七一七頁上段。
（4）『大正新脩大蔵経』巻七、八二七頁下段。
（5）前掲註（2）鈴木論文、五一頁。
（6）拙稿「『日本霊異記』の史料的特質と可能性―化牛説話を中心として―」（『歴史評論』第六六八号、二〇〇五年）。本書第一部第一章。
（7）中村元『仏教語大辞典』（東京書籍、一九八七年）。
（8）出雲路修「解説」（同校注『日本霊異記』〈新日本古典文学大系三〇〉岩波書店、一九九六年）。
（9）中井真孝『日本古代の仏教と民衆』（評論社、一九七三年）。
（10）前掲註（9）中井著書。
（11）『平安遺文』第二〇号。
（12）勝浦令子「行基の活動と畿内の民間仏教」（『日本古代の僧尼と社会』吉川弘文館、二〇〇〇年。初出は、一九八六年）など。
（13）松本信道は、戒明が大安寺僧であること、本説話の宝亀七・八年頃に筑紫に下向していたことについては、史実を反映していると指摘している（同「『霊異記』下巻十九縁の再検討―その史実と虚構―」〈『駒沢大学文学部研究紀要』第五三号、一九九五年〉）。
（14）松本は、「この説話成立の背景には、薬師寺・法相宗と大安寺・三論宗の思想的対立・論争が存在し、薬師寺・法相宗の立場に立つ景戒の大安寺・三論宗の立場に立つ戒明への批判という意図のもとに作為・捏造・虚構された」と指摘している（前掲註(13)松本論文、一一六頁）。

(15) 本郷真紹は、官大寺僧の都鄙間交通の側面を過大に重視し、「国家の構想する仏教」の影響が在地社会にもたらされたとする（同「奈良・平安時代の宗教と文化」〈歴史学研究会・日本史研究会編『日本史講座　第二巻　律令国家の展開』東京大学出版会、二〇〇四年〉）。

(16) 川尻秋生「日本古代における在地仏教の特質―僧侶の出自と寺院機能―」（大金宣亮氏追悼論文集刊行会編『古代東国の考古学』慶友社、二〇〇五年）。

(17) 前掲註(2)鈴木論文。

(18) 樋口知志「仏教の発展と寺院」（須藤隆・今泉隆雄編『新版古代の日本九　東北・北海道』角川書店、一九九二年）。

(19) 平川南「多賀城」（『東北「海道」の古代史』岩波書店、二〇一二年）一八～二三頁。

(20) 前掲註(2)鈴木論文。

(21) 井上薫『行基』（吉川弘文館、一九五九年）。吉田靖雄『行基と律令国家』（吉川弘文館、一九八七年）。

(22) 前掲註(2)鈴木論文。

(23) 史料については、『高野雑筆集』巻上（密教文化研究所弘法大師著作研究会編『定本弘法大師全集』第七巻、高野山大学密教文化研究所、一九九二年）に拠った。訓読については、高木訷元『空海と最澄の手紙』（法蔵館、一九九九年）を参考にした。

(24) 『日本書紀』欽明天皇十三年十月条。

(25) 『大正新脩大蔵経』第六巻、五三九頁。

(26) 佐藤信「国分寺の造営と在地社会」（須田勉・佐藤信編『国分寺の創建　組織・技術編』吉川弘文館、二〇一三年）。

附論　古代村落の「堂」と仏教統制
――山城国愛宕郡賀茂郷の「岡本堂」をめぐって――

はじめに

六国史に唯一の「堂」の事例の『続日本後紀』天長十年（八三三）十二月癸未朔条の「岡本堂」については、研究史上、古くから賀茂神宮寺として位置づけられてきた[1]。近年においても嵯峨井建により、「岡本堂が神宮寺に直接発展したことを示す史料は認められず、一応別箇のものと考えねばならぬが、のちの神宮寺を成立せしめる先駆的な地ならし効果をもたらした」とされ、「上社における仏教的施設の当初形態」とも指摘されているように[2]、賀茂神宮寺の前史として論じられる傾向にある。

しかしながら、これまでの考察のように、「堂」が古代村落と深く関わるものであるとすれば、従来までの岡本堂＝賀茂神宮寺説には再検討の余地があろう。私見では「岡本堂」は、後述のように古代村落の「堂」と考えられ、本条は古代国家と古代村落の仏教との関係や、古代村落における神仏関係を考察する上での重要な史料と位置づけられるものと考える。本章では当該条文の基礎的考察から、上記の課題について明らかにしたい。

第一節　「岡本堂」の建立主体と古代村落

まず、本条の全文を掲出しよう。

〔史料一〕『続日本後紀』天長十年（八三三）十二月癸未朔条

A道場一処。在二山城国愛宕郡賀茂社以東一許里一。本号二岡本堂一。B是神戸百姓奉二為賀茂大神一所二建立一也。C天長年中検非違使尽従二毀廃一。至レ是。勅曰。仏力神威。相須尚矣。今尋二本意一。事縁二神分一。宜三彼堂宇特聴二改建一。

本条の内容を要約すると、山城国愛宕郡の上賀茂社の東の一里ほど離れた場所に、元々、岡本堂と命名された修行道場があった。この堂は、神戸である百姓が賀茂大神のために建立したものであった。天長年中に検非違使によって尽く破壊されたが、ここにいたって勅が出された。勅には「仏の力と神の威力は、ともに用いて尊ぶべきものである。今、神戸である百姓たちに岡本堂で賀茂大神を供養していた本来の目的を尋ねると、賀茂大神のために「堂」が建立されたことがわかった。そこで堂宇を特別に改めて建立することを許可する」というものである。

まず本節では、「岡本堂」という道場の名称（傍線部A、以下A。他も同じ）と、岡本堂の建立主体である「神戸百姓」（B）の村落について考察していきたい。

さて傍線部Aの「岡本堂」は、古くから神仏習合史の中で賀茂県主氏建立の賀茂神宮寺とされてきたが、『賀茂社家系図[3]』には、上社禰宜であった男床の唯一の事績として「聖神寺建立本願、弘仁十一年庚子造立也。依二神御託宣一也」とあり、また二代目の広友の事績にも「天長二年乙巳十二月十一日書二置聖神寺縁起一」とあるように、賀茂神宮寺としては、禰宜男床への託宣によって、弘仁十一年（八二〇）に造立された「聖神寺」が存在した。(4)『小野宮年中行事』七月十五日条所引『弘仁式』大膳職逸文には、「送二東西。佐比。八坂。常住。出雲。聖神一」(5)とあり、本条は『延喜式』の大膳式14・盂蘭盆供養料条に、「七寺盂蘭盆供養料（東西寺、佐比寺、八坂寺、野寺、出雲寺、聖神寺）」(6)と継承されている。この七寺盂蘭盆会について黒須利夫は、桓武朝において、唐の天子七廟説に依拠した七寺盂蘭盆会を行うことにより、自らの皇統を正統化し、自らを皇帝に擬して皇帝祭祀を実施する意味を有していたと指摘する。(7)これらは聖神寺が王権と関わる国家的仏事の一端を担っていたことを示しており、王権神である賀茂社と並立する賀茂神宮寺として、ふさわしい仏教施設であったといえよう。

それでは本条の「岡本堂」は、どのような仏教施設であったのだろうか。堂名に冠された「岡本」という名称は、天平六年（七三四）七月二十七日付優婆塞貢進解に、「山背国愛宕郡賀茂郷岡本里鴨県主呰麻呂戸口」とあるので、郷里制下に存在した賀茂郷岡本里に由来する村落名であったと推察される。「堂」に村落名を冠することの意味については、第二部第三章にて『諷誦文稿』の「慰誘言」の記述を中心に考察した。

そこでの結論のみ述べると、「堂」の法会で行われる法会の中で、檀越の氏の先祖と密接に関わる村落起源伝承（本縁）が、「堂」の建立伝承（本縁・本願）と一体化して語られることにより、法会の聴衆である村落内の民衆に対して、村落の起源と「堂」の檀越の先祖の事績が深く結びついていることを知らしめ、先祖の事績を継承する「今」の「堂」の檀越が、村落の支配者にふさわしい存在であることを喧伝するものであったと推測される。(8)

つまり、村落名称を「堂」に冠することは単に「堂」の立地を意味するものではなく、(9)「堂」が古代村落の起源と関わる論理で位置づけられ、「堂」の檀越による村落支配と密接に関わる名称であったと考えられるのである。したがって、本条の「岡本堂」は、「岡本」という名称をもつ古代村落と密接に関わった仏教施設であったとみるべきであろう。

また史料には、「本号岡本堂」と「本」（傍線部）の字があることから、「岡本堂」とは、「破却」される前の仏教施設名称であり、古代国家により認定された名称ではなかったことがわかる。一方、奈良末〜平安初期において古代国家によって認定された神宮寺には、「伊勢大神宮寺」・「多度神宮寺」・「神願寺」・「大神寺」・「神宮院」などと、寺名に「神」の字が入る傾向があり(10)、聖神寺もその事例に含まれることからすれば、賀茂神宮寺は聖神寺であったと推定できよう。

つぎに、傍線部Bにある「岡本堂」の建立主体としてみえる「神戸百姓」とその村落について考えていきたい。同時期の史料において、「神戸百姓」とは、〝神戸である百姓〟という意味で使用されており(11)、「岡本」は、神戸の百姓を中心とした村落であったことが窺える。神戸を中心とする村落が存在したことについては、『霊異記』下二四が参考となる。

〔史料二〕『霊異記』下二四

近江国野州郡部内御上嶺有二神社一。名曰二陁我神社一。奉レ依二封六戸一。社辺有レ堂。白壁天皇御世之宝亀年中、其堂居住大安寺僧恵勝、暫頃修行時、夢人語言、「為レ我読レ経」。（中略）言、「然者供養行也」。時獼猴答曰「無二本応レ供物一」。僧言、「此村籾多有。此乎充二我供養料一、令レ読レ経」。獼猴答曰「朝庭臣賜レ我。而有二典主一、念二之己物一、不レ免レ我。我恣不レ用」。典主者即彼神社司也。僧言、「無二供養一者、何為奉レ読レ経」（後略）

本史料の該当箇所を要約すると、宝亀年中に大安寺僧の恵勝が、陁我神社の「社辺」の「堂」に居住し、修行をしていた時に、夢に陁我大神の化身が出てきて「私のために経を読め」といった。そこで恵勝は供養の物を出すようにいったところ、獼猴として姿を現した大神は供養の物がないといった。恵勝は、この神戸の村には多く籾があるはずだから、それを私の供養の物に用いてもらったら経を読もうと答えた。すると獼猴は、朝廷が私に賜った物は、神社司である典主が自分の物にしてしまい、自分は用いることができないと語ったというものである。

陁我神社については、『新抄格勅符抄』に「田鹿神　六戸」[12]とあり、『霊異記』の記述が裏付けられる。『霊異記』からすれば、封六戸を中心とした「村」が存在し、「神社司」である「典主」によって主導されていたことがわかるが、典主の横領により、本来祀られるべき大神に神戸からの封物が奉じられていないという村落の状態があり、その結果として、陁我大神が官大寺僧に神の身を脱するために読経を願うという事態に至ったものとして記されている。

八世紀後半の在地社会において、国家より「六戸」の神戸が認められていた陁我神社クラスの神社においても、地方豪族層である典主が封物を私物化したことによる在地秩序の動揺によって仏教を受容する契機が生じたため、本説話が作成された可能性がある。本説話の形成には、官大寺僧によって『続高僧伝』などに記される神仏習合思想の論理が持ち込まれたことが指摘されている[13]が、いずれにしても、神戸を中心とした「村」において仏教を受容するには、それに伴う在地情勢の変化および神仏関係の変容が生じなければその契機とはなりえない。義江彰夫は、八世紀後半という時代が、神を背負って支配してきた地方豪族が神を祭ることで支配を維持できなくなり、朝廷からの稲籾の霊力に何の魅力も感じなくなった結果として、仏教の論理が必要になったと指摘している[14]。神仏関係の論理自体は、中国思想によるものであったとしても、先学がすでに指摘しているように、神仏習合の展開を示す多くの史料で神は「名神」（霊験をもって名ある神）であり、すべて大社の史料であるという事実は[15]、八世紀後半において、大社クラスの神社の神仏関係に変化が生じるほどの在地情勢の大きな変動が存在したものと予測されよう。

ここで岡本里に戻ると、前掲の天平六年優婆塞貢進解にみえる「鴨県主呰麻呂」は、下鴨系図に禰宜とみえ、井上光貞により岡本里はカモ氏が分立する以前の本居であったと推測されている[16]。ここから、岡本里は鴨県主氏の一族を中心とする村落であったと推定されるが、そのように考えられるとすれば天平年間から賀茂大神を奉斎する鴨県主氏により仏教受容がなされていたことをも示すことになる。したがって、天長年間を一世紀遡る天平期から、岡本里においては、神仏が早くから共存していたと考えられる。本章で主たる考察対象とする史料一からすれば、そのような状態は平安初期まで継続していた可能性がある。そのような村落レベルにおける神仏関係を考える上で注目されるのが、『諷誦文稿』の「慰誘言」にみえる以下の記述である。

〔史料三〕『諷誦文稿』二七二行

仏、臂を延べて頭を摩でたまふ。【然れども人しらず。】神、形を蔭して加護したまふ。【然れども人見ず。】〈遠き〉人の為には天より降りませるが如く、近きひとの為には雲を披きて、白日に現れたまふか如し。

『諷誦文稿』の「慰誘言」は、本書第二部第三章で詳述したように、古代村落の「堂」の檀越を讃える内容をもつ法会の次第である。当該箇所から神仏関係については、仏は臂を延ばして檀越の頭を撫で、神は形を隠して加護する存在として位置づけられている。仏が頭を摩でるとは、智顗の『法華文句』に「摩頭即授記也」などとあるように、仏が弟子に未来の成仏の保証を与えることであり、他の経典にも「摩頂授記」などと記されるものである。(17)かかる事実は檀越が仏によって成仏を保証された存在であることを示しているが、同時に「神」からも加護される存在と記されていることからすればここには対立する神仏関係はなく、村落レベルにおいて仏と神が矛盾なく併存していた様相を窺うことができよう。(18)

これまでの研究史においては、古くからの村落共同体の秩序が動揺・解体する八世紀末から九世紀において、民間菩薩僧の活動や官大寺僧の都鄙間交通により、神仏習合思想が在地に受容されたことが指摘されてきたが、(19)とりわけ在地においては神身離脱思想が受容され、「護法善神」の理論については「地域神の世界に生きる豪族や民衆に訴える力が弱」かったとされている。[20] しかし、『諷誦文稿』や岡本堂の記事からすれば、村落レベルの神仏関係については必ずしも神身離脱思想のみでは捉えきれず、従来説については再検討の余地があろう。

最後に、本条の「神戸百姓」の内実について付言しておくと、第二部第二章にて指摘したように、古代村落の「堂」の檀越は一般民衆をさすわけではなく、村落内の有力者か有力者集団であったと考えられる。天平六年の優婆塞貢進文にみえた鴨県主氏がその後に没落した痕跡を窺うことができないことからすれば、平安初期における岡本の村落についても、引きつづき、鴨県主氏の一族の有力者を中心とする集団である「神戸百姓」の村落が存在したと考えられるのではなかろうか。

第二節 「岡本堂」の破却と再建

本節では、史料一の傍線部Cについて、「岡本堂」が検非違使により「破却」された理由について考察していきたい。従来、延暦二年（七八三）の私寺建立禁止令に基づき「破却」されたとする説が提起されてきたが、[21] 少なくとも「改建」した主体も「神戸百姓」であることから、「神戸百姓」の建立が「破却」理由ではなかったと考えられる。また神仏隔離政策の影響も指摘されているが、[22]「神威仏力、相須尚矣」とあることからすれば従えない。とすれば、「破却」の要因は何に求められるべきだろうか。

ここで、「破却」を行った検非違使をみると、弘仁六年（八一五）前後には成立していたとみられ、[23] その初期においては宣旨によって衛門府官人の中で検非違使に補されたものが、平安京内の違反行為の取り締まりに当たったものとされている。[24] 職掌は、『類聚三代格』天長九年（八三二）七月九日太政官符所引弘仁十一年十二月十一日宣旨に、「検非違使所レ掌之事。与二弾正一同。臨時宣旨亦糺弾之」[25]とあるなど、初期の検非違使の職掌は弾正台と同一と記されており、少なくとも類似する部分があったと考えられる。そこで注目されるのは、巡察弾正において仏教施設と関わる職掌があったとみられることである。[26]

巡察弾正の職掌としては、京中の「粛清風俗」・「糺弾非違」があり、『本朝月令』四月八日灌仏事所引の延暦十一年十一月十九日弾例に、四月八日と七月十五日の京中諸寺の斎会の時に風俗取り締まりのための派遣を定められ、[27]これが『延喜式』弾正式114・東西二寺斎会条に継承されている。また『類聚三代格』天長三年十二月二十九日太政官符によれば、「京中及東西市諸寺」の「非違」に加え、「破損汙穢」についての取り締まりを行っていたことが確認される。[28]当該部分は、「勅例」の表記があることから延暦十一年に公布された新弾例であることが堀部猛や佐藤全敏によって明らかにされ、[29]八世紀後半以降、京中巡察が律令官人制の根幹の「礼」秩序との関わりで行われた事例と考えられている。また佐藤全敏は、弾正台は「天皇の出御する内裏や朝廷において行政法と礼儀作法とを問わず、それを破る者を糺すツカサであった」[30]糺職の職掌を改編・改称したもので、少なくとも八世紀末期にいたって左右京中まで定期的に巡察するかたちへと機能を拡張していったとされている。そのような近年の弾正台研究の成果からすれば、京内寺院の「破損汙穢」は律令官人制の礼秩序とも関わるものであったと考えられる。しかし、長岡京や平安京周辺の寺院は、必ずしも条坊内部の寺院だけでなく周辺寺院も含めて「京下」・「京中」などと把握されていたとしても、[31]「岡本堂」の立地は「賀茂社以東一許里」とあり弾正台の巡察する平安京の条坊には入らない。一方の検非違使は、衛門府の性格を母体として成立したことが指摘されており、[32]さらに衛門府官人は地方における紛争の調停や、民事・軍事の視察にも数多く遣わされたことが明らかにされている。[33]京外である岡本堂に検非違使が派遣された要因として、検非違使が衛門府の性格を継承していたことによる可能性が推察されよう。

平安初期における検非違使の職掌が、巡察弾正の機能と重なる部分があるとすれば、「岡本堂」の「破却」は、検非違使が巡察弾正同様に、平安京周辺の仏教施設や仏教儀礼における風俗の取り締まりの一環として実行された可能性も推察されるが、加えて令外官であり国家権力から直接指令のもとで弾正台の職掌にはない「追捕」なども含めて動くことができることも、(34)要因としてあげることができよう。

ここで、検非違使により「堂」が破却されたことの意味を考えてみたい。宮瀧交二は、中世後期における村落への制裁として村落結合の象徴である、村の惣堂を焼却する事例を指摘した藤木久志の説をうけ、(35)古代の集落遺跡における「堂」の焼掃された事例について、村落の制裁としての焼掃であったとした。(36)本条における「岡本堂」の「破却」は、焼掃とは異なるが仏教施設の完全な破壊であり、天皇権力を背景にする検非違使の派遣であることを考えれば、岡本里の「神戸百姓」に対する国家的制裁であったと理解すべきであろう。すなわち古代村落の「堂」は、仏教信仰や風俗に「非違」・「破損」・「汙穢」などの何らかの実態があり、国家レベルの仏教のあり方に抵触した場合に、制裁を受けていた事実が確認できるのである。

本史料の評価については、「岡本堂」が「改建」された後、国家がどのように管理したとみるかによって見解が分かれよう。例えば、『続日本後紀』承和六年（八三九）五月辛卯条の「為二賀茂大神一、転二読金剛般若経一千巻一」や、『日本三代実録』貞観十四年（八七二）三月癸巳条にみえる「於二近社道場一、毎レ社転二読金剛般若経一」の「近社道場」に「岡本堂」（正確には、「岡本堂」の後進の仏教施設）が含まれるとすれば、(37)村落レベルの仏教施設も、国家の主要神社と関わるものについては、国家的に編成されたことになろう。しかし賀茂社の神宮寺については、公式には「聖神寺」があり、仮に「岡本堂」の後進の仏教施設が国家的仏事に関わっていたとすれば、古代村落の「堂」としての性格に根本的な変革を迫られたはずである。

ところで岡本堂の場合、「今尋二本意一。事縁二神分一」とあるように、国家側が改めて「神戸百姓」に対して賀茂大神を供養していたことの「本意」を尋ねたことがわかる。かかる事実は、国家が制裁をするに際して岡本堂が「賀茂大神」を供養するための目的を把握していなかったことを意味しており、少なくとも「破却」される天長年中までは、岡本堂への国家的関与はなかったと推察される。

また本条の「神分」については、中井真孝により、「神の為にする」の意味であるとし、典型的な「神分」の善業として、神宮寺建立・写経造仏・神前読経・神前得度などをあげられている(38)。この指摘が認められるとすれば、国家は改めて「神戸百姓」に賀茂大神を供養している目的を問いただしたところ、建立目的が賀茂大神のための供養をすることであったということがわかり、改めて仏教施設の建立を許可したということになろう。このような村落レベルの仏教にまで国家が関与することが極めて異例であると推測されることからすれば、その要因としては、岡本堂が上賀茂神社の祭祀氏族である鴨県主氏の一族が関与していた仏教施設であったことによる可能性が推測されよう。一度、国家によって破壊された仏教施設が、最終的には例外的に「改建」が許可された事実も、鴨県主氏との関係が考慮されるのではなかろうか。

本条に加えて本書でも論じた『諷誦文稿』における「堂」の仏教のあり方からすれば、奈良末〜平安初期において、畿内を中心に存在した古代村落の「堂」の多くは、国家により日常的な監視・管理下にあったとは考え難い。その背景としては、おそらく七世紀後半から八世紀後半にかけての国家仏教による宗教的イデオロギー政策が、基本的に在地の伝統的な権威を有する郡領層・郡司クラスや村落レベルの有力者層に依存した形で行われていたことが想定され、その意味では在地の多様な仏教信仰形態は基本的に古代国家によって容認されるものであったといえるのではなかろうか。

それにも拘わらず本条において、岡本堂による賀茂大神の供養が国家にとって問題となったのは、嵯峨井建が指摘するように、延暦十三年（七九四）の平安遷都によって山背地方の地域神、賀茂県主一族の奉ずる地方の氏神にすぎなかった賀茂社が一挙に国家的性格を帯びたことにあろう。[39] したがって、そのような意味においては、岡本堂は例外的な事例ということになるが、その名称からいっても奈良後期から平安初期における古代村落の「堂」とその基本的性格は同質であったと考えられる。以上から、本条は古代村落の「堂」と国家との関係を窺うことのできる基本史料と位置づけることができよう。

おわりに

本章では、『続日本後紀』天長十年（八三三）十二月癸未朔条の「岡本堂」の基礎的な考察を行い、以下の結論を得た。

① 本条の岡本堂は、これまでの研究史において指摘されてきたような賀茂神宮寺ではなく、八世紀後半から九世紀前半に存在し、『霊異記』や『諷誦文稿』に確認できる古代村落の「堂」であったことを指摘し、合わせて賀茂神宮寺としては聖神寺が推定できることを指摘した。

② 本条は、『諷誦文稿』の記述と合わせて古代村落の神と仏の共存関係を示す史料であることを指摘した。

③ 本条は、平安遷都に関わる賀茂社の重視と関わって、村落レベルの仏教にまで国家的制裁が下された史料であり、古代国家は在地の仏教に対して宗教統制を放棄していたわけではなく、必要に応じて行われるべきものであったことを示す事例であると位置づけられる。

④　本条は、『諷誦文稿』の事例と共に古代国家が古代村落の「堂」について、日常的な管理下においていなかったという実態をも窺える史料でもあることを指摘した。

近年、吉田一彦は奈良時代の仏教行政について、異端的教化に対しては熱心に禁断政策を行い、ついで淫犯に対する禁断を重視したことをあげ、私度や私道場に関しては、僧尼令に禁断規定があるにもかかわらず政府はほとんど禁断しようとはしていなかった、と指摘している。(40)この見解は重要であるが、本条の考察からもわかるように、古代国家は決して私道場統制についても放棄していたわけではなかった。吉田は上記の事実をもって、古代仏教を「国家仏教」としては評価できないと論じた。(41)しかし、本条からも明らかなように古代国家はその時々に応じて、さまざまな宗教政策を実施していたのであり、吉田が指摘した諸点をもって古代国家が宗教統制を放棄したと断ずることはできない。古代国家が宗教統制とりわけ仏教統制をどのように位置づけたかについては、在地の仏教の諸様相とその構造分析から、改めて評価することが必要であろう。そのような意味で本章における考察も、国家の宗教政策と在地社会との関係を分析する上での重要な視点として位置づけることができよう。

註

（1）辻善之助『日本仏教史』（岩波書店、一九四四年）。河音能平「王土思想と神仏習合」（岩波講座『日本歴史』四、一九七六年、その後、『中世封建社会の首都と農村』東京大学出版会、一九八四年に再録）。義江彰夫『神仏習合』（岩波新書、一九九六年）等。

（2）嵯峨井建「鴨社の神仏習合」（『神仏習合の歴史と儀礼空間』思文閣出版、二〇一三年）二八六～二八八頁。

（3）神道大系編纂会編『神道大系』（神社編八賀茂、一九八四年）。

（4）嵯峨井建「中世上賀茂神社の神仏習合―『賀茂社家系図』と『社務補任記』を中心に―」（岡田精司編『祭祀と国家の歴史学』塙書房、二〇〇一年）。

（5）『群書類従』第六輯律令部公事部。
（6）『延喜式』大膳式14・盂蘭盆供養料条。
（7）黒須利夫「七寺・七廟考」（あたらしい古代史の会編『王権と信仰の古代史』吉川弘文館、二〇〇五年）。
（8）本書第二部第三章。
（9）前掲註（4）嵯峨井論文では、「岡本の地にあるため地名を冠して岡本堂と呼ばれたものであろう」（二八六～二八七頁）とする。
（10）吉田一彦「多度神宮寺と神仏習合—中国の神仏習合思想の受容をめぐって—」（梅村喬編『伊勢湾と古代の東海』〈古代王権と交流4〉名著出版、一九九六年）。
（11）他の用例としては、『日本後紀』延暦二十四年（八〇五）二月庚戌条に、石上神宮の「神戸百姓等款」として「比来大神頻放㆓鳴鏑㆒、村邑咸怪」とあり、「村邑」を形成し「款」を出す者がいたことがわかり、同弘仁三年（八一二）五月辛酉条には、「伊勢国多気・度会及飯高等七郡神戸百姓等」がみえ、いずれも〝神戸である百姓〟の意味で用いられている。
（12）『新訂増補　国史大系』第二十七巻。
（13）前掲註（10）吉田論文。
（14）前掲註（1）義江著書、三七～三八頁。
（15）中井真孝「平安初期の神仏関係—特に護法善神思想と神前読経・神分得度について—」（菊地康明編『律令制祭祀論考』塙書房、一九九一年）二一九～二二〇頁。
（16）井上光貞「カモ県主の研究」（『日本古代国家の研究』岩波書店、一九六五年）。
（17）例えば、唐・実叉難陀訳『地蔵菩薩本願経』、唐・善無畏訳『慈氏菩薩略修愈誐念誦法』、唐・智通訳『観自在菩薩随心呪経』などにもみえる。
（18）拙稿「古代村落の仏教受容とその背景」（三田古代史研究会編『法制と社会の古代史』慶應義塾大学出版会、二〇一五年）。
（19）高取正男「奈良仏教」（家永三郎監修『日本仏教史　古代篇』法蔵館、一九六七年）。速水侑「律令的国家仏教の展開」（『日本仏教史　古代』吉川弘文館、一九八六年）。前掲註（15）中井論文。
（20）前掲註（19）速水著書、一三二～一三七頁。

(21) 荒井秀規「延暦二年、私寺建立禁止令について」(『明治大学大学院紀要　文学篇』第二四集、一九八七年)。
(22) 前掲註(15)中井論文。
(23) 渡辺直彦「検非違使創始時日に関する一試論」(『日本古代官位制度の基礎的研究』吉川弘文館、一九七二年)。
(24) 前田禎彦「平安時代の法と秩序—検非違使庁の役割と意義—」(『日本史研究』第四五二号、二〇〇二年)。笹山晴生「検非違使の成立」(『皇學館論叢』第三七巻第三号、二〇〇四年)。
(25) 『類聚三代格』巻二十。『続日本後紀』承和六年(八三九)六月乙卯条にも「勅。弾正台及検非違使。雖㆓配置各異㆒。而糾弾違犯。彼此一同」とある。
(26) 駒井由美子「検非違使の成立に関する一考察」(『関西学院史学』第二〇号、一九八一年)。
(27) 『群書類従』巻第八十一。
(28) 『類聚三代格』巻四。
(29) 堀部猛「天長三年十二月二十九日太政官符所引の弾例」(『日本歴史』第七七二号、二〇一二年)。佐藤全敏「弾正台の弾と京中巡察をめぐって」(『日本歴史』第七七二号、二〇一二年)。
(30) 佐藤全敏「弾正台と日本律令国家」(『日本史研究』第六〇一号、二〇一二年)四四頁。
(31) 西村さとみ「条坊のそとうち」(舘野和己・小路田泰直編『古代日本の構造と原理』青木書店、二〇〇八年)。
(32) 笹山晴生「平安前期の左右近衛府に関する考察」(『日本古代衛府制度の研究』東京大学出版会、一九八五年)二一八頁。
(33) 前掲註(32)笹山論文、二一八頁。
(34) 井上満郎「検非違使の成立」(『平安時代軍事制度の研究』吉川弘文館、一九八〇年)一〇八〜一一〇頁。
(35) 藤木久志「村の惣堂・村の惣物」(『月刊百科』第三〇八号、一九八八年)。
(36) 宮瀧交二「在地社会からみた将門の乱」(川尻秋生編『将門記を読む』吉川弘文館、二〇〇九年)。
(37) 上島享「中世宗教支配秩序の形成」(『日本中世社会の形成と王権』名古屋大学出版会、二〇一一年。初出は、二〇〇一年)。ただし、上島は、拙稿「『日本霊異記』における仏教施設と在地仏教」(『史学』第七二巻第一号、二〇〇三年。本書第二部第一章)の見解から「聖神寺」のみであった可能性も考慮している。
(38) 前掲註(15)中井論文、二一六頁。

(39) 前掲註(2)嵯峨井論文、二八七頁。
(40) 吉田一彦「僧尼令の運用と効力」(『日本古代社会と仏教』吉川弘文館、一九九五年)五五頁。
(41) 吉田一彦「国家仏教論批判」(前掲註(40)吉田著書)。

終章　総　括

――古代国家仏教と在地社会――

第一節　本書の概要

本書では、六世紀末から七世紀初めにかけて古代国家によって受容された日本古代の仏教が、八世紀から九世紀前半の在地社会で、とりわけ一村落レベルにまで如何に展開し受容されたかという視点から、古代村落の「堂」の仏教の具体相について、『霊異記』と『諷誦文稿』を主たる史料として考察した。本節では論旨の概括をしておきたい。

第一部「日本古代仏教史料論」では、日本古代の在地社会の仏教を考察するための基礎史料である『霊異記』と『諷誦文稿』の史料論的考察を行い、これまでの研究では示されてこなかった二史料の古代仏教史の素材としての位置づけを明確化し、合わせて在地の知識結の実態を示す史料である御毛寺知識経の考察も行い、以下の結論を得た。

第一に、『霊異記』の化牛説話などの定型的な話型をとる〝説話群〟は、仏典説話から六朝・隋・唐期までの多様な仏教説話の話型や内容に大きな影響を受けており、それらの中国説話が分類・収録されている『法苑珠林』などの仏教類書や、『釈門自鏡録』などの唐代の仏教説話集を参照して作成されたと推定される（第一章）。

第二に、『霊異記』の化牛説話は、「堂」を舞台とする説話では中国の畜類償債譚の救済譚の話型が用いられ、「寺」

を舞台とする説話では畜類償債譚の悪報譚の話型をも用いられていたことを指摘し、化牛説話作成時の話型の選択は「堂」と「寺」の仏教のあり方に規定されたものであったことを推論した（第一章）。

第三に、『霊異記』の「堂」と「寺」の化牛説話の内容について、各仏教施設の経営体としての側面からみると、(A)「堂」の化牛説話からは、「堂」が檀越の「家」から自立した経営体として成立せず、檀越の「家」の経営に包摂されて存在していたこと、(B)「寺」の化牛説話からは、「寺」が檀越氏族の「家」の経営から自立した運営がなされていたことを指摘し、説話内容の相違から「堂」と「寺」の経営体としてのあり方が異なっていた可能性を指摘した（第一章）。

第四に、『霊異記』の化牛説話成立の背景として、奈良末～平安初期の「寺」・「堂」（を所有する「家」）の「産業」の中核的労働力として牛が存在し、在地の「寺」・「堂」（を所有する「家」）の周辺で治田が耕作され、牛耕が身近な風景であったことを推定した（第一章）。

第五に、『諷誦文稿』が、古代村落の「堂」の法会の式次第の作成過程にある史料と位置づけた。また、『諷誦文稿』は官大寺僧が法会の式次第作成のためにさまざまに試行錯誤した痕跡を残す作成途上の史料であることを示し、そこから在地社会で官大寺僧による広範な唱導活動が展開していたことを推測した（第二章）。

第六に、『諷誦文稿』は、平安初期の新羅・唐・日本の法会次第との共通部分が多くあり、とりわけ唐代に成立し七三〇年の遣唐使請来の『集諸経礼懺儀』所収の礼懺儀礼類から大きな影響を受けていることを指摘した（第二章）。

第七に、八世紀半ば成立の御毛寺知識経奥書の「御毛寺」・「御気院」について考察し、知識経成立の背景を探るとともに、「御毛寺」・「御気院」と『霊異記』の「弥気山室堂」が異なる仏教施設であったことを指摘した（第三章）。

以上、第一部では、『霊異記』や『諷誦文稿』は、八世紀から九世紀前半に遣唐使等によって請来された東アジア世界の諸文献、とりわけ中国の仏教類書・仏教説話集や礼懺儀礼のテクストなどの強い影響を受けて成立したこと、さらに在地の仏教のあり方や官大寺僧の世界観が投影し、日本古代の在地社会の仏教の諸様相を示す独自のテクストとして成立したことを明らかにし、合わせて御毛寺知識経の考察から中央と在地社会の仏教との関係をも論じた。

第二部「日本古代在地仏教論」では、古くから議論のある『霊異記』の「堂」と「寺」の区分について、『霊異記』の表現形態と用法、造営主体の社会的階層、古代村落の「堂」の法会の特質などの諸側面から考察を加え、在地における仏教の階層性の存在と宗教的構造の特質を示した。

第一に、『霊異記』では「堂」と「寺」には混用がなく書き分けられていたことを論証し、また下一七の「弥気山室堂」と下二八の「貴志寺」の類話の比較検討から、「堂」と「寺」は、囲繞施設の有無などの伽藍形態、檀越の経済力、宗教者の存在形態でも明確に区別されていたことを指摘した（第一章）。

第二に、『霊異記』の「寺」と「堂」の造営主体について考察し、「寺」の造営主体は、①具体的に「大領」・「少領」と職名がある郡領氏族、②出身地表記が「国＋郡＋人」をとり、複数村落に影響力がある郡内の有力者クラスという二階層の存在を推定し、「堂」の造営主体は、「家長公」という一村落内・集落内の「家号」的呼称をもつ人物か、出身地表記が「国＋郡＋郷（里・村）＋人」の人物であることから、一村落内の有力者と推測した（第二章）。

第三に、『諷誦文稿』の「慰誘言」の考察から、古代村落の「堂」の法会で語られた内容は、①「堂」の檀越を〝人々を浄土に誘う観音菩薩〟に擬えて讃えていたこと、②村落起源伝承と堂建立伝承が一体的に語られるものであったこと、③土地の支配と関わる土地讃めの系譜を引く〈堂讃め〉が語られていたことを指摘した。特に②からは、堂名に村落名を冠することが、檀越の氏による村落支配と檀越の氏を中心とする仏教受容の正統性を主張する意味を有していたと考えられる。さらに④として、「堂」の法会の聴衆は、檀越の親族・同族―村落内の人々―村落内の貧窮者・障害者という三種類によって構成されており、檀越が扶養する貧窮者・障害者の存在は、檀越の仁徳や慈悲を象徴するものとして法会の中に位置づけられ、①〜③と合わせて檀越の村落支配者としての権威を補完するものであったと推測されること、⑤檀越には女性の檀越も想定され、これは古代史研究で指摘されている「里刀自」などの一村落内の女性統率者を意味する可能性が想定されることなどを指摘した(第三章)。

第四に、『諷誦文稿』の「卑下言」を手がかりとして、古代村落の「堂」の法会の場は、官大寺僧のみならず、在地の「寺」の僧と考えられる「衆僧」・「高名の有徳」や、在地で教化活動をしていた「能化の聖等」などのさまざまな僧侶が参集する場であり、在地の重層的な宗教構造が可視化される場であったことを指摘した(第四章)。

第五に、『続日本後紀』天長十年(八三三)十二月癸未朔条の「岡本堂」について考察を加え、岡本堂が先行研究で指摘されてきた賀茂神宮寺ではなく古代村落の「堂」であることを指摘し、古代国家は古代村落の「堂」にまで宗教統制を及ぼしていたことがわかる事例として捉えた(附論)。

以上、第二部では、八世紀後半から九世紀前半にかけて、古代村落には一村落レベルの有力者を造営主体とする「堂」が成立し、「堂」と「寺」との間には、伽藍形態、造営主体の社会的階層や宗教者のあり方などから明確な相違があり、在地社会には「堂」—「寺」という仏教施設の階層性が存在していたことを論証した。また「堂」の法会は、在地で活動するさまざまな僧侶が参集する場であり、在地の上位権力である「寺」との関係も含め、檀越を中心とする古代村落共同体の宗教構造が可視化される場であったことを指摘し、「堂」の法会の実態を具体的に復元した。

以上、本書の概要を示した。古代日本に六世紀末に百済より伝来した政治的側面を強く有した仏教は、七世紀後半には鎮護国家の仏教として確立し、八世紀以降の在地社会には、国家仏教を担っていた官大寺僧・官僧や中央下級官人層を媒介として在地の支配者層と強く結びついたかたちで受容されたことにより、在地にもたらされた仏教の性格も政治的側面を強く有したものであった。ただし、在地の仏教受容主体となった諸階層は、そのような国家的・中央的権威を纏った仏教の単なる受容客体であったわけではなく、各地域・各階層の状況に合わせて変容させ、在地支配の手段として主体的に受容したのである。

以上、古代日本の在地の仏教とは、在地の支配者層が在地支配のために国家仏教を変容させた形で受容した仏教であったと結論づけることができよう。

第二節　古代村落の「堂」の出現とその背景

本書では、日本古代の在地社会に七世紀段階から存在する「寺」に加えて、八世紀後半から九世紀前半には村落の仏教施設として「堂」が出現し、仏教施設の階層性が成立していたことを実証的に考察した。八世紀後半段階での古代村落の「堂」の出現は、「寺」を建立した郡領層や郡内の有力者クラスよりもさらに下位にまで仏教を担える社会的階層が成長し、仏教伝来から二〇〇年が経過し、ようやく古代社会全体に仏教が浸透したことを意味しており、日本仏教史上においても重要な意義があるものと考えられる。本節では、本書の成果を踏まえた上で、「堂」の造営主体の性格と「堂」の出現した史的背景について、膨大な蓄積のある日本古代史研究の諸成果との関係を踏まえて示したい。

まず、「堂」の法会における説法の内容から造営主体の性格をみると、「堂」の法会では、檀越の先祖による村落起源伝承（土地開発伝承）から説き起こし、それが堂建立伝承と一体的に語られ、檀越の氏による村落支配と檀越の氏を中心とする仏教受容の正統性を主張する機能を有していたことや、土地の支配の正統性と関わる土地讃めの系譜を引く〈堂讃め〉が語られていたことが重要である（第二部第三章）。すなわち、古代村落の仏教受容とは、単なる現世利益や祖先信仰というより、檀越の氏を中心とする村落起源伝承（土地開発伝承）と堂建立伝承が一体的に再構築され、檀越の氏による村落支配と仏教受容の正統性が「堂」の法会の場で聴衆に認識されることによって初めて成立するものであった。そのように考えられるとすれば、「堂」の造営主体の性格は、伝統的な支配原理を基盤とする村落支配者としての側面が重要であると思われる。しかし、その一方で想起されるのは、かつて宮瀧交二により、古代村落の「堂」の造営主体として、村落首長とは異なる「富豪層」とみられる「一村程度の土豪」[1]、「村落首長とは異なる「有力個別経営」[2]という新興層の存在が指摘されていたことである。一村落レベルの有力者の性格の〝伝統〟と〝新興〟という二つの側面をいかに整合的に理解するかが、古代村落の「堂」の出現と造営主体の性格を読み解く鍵となろう。

　これまでの古代史研究では、村落よりも史料上の「村」の性格について中国の制度との比較研究や日本の「村」史料から検討されてきたが[3]、最近浅野啓介により、八世紀後半以降は国家的にも「村」が在地支配のための基礎的な単位となっており、「村」は共同性を有していた可能性があるとの見解がだされている[4]。古代村落史研究でも、『令集解』儀制令春時祭田条「古記」所引の「一云」に「村」ごとに「社神」があり、「私」に置かれた「社官」＝「社首」によって体現される村落共同体が存在したとする見解が有力である[5]。そのような古代村落共同体と関わる史料としては、村落起源伝承（土地開発伝承）とされる『常陸国風土記』行方郡条の箭筈氏麻多智に体現される「社」の創建伝承があり、最後に「相承致ㇾ祭、至ㇾ今不ㇾ絶」とあることからも、本伝承は、麻多智の子孫が「神祝」を継承し村落共同体支配のための根拠となっていたと考えられている[6]。

　以上のような村落の主導的立場にある存在について吉田晶は、石母田正の指摘した在地首長制論[7]を発展させ、アジア的共同体論を基礎にして「村落首長」という術語をもって表現した。鈴木靖民によれば、日本古代史の首長制論における首長は、親族組織の中で形成されえたものではなく、土地の開発者・征服者であるという論理が先行して形成された首長にあたるものであり、たとえ共同体成員の血縁意識や歴史意識は漠然と自分の属する社会が首長の系譜に代表されるというものであったとしても、日本古代社会を首長制の類型の一つとして把握可能であることを指摘している(8)。石母田がかつて提起した在地首長制論は、在地首長層による強固なアジア的共同体規制が機能しているため在地首長層より下位の村落レベルの首長制を認めないというものであったが(9)、現段階の首長制論は、吉田説・大町説や鈴木説のように、幅のある概念として発展してきたのである。

ただし、鈴木の首長制論では必ずしも村落レベルの有力者を「村落首長」と呼称しているわけではない(10)。しかし、以下の論拠から八世紀後半から九世紀前半の村落の有力者は、厳密な意味での首長制概念では把握できないとしても、これまでの諸研究で指摘されてきた日本古代の首長制的要素を多分に有していると考えられる。すなわち、第一に、九世紀前半に成立した『霊異記』の代表的な化牛説話である中三二の説話について、「死後まで負債の不払いの罪を問われると記す出挙も答礼を絶対条件とする均衡的互酬がその本源的なものであった(11)」とし、化牛説話の構造自体が首長と共同体成員の互酬制の存在を示すものと推測されていること(12)、第二に、『諷誦文稿』の「堂」の造営主体は、先祖による土地開発伝承と思われる村落起源伝承を「堂」の法会で語っており、鈴木が日本的な首長制の論拠とされた土地開発者の子孫という論理によって権威を有する存在であると考えられることの二点である。したがって、八世紀後半から九世紀前半の村落の伝統的な性格を有する有力者を意味する表現として「村落首長的性格を有する有力者」(以下、村落首長)と捉えることは可能であろう。

さて上記の八世紀代の「社首」の系譜をひく八世紀後半から九世紀前半の古代村落の有力者を示す表現として、まず『類聚三代格』延暦九年（七九〇）四月十六日太政官符[13]の「殷富之人」がある。本官符は多くの研究があるが[14]、いずれにしても八世紀後半の在地に官符に「殷富之人」と表現される有力者が存在した事実は看過できない。本官符については、吉田晶が「魚酒」の存在から個別経営の自立を示すものと理解したが[15]、吉村武彦は、「農繁期における「雇傭」の報酬が魚酒に限定されていること、律令制国家が魚酒の支給に対し禁制を加えていることから、在地村落の内部においては共同体的関係が脈うっている」としながらも、村落祭祀に伴う共同飲食ではないとし、個別経営の展開における在地首長制の支配の枠組みの中で、これらの現象を捉えなければならないとした[16]。その後、吉村説を継承した大町健は、「殷富之人」とは村落首長の自己転回した姿であることを指摘している[17]。先行研究でも「殷富之人」が「魚酒」という村落祭祀の伝統を引き継ぐ報酬を用意していることから伝統的性格を有する存在と推定されており、大町説は首肯すべきであると考える。

当該期の魚酒史料は、他に『日本後紀』弘仁二年（八一一）五月庚寅条があるが、注目されるのは、近年発見された嘉祥年間（八四八〜八五一）の年号をもつ石川県河北郡津幡町加茂遺跡出土加賀郡牓示札である[18]。本木簡にはさまざまな議論があるが[19]、第二条の「一禁制田夫任意喫魚酒状」は、魚酒型労働の九世紀半ばにおける展開を示す史料であるとされている。加えて、第七条に「一可禁制里邑之内故喫酔酒及戯逸百姓状」、その後文に「百姓等恣事逸遊不耕作喫酒魚殴乱為宗」（□は推定）とあるように、日常的に酒や魚を喫い、「殴乱」などの行動をとる有力者が村の内部に存在したことが注目される。『霊異記』下一五には、諸楽京活目陵北の佐岐村に住む犬養宿禰真老という者が乞食の沙弥の迫害後に、「明日辰時起、居㆓朝床㆒、彼鯉含㆑口、取㆑酒将㆑飲。自㆑口黒血返吐傾臥。如㆑幻絶気、如㆑寐命終」とある。牓示札の内容と合わせて考えると、村落内で日常的な酒魚を飲食する富裕者とそれ以外の貧窮者が階層分化していた様相が窺えよう。

それが国家的な問題となっていたことは、『貞観交替式』承和五年（八三八）八月二十九日太政官符「応雑徭均使事」からもわかる。本官符に引かれる延暦十四年閏七月十四日の勅書によれば、雑徭によって使役する場合に「富強之家」は「財物」を輸し、「貧窮之輩」は「身力」によって使役されている状況があり、加えて本官符では「富強之民」は「賂」によって「軽徭」となり、「貧弱之徒」は「重役」に苦しんでいた現状が記されている。浅野啓介は「須下計帳対勘之日察二其貧富強弱一。均平差科無レ有二偏頗一。年役一点。不レ得二輙替一……牓二示村邑一令二民庶知一」の部分から、雑徭を人々に均しく課すために「貧富強弱」を調べてから使役すべきことを述べたものであり、それを民に周知するために村邑に牓示することが命令されていることを指摘している。[20]「村邑」の「貧富強弱」が国家的にも問題視されていたことがわかり、上記の魚酒史料から窺えるような村落内の貧富の格差の生じている状況と軌を一にするものといえよう。

以上のような八世紀後半から九世紀にかけて在地で富豪化し、新たに台頭してきた有力者を表す術語として、一九五〇年代から一九六〇年代にかけて戸田芳実により提起された「富豪層」概念があり、[21]古代村落史の議論でも、宮瀧交二は村落首長と対立する存在として「富豪層」を位置づけている。しかし、近年森公章[22]や市大樹[23]によって、「富豪層」といわれる人々はさまざまな階層を含んでいるため特定の社会的階層を示す術語としてはふさわしくないことが指摘されており、本書で考察した「堂」の造営主体となった一村落レベルの有力者を表す術語としても「富豪層」は適切でないと考えるが、官符でも「殷富之人」と呼称されるように、村落首長の富豪的性格は看過できない。彼らは村落内に「堂」を造営する場合、莫大な富の所有が必要となったはずである。そこで〝富豪化〟という観点から、改めて「堂」の造営主体を示す表現をみていきたい。

まず「堂」の造営や仏像の造像には、「引二率知識一、勧二請仏師一。令レ造二仏耳一、鵜田里造レ堂」（中三九）、「其里有二一道場㆒。号曰㆓弥気山室堂㆒。其村人等、造㆑私之堂故、以為㆑字」・「率㆓引知識㆒、奉㆓捻造㆒畢」（下一七）、「大伴連等、同㆑心其里中作㆑堂、為㆓氏之寺㆒」（下二三）とあるように、仏教に関わるさまざまな作善は、多くの「知識」・「村人」・同族の協力によって初めて成し得ることであり、善行には財力が不可欠であったことがわかる。『霊異記』上三〇には、「凡布㆓施米一升之報㆒、得㆓卅日之糧㆒。布㆓施衣服一具之報㆒、得㆓一年分衣服㆒。令㆑読㆑経者、住㆓東方金宮㆒、後随㆑願生㆑天。造㆓仏菩薩者㆒、住㆓西方无量寿浄土㆒。放生之者、生㆓北方无量寿浄土㆒。一日斎食者、得㆓十年之糧㆒」とあるように、財力の多寡が往生の有無とも関わるとする観念が形成されていたと考えられる。

ここで改めて『霊異記』の「堂」の造営主体の関わる説話内容をみると、前述の「椋家長公」（上一〇）・「一富家長公」（中五）と財力をその名に冠した家号的呼称を有する事例があるが、中一五の「堂」の檀越の高橋連東人の冒頭の説明には「大富饒財」とあり、「富」・「財」といった性格が強調されている。また上記三例は、いずれも牛の所有主体であった。第一部第一章にて、化牛説話の成立の背景には身近に牛耕を行う景観が存在したことを推定したが、そこから彼らは牛耕を行うほどの治田を有していたことが想像される。[24] おそらく「富」と表現される中には所有する田畠も含まれていたと考えられよう。中三四の話でも持仏堂を有する「一孤嬢」の父母の性格として、「多饒留㆑財、数作㆓屋倉㆒、奉㆑鋳㆓観世音菩薩銅像一体㆒、高二尺五寸」とある。「財」を示す表現と並んで銅の仏像の鋳造が記されていることは、その行為自体が「屋倉」の所有などと並び「富」を示す象徴であったからであろう。

『諷誦文稿』から析出される古代村落の「堂」の法会の説法内容からは、仏教の教えでは貧富の差による差別がないことを強調しつつも、当該期における村落内の有力者の「富」・「財」の蓄積による「富豪化」を「先の代における善」や「昔修したまひし功徳」の結果と見なし正当化する論理が語られている。[25] すでに、儀制令春時祭田条の古記所引の一云には、「社首」が「毎㆑家量㆑状取㆓斂稲㆒」とあることから、八世紀代の半ばには村落内の「家」に貧富の差が生じていたことがわかる。かかる状況を背景として、八世紀後半から九世紀前半には、少なくとも一村落内の有力者の性格を説話内で表現するために「屋倉」、牛の所有、仏像の鋳造などに象徴される「財」や「富」の有無が不可欠な要素となった時期であるといえよう。

文献史料で確認できる村落内の富の蓄積について考古学の発掘成果[27]からも確認しておきたい。畿内の集落遺跡では少なくとも七世紀後半には一般庶民でも竪穴住居の居住者がいなくなり掘立柱建物に居住するようになり、主屋一棟に対して、一〜二棟の付属屋、倉庫一棟、井戸一基が一セットになった小グループの存在が確認され、東国の集落遺跡では畿内よりはやや遅れるが、八世紀後半には、掘立柱建物と倉・納屋・竪穴住居の組み合わせが成立し、竪穴住居一棟にはかまどがあり居住者のほとんど全てが鉄製農耕具を所有していたことも指摘されている[28]。さらに、両地域では、富を象徴する倉の所有がわかっており、加えて、畿内・東国ともに集落内で貧富の格差が生じていたと考えられていることが注目される。

また富に対する認識については、集落遺跡で多数出土している墨書土器の内容が注意される。集落遺跡には吉祥句が多いことが早くから指摘されているが、平川南は陸奥国から長野県に及ぶ東日本各地のうち、比較的出土量の豊富な二〇遺跡ほどを対象として分析しその傾向を指摘している[29]。それによれば、使用文字の種類の総数は二〇五種あるが、そのうち二遺跡以上で共通する文字が八三種であり、さらに組合わせの主流となる文字として一九文字をあげ、①生産・集積（動詞的）……生・冨・得・加・来・集・合・立・足、②良好な状態（名詞）……吉・福・万・大・財・(力)、③天・地・人を意味する語……天・田・人、の三分類をしている。これらの墨書土器は、平川によって「一定の祭祀や儀礼行為等のさいに土器になかば記号として意識された文字を記す。いいかえれば、祭祀形態に付随した形で一定の字形、なかば記号化した文字が記載されたのではないだろうか[30]」と指摘されているが、祭祀や儀礼行為で用いられた文字が吉祥句であることは、富の蓄積を願う観念の存在の証左と見なすことができよう。上記の考古学の諸成果からしても、八世紀後半から九世紀の古代村落の「堂」の成立の背景には、一村落レベルの有力者の富豪化を想定すべきであろう。

以上、「堂」の造営主体は、村落を体現する土地開発者の先祖を有する伝統的な村落の支配原理に基づいた存在である一方で、『霊異記』や『諷誦文稿』の記述や考古学的成果からも、一村落内で富豪化した存在であったと考えられる。先行研究を踏まえるならば、「堂」の造営主体は富豪化した村落首長層を措定すべきであり、八世紀後半から九世紀の村落首長層の富豪化こそが「堂」の出現の直接的な背景となったことが指摘できよう。

このような古代村落の「堂」の終焉を考える上で重要なのは、以下の平川南の指摘である。平川は、古代から中世への転換点を十世紀とし、その把握のためには、古代国家が備えていた象徴性と社会基盤の変化に焦点をあてたほうが、より明確になるのではないかとした上で、政務と儀式の場、および道路・戸籍・貨幣といった国家の象徴と、社会基盤というべき技術・信仰、さらには集落などの変革を論拠として指摘した[31]。古代史研究の諸成果を取り入れ総合的に論じた平川の見解は説得力があり、平川説は基本的に首肯されるべきであると思われる。「堂」の造営主体である村落首長層は、上記の動向と軌を一にして九世紀後半から十世紀前半の社会的転換の頃までには没落したものと推察される。中世村落の萌芽は、早くても十一世紀であり[32]、中世村落成立期に至るまでは、数度の変転を経て仏教の受容主体についても大きく変容していたことが想定される。しかし、中世村落成立期から仏教が神祇とともに並存し、村落共同体の結合の場として寺堂が存在している事実[33]は、一度受容された村落レベルの仏教自体はその後も放棄されずに継承されたことを示している。すなわち、八世紀後半から九世紀前半の在地社会の村落レベルの仏教の受容は、通時代的に見て、日本仏教受容史上における画期の一つであったと位置づけることができよう。

ただし、古代村落の「堂」の性格は、その後の時代と必ずしも直結できないことには注意が必要である。平安中期以降、平安京の信仰の場としての「堂」[34]のほか、町堂のような都市信仰の場、辻堂のような周縁的な場として、さらには中世村落結合の場としての惣堂・村堂、あるいは近世では民衆が巡礼途上で宿泊する場としての村堂などさまざまな形態と機能を有した「堂」が出現した[35]が、平安中期以降の「堂」は「寺」と区別されずに呼称される仏教施設であったことが特徴的である[36]。本書で明らかにしたように、古代村落の「堂」は、「寺」と階層的に区別された、村落首長層による村落支配の拠点としての仏教施設であった。従来の研究では、中世以降のとりわけ「村堂」との連続性が強調されてきた[37]が、今後の中世村落の寺堂への展開過程の研究は、古代村落の「堂」が国家仏教や在地社会の構造に規定されて成立した古代社会に特有の仏教施設であったことを十分踏まえた上で、さらなる検討をしていくことが必要であろう。

第三節　古代村落の「堂」の史的位置

六世紀末から七世紀初めに百済より公的に受容された古代日本の仏教は、少なくとも七世紀後半には国家レベルの仏教が在地社会へ影響を及ぼし、主に後に郡司となる在地の支配者層により「寺」が建立され、その後、八世紀後半から九世紀前半に村落首長層が富豪化することによって、「堂」が建立されるようになったと考えられる。すなわち、古代村落の「堂」の出現は、「寺」を建立した郡領層や郡内有力者層よりさらに下位にまで仏教を担うことができる階層が現れたことを意味する。かつて浅香年木は、中世の「草堂」・「村堂」研究[38]について、古代の『霊異記』の「堂」—「寺」の研究と同様に、古代・中世の仏教信仰の全体像を展望するために不可欠な研究であると指摘した[39]が、古代の「堂」の出現は、仏教伝来から二〇〇年を経てようやく古代社会全体に仏教が受容されたことを意味するものであり、古代仏教全体の構造的特質や日本仏教史を考える上でも特別な意義を有するものと考えられる。

古代仏教史研究は、一九八〇年代後半からの吉田一彦の一連の研究によって国家仏教論が批判され、古代仏教の各階層の仏教を実態化した古代仏教多様論という枠組みが出された。ただし、序章にて述べた通り、吉田説には国家レベルの仏教の位置づけを始めとする多くの問題が残されている。吉田の古代仏教多様論の概要については前述の通りであるが、ここではその後に提起された三舟隆之・上川通夫の見解の概要をも含めて問題点を提示し、私見との相違点を明確にしたい。

まず三舟の見解は、古代仏教の特質について、「王権の護持を祈ることも、地方豪族の祖先信仰も、民衆の現世利益的な信仰も、その呪術性や現世利益的な側面をみれば、「国家仏教」・「氏族仏教」・「民衆仏教」も仏教信仰上では本質的に同一なのであり、多層的に見えるのは仏教信仰者の階層であって、仏教信仰の性質そのものではない(40)」とし、また「七世紀後半に地方に伝播した仏教は、王権と地方豪族の関係を一個の共同体として結合させた宗教であり、王権も地方豪族も同様に仏教のもつ呪術力に期待したのである。その意味で王権の仏教と地方豪族の仏教のあいだには本質的な相違はない(41)」というものである。

つぎに上川の見解は、「古代において、外来宗教としての仏教は、東アジア政治世界との関係で求められた国家次元での役割の大きさに比して、支配基盤たる限りで受容客体に据えられている民衆の実際生活次元では、主体的に導入する必然性に乏しい。中世仏教の成立こそ、日本における仏教民衆化の第一段階であると考える」、「(古代においては—筆者注)民衆が、他でもなく仏教をこそ必要とする歴史的事情を、史料からは読み取ることができない」と指摘し、古代日本において国家レベルの仏教と異質、または対立する民間仏教の実在が証明できないことから、民間仏教自体が存在しなかったとするものである。[42]

両説は一見全く異なる見解のようにみえるが、古代日本の在地の仏教の受容主体の存在や階層性を軽視するという意味では同じ立場に立っている。三舟説は、古代仏教の特質として、各階層の「呪術性」や「祖先信仰」の同一性といった点を指摘しているが、これら二点は中世仏教・近世仏教にもあてはまる超歴史的な信仰観念であり、これをもって古代仏教の特質とすることは極めて一面的な理解であるといわざるを得ない。

上川説は、①「民間仏教」・「民衆仏教」を国家レベルの仏教と異質・対立する存在であることを前提としていること、②「民間仏教」・「民衆仏教」成立の要件を「僧伽的結束」の有無という一面的視点から判断をしていること、③国家レベルの仏教の在地社会への浸透について、直接的・単線的な展開のみを想定しており、古代の在地の各階層の仏教の考察を抜きに、古代在地社会には主体的に仏教を受容する歴史的必然性が存在しないという結論を導き出しているという点に問題がある。上記三点の問題点は、「民間仏教」・「民衆仏教」という術語の使用の問題と合わせて、以下に述べていきたい。

従来の在地の仏教の受容主体は、最近の諸研究に至るまで「地方豪族層の仏教」（または「氏族仏教」）と行基に代表される「民衆の仏教」の術語で把握されてきたが[43]、本書の考察によって、八世紀後半から九世紀前半の在地社会には、「寺」の造営主体となった郡領層・郡内有力者層などの上位の支配者階層（在地首長層）のほかに、「堂」の造営主体となった一村落レベルの下位の支配者階層（富豪化した村落首長層）が存在したことが明らかとなった。したがって、古代日本の在地社会には、一村落レベルにも仏教の受容主体が明確に存在したと考えるべきであり、また本書で示した古代村落の具体的な仏教のあり方からすれば、単なる国家レベルの仏教を受動的に受け入れる客体ではなかったのである。序章にて述べたように、そもそも「民衆」とは、戦後の歴史学研究において政治権力と対抗する歴史変革の担い手としての位置づけを与えられてきた術語であった。(44)そして「民衆仏教」・「民間仏教」もまた、戦後の歴史学研究の流れの影響を受けて戦後の古代仏教史研究で国家仏教と対立・対置される存在として創出された術語であり、史料から析出された概念ではない。これまで「民衆仏教」・「民間仏教」という捉え方をなされてきた結果、一村落レベルの支配者層が受容主体として看過されてしまうだけでなく、在地の「堂」と「寺」の造営主体間の相互の関係性をも不明確にしてきたといえる。本書で詳細に考察したように、在地の仏教は国家レベルの仏教と対立する存在といった一面的な見方では捉えきれないことからいっても、「民衆仏教」・「民間仏教」という術語は適切ではなく、受容主体の性格からすれば、「富豪化した村落首長層の仏教」と位置づけ直されるべきであろう。以上から、古代の在地社会に仏教の主体的な受容主体が存在しないとする上川説は直ちには従い難い。

最後に吉田説に対する私見を改めて示したい。本書では、第一部で在地の仏教を考察する基礎史料である『霊異記』・『諷誦文稿』が遣唐使などによって一元的に受容された中国仏教史料の強い影響下にあったことを指摘した。また第二部では、古代村落の「堂」の法会で、官大寺僧は導師として請来され、参集した在地のさまざまな宗教者と「堂」の檀越を讃えることによって、在地社会の宗教秩序を承認し檀越の氏による村落支配を補完する立場にあったことを推測し、合わせて『諷誦文稿』にみえる法会が日本の各地域で催されていた可能性を指摘した。古代村落の「堂」がその規模や造営主体の性格からも一村落レベルの仏教施設であったことが推定されるとすれば、古代の官大寺僧は在地の一村落レベルの仏教にまで関与し、村落支配にまで関わる重要な役割を担っていたのである。そして『諷誦文稿』から一村落の仏教施設に「堂」の呼称の使用を前提とする認識が窺えることからすれば、官大寺僧は「堂」の名づけにも積極的に関与していた可能性が高く、「堂」—「寺」という在地の仏教施設の階層性を創出したのは他ならぬ官大寺僧であったと推測される。したがって、八世紀後半から九世紀前半の古代日本の仏教は、国家レベルの仏教を担った官大寺僧が、遣唐使等によってもたらされた最新の中国仏教の知識と国家的・中央的権威を有し、「富豪化した村落首長層の仏教」にまで関与していたと考えられるのである。貴族層や地方豪族層は官大寺僧の出身母体であることから、当然その関与が推定されるとすれば[45]、古代の官大寺僧たちは古代社会全体の仏教と密接に関わって活動していたと理解することができよう。そのような国家レベルの仏教を担った官大寺僧の活動とその影響こそが古代仏教の特質と考えられるとすれば、古代仏教を担った各階層の仏教はそれぞれ独自の機能と性格を有しながらも、大きな枠組みでは国家レベルの仏教に包摂されていたと捉え直すことができるのではなかろうか。

そして在地社会で仏教を受容した支配者層にとっても、中央の権威を帯びた仏教を受容することこそが重要であったと考えられる。その具体相を示す事例として『霊異記』上五があげられる[46]。本話は紀伊国名草郡の宇治大伴連氏(郡領氏族を輩出する氏族と同族であることから「寺」の造営主体クラスであったと推測される)の仏教が、先祖による天皇への供奉を讃える内容を仏教的氏族伝承として構築されたものであった。かかる事実は、天皇を中心とする国家レベルの仏教と重層することによって仏教を在地の宗教的支配イデオロギーとして転化していたことを示す事例として考えられる。また中央豪族の大伴宿禰氏との系譜を前面に出した仏教受容のあり方は、当該期の地方豪族層の仏教が中央豪族との関係をも重視して成立していたことを物語っている。その背景としては、在地の支配関係が中央豪族との関係によって大きく左右されるものであったことが推測されるのではなかろうか。同じく名草郡の地縁的結合により成立した御毛寺知識経において、知識集団内部の各グループには平城京の写経所と繋がる下級官人層との関係を有している氏族が複数見られた。かかる事実は、当該期の知識集団の形成の仏教的知識・技術面において、平城京の仏教の大きな影響があったことを予測させるものである。以上の各地域の仏教の諸様相は、前述の国家レベルの仏教と重層していた在地の仏教の具体的なあり方として捉えられるべきであろう。ここにおいて前述の三舟説の問題点もより具体的に明らかとなったと思われる。すなわち、古代仏教とは、六世紀末に百済より伝来し七世紀後半から八世紀には国家レベルの宗教として確立したが、中央豪族層や在地の支配者階層は、そのような国家レベルの仏教を中央権力や在地の上位権力との諸関係、また中央勢力・在地勢力と自らの置かれた立場の関係性に規定されて受容していたのであり極めて歴史的な性格を有するものであった。そのため各階層で受容された仏教は、祖先信仰や呪術性といった側面のみ願文などに表現されていたとしても、その内実は在地支配の手段としての政治的側面を強く有していたのであり、古代在地社会の諸階層が国家レベルで受容された仏教を在地において変容させたかたちで受容しなければならなかった理由の一つはまさしくここに求められるのである。三舟説は、各階層の存在を認めつつも、その階層で独自に展開していた仏教の諸様相を切り捨て、表層にある同一性に古代仏教の特質を求めたのであり、本書の結論からいえば古代仏教論としては極めて平板かつ一面的であるといわざるを得ない。

吉田説に戻ると、吉田が国家仏教論批判の中で論じた国家による仏教統制の欠如という側面にも問題があるように思う。『続日本後紀』天長十年（八三三）十二月条の岡本堂の破却は、一村落レベルまで国家権力の発動による仏教統制の実施を示すものであり、最終的に再建が許可されたとはいえ、一度は検非違使が派遣され天皇権力が発動されたことからすれば、吉田説のように古代国家が在地の仏教を容認・放任していたとは考え難い。加えて、国家仏教論批判の中の僧尼統制批判として、吉田は私度僧の自由な活動の容認をあげられているが、近年佐藤文子は、九世紀前半から中葉の法解釈では、官司の手続きを経ずに法体となっただけでは非合法と扱われるわけではなく、「官僧」になりすましている場合において非合法として扱われていることを指摘した(47)。佐藤によれば、かかる法解釈は、古代日本の得度システムの衰退ではなく、日本の実状に合わせた整備過程と位置づけられるものであるという。すなわち、佐藤による古代の得度システムの研究により、私度僧の自由な活動の容認は、国家が僧尼統制を放棄した論拠にはならないことが明らかとなったといえるのではなかろうか。すなわち、古代国家は各階層独自の仏教活動を認めながらも、古代社会全体の仏教についてそのまま容認・放任していたわけではなかったのである。したがって、近年提起された吉田の古代仏教多様論は再考を要するといえよう。

繰り返しになるが、古代日本の仏教は、国家によって中国・朝鮮半島から一元的に受容された仏教の諸側面が、国家レベルの仏教を担った官大寺僧を媒介として、貴族層はもとより在地の「富豪化した村落首長層の仏教」にまで重層していたのであり、各階層は独自の仏教を展開していたが、その内実は、国家が宗教的支配イデオロギーとして受容した仏教を在地支配の手段として積極的に取り込んだものであった。それ故に在地の受容主体は、中央の権威と最新の中国仏教の知識を有した官大寺僧を、「寺」のみならず古代村落の「堂」にまで導師として請来したのである。如上の理解からすれば、国家仏教とは、一九八〇年代前半までのような僧尼令による仏教統制や仏教政策のみを重視する狭い意味での使用は避けなければならないとしても、序章で触れたように、「国家仏教」とは、「国家が寺や僧尼を管理運営し、仏教的内規律（戒律）に優先する国家法令（律令）によってその活動を規制して、護国という国家目的に集中的に奉仕せしめる体制――より厳密にいえば、為政者がそうした理想の姿の実現に向けて政策を推進した体制――」(48)と「それに付随する事象」を広く含めて把握することが妥当である。以上の理解を、本書の考察を踏まえて敷衍するならば、「それに付随する事象」には、国家レベルの仏教を担った官大寺僧の活動によってもたらされた国家レベルの仏教の各階層の仏教への重層化、とりわけ「富豪化した村落首長層の仏教」にまで重層していたという事象を含めて捉えられなければならないと思われる。なぜならば、官大寺僧の広範な活動による仏教の展開は、中世仏教・近世仏教とは異なる古代仏教の歴史的な特質を示す現象であり、通時的な仏教の特質の差異を示す上での重要な指標となるものと考えられるからである。今後の古代仏教史研究は、官大寺僧の活動を含めた多様な宗教者の存在形態と、古代村落の「堂」レベルの仏教までを視野に入れた上で、中近世と比較すべき諸側面を析出し、そのような諸要素をも含めた広義の意味で、改めて国家仏教という術語を捉え直していく作業が必要となろう。以上、本章では、本書で論じた史料論と古代村落の「堂」で展開していた仏教の復元を基礎に、古代仏教全体における官大寺僧の果した歴史的役割を明確に意味づけることにより、「富豪化した村落首長層の仏教」まで含めた各階層の仏教は、それぞれ独自の部分をもち各階層相互の関係性を有しながらも、全体としては、古代国家仏教として把握することが妥当であり、その点こそがまさしく古代仏教の特質であると結論づけた。

本書では、在地の仏教、とりわけ一村落レベルの仏教を『霊異記』・『諷誦文稿』という国家の編纂史料とは異なる史料を基礎にした復元的研究により、国家レベルの仏教から在地への影響関係と在地の受容主体の求めた仏教の重層的な様相を析出した。本書で指摘した諸点によって、古代の在地社会の支配者層は、古代国家仏教を宗教的支配イデオロギーとして、また上位権力と結びつくための権力手段としてさまざまに変容させて受容したといえるが、そのような在地の仏教は基層信仰とも結びついたことにより在地の秩序の再構築や維持のための社会統合機能を果したため、在地において多様な展開を遂げる中で、人々の生活に深く根ざしていったものと想像される。このような古代在地社会の仏教が、古代中世移行期にかけて具体的に如何なる展開を遂げていったかは今後の課題とせざるを得ないが、八世紀後半から九世紀前半の日本の在地社会に浸透したことが基盤となり、その後の仏教が日本の社会において人々の日常生活や心性と深く関わるものとなったといえるのではなかろうか。

註

（1）宮瀧交二「古代村落の「堂」―『日本霊異記』に見る「堂」の再検討―」（『塔影』〈本郷高等学校紀要〉第二二号、一九八九年）。

（2）宮瀧交二「日本古代の村落と開発」（『歴史学研究』第六三八号、一九九二年）、同「日本古代の民衆と「村堂」」（野田嶺志編『村のなかの古代史』岩田書院、二〇〇〇年）。

（3）石母田正『日本の古代国家』（岩波書店、一九七一年）。吉田孝「律令時代の氏族・家族・集落」（『律令国家と古代の社会』岩波書店、一九八三年）。小林昌二「「村」と村首・村長」（『日本古代の村落と農民支配』塙書房、二〇〇〇年）。関和彦『風土記と古代社会』（塙書房、一九八四年）。鬼頭清明「郷・村・集落」（『国立歴史民俗博物館研究報告』第二二集、一九八九年）。平川南「古代における里と村」（『律令国郡里制の実像』下、吉川弘文館、二〇一四年）など。

（4）浅野啓介「日本古代における村の性格」（『史学雑誌』第一二三篇第六号、二〇一四年）。

（5）義江彰夫「儀制令春時祭田条の一考察」（井上光貞博士還暦記念会編『古代史論叢』中、吉川弘文館、一九七八年）。大町健「古代村落と村落首長」（『日本古代の国家と村落首長制』校倉書房、一九八六年）など。

（6）前掲註(5)大町論文。

（7）前掲註(3)石母田著書。なお、在地首長制論については、最近、今津勝紀により、石母田正の在地首長制概念が理念的な作業仮説であるとの批判も出されている（同「問題の所在と本書の構成」〈『日本古代の税制と社会』塙書房、二〇一二年〉一〇～一一頁）。

（8）鈴木靖民「日本古代史における首長制社会論の試み」（『倭国史の展開と東アジア』岩波書店、二〇一二年）三二一～三二二頁。

（9）石上英一「日本古代における所有の問題」（『律令国家と社会構造』名著刊行会、一九九六年。初出は、一九八八年）。

（10）鈴木靖民は、「村落首長」の術語について、吉田晶の説に依拠し、六世紀後半から七世紀中葉までの下位の首長層に対して用い、その後の七世紀末から八世紀中葉にかけては評造・郡司として官僚化される存在としており、八・九世紀の村落の支配層を指す術語としては位置づけられていない。しかし、鈴木は十世紀前半頃までは国家構造が首長制に依存する社会、すなわち首長制的要素を残した社会の形態であったとも理解していて（「日本古代国家形成史の諸段階」前掲註(8)鈴木著書、三五四～三五五頁）、八世紀後半から九世紀の村落レベルを首長制概念で説明することは可能であると筆者は考える。

（11）前掲註(8)鈴木論文、三二五頁。

（12）なお、吉田孝は『霊異記』にみえる「堂」の化牛説話にみえる「家長公」を「豪族クラス」と解釈しているが（同「律令時代の氏族・家族・集落」〈前掲註(3)吉田著書〉一四八〜一四九頁)、本書で示したように「堂」を所有し「家長公」などの家号的呼称を有する者は一村落レベルの有力者であり、「豪族クラス」とすることはできない。

(13) 太政官符
応禁断喫田夫魚酒事
右被右大臣宣称。奉 勅凡制魚酒之状。頻年行下已訖。如聞。頃者畿内国司不遵格旨。曽無禁制。因茲殷富之人多畜魚酒。既楽産業之易就。貧窮之輩僅弁蔬食。還憂播殖之難成。是以貧富共競竭己家資喫彼田夫。百姓之弊莫於斯。於事商量。深乖道理。宜仰所由長官、厳加捉搦。専当人等親臨郷邑。子細検察。若有違犯者。不論蔭贖。随犯決罰。永為恒例。不得阿容。
延暦九年四月十六日

(14) 荒木敏夫「古代国家と民間祭祀」(『歴史学研究』第五六〇号、一九八六年)など。
(15) 吉田晶『日本古代村落史序説』(塙書房、一九八〇年)。
(16) 吉村武彦「初期庄園の耕営と労働力編成—東大寺領越中・越前庄園から—」(『日本古代の社会と国家』岩波書店、一九九六年。初出は、一九七四年)三二四〜三二五頁。
(17) 大町健「富豪「層」論」(『日本歴史』第七〇〇号、二〇〇六年)四一頁。峰岸純夫「序説 日本中世社会の構造と国家」(原秀三郎ほか編『大系日本国家史』二中世、東京大学出版会、一九七五年)。
(18) (財)石川県埋蔵文化財センター編『発見!古代のお触れ書き 石川県加茂遺跡出土加賀郡牓示札』(大修館書店、二〇〇一年)。
(19) 前掲註(18)編書。湯川善一「石川県津幡町加茂遺跡出土の加賀郡牓示札とその意義」(『日本歴史』第六五四号、二〇〇二年)。鈴木景二「加賀郡牓示札と在地社会」(『歴史評論』第六四三号、二〇〇三年)。金田章裕「加茂遺跡(石川県津幡町)出土「加賀郡牓示札」—古代の郡・郷・村—」(『古代・中世遺跡と歴史地理学』吉川弘文館、二〇一一年。初出は、二〇〇四年)。前掲註(3)平川論文。義江明子「「田夫」「百姓」と里刀自—加賀郡牓示札における魚酒型労働の理解をめぐって—」(『日本古代女性史論』吉川弘文館、二〇〇七年)。
(20) 前掲註(4)浅野論文、四九頁。

(21) 戸田芳実「平安初期の国衙と富豪層」（『日本領主制成立史の研究』岩波書店、一九六七年。初出は、一九五八年）、同「中世成立期の所有と経営について」（同所収。初出は、一九五九年）。

(22) 森公章「九世紀の郡司とその動向」（『古代郡司制度の研究』吉川弘文館、二〇〇〇年）。

(23) 市大樹「九世紀畿内地域の富豪層と院宮王臣家・諸司」（『ヒストリア』第一六三号、一九九九年）。

(24) 鬼頭清明は、各地の馬の骨や馬鍬の出土から、「少なくとも、牛馬が耕作に使われていた可能性を、一概に否定することはできない」と指摘している（同『古代の村』〈古代日本を発掘する第六巻〉岩波書店、一九八五年、一三一頁）。

(25) 拙稿「古代村落における仏教受容とその背景」（三田古代史研究会編『法制と社会の古代史』慶應義塾大学出版会、二〇一五年）。

(26) 前掲註(2)宮瀧論文。

(27) 前掲註(24)鬼頭著書。原明芳『奈良時代からつづく信濃の村　吉田河西遺跡』（新泉社、二〇一〇年）など。

(28) 近年の成果として、小田和利により、北九州でも集落類型に関わらず鉄器の所有率が高いことが指摘されている（同「集落と鉄器—北部九州を中心として—」〈奈良文化財研究所編『第十四回古代官衙・集落研究会報告書　官衙・集落と鉄』二〇一一年〉）。

(29) 平川南「墨書土器とその字形」（『墨書土器の研究』吉川弘文館、二〇〇〇年。初出は、一九九一年）二六一〜二六六頁。

(30) 前掲註(29)平川論文、三一六頁。

(31) 前掲註(29)平川著書、二九四頁。なお、考古学の発掘成果による十世紀の変容の諸側面の研究は、以下の通り。山中敏史「国衙・郡衙の成立と変遷」（『古代地方官衙遺跡の研究』塙書房、一九九四年）。菱田哲郎「考古学からみた古代社会の変容」（吉川真司編『日本の時代史五　平安京』吉川弘文館、二〇〇二年）、同「定額寺の修理と地域社会の変容」（角田文衛監修・財団法人古代学協会編『仁明朝史の研究』思文閣出版、二〇一一年）。坂井秀弥「律令以後の古代集落」（『歴史学研究』第六八一号、一九九六年）、同「国府と郡家」（上原真人・白石太一郎・吉川真司・吉村武彦編『社会集団と政治組織』〈列島の古代史三〉岩波書店、二〇〇五年）。

(32) 田村憲美『日本中世村落形成史の研究』（校倉書房、一九九四年）。

(33) 田中文英「形成期における中世村落の特質」（『ヒストリア』第四二号、一九六五年）。

(34) 竹内光浩「堂―平安京庶民信仰の場―」(戸田芳実編『中世の生活空間』有斐閣、一九九三年)。
(35) 藤木久志『中世民衆の世界―村の生活と掟―』(岩波新書、二〇一〇年)。三上喜孝『落書きに歴史をよむ』(吉川弘文館、二〇一四年)。
(36) 例えば、浅香年木の紹介した十三世紀の若狭国の事例では、多烏浦薬師堂は「大福寺」という法名を有し、阿古江薬師寺が「薬師堂」とも呼称されている(同「中世北陸の在地寺院と村堂」〈『中世北陸の社会と信仰』法政大学出版局、一九八八年〉)。また平安京の堂では、皮聖行円の活動した「一条北辺堂」・「一条堂」は「行願寺」とも呼称されている。
(37) 前掲註(1)・(2)宮瀧論文。その他に宮瀧交二「古代村落の飲食器」(『立教日本史論集』第四号、一九八八年)。前掲註(35)藤木著書。
(38) 浅香は、「中世前期の、「惣」成立の前段階における在地の村落寺院と堂を「草堂」、中世前期末以降の、共同体の機能の一部を担い、「惣」の結合の核をなすに至った段階の草堂を「村堂」と仮称して区別したい」と述べ(同「中世北陸の在地寺院と村堂」前掲註(36)著書、二八八〜二八九頁)、「草堂」・「村堂」を史料用語と区別して用いていることが注意される。
(39) 前掲註(36)浅香論文。
(40) 三舟隆之「古代王権と寺院」(『日本古代の王権と寺院』名著刊行会、二〇一三年)一八頁。
(41) 三舟隆之「総括と展望」(『日本古代地方寺院の研究』吉川弘文館、二〇〇二年)三九九〜四〇〇頁。
(42) 上川通夫「中世山林寺院の成立」(『日本中世仏教と東アジア世界』塙書房、二〇一二年)二三三頁。なお、上川は、中世村落の具体的事例分析から、民間仏教実在の根拠として、①地方村落における住人により寺院が建立され、住人から僧侶を輩出し、地域を基盤とする仏教行事や造像などにより地域の結集を仏前で実現させていること、②仏教を導入した百姓の村落に、仏教の担い手集団としての僧伽的結束が存在すること、③政治権力から自立した被支配者による平等を結束理念とする結集であること、などの諸点をあげている(同「一一世紀日本仏教の歴史的位置」〈『歴史評論』第七四六号、二〇一二年〉)。
(43) 吉田一彦は、「民衆の仏教」について、「村人たちが協力して村の道場(堂)を建立したという話」と、「堂」を「民衆の仏教」の範疇で捉えられている(同『古代仏教をよみなおす』〈吉川弘文館、二〇〇五年〉三六頁)。
(44) キャロル・グラック著・梅﨑透訳「歴史の中の民衆―日本歴史学における最近の潮流―」(『歴史で考える』岩波書店、二〇〇七年）。

（45）貴族層の「家」の仏教は、勝浦令子「日本古代の「家」と僧尼」（『日本古代の僧尼と社会』吉川弘文館、二〇〇〇年。初出は、一九九七年）を参照。また、地方豪族層が官大寺僧の輩出基盤であったことは、川尻秋生「日本古代における在地の仏教の特質」（大金宣亮氏追悼論文集刊行会編『古代東国の考古学』慶友社、二〇〇五年）。

（46）拙稿「『日本霊異記』上巻第五の史的再検討―宇治大伴連氏の「本記」作成と大伴宿禰氏―」（『史学』第七四巻第三号、二〇〇六年）。

（47）佐藤文子「古代の得度に関する基本概念の再検討―官度・私度・自度を中心に―」（『日本仏教綜合研究』第八号、二〇一〇年）。

（48）曾根正人「奈良仏教の展開」（末木文美士ほか編『新アジア仏教史11 日本Ⅰ 日本仏教の礎』佼成出版社、二〇一〇年）九三～九四頁。ただし序章にも述べたように、国家レベルの仏教の内実については、なお検討の余地があるように思われる。

主要典拠刊行史料一覧

『日本霊異記』

中田祝夫校注訳『日本霊異記』〈新編日本古典文学全集一〇〉小学館、一九九五年）に基本的に依拠したが、以下の校注本も参照した。

遠藤嘉基・春日和男校注『日本霊異記』〈日本古典文学大系七〇〉岩波書店、一九六七年）。

小泉道校注『日本霊異記』〈新潮日本古典集成六七〉新潮社、一九八四年）。

出雲路修校注『日本霊異記』〈新日本古典文学大系三〇〉岩波書店、一九九六年）。

多田一臣校注訳『日本霊異記』上・中・下巻（〈ちくま学芸文庫〉筑摩書房、一九九七〜九八年）。

なお、上巻については、興福寺本（奈良女子大学奈良地域関連資料画像データベースを利用）、中巻・下巻については、来迎院本（財団法人日本古典文学会編『日本霊異記』来迎院本、ほるぷ出版、一九七七年を利用）および真福寺本（小泉道「校注　真福寺本日本霊異記」〈訓点語学会編『訓点語と訓点資料』別刊第二〔第二三輯〕、一九六二年〉を利用）、下巻については、前田家本（財団法人前田育徳会尊経閣文庫編『日本霊異記』〈尊経閣善本影印集成四〇〉八木書店、二〇〇七年を利用）を適宜参照して修正した部分がある。

『東大寺諷誦文稿』

築島裕監修・編『東大寺諷誦文稿總索引』〈古典籍索引叢書第八巻〉汲古書院、二〇〇一年）に依拠した。その他に、中田祝夫『改訂新版　東大寺諷誦文稿の国語学的研究』（風間書房、一九七九年）を参照した。

『日本書紀』

坂本太郎・家永三郎・井上光貞・大野晋校注『日本書紀』上・下巻（〈日本古典文学大系六七・六八〉岩波書店、一九六五・一九六七年）を参照した。

『続日本紀』

青木和夫・稲岡耕二・笹山晴生・白藤禮幸校注『続日本紀』第一〜五冊（〈新日本古典文学大系一二〜一六〉岩波書店、一九八八九～九八年）を参照した。

『日本後紀』『続日本後紀』

黒板勝美編輯『新訂増補国史大系　日本後紀・続日本後紀・日本文徳天皇実録』第三巻（吉川弘文館、二〇〇七年）を参照した。

『日本三代実録』

黒板勝美編輯『新訂増補国史大系　日本三代実録』第四巻（吉川弘文館、二〇〇〇年）を参照した。

『類聚三代格』

黒板勝美編輯『新訂増補国史大系　類聚三代格・弘仁格抄』第二五巻（吉川弘文館、二〇〇七年）を参照した。

『延喜式』

神道大系編纂会編『神道大系　延喜式』上・下巻（古典編一一・一二、一九九一・一九九三年）を参照した。

『風土記』

植垣節也校注訳『風土記』〈新編日本古典文学全集五〉小学館、一九九七年）を参照した。沖森卓也・佐藤信・矢嶋泉編著『播磨国風土記』（山川出版社、二〇〇五年）、同『豊後国風土記・肥前国風土記』（山川出版社、二〇〇八年）も参照し、適宜、修正を加えた。

『万葉集』

小島憲之・木下正俊・東野治之校注訳『万葉集』第一～四冊〈新編日本古典文学全集六～九〉小学館、一九九四～九六年）を参照した。

『大日本古文書』

東京大学史料編纂所編『大日本古文書』編年文書第一～二五巻（一九六八～七〇年）を参照した。巻数と頁は、『大日本古文書』一―一のように記した。

『法苑珠林』

『大正新脩大蔵経』第五三巻によるが、適宜、魯迅『古小説鉤沈』（斉魯書社、一九九七年）および、周叔迦・蘇晋仁校注『法苑珠林校注』（中華書局、二〇〇三年）によって修正した。

『諸経要集』

『大正新脩大蔵経』第五四巻を参照した。

『経律異相』

『大正新脩大蔵経』第五四巻を参照した。

『広弘明集』

『大正新脩大蔵経』第五三巻を参照した。

『冥報記』

『大正新脩大蔵経』によるが、適宜、説話研究会編『冥報記の研究』第一巻（勉誠出版、一九九九年）および、伊野弘子訳注『冥報記全釈』（汲古書院、二〇一二年）を参照した。

『釈門自鏡録』

『大正新脩大蔵経』第五一巻を参照した。

『集諸経礼懺儀』

『大正新脩大蔵経』第四七巻を参照した。

『出曜経』

『大正新脩大蔵経』第四巻を参照した。

『仏説観普賢菩薩行法経』

『大正新脩大蔵経』第九巻を参照した。

『妙法蓮華経文句』

『大正新脩大蔵経』第三四巻を参照した。

『東大寺要録』

筒井英俊校訂『東大寺要録』（国書刊行会、一九七一年）を参照した。

『入唐求法巡礼行記』

小野勝年『入唐求法巡礼行記の研究』第一～四巻（財団法人鈴木学術財団、一九六四～六九年）を参照した。

あとがき

本書は、二〇一四年度に慶應義塾大学大学院文学研究科に提出した博士学位請求論文『古代国家仏教と在地社会』の第一部・第二部をもとに、その後の研究成果を加えてまとめたものである。博士学位請求論文は、主査の三宅和朗先生、副査の長谷山彰先生、勝浦令子先生に審査していただき、二〇一五年九月に慶應義塾大学から博士（史学）の学位を授与された。審査の労をお取りくださった先生方に、厚く御礼申し上げる。

本書の内容は、これまでの歴史学では真正面からほとんど考察対象とされてこなかった『日本霊異記』（以下、『霊異記』）や『東大寺諷誦文稿』（以下、『諷誦文稿』）を用いて、古代日本における在地社会の仏教の具体相を復元することにより、従来の古代仏教史像に再検討を加えたものである。以下、本書を上梓するに至った経緯を簡単に記しておく。

私は小学校の四年生の頃から父の影響で日本史が好きになり、近所の遺跡や寺社を巡ったり、博物館や資料館を訪れることを楽しみにしていた。高校時代は三年間野球に打ち込んでいたが、日本史研究への憧れから慶應義塾大学に進学し日本史学専攻を選択した。本書のテーマを選ぶきっかけとなったのは、大学三年の夏に手にした『霊異記』との出会いであった。元々仏教や信仰には関心があり、特に『続日本紀』などの国家の編纂史料とは異なる『霊異記』に描かれた多様な在地社会の仏教信仰のあり方に魅力を覚えた。しかし、卒業論文の執筆に入り、国文学の膨大な研究史を前にして、『霊異記』を歴史学の素材としてどのように研究すべきかを思い悩み、緊張しつつ三宅先生の研究室を訪れたことがあった。その時先生は「研究者といっても特別なことをしているわけではない」といわれ、ご自身で作成された表などを見せてくださり、その場で選んだ『霊異記』下一七を読みながら、ここから古代社会の何が見えてくるかという話をしてくださった。それから幾度となく研究室を訪れたが、その日の光景を今でも忘れることができない。それは、その日の学びと気づきこそが、自分の研究者としての出発点であったからであろう。

その後、卒業論文のテーマは古代村落の信仰の場である『霊異記』の「堂」の考察に絞ったが、卒業論文執筆が佳境に入った頃、吉田一彦『日本古代社会と仏教』（吉川弘文館、一九九五年）に接し、『霊異記』を駆使した論文の数々に衝撃を受けた。氏の古代仏教論についての私見は序章・終章に述べた通りであるが、同時に『霊異記』を用いた在地社会の仏教の復元のために、歴史学における『霊異記』研究の方法論の確立と、『霊異記』自体の史料的性格の解明の必要性を強く感じるようになった。

進学した修士課程では、古代村落の仏教施設の実証的研究を軸にしつつ、自分なりに悩みながらこの課題に取り組んだ。国文学の成果をできる限り古代史研究に吸収しつつ、『霊異記』説話の論理を析出することによって論証した成果が、修士論文の中核であった本書第二部第一章であり、今でも格別な思い入れがある。また、『霊異記』の史料的性格を探るために、中国仏教説話との比較研究（本書第一部第一章）を進める一方で、『霊異記』と密接に関わる『諷誦文稿』に真正面から取り組むことが課題となった。

転機となったのは二〇〇八年の史学会大会報告である。大会の報告準備とその後論文としてまとめる中で、『諷誦文稿』の史料的性格を定めるためには全体構造を読み解くことが重要であることに気づいた。『諷誦文稿』の影印を眺めていると、多数の書き入れが目についた。そこで影印を見ながら一つ一つの書き入れの意味を考えていくと、『諷誦文稿』は首尾一貫した構造をもつ史料であるという確信を得るに至った。その時間は、私にとってはまるで九世紀前半に生きた官大寺僧たちの思考や息づかいまでが感じられるような贅沢なひと時であった。その当時、毎朝心躍らせながら読んでいたことが思い出される。その成果が、本書第一部第二章の『諷誦文稿』の史料論である。

以上のような経緯を経て、二〇一二年度からそれまで成稿してきた論文をもとに博士論文の執筆を始めた。しかし一〇年以上前に執筆したものを含めて一貫した論理で叙述し、自分なりの古代仏教論としてまとめることは決して容易なことではなかった。視野狭窄になりがちな自分の未熟さを思い知る日々であったが、三宅先生の懇切なるご指導により、三年後の二〇一四年の夏に至りようやくまとめることができた。それが本書の直接の基となった博士論文である。

研究生活における何よりの僥倖は、大学三年から現在に至るまで約二〇年もの長きにわたって三宅先生に師事できたことである。とりわけ修士課程修了後に就職し、ともすれば研究活動が途絶えがちとなっていた私を、先生は見放すことなく、常に気にかけ、叱咤激励してくださった。日々のご指導に加え、月に一度の史料講読会を土曜日午後に開いてくださり、毎回数時間にわたり、古代の諸史料を学ぶ機会を与えてくださった。時には三田古代史研究会・あたらしい古代史の会などでの発表の機会をいただき、学会や研究会から足が遠のきがちであった私にとっては、何よりの研鑽の場となった。これまで研究生活を継続することができ、博士論文を執筆し、本書を刊行することができるのも、ひとえに先生のご指導・ご鞭撻のおかげである。学恩を記し出せば尽きることはないが、ここに改めて深く感謝と御礼を申し上げる。残された課題は少なくないが、先生から賜った多大なる学恩に少しでも報いるためにも、今後も研究に邁進していく所存である。

大学院生活はわずか三年間であったが、今振り返れば、長谷山彰先生、勝浦令子先生、故増尾伸一郎先生から受けた学恩と研究への影響は計り知れないものがある。故増尾先生は、お会いする最後の機会となった二〇一二年夏に、私の博士論文執筆について、力強く激励してくださったことが今でも記憶に鮮明に残る。お元気であれば本書の刊行を大いに喜び、お祝いしてくださったに違いない。

研究生活の上で忘れられないのが、一四年間事務職員として勤めた大東文化大学で出会った先生方からのご指導である。日本語学科の寺村政男先生と蔵中しのぶ先生には、早くからお世話になっていたが、さらなる転機となったのは、二〇〇九年に「水門の会」への参加をお誘いくださったことである。会の運営に携わり例会で学ばせていただきながら、会誌『水門—言葉と歴史—』には本書所収の『諷誦文稿』の論考などを力一杯書かせていただいた。また寺村先生、蔵中先生のご推薦により、二〇一〇年度より六年間にわたって大東文化大学外国語学部の非常勤講師を務めさせていただいたことも貴重な経験であった。先生方の甚大なるご支援により、研究者としても、教育者としても大きく成長することができたことを強く感じている。ここに深く感謝の意を表したい。

二〇〇五年度に大東文化大学に着任された宮瀧交二先生にも多くのご指南をいただいた。特に二〇一一年度からは、小林敏男先生、磯貝富士男先生、宮瀧先生には、大東文化大学人文科学研究所の研究班（二〇一一年度は小林班、二〇一三年度から宮瀧班）の兼任研究員にも加えていただくなど、大変お世話になった。大学前のファミリーレストランで開催される研究班の研究会や各地の古代・中世の史跡を巡る研究班での調査は、大家の先生方のお話を拝聴できる贅沢な時間であった。

また日本文学科の山口敦史先生には、『霊異記』研究に対するご教示に加え、仏典注釈の研究会にお誘いいただき、ご編著の執筆者にも加えていただいた。厚く御礼申し上げたい。

その他の研究活動においても多くの方々のご指導・ご支援があった。とりわけ一九九九年より十数年にわたって参加している日本宗教史懇話会サマーセミナーでは、多くの研究者と交流することができた。岡野浩二先生、佐藤文子先生、脊古真哉先生、曾根正人先生、中川修先生、故三橋正先生、八重樫直比古先生、吉田一彦先生の諸先生方には、いつも厳しくも温かい激励のお言葉をかけていただき、また稲城正己先生、関山麻衣子氏、苅米一志氏、北條勝貴氏には研究についての刺激的なご助言をいただいた。学恩に厚く御礼申し上げる。

また、お世話になった方々全てのお名前を記すことはできないが、以下の方々には特に記して謝意を表したい。慶應義塾大学大学院の同期である石原卓治氏には、毎年のように展覧会を観ながら、高校教員の視点からの有意義なご教示をいただいてきた。また後輩の十川陽一氏は、大学院を出てからも、研究に対する刺激を与えてくれる貴重な存在であった。さらに大学院から八年にわたり参加した明治大学の日本霊異記研究会では、服部一隆氏に的確なご助言をいただいたことも忘れ難い思い出である。

そして学校法人大東文化学園および教職員の皆様には、一四年間にわたって深いご理解と温かいご支援をいただいた。特に所属部署であった業務改善推進室・人事部・外国語学部事務室、外国語学部の教職員の皆様および同期の町田周平氏にも、この場を借りて御礼申し上げたい。

また厳しい出版事情の中、本書の出版を快くお引き受けくださった吉川弘文館の関係各位には改めて御礼申し上げたい。特に吉川弘文館編集部の石津輝真氏には大変お世話になった。

最後に、私事にわたり恐縮であるが、これまでの研究活動および博士論文執筆は、妻美喜子の献身的な支えなくしては到底つづけることはできなかった。本書では最後の索引作成までも手伝ってもらった。ここに感謝の意を表することをお許しいただきたい。また生きがいとなっている子の至優と至恩、常日頃から支援いただいている岳母古山恵美子、いつも応援してくれている兄征一にも御礼をいいたい。

今年の二月に岳父古山喜昭が急逝した。昨年十二月に研究職への転職を報告した折にはとても喜んでくれた。本書の刊行もきっと喜んでくれたに違いない。本書をみせることができなかったことは心残りというほかない。謹んで本書を岳父の霊前に捧げたい。

自分の好きな道に進むことを許し、常に息子を信頼して応援してくれる父康征、母肇子に本書を捧げることをお許し願いたい。

二〇一六年十月九日

藤本誠

著者略歴
一九七六年　神奈川県に生まれる
二〇〇二年　慶應義塾大学大学院文学研究科
修士課程史学専攻日本史分野修了
現在　慶應義塾大学文学部助教・博士（史学）
〔主要論文〕
「古代村落の仏教受容とその背景」（三田古代史研究会編『法制と社会の古代史』慶應義塾大学出版会、二〇一五年）
「日本古代の在地社会の法会―『東大寺諷誦文稿』「卑下言」を中心として―」（『仏教史学研究』第五八巻第一号、二〇一五年）

古代国家仏教と在地社会
日本霊異記と東大寺諷誦文稿の研究

二〇一六年（平成二十八）十二月十日　第一刷発行

著者　藤《ふじ》本《もと》誠《まこと》

発行者　吉川道郎

発行所　株式会社 吉川弘文館
郵便番号一一三―〇〇三三
東京都文京区本郷七丁目二番八号
電話〇三―三八一三―九一五一〈代〉
振替口座〇〇一〇〇―五―二四四番
http://www.yoshikawa-k.co.jp/

印刷＝株式会社 理想社
製本＝誠製本株式会社
装幀＝山崎　登

ISBN978-4-642-04634-3

索　　引

Ⅰ 事　　項

あ 行

か 行

さ 行

II　史　料　名

〔文書・金石文・写経他〕

あ 行

か 行

さ 行

た 行

な 行

は 行

ま 行

や 行

〔経典・中国史料〕

あ 行

か 行

さ　行

た　行

な・は行

ま・ら・や行

〔その他〕

あ　行

か　行

さ　行

た・な行

は　行

ま・わ行

Ⅲ　神社名・仏教施設名

あ　行

か　行

さ 行

た 行

な 行

は 行

ま 行

や・わ行

Ⅳ　研究者名

あ　行

か　行

さ　行

た　行

な　行

は 行

ま 行

や 行

ら・わ行